Vania Maria Cury

COMO SAÍMOS DE UMA DITADURA

DAS DIRETAS JÁ (1984) À CONSTITUIÇÃO CIDADÃ (1988)

mórula
EDITORIAL

REVISÃO
Marilia Pereira

FOTOS (CAPA)
Arquivo Tancredo Neves, CPDOC/FGV
Agência Brasil

PROJETO GRÁFICO
Patrícia Oliveira

CIP-BRASIL. CATALOGAÇÃO NA PUBLICAÇÃO
SINDICATO NACIONAL DOS EDITORES DE LIVROS, RJ

Elaborado por Gabriela Faray Lopes — CRB 7/6643

C988c

Cury, Vania Maria
Como saímos de uma ditadura: das Diretas Já (1984) à Constituição Cidadã (1988)/ Vania Maria Cury. – 1. ed. – Rio de Janeiro: Mórula, 2023.
500 p. ; 21 cm.

Inclui bibliografia
ISBN 978-65-81315-87-0

1. Brasil. [Constituição (1988)]. 2. Brasil – Política e governo – 1979-1985. 3. Manifestações públicas – Brasil – História – Séc. XX. 4. Direito constitucional – Brasil. I. Título.

23-86544 CDD: 320.981
CDU: 94(81)"1979/1985"

Rua Teotônio Regadas 26 sala 904
20021_360 _ Lapa _ Rio de Janeiro _ RJ
www.morula.com.br _ contato@morula.com.br
morulaeditorial morula_editorial

APRESENTAÇÃO

Sair de uma ditadura não é nada fácil. Não só porque é preciso muita luta, resistência e mobilização, mas, também porque as condições que prevalecem ao final de uma ditadura são as piores possíveis. Não há registro, pelo menos na História da América Latina, de um país que tenha saído de uma ditadura em situação melhor do que aquela que tinha quando sofreu o golpe de Estado. No curso da reação política aos regimes autoritários, não são poucas as vidas perdidas ou dilaceradas pela gravidade da repressão e da perseguição perpetradas contra os opositores. Normalmente instaladas para conter os avanços das lutas populares contra a opressão cruel e a exploração desumana, as ditaduras tendem a deixar traços amargos nas sociedades atingidas, como o aumento significativo da desigualdade social e a perda considerável de direitos e de benefícios. O que se viu no Brasil, durante todo o período apelidado de "transição democrática" (1985-1988), foi justamente um quadro socioeconômico dramático, de miséria e de padecimentos, aliado a uma conjuntura política conturbada e abalada pelos traumas resultantes dos longos anos de censura, repressão e ameaça.

Embora o prenúncio de golpe ficasse o tempo todo no ar, alimentado por discursos e declarações periódicas tanto dos governantes quanto das cúpulas militares, o esforço concentrado das lideranças de oposição na elaboração de uma nova Constituição para o Brasil serviu como um lenitivo fundamental para os momentos de maior tensão.

Muitos colocaram no novo ordenamento constitucional a ser criado o instrumento fundamental da efetiva transformação do país numa verdadeira democracia, deixando no passado os métodos e as práticas condizentes com os regimes de exceção e abrindo o caminho para um futuro progressista, com democracia e justiça social. Seguimos aqui neste trabalho, portanto, a cronologia definida pelos líderes oposicionistas que comandaram o processo de construção do novo sistema jurídico nacional presidido pela Constituição de 1988. Em sua visão, a "transição democrática" estaria concluída quando fosse promulgada a nova Carta Magna brasileira, iniciando-se ali uma etapa inédita de renovação institucional para o Brasil. Tendo isso em vista, muitos deles consideraram que seria conveniente coincidir a promulgação do novo texto constitucional com eleições presidenciais diretas, em clara superação do modelo político legado pelos anos de ditadura.

Portanto, a duração do mandato presidencial de José Sarney seria um dos pontos de maior atrito de todo esse período, porque, enquanto as lideranças de oposição pretendiam encerrá-lo logo após a promulgação da nova Constituição, o grupo governista (em nítida aliança com as cúpulas militares) desejava comandar o país por pelo menos cinco anos. Em sua defesa, alegava que, pela Constituição de 1969 que estava em vigor, o mandato presidencial era de exatos seis anos. O governo, assim, ainda estaria dando de mão beijada um ano inteiro que poderia usufruir por direito. Tal qual engolira a derrota de seu clamor pelas Diretas Já, a população que tinha afinidade com as posições oposicionistas também teria de sufocar a enorme frustração que sentiu pelo adiamento da eleição direta do presidente da República, que só viria a acontecer mesmo em novembro de 1989. E mais: sofreria também com planos econômicos fracassados, inflação galopante, desemprego crescente, arrocho salarial e ameaças de golpe. A Assembleia Nacional Constituinte acabaria cumprindo um papel importante nesse quadro de tensões cada vez maiores, ao condensar em seus debates e votações uma parte considerável dessas aspirações populares por maior participação, direitos ampliados e justiça social.

O trecho a ser percorrido aqui, então, é o que vai do movimento das Diretas Já, ocorrido em 1984, até a promulgação da Constituição Cidadã, em outubro de 1988. O material utilizado para acompanhar esse processo foi retirado da leitura de jornais brasileiros publicados durante o período, cujas constância e abrangência tornaram possível compreender boa parte do movimento histórico que estava em curso. Embora existam ótimas análises acadêmicas sobre todo esse desenvolvimento, a ideia não era a de resumir interpretações, mas, a de perceber o desenrolar da trama no cotidiano, no calor da hora, captando o espírito do tempo na medida do possível. E isso se fez sentir inclusive na própria forma de abordagem apresentada pela imprensa da época. O que se publicava, e como isso era feito, também revela uma parcela do acontecido. O que se escondia, por sua vez, da mesma forma é revelador. Nada disso teria sido possível sem a Hemeroteca Digital, da Biblioteca Nacional, inaugurada em 2012, com a digitalização da magnífica coleção de jornais e periódicos depositada nos arquivos da instituição centenária, localizada num dos mais belos prédios do centro da cidade do Rio de Janeiro.

A Hemeroteca Digital da Biblioteca Nacional permitiu o amplo acesso ao acervo inestimável de fontes para pesquisa, anteriormente só consultado no grande salão da "Seção de Periódicos" da instituição. A consulta presencial limitava o alcance e o compartilhamento dessa riquíssima coletânea de dados e de conhecimento aos pesquisadores que viviam na cidade do Rio de Janeiro e seus arredores, ou aos que podiam visitá-la por temporadas prolongadas de estudo. A digitalização desse imenso repertório de informações ampliou, significativamente, o acesso de pesquisadores e de leitores, permitindo que qualquer um, em qualquer lugar, desde que disponha de um equipamento conectado à internet e leia em português, possa conhecer a profusão de seu conteúdo. Tal facilitação não só aumentou potencialmente a quantidade de usuários dos dados, permitindo, inclusive, que esses sejam acessados concomitantemente em distintos equipamentos e locais, como ainda reduziu o tempo empregado na busca de títulos e edições, tornando a leitura muito mais ágil e produtiva. A contribuição decisiva dessa digitalização para o avanço da pesquisa no Brasil ainda está por ser devidamente avaliada. No caso deste trabalho, a dívida para com a Hemeroteca Digital da Biblioteca Nacional é fielmente reconhecida. A todos os que realizaram esse grande feito e continuam colaborando para que ele siga cumprindo o seu papel inestimável, o mais sincero agradecimento.

Os capítulos foram divididos obedecendo à cronologia. Embora demarcados por datas, é evidente que guardam uma linha de ligação fundamental: o tempo aqui não é um elemento estanque, que pode ser separado ou individualizado nos processos históricos, mas, ao ser dividido em intervalos regulares permite organizar a sequência explicativa, na medida em que se tem uma argumentação interpretativa coerente. O elo entre todas as partes é a composição ideológica dominante formada por grupos econômicos (nacionais e estrangeiros), militares e políticos conservadores. Os detentores do capital privado nacional demonstraram certa incapacidade para liderar o processo de desenvolvimento sustentado do país, mas isso não parecia se dever a uma limitação material insuperável, haja vista a quantidade de dinheiro que saía periodicamente das fronteiras nativas pelos descaminhos da evasão de divisas denunciada nos jornais com relativa frequência. Mais do que falta de meios materiais para fazê-lo, isso se assemelhava à indiferença quanto aos rumos futuros do Brasil. Embora detentores de grandes fortunas e de poder considerável, os membros dessa fração social aparentavam não se considerar nada responsáveis pela coletividade, ainda que usufruíssem de enormes privilégios e recebessem do poder público toda sorte de benesses e de vantagens. Ao contrário, tendiam a agir apenas em benefício próprio, buscando defender as suas prerrogativas por todo e qualquer meio disponível, mesmo que fosse em detrimento da maioria da população.

Seu grande temor era o "Estado intervencionista", sempre repudiado, apesar de todas as regalias que este lhes proporcionava. Contra o gigante ameaçador, que poderia ocupar cada vez maior espaço na atividade econômica se não fosse detido, é que a minoria privilegiada se unia ao capital estrangeiro e aos militares, buscando defender o mais amplo acesso às riquezas e aos talentos dos brasileiros. O que poderia parecer uma contradição à primeira vista, na verdade, era uma aliança imprescindível, sem a qual a elite econômica nacional não poderia sobreviver tanto às investidas do Estado interventor quanto às lutas por justiça e por direitos travadas pelos trabalhadores, nos diversos momentos decisivos da História do Brasil. A presença marcante das grandes empresas multinacionais, nos mais variados segmentos e setores da atividade econômica, com sua força organizada e com sua hegemonia indiscutível, respaldada por Estados nacionais poderosos e atuantes, era como uma garantia de resistência para os empresários locais, cuja capacidade de conduzir o processo de desenvolvimento e de modernização do país sempre fora muito limitada.

Essa composição ideológica teve uma atuação decisiva na Assembleia Nacional Constituinte e pautou uma parte considerável do debate político havido no transcurso de todo o processo de transição democrática. A substituição de um regime de exceção por um modelo fundado no Estado Democrático de Direito, na percepção dessa aliança, não poderia prosseguir se não fosse por meio do seu controle rígido e efetivo sobre os rumos constitucionais do país. O maior perigo vislumbrado por suas lideranças mais expressivas era a ascensão ao poder de um político de esquerda identificado com as demandas populares, capaz de pôr em ação uma administração pública voltada para a ampliação dos direitos trabalhistas e dos benefícios sociais. Entre todos os aspectos dessa luta renhida travada pelos detentores do poder econômico nenhum teve mais repercussão do que a preservação do latifúndio, com todas as suas iniquidades, no capítulo destinado ao debate sobre a reforma agrária na nova Constituição brasileira. O principal articulador de uma conduta favorável aos interesses dessa aliança entre empresários e militares, dentro do Congresso Nacional, foi, sem dúvida, o grupo de parlamentares apelidado de Centrão. Coube a ele arregimentar número suficiente para, em cada votação decisiva, conseguir o alcance do patamar necessário para a aprovação ou a desaprovação das matérias que definiriam o novo equilíbrio de forças resultante do fim da ditadura.

Os principais jornais pesquisados foram o *Correio Braziliense*, o *Jornal do Brasil* e o *Jornal do Commercio (RJ)*, cujas edições completas entre os anos de 1984 e 1988 puderam ser acessadas por meio da Hemeroteca Digital da Biblioteca Nacional. O jornal carioca *Última Hora* também foi consultado a respeito do movimento pelas Diretas Já, e apresentou, de longe, as fotos mais bonitas dos comícios realizados na Candelária, no Rio de Janeiro, em abril de 1984. Lamentavelmente, as suas edições só estão disponíveis nos arquivos da Hemeroteca Digital até o ano de 1984. *O Pasquim* também mereceu leitura regular sobre esse período contido na pesquisa, frisando com sua irreverência e acidez crítica uma visão singular acerca do processo histórico de transição democrática pelo qual o país passava. E o *Jornal da Constituinte*, publicado pela Câmara dos Deputados entre junho de 1987 e outubro de 1988, forneceu o contraponto necessário para uma avaliação mais equilibrada a respeito do processo de debate constitucional, que aparecia muitas vezes na imprensa comercial de modo muito enviesado e desacreditado. Acima de tudo, essa publicação buscou rebater as censuras severas à lentidão dos trabalhos executados e ao excesso de capítulos e títulos que configurariam a nova Carta Magna brasileira. Igualmente disponibilizada em formato digital pela Câmara dos Deputados, essa coleção representa uma valiosa fonte de pesquisa que buscou apreender o momento em si, no qual foram discutidos e elaborados os principais temas que compõem o novo ordenamento jurídico, sob o qual foi estruturado o retorno do Brasil ao regime democrático.

Na maior parte dos casos, foram suprimidos os nomes de pessoas físicas ou jurídicas apontadas como perpetradoras de gafes, ilícitos ou crimes, por uma razão muito simples: nem sempre os noticiários acompanharam de forma cuidadosa e sequencial o desenrolar dos fatos graves que envolveram cidadãos ou empresas nacionais e estrangeiras. Assim sendo, tornava-se difícil confirmar com total precisão a ocorrência desse ou daquele fato narrado nos jornais, algumas vezes com bastante sensacionalismo. Na impossibilidade de comprovar os delitos mencionados, pareceu mais prudente relatar os casos, sem citar os nomes dos envolvidos. Esse mesmo critério também foi adotado na abordagem de certas falas ou declarações desairosas de personalidades públicas que, com frequência, tendiam a se exceder em seus comentários e ofensas. Nas situações em contrário, quando foi possível comprovar a veracidade da narrativa, tudo ficou devidamente explicitado.

Eis aqui uma tentativa de compreender o espírito de um tempo conturbado, intenso e dramático, em que a sociedade brasileira, marcada pelas agruras de um longo período autoritário, buscou encontrar o caminho de volta à normalidade democrática. Não foi nada fácil encontrá-lo, e isso ficou registrado no nervosismo do texto jornalístico da época. E mais ainda nas idas e vindas do entendimento necessário para legar ao Brasil um novo texto constitucional, capaz de abarcar os anseios e as expectativas de grande parte de sua gente. Há outras visões sobre o tema, e ainda haverá outras iniciativas de compreendê-lo. É possível que cada uma delas dê a sua cota de contribuição à preservação da esperança de um futuro mais auspicioso e de uma redenção duradoura ao povo brasileiro.

ente: Ary Carvalho
XXIII ● Nº 11.253 ● Cr$ 200,00
-feira, 11 de abril de 1984

DO RIO DE JANEIRO

Sem tumulto, sem provocação, em or

1 milhão grita por diretas,

CAPÍTULO 1

"Diretas Já": empolgação, frustração, conciliação

1984 começou com um intenso debate em torno da sucessão presidencial no Brasil. Completavam-se vinte anos da ditadura civil-militar imposta em 1964, com o golpe que depôs o presidente João Goulart. Era o ano final do mandato daquele que seria o último presidente militar — o general João Batista Figueiredo. E ficara previsto, naquela última sucessão comandada diretamente pelos militares, em 1979, que o próximo ocupante do Palácio do Planalto deveria sair dos meios políticos e não das casernas. A grande questão que se abriu foi justamente esta: como fazer a escolha do futuro mandatário? Embora pareça evidente que essa decisão devesse passar pelo voto direto dos cidadãos, tendo em vista que se falava no retorno à democracia e na transição rumo ao poder civil, nada era assim tão óbvio. Havia obstáculos a transpor. Apesar de toda a pregação em favor da doutrina democrática, a soberania popular não era exatamente o meio pelo qual o regime buscava definir a escolha do futuro governante do país.

Um processo de abertura "lenta, gradual e segura", que se iniciara em 1979, com o retorno dos exilados ao Brasil e a criação de novos partidos políticos, foi seguido pela eleição direta dos governadores de Estado, em 1982. Quanto à sucessão presidencial, contudo, o comando do regime defendia o que estava previsto na Constituição em vigor — isto é, uma escolha realizada pelo Colégio Eleitoral, instalado no Congresso Nacional. Ao insistir na legitimidade desse pleito, a cúpula civil-militar que liderava o país parecia confiar na sua vitória por meio da eleição indireta, programada para novembro de 1984. Ao mesmo tempo, porém, pode-se supor que também tivesse certo temor de que, por outros caminhos, o controle da situação escapasse de suas mãos. Exatamente por isso, fez oposição ferrenha a toda e qualquer tentativa empenhada na mudança dessa regra constitucional, tida como fundamental pelo regime. As oposições, por sua vez, enxergaram no quadro geral de inquietações que assolavam o país a oportunidade ideal para introduzir o debate acerca do voto direto para a Presidência da República, sob o argumento principal de que ele consolidaria a transição democrática plena — uma aspiração aparentemente incontestável de boa parcela da população brasileira. O que se viu nessa iniciativa de aprovar as "Diretas Já" para a eleição presidencial vindoura foi a união total das forças políticas que se opunham ao regime instalado em 1964, e a composição de palanques estrelados nos quais se sucediam as maiores e mais estridentes vozes em defesa da democracia. Além de artistas consagrados de todas as mídias (rádio, TV, cinema, teatro) e de escritores, poetas, dramaturgos e intelectuais de todas as letras. Um cântico de esperança ecoaria pelas ruas e praças do país, em sucessivos encontros e manifestações, nos quais grande parte da população mobilizada declararia o seu apoio inquestionável e incondicional ao retorno definitivo da democracia.

No novo arranjo partidário que havia nascido do processo de abertura política iniciado em 1979, que marcou o fim do bipartidarismo característico do regime, o partido que dava sustentação formal ao governo era o Partido Democrático Social (PDS), fundado em 31 de janeiro de 1980. Era o legítimo sucessor da Aliança Renovadora Nacional (Arena), o partido governista da ditadura. Nessa legenda, estavam abrigadas algumas das lideranças políticas mais conservadoras e mais alinhadas ao poder econômico e às oligarquias tradicionais que controlavam a vida política em grande parte do país. Seu presidente era José Sarney. Logo no início de 1984, quando começaram os primeiros debates acerca da sucessão presidencial, a executiva nacional do PDS decidiu que não negociaria mudanças nas regras que estabeleceram as eleições indiretas e defendeu a legitimidade do Colégio Eleitoral. Houve dissidências no partido, porém, alguns parlamentares da legenda se insurgiram contra a escolha do novo presidente pelo Congresso e passaram a apoiar o movimento das diretas. Mas, as defecções foram em pequeno número.

O Partido do Movimento Democrático Brasileiro (PMDB), fundado em 15 de janeiro de 1980, representou um aperfeiçoamento do Movimento Democrático Brasileiro (MDB), a agremiação oposicionista tolerada pela ditadura. Era o principal partido de oposição e comandava uma forte reação contrária à hegemonia do Colégio Eleitoral defendida pelo regime, sendo secundado pelas demais agremiações oposicionistas, como Partido Democrático Trabalhista (PDT) e Partido dos Trabalhadores (PT). Das suas fileiras sairia uma proposta de emenda constitucional que devolvia aos eleitores o direito de escolher o Presidente da República — apresentada pelo deputado federal mato-grossense Dante de Oliveira. A emenda se transformou na centelha que faltava para incendiar o país: por toda parte, ergueu-se uma onda de manifestações e movimentos em prol da sua aprovação na Câmara dos Deputados, ao mesmo tempo em que os defensores do regime recrutavam os seus adeptos e simpatizantes para lhes fazer frente. A disputa seria ferrenha.

Pela imprensa, liam-se os recados dos partidários do regime, inclusive nos próprios editoriais dos jornais que se afinavam com as precauções declaradas das autoridades constituídas. Chamavam a campanha das "Diretas Já" de "falsa prioridade" e acusavam os seus patronos de adotar uma "retórica de comício", incapaz de discernir muito além das aparências. Entre outras coisas, argumentavam que "um presidente eleito pelo voto direto por si só não fará uma democracia", embora não explicassem também por que razões seria possível chamar de democracia um regime em que a escolha do presidente — o dirigente máximo da nação — não pudesse ser feita pelo voto direto. Além disso, alertavam para os riscos de que tal "precipitação", em vez de produzir o regime democrático esperado, viesse a instalar uma grande agitação que levaria à total perda de controle sobre o movimento popular. É fantástico o que nos dizem as entrelinhas. Os partidários do regime, muitas vezes, também pareciam estar em pânico, mas souberam controlar com eficiência os arroubos democráticos que agitaram os brasileiros, vencendo a disputa em torno da feição da eleição presidencial.

De início, o alvoroço em torno da aprovação da Emenda Dante de Oliveira cresceu e se tornou irresistível. E as oposições ganharam as ruas. Ainda no começo do ano, mais exatamente no dia 12 de janeiro, em Curitiba, cerca de 50 mil pessoas haviam se reunido na Rua das Flores, naquela que seria a maior concentração pública já realizada na capital do Paraná, para aplaudir as principais lideranças da oposição, com destaque para o deputado federal Ulysses Guimarães, que ficaria conhecido nacionalmente como o "Senhor Diretas". Era o prenúncio do que estava por vir, em termos de mobilização popular. Conforme o movimento foi crescendo e outras figuras políticas importantes a ele emprestavam seus nomes e suas reputações, as concentrações de população nas ruas e praças de todo o Brasil só faziam aumentar. Começamos com cerca de 50 mil em Curitiba, ainda no alvorecer da mobilização que despertaria grande parte da população brasileira, e chegamos a 1 milhão e 500 mil em São Paulo e no Rio de Janeiro, as duas maiores cidades do país. À medida que se aproximava a data da votação da Emenda Dante de Oliveira, no Congresso Nacional — marcada para o dia 25 de abril de 1984 —, maior ficava a tensão nos meios políticos. Oposição e situação contabilizavam os seus votos e aumentavam os esforços para conquistar mais apoios. Fora dos bastidores parlamentares, os líderes oposicionistas buscavam ampliar a participação popular, acreditando que essa exerceria sobre os deputados a influência necessária para a aprovação da emenda constitucional que restabeleceria o voto direto para Presidente da República.

O comício das Diretas no Rio de Janeiro, realizado na Candelária, no dia 10 de abril de 1984, foi um marco na história das mobilizações pela redemocratização do Brasil e ajudou a expandir os apelos por todo o país. Conduzido por políticos, artistas e intelectuais, o comício da Candelária se prolongou por horas a fio e chegou a juntar um milhão de pessoas no Centro do Rio. As fotos estampadas nas primeiras páginas de todos os jornais são belíssimas: um mar de gente cobrindo praticamente toda a extensão da enorme Avenida Presidente Vargas, da Candelária até a Praça da República. Teve desfiles, batucadas e muita confraternização entre os manifestantes. Segundo as notícias, eram estudantes, professores, donas de casa, funcionários públicos, profissionais liberais e até torcidas organizadas dos times de futebol cariocas, muitos portando faixas e cartazes que pediam eleições diretas. Gente que veio de todos os cantos da cidade, do seu entorno e do interior do Estado do Rio de Janeiro. E não houve tumulto nem confusão. A Polícia Militar manteve-se tranquila, à distância. E os discursos se sucederam.

Tancredo Neves foi um dos mais aplaudidos pela multidão e argumentou em seu discurso que era uma balela dizer que as eleições diretas não iriam resolver os problemas do povo. Ele acentuou que o primeiro passo para a superação da grave crise enfrentada pelo Brasil era o direito do povo de retomar a sua soberania. Na sua visão, estariam tentando fazer "do nosso país uma democracia sem povo e sem voto". Em seguida, o presidente do PT, Luiz Inácio Lula da Silva, declarou que gostaria de homenagear um ausente e chamou à frente do palanque Denise Goulart, filha do presidente deposto pelo golpe de 1964, João Goulart. Em sua fala, o governador Leonel Brizola afirmou que o povo brasileiro, embora estivesse sendo dominado por vinte longos anos de ditadura, jamais aceitara esse domínio. E condenou a insistência do governo em impedir a realização de eleições diretas para presidente, conclamando a multidão a eleger "alguém que represente as aspirações de mudança do povo brasileiro". Um dos que mais animaram a multidão foi o jurista Sobral Pinto, com sua voz pausada, mas firme: "Este movimento não é contra ninguém. Este movimento é a favor do povo. É a favor da cidadania brasileira. Nós queremos que se restaure no Brasil o artigo primeiro, parágrafo primeiro da Constituição Federal: todo o poder emana do povo e em seu nome deve ser exercido".

Os governistas tentaram aparentar que não se intimidavam com a grandiosidade dos comícios, especialmente, o da Candelária. Para o público, em geral, procuravam demonstrar que estavam seguros da própria força e mencionavam os limites daquele tipo de ação popular: chuva passageira, nada a temer. Um dos líderes do governo chegou a classificar o evento de *showmício,* e atribuiu a grande concentração de pessoas na Candelária à presença de artistas consagrados! Já o líder do governo no Senado, parecendo menos indiferente às dimensões colossais da mobilização de multidões em torno das "Diretas Já", levantou a possibilidade de o governo lançar mão de medidas de emergência, caso as manifestações viessem a representar qualquer tipo de "constrangimento" ao Congresso, por ocasião da votação da Emenda Dante de Oliveira. De fato, com essa ameaça, ficava evidente que as forças do regime não estavam assim tão tranquilas quanto procuravam transparecer. No limite, apelariam até para as medidas de exceção que diziam estar sepultando com o processo de abertura tutelada conduzido pelo general-presidente. Ou seja, o que se pode depreender dessa conduta é que a transição democrática em curso havia sido concebida como um retorno do poder federal às mãos civis, desde que essas mãos estivessem atadas às mesmas forças que haviam liderado o regime até ali. A ideia de uma eleição indireta via Colégio Eleitoral era a consagração de um modelo político que tomava decisões pelo alto e prescindia de qualquer forma de consulta às bases populares. A campanha das "Diretas Já", em vista disso, significou um desafio inesperado ao arranjo que havia sido cuidadosamente elaborado com o objetivo de promover a mudança segura do regime, e preocupou sobremaneira os representantes da situação. Nos dias que se seguiram aos maiores comícios das Diretas — Rio e São Paulo

—, os governistas fizeram muito pouco além de confabular para deter a força avassaladora daquela demanda calada por tanto tempo nas principais cidades do país.

Ao mesmo tempo, a dimensão cada vez maior dos comícios acabou forçando a adesão de membros da oposição que ainda se mantinham reticentes diante da mobilização das massas. Foi o caso do governador Franco Montoro e do senador Fernando Henrique Cardoso, ambos do PMDB de São Paulo, que, segundo as notícias dos jornais, enfim, depois de certa hesitação, acabaram decidindo colaborar com a preparação do comício que reuniria mais de um milhão de pessoas no Vale do Anhangabaú, na capital paulista, no dia 16 de abril. O jogador Sócrates, do Corinthians e da seleção brasileira de futebol, que estava prestes a se transferir para um clube italiano, prometeu que, se a Emenda Dante de Oliveira fosse aprovada no Congresso Nacional, ele não sairia mais do país. Muitos torcedores e fãs aplaudiriam com grande entusiasmo essa decisão. Adesões ao voto direto para presidente aumentavam a cada dia. A manifestação já se tornara irreversível, levada adiante pelo PT e pelas alas mais radicais do próprio PMDB de São Paulo, de modo que não seria nada conveniente ficar de fora daquele palanque. Desde cedo, no dia marcado para o evento, a cidade começou a viver um clima de festa, com chuvas de papel picado caindo dos edifícios comerciais e muita movimentação de camelôs e ambulantes, que disputavam espaço nas ruas com suas mercadorias de ocasião. Mais uma vez comandado por artistas e políticos famosos, o comício transcorreu sem qualquer transtorno e consolidou o apoio popular à redemocratização do país. A força das ruas era o grande contraponto ao projeto de conciliação conservadora que se pretendia fazer pelo alto, sem o povo e sem o voto direto.

Os comícios e as manifestações populares em prol das "Diretas Já" cresciam com bastante rapidez e vigor e atraíam para as suas fileiras um número cada vez maior de participantes. A campanha das Diretas funcionou como grande catalisador de todas as aspirações de mudança acalentadas por uma parcela expressiva da população brasileira, cansada dos desacertos de um regime que aprofundava as desigualdades e sonegava direitos. Na direção diametralmente oposta, o governo federal seguia fazendo as suas ameaças e alegava que o alvoroço em torno das Diretas promovia instabilidade e prejudicava o andamento das negociações sobre a transição. Por intermédio de seus porta-vozes, os formais e os informais, o general-presidente mandava dizer que não aguentaria nenhum tipo de contestação à ordem institucional do país. E isso incluiria, por suposto, a preservação do Colégio Eleitoral como instância decisória máxima, na questão da sucessão presidencial.

Por ocasião das comemorações do aniversário do golpe de 1964, a cúpula do regime já pronunciava as suas advertências para os perigos da "radicalização" (a dos outros, claro). Expoentes militares observavam que o país vivia uma época "muito semelhante a 1964" e que os soldados estavam plenamente cientes de seu papel e fiéis às suas missões, entre as quais se destacava sobejamente "zelar pelos objetivos da gloriosa revolução de 64". O general-presidente, por sua vez, em pronunciamento à nação por rede nacional de rádio e televisão, disse que estava mantida a eleição indireta para o seu sucessor e que enviaria ao Congresso uma proposta de emenda constitucional que previsse a eleição direta em dois turnos para a Presidência da República, no futuro — isto é, no caso do sucessor do seu sucessor e dali em diante. Essa conduta ameaçadora por parte dos militares, que contrapunham às iniciativas democratizantes da política as suas advertências autoritárias, seria recorrente ao longo de todo o período subsequente da História brasileira. O risco de um novo golpe perpassou com veemência a Nova República.

Quanto mais se aproximava a data decisiva de votação da Emenda Dante de Oliveira, na Câmara dos Deputados, mais a cúpula do regime se mostrava agastada. Declarações se sucediam com ameaças dissimuladas, ou não, de endurecimento. Uma delas foi dada pelo chefe do Gabinete Militar, general Rubem Ludwig, que externou sua preocupação quanto à explosão de uma onda de violência no Brasil, provocada por aqueles que estariam "armando a baderna, repetindo 64". Segundo os jornais, embora os três chefes das Forças Armadas preferissem manter-se calados diante dessas afirmações, havia rumores de que estariam de pleno acordo com o general Ludwig. Outros falavam em não fazer previsões pessimistas, como o uso da força para controlar a situação. Preferiam acreditar que prevaleceria a "compreensão de todos" para a gravidade do momento e que deveria ser evitada uma tomada de posição radical, que pudesse atrapalhar o projeto de transição democrática do país. Os indícios de um retrocesso, porém, estavam no ar.

A incompatibilidade entre os militares e a democracia era conhecida, e temida. As respostas às ameaças proferidas com frequência pela caserna não tardaram. O deputado Ulysses Guimarães, presidente nacional do PMDB, o Senhor Diretas, não aceitou as acusações do governo de que o movimento do qual era o líder promovesse baderna e intranquilidade no país. Muito pelo contrário, em nota oficial, disse acreditar que a eleição direta para a Presidência da República permitiria aos eleitores uma discussão mais aprofundada dos problemas nacionais e uma definição mais harmoniosa dos rumos a serem tomados. Ele ainda ressaltou o caráter pacífico de todas as manifestações comandadas pela oposição e também afirmou que o governo pretendia criar um pretexto para justificar as medidas de emergência que desejava tomar. Em sua opinião, não era o governo que tinha de se inquietar: "A nação não aguenta mais isso que aí está. O desemprego, a inflação, a fome, as falências, a corrupção impune, sobretudo, o Fundo Monetário Internacional (FMI) como gestor da economia e das finanças do Brasil". Era grave a crise.

Em poucas linhas, um resumo dramático da situação geral do país. É comum que, nos momentos desafiadores, os detentores do poder tentem criar espantalhos para encobrir os seus fracassos e impedir que se avolumem as críticas e se adensem os riscos de ruptura. O movimento das "Diretas Já", de fato, jamais representou um perigo real ao andamento da transição democrática tutelada pelo regime. Isso ficará bastante evidente nas etapas subsequentes, mesmo diante da decepção popular causada pela votação na Câmara dos Deputados, que cravou um sonoro NÃO à Emenda Dante de Oliveira. As argumentações estapafúrdias dos governistas, que procuravam criar um clima artificial de inquietação na população, anunciando a desordem e a anarquia iminentes, serviam mais como cortinas de fumaça e como intimidações, porque não expressavam, em nenhuma hipótese, a realidade do que estava se passando no país. O advogado Sobral Pinto — um dos ícones da luta pela redemocratização do Brasil — sintetizou com perfeição esse contexto, em dois trechos de sua resposta dura ao general Ludwig, divulgada para todos os órgãos de imprensa na mesma ocasião: em primeiro lugar, lembrou que todos os comícios até então realizados, mesmo os mais gigantescos e emocionantes, haviam transcorrido em total harmonia, agregando cidadãos "ordeiros e trabalhadores" que apenas manifestavam ali o seu desejo de ver cumprido o preceito básico que a Constituição impõe no parágrafo 1º do artigo 1º, como sempre defendeu: "Todo poder emana do povo e em seu nome é exercido". Em segundo lugar, questionou a falsa comparação do general Ludwig, indagando se estaria sendo preparado outro golpe de força igual ao de 1964, a fim de perpetuar no poder os mesmos que já tinham se mostrado incapazes de solucionar a grave crise na qual o Brasil então se debatia.

Havia um claro temor nas sombras do regime: o de que o voto direto fizesse a faixa presidencial cair no colo de um reconhecido opositor dos governos militares e trouxesse consigo todas as expectativas de superação dos arranjos econômicos, sociais e políticos que lhes deram sustentação nos últimos vinte anos. Ou seja, havia uma noção muito bem definida de que a população estaria inclinada a dizer não ao regime, a dar um basta naquela situação desconfortável e difícil que penalizava, sobretudo, os trabalhadores, com inflação alta, desemprego, violência urbana, arrocho salarial e medo. Esse era o legado que tentavam ocultar com palavras de ordem e falsas simetrias.

Um dia após o comício de São Paulo, que havia sido o maior de todos e animara de modo formidável as lideranças da campanha das

"Diretas Já", os jornais noticiavam que quatro mil mulheres provenientes de todas as partes do Brasil tomavam conta de Brasília. Para surpresa geral, elas ocuparam o Congresso Nacional e circularam com desenvoltura pelos corredores, pelo plenário e pela rampa de acesso. Nesse percurso, pressionavam todos os parlamentares que encontravam pelo caminho, para que votassem a favor da emenda das diretas. Tendo à frente atrizes e cantoras famosas, escritoras e demais celebridades, elas reivindicavam a ampliação dos seus direitos, que julgavam ser mais possível com a plena restauração da democracia brasileira. De todos os presentes, aquele que foi recepcionado com verdadeiro delírio pelas mulheres, arrancando-lhes palmas efusivas e gritos entusiasmados, foi o deputado Mario Juruna, ao proferir uma frase curta, mas muito impactante: "Juruna quer ver mulher na presidência".

Parlamentares governistas não se mostraram tão simpáticos à presença e às reivindicações das mulheres. Não obstante alguns ouvissem atentamente as mensagens daquelas moças e senhoras, o fato é que não foi possível computar ali nem um voto sequer a mais para a aprovação da emenda das diretas. A má vontade já podia ser percebida na chegada dos muitos ônibus em Brasília, quando eram insistente e demoradamente revistados por agentes da Polícia Federal, retardando a liberação das manifestantes.

Embora o brado feminino ajudasse a engrossar o coro de vozes que apostava firmemente na eleição direta para a Presidência da República, como salvaguarda efetiva dos direitos sociais e políticos da população brasileira, já se podia ler nas entrelinhas dos jornais e em pequenas notas dos colunistas que a questão das diretas, como queriam os segmentos mais conservadores, era tão somente uma "questão de datas". Ora, o general-presidente havia declarado, inúmeras vezes, que era favorável à eleição presidencial pelo voto direto, desde que essa fosse restabelecida para a sucessão do seu sucessor, e desde que fosse respeitada a prerrogativa do Colégio Eleitoral no pleito que se aproximava. Era evidente que as negociações que começavam a se desenhar entre governo e oposição, com vistas à sucessão de

Figueiredo, só poderiam ganhar corpo após a votação da Emenda Dante de Oliveira, na qual algumas lideranças importantes do PMDB jogavam todas as fichas. Mas, os acordos, ou melhor, as possibilidades de acordos entre governistas e opositores, para assegurar uma transição que atendesse minimamente às expectativas políticas de boa parte da população brasileira, estavam colocados. Não havia a menor condição de deixar o maior partido de oposição do país fora do jogo político que iria definir os rumos das próximas décadas. Fosse pela aprovação das "Diretas Já", que representaria uma vitória espetacular dos adversários da ditadura, fosse pela apresentação de um candidato de oposição no Colégio Eleitoral, com chances reais de vencer a disputa. Tancredo Neves, então governador de Minas Gerais pelo PMDB, era o nome da oposição que os principais expoentes da política nacional apontavam como o negociador ideal para tratar da questão sucessória, com todos os tipos de interlocutores.

Em 18 de abril, faltando poucos dias para a votação decisiva no Congresso Nacional, o general-presidente decretou medidas de emergência por 60 dias, abrangendo o Distrito Federal, Goiânia e mais nove municípios do entorno da Capital. Além do cerco a Brasília, estavam previstos: busca e apreensão em domicílio, suspensão da liberdade de reunião e de associação, intervenção em entidades de classe e categorias profissionais. Qualquer semelhança com uma legítima ditadura não seria mera coincidência. Mas, havia ainda outras restrições: censura das telecomunicações (rádio e televisão), uso ou ocupação temporária dos bens das autarquias, empresas públicas, sociedades de economia mista ou concessionários de serviços públicos, bem como a suspensão do exercício de cargo, função ou emprego nessas mesmas entidades. A execução das medidas foi entregue ao comandante militar do Planalto, general Newton Cruz. Era plena ditadura. Na justificativa enviada ao Congresso Nacional, o general-presidente alegou que a presença de manifestantes "visaria intimidar e coagir os parlamentares", privando-os do livre exercício de suas atribuições legislativas. A pressão popular era malvista. O significado de jogo democrático — feito de tensões e disputas — acabava de ser atualizado. Em nota oficial, o deputado Ulysses Guimarães classificou o decreto como uma afronta à nação. O regime deixava claro que não pretendia abdicar de seu poder.

Talvez tivessem razão os que acusavam o governo de buscar pretextos para lançar mão de medidas de emergência. Todas as manifestações populares conduzidas pela oposição em apoio às Diretas haviam transcorrido de forma pacífica e não representaram qualquer tipo de ameaça à ordem pública. Até mesmo a presença das mulheres em Brasília, dias antes, se tornara um alerta para os governistas que temiam perder o controle da situação. Mulheres desarmadas, munidas apenas de suas vozes. A incompetência democrática do regime era evidente. Pela imprensa, corriam informações de que fontes militares teriam admitido que o decreto se revestia apenas de caráter preventivo, posto que os serviços de informações não detectavam qualquer risco de perturbação da ordem durante a votação da Emenda Dante de Oliveira. A impressão que se tinha era de que o governo queria determinar o resultado da votação com as tropas na rua. Faltando menos de 48 horas para o momento decisivo, Brasília assistiria a uma das maiores mobilizações militares dos últimos dez anos: 5 mil soldados desfilando no setor militar e portando fuzis e bazucas, seguidos por 105 viaturas (algumas equipadas com canhões), onze carros de combate, 224 cavalos e 150 paraquedistas. Uma cena para não esquecer. Um exagero de paramentação que Aristides Lobo já havia denunciado por ocasião da Proclamação da República, em 1889: o povo assistia a toda aquela encenação, bestializado, provavelmente julgando tratar-se de mais um pomposo desfile militar. Ao mesmo tempo, as aulas da UnB também foram suspensas, por ordem da reitoria, e as entradas do campus foram fechadas por radiopatrulhas e soldados da Polícia Militar. O cerco à cidadania estava completo.

Tudo isso para impedir a livre manifestação da vontade popular, nas ruas e praças, e dentro do Congresso Nacional, que amanheceu cercado pelas tropas da Polícia Militar, na véspera da votação crucial. Mesmo assim, apesar dessas demonstrações de força e de intimidação, as pesquisas do Instituto Gallup divulgadas pela imprensa davam ampla vantagem à aprovação da Emenda Dante de Oliveira nas duas maiores cidades do país: São Paulo (83%) e Rio de Janeiro (73%). E, como expressão desses números, uma nova forma de protesto — o panelaço, um ensurdecedor bater de panelas importado do Chile — também marcou a véspera da votação em diversos pontos do país.

Ao mesmo tempo, Tancredo Neves parecia assumir cada vez mais claramente o papel de principal articulador dos entendimentos entre governo e oposição acerca da questão sucessória. Seu nome surgia com insistente frequência nas primeiras páginas dos jornais e em sucessivas matérias e editoriais acerca da sua trajetória política e da importância de seu protagonismo naquele momento decisivo da História do Brasil. Não deixa de ser curioso observar que a imprensa sempre desempenhou esse papel de vocalizar os desejos e pretensões dos reais detentores do poder — chegando mesmo a funcionar, em ocasiões como essa, tal qual um autêntico porta-voz desses setores, o que jamais configurou exatamente uma novidade e tendeu a se repetir ao longo das décadas. Por isso mesmo, é necessário destacar que, embora o debate sobre a votação da Emenda Dante de Oliveira representasse o principal foco de atenção de toda a sociedade brasileira, naquele mês de abril de 1984, os acordos de bastidores começavam a ocupar um espaço cada vez maior na agenda política que dominaria a cena nacional. E, por essa razão, passavam também a transpirar no noticiário cotidiano com grande assiduidade.

A estratégia do governo era clara: impedir que a votação da emenda das Diretas saísse vitoriosa e garantir para o regime o controle efetivo do processo sucessório, mesmo que para isso precisasse lançar mão de "medidas de emergência" que restauravam alguns dos expedientes mais característicos dos piores anos da ditadura. Severas restrições das liberdades e repressão aguda eram as faces visíveis desse esforço para barrar o triunfo da vontade popular e o êxito da campanha da oposição. Assim, apesar dos comícios gigantescos — que chegaram a reunir multidões inéditas nas ruas do país; apesar do engajamento apaixonado de lideranças políticas respeitáveis — como Ulysses Guimarães, Leonel Brizola e Luiz Inácio Lula da Silva; apesar do envolvimento de artistas, cantores, poetas, escritores, músicos, intelectuais e demais celebridades festejadas pelo público — que emprestaram sua popularidade à causa democrática das diretas; e apesar da imensa expectativa que cercou a data, a Emenda Dante de Oliveira foi rejeitada pelo Congresso, ao não alcançar o quórum determinado pela Constituição. Foram 298 votos SIM à emenda, 65 votos NÃO, 3 abstenções e 113 ausências. Numa das sessões mais longas de sua história (que durou cerca de 16 horas e comportou mais de 60 discursos), a emenda das Diretas não conseguiu os 320 votos necessários para a sua aprovação e foi, então, arquivada em definitivo. Página virada.

Embora a estratégia governamental tivesse sido exitosa, era Tancredo Neves quem se notabilizava cada dia mais claramente no papel de principal articulador do processo sucessório em curso. Seu nome encontrava trânsito livre em praticamente todas as esferas políticas que se articulavam pelo comando da transição, e ele próprio parecia já aceitar plenamente a missão que se lhe era atribuída pelas forças que buscavam uma "solução negociada". Em suas falas, mesmo naquelas que antecederam a derrota da emenda das diretas, Tancredo fazia apelos diretos à negociação e à conciliação como preceitos fundamentais a serem seguidos, na busca pela redemocratização do Brasil. Em seu discurso de encerramento da Semana da Inconfidência, proferido em Ouro Preto, no dia 21 de abril, por exemplo, Tancredo afirmou que o país enfrentava "uma crise sem precedentes em sua história" e só encontraria uma solução viável se os representantes do poder e da sociedade civil "contivessem suas posições de radicalismo", que acabariam conduzindo a "confrontos desiguais e funestos". Na sua visão, as aspirações nacionais deveriam ser colocadas acima dos interesses sectários e das ambições personalistas, que obscureciam o cenário político e conturbavam sobremaneira a capacidade de dialogar e de transigir das principais lideranças políticas. Dificilmente seria possível proferir uma fala mais conciliadora do que essa num momento como aquele.

Ao assumir publicamente suas posições diante do impasse que se criara entre a oposição — que defendia a realização imediata de eleições diretas para a Presidência da República — e o regime — que não admitia pactuar qualquer acordo fora das decisões já tomadas, Tancredo Neves se credenciava a corporificar o elo que uniria os divergentes superando, ao mesmo tempo, o passado representado pela ditadura. Esperava-se que ele fosse um presidente civil, ligado ao principal partido da oposição (o PMDB), que sabia dialogar e conciliar à perfeição. Pois o que os defensores da ditadura mais temiam, no percurso da transição democrática que atravessavam, era a chegada ao poder de uma liderança genuinamente popular, que mudasse os rumos políticos e econômicos do país. Foi o próprio governador de São Paulo, Franco Montoro, que justificou assim a escolha de um nome de consenso, como o de Tancredo Neves, para unificar as forças progressistas: tanto o governador do Rio de Janeiro, Leonel Brizola, quanto o presidente do PT, Luiz Inácio Lula da Silva, nomes de grande destaque na política, seriam candidatos "inaceitáveis" pelo regime. A oposição de esquerda era inadmissível.

Esperava-se que Tancredo também ajudasse a cicatrizar as feridas da enorme decepção causada pela derrota das "Diretas Já". A apresentação do seu nome como o candidato de certo consenso, um homem da oposição totalmente identificado com os preceitos democráticos, mas capaz de conversar com a cúpula do regime, serviria para tranquilizar os setores oposicionistas mais radicalizados, que temiam uma continuidade pura e simples do esquema vigente. Com Tancredo, grupos da oposição acreditavam-se qualificados para furar a bolha política que cercava o regime e prometiam sedimentar o caminho para a consolidação irrevogável da democracia brasileira. Nos dias seguintes à derrota da Emenda Dante de Oliveira, algumas manifestações ainda foram realizadas nas principais cidades do país, em repúdio ao resultado da votação no Congresso, mas reuniram um público infinitamente menor que o dos comícios. Muitos choravam em meio a gritos esporádicos de "a luta continua". Desânimo e tristeza tomaram conta dos espíritos. Aqui e ali, algum tumulto era rapidamente contido pela polícia. Mas nada muito significativo chegou a perturbar o andamento do jogo político. Diante da tranquilidade relativa com que o povo recebeu o infortúnio, em poucos dias, o governo federal suspendeu as medidas de emergência e Brasília voltou à normalidade. Dali em diante, os grupos contendores colocariam em prática as suas propostas, em busca de apoio e de reforços. Alguns ainda resistiriam com nova tentativa de emplacar a eleição direta no Congresso, mas havia uma clara tendência de negociação para a escolha de um nome da oposição destinado a disputar com o candidato governista o pleito no Colégio Eleitoral.

Até que o imbróglio se resolvesse em definitivo, grupos de oposição ainda se debateram com a tentativa de emplacar uma nova votação que aprovasse eleições diretas para a presidência — usando justamente o forte argumento de que possuíam um candidato único de consenso. Em nome das diretas, os partidos de oposição se mostravam mais propensos a caminhar unidos com uma candidatura só e isso aumentava a pressão sobre o governo Figueiredo, que encaminhava ao Congresso outra proposta de emenda constitucional, prevendo eleição direta para o sucessor do seu sucessor. Lideranças oposicionistas aguardavam a oportunidade para fazer manobras legislativas que permitissem o êxito de suas demandas eleitorais. Diante do aumento das tensões, o relator da matéria declarou que não apresentaria substitutivo à emenda Figueiredo, sepultando assim a esperança da oposição de conseguir na votação prevista para o dia 27 de junho a aprovação das eleições diretas, já em 1984. Com o substitutivo, no qual o relator de determinada proposta pode introduzir mudanças a ponto de alterá-la significativamente, os oposicionistas esperavam rejeitar o artigo 183 da emenda — que estabelecia a próxima eleição via Colégio Eleitoral —, aprovando assim, de forma automática, as "Diretas Já" com apenas dois terços dos votos dos deputados. Segundo as regras, sem o substitutivo, não poderia ser pedido destaque para votação do artigo 183, visando a sua rejeição, com os votos de uma só casa (a Câmara), e a decisão teria de ser tomada também por dois terços do Senado. Isso dificultaria bastante o alcance dos objetivos propostos.

Em face desses atritos permanentes no Congresso, e com receio de uma fragorosa derrota no encaminhamento da matéria, o general-presidente acabou retirando a sua proposta do debate e limitou a questão sucessória ao Colégio Eleitoral. Essa contramarcha obrigou os principais partidos de oposição a reverem suas estratégias — mormente o PMDB, que havia alcançado inegável protagonismo nessa disputa. O governador Tancredo Neves já tinha declarado, em outra oportunidade, que deixaria a posição de candidato à Presidência da República para o deputado Ulysses Guimarães, caso as Diretas fossem aprovadas no Congresso. Por outro lado, prevalecendo as indiretas, ele afirmou que voltaria a pesar as condições das alianças em torno da sua candidatura para unificar as oposições. Assim sendo, apesar do discurso contundente que empregaram durante meses contra as eleições indiretas, os principais representantes da oposição acabaram optando por participar da votação indireta. E mais: aceitaram o nome de José Sarney, ex-presidente do PDS (o partido do governo), como candidato a vice na chapa encabeçada por Tancredo Neves. Um grupo de dissidentes do PDS havia formado a chamada Frente Liberal, que se dispôs a aceitar a candidatura de consenso das oposições e a participar do processo eleitoral justamente do lado oposto ao do governo que até muito recentemente representara. Inclusive ajudando a derrotar a Emenda Dante de Oliveira! Agora, acenando com seus 63 votos no Colégio Eleitoral (número que ajudaria Tancredo Neves a vencer o candidato governista, Paulo Maluf), a Frente Liberal (que pouco tempo depois se transformaria num partido político) tratou logo de apresentar as suas demandas e exigências: além da vice-presidência, segundo a imprensa, ainda reivindicava o controle efetivo sobre a Petrobrás, a Eletrobrás, o Banco Nacional de Habitação

(BNH), a Vale e o Banco do Brasil. Apenas "*la crème de la crème*". As placas tectônicas das entranhas políticas brasileiras se moviam com grande rapidez.

Os governistas atacavam o projeto da oposição usando como um de seus principais argumentos o temor de que o futuro presidente civil da República, saído das fileiras oposicionistas, não fosse capaz de controlar os "radicais" e promovesse aquilo que chamavam de uma "esquerdização" do Brasil. Recados nesse tom apareciam nas falas de políticos, de militares e nas páginas de jornais, inclusive nos editoriais. Tancredo Neves não demorou a responder a esses ataques e prometeu que não lançaria mão da repressão contra as esquerdas, mas também disse que não seria condescendente com "a matéria de princípios, a ordem pública, as nossas instituições civis e militares, a soberania do povo". Sua posição não poderia ter ficado mais clara. Dias depois dessas declarações, Tancredo ainda repeliu qualquer tentativa de "passar a limpo" os abusos do regime militar e disse que o revanchismo seria "uma forma de subdesenvolvimento político que o Brasil no seu estágio atual não admite". Nada poderia ser mais explícito do que essa declaração, no sentido de definir o teor desse arranjo político que levaria a oposição consentida pela ditadura (o PMDB) ao poder, sem qualquer risco de rompimento das amarras que haviam garantido a sustentação do regime por duas décadas.

Nada de esquerdistas em posição de poder, nada de ajustar as contas com o passado que teimava em permanecer oculto. Os apelos constantemente veiculados pela imprensa, que se esmerava em dar voz aos conciliadores de plantão, eram os de se olhar para a frente, de descobrir soluções adequadas para os graves problemas do país, sem se prender a qualquer tentativa de buscar reparação pelas injustiças ou pelas violências sofridas. Para alguns expoentes da esquerda, justamente os candidatos "inaceitáveis" pelo regime, como afirmara Franco Montoro, parecia cada dia mais evidente que o alegado consenso representado pela candidatura única "das oposições" era, na realidade, a exclusão de determinadas demandas e de certas lideranças, cuja natureza e cujo figurino não convinham à conciliação que se fazia pelo alto, à revelia do voto popular. Ao responder à acusação de revanchismo, o presidente nacional do PT, Luiz Inácio Lula da Silva, declarou que, com todo o respeito que dedicava a Tancredo Neves, considerava fundamental levar em consideração duas coisas: não se trata de revanche querer que as pessoas que roubaram, torturaram e cometeram crimes políticos no Brasil sejam julgadas, no mínimo, pelos tribunais que elas mesmas criaram; afinal, quem não deve não teme. Por que o medo da justiça?

Mesmo atuando ainda como governador de Minas Gerais, Tancredo Neves avançava de forma inequívoca na preparação de um plano de governo para a Presidência da República. Isso ficou bastante perceptível no documento a ser apresentado por ele na reunião da Superintendência de Desenvolvimento do Nordeste (Sudene) prevista para o dia 29 de junho, na cidade de Montes Claros (MG). Entre as várias sugestões conjugadas para enfrentar a grave questão da miséria do semiárido, Tancredo enumerava a reforma agrária na região, uma revisão tributária com reformulação dos incentivos fiscais para o Nordeste, além da extinção do Ministério do Interior com a respectiva redistribuição dos órgãos a ele vinculados, a fim de agilizar as medidas destinadas ao enfrentamento dos grandes desafios então postos aos governantes. Dentro da reorganização administrativa sugerida, a Sudene ficaria diretamente subordinada à Secretaria de Planejamento (órgão da Presidência da República) e teria atribuição de opinar sobre todos os projetos para o semiárido, em qualquer setor. Na prática, ao mencionar tais prioridades em seu documento, Tancredo deixava entrever que as penosas agruras seculares das populações nordestinas encontrariam forte eco num governo comandado por ele.

Os dados eram estarrecedores e falavam por si só. Nesse mesmo documento que seria apresentado na reunião da Sudene, apontava-se que a mortalidade infantil no Nordeste era 40% maior do que no Sudeste, ao mesmo tempo em que a expectativa de vida dos nordestinos era dez anos inferior à média dos habitantes da região Sudeste. Contendo cerca de 30% da população brasileira, o Nordeste dispunha, no entanto, de 63% das pessoas com déficit calorífico superior a 200 calorias/dia. Isto é, altíssimos índices de fome e desnutrição. Embora respondesse por aproximadamente 10% da produção do país, o Nordeste não produzia os alimentos necessários ao seu próprio consumo: resultado da concentração fundiária alarmante. Mais da metade dos analfabetos com mais de dez anos de idade se concentrava no território semiárido, que também abrigava 45% dos trabalhadores brasileiros que ganhavam até um salário mínimo e 54% dos que ganhavam até meio salário mínimo também. Não à toa, como revelou o documento em questão, nos vinte anos anteriores, mais de 3 milhões de habitantes haviam deixado sua terra natal em busca de melhores condições de vida no Sul e no Sudeste do país.

Embora o Sudeste apresentasse indicadores socioeconômicos mais robustos, sobretudo, em comparação com as regiões mais pobres do Brasil, os problemas de emprego, renda e qualidade de vida também se avolumavam ali. Nos jornais, apareciam avaliações de que a classe média havia perdido cerca de 30% de sua renda, apenas nos últimos quatro anos. E isso se devia, em grande medida, às imensas dificuldades econômicas que o país atravessava, especialmente a escalada inflacionária, principal causa da corrosão dos salários. Como de praxe no modelo econômico adotado, o enfrentamento à inflação tendia a se dar fundamentalmente pela desindexação dos salários, reajustados em apenas 80% do índice apurado oficialmente. Segundo cálculos aproximados, a classe média representaria 42% das famílias de São Paulo, por exemplo, respondendo por um volume de 60% dos gastos, isto é, do mercado consumidor. Uma perda de poder aquisitivo dessa monta (30%) se refletiria de modo dramático no conjunto da economia e ajudaria a intensificar o quadro mais amplo de insatisfações e anseios de mudança. Esse ambiente político mais cheio de inquietações e de ansiedades acabaria favorecendo a aliança em torno ao nome de Tancredo Neves, também como último recurso das camadas dominantes para manter as rédeas (curtas) do modelo econômico vigente, fundado sobre uma base altamente excludente e concentradora.

Parafraseando uma das tiradas mais brilhantes da sátira política moderna, era preciso lançar mão do artifício de promover a mudança para que tudo continuasse igual. "*Plus ça change, plus c'est la même chose*", como afirmou Alphonse Karr, em janeiro de 1849, o que se pode traduzir livremente como: "Quanto mais muda, mais permanece igual". Era a arte de iludir os incautos com falsas premissas e com promessas vazias. Assim como pontificara o famoso ativista francês, ao julgar que a República da França havia sido surrupiada dos republicanos franceses, o anseio das eleições diretas tinha sido arrancado das mãos dos oposicionistas brasileiros, dando-lhes em troca a chance de apoiar uma chapa presidencial montada com as velhas oligarquias de sempre, que modelariam os anos vindouros com os mesmos métodos e princípios políticos por demais conhecidos.

Talvez a abertura "lenta, gradual e segura" proposta pelo regime possa ser pensada justamente como uma tentativa de barrar o adensamento das insatisfações populares — sobejamente justificadas pelos indicadores socioeconômicos cada vez mais graves e ameaçadores. Desviam-se as atenções com campanhas políticas empolgantes, como as "Diretas Já", canalizando todas as inquietações para a questão sucessória, e depois se oferece uma solução de compromisso com um candidato "humano e democrático", capaz de pôr em prática todas as aspirações acumuladas ao longo das décadas, mas eleito por via indireta no Congresso Nacional, e com uma aliança conservadora. Era fundamental, acima de tudo, como já foi observado, impedir que a sucessão caísse no colo de um oposicionista mais à esquerda, que pusesse em risco o arranjo econômico e político pelo qual se batiam fortemente as lideranças da situação. Era preciso mudar, para que tudo continuasse o mesmo. E isso ficou fartamente demonstrado no fato de que, no chamado processo de redemocratização do Brasil, todas as demandas políticas de forte impacto transformador acabaram sendo sucessivamente derrotadas pelas forças conservadoras. Começou com as "Diretas Já", intensificou-se de modo agudo com a proposta de reforma agrária, e seguiu o seu curso barrando toda e qualquer tentativa de vencer ou apenas amenizar a brutal desigualdade que sempre caracterizou o país.

Conforme avançava o arranjo institucional que levaria à vitória da chapa Tancredo-Sarney, denominada Aliança Democrática, mais ambiciosos e ousados se tornavam os seus compromissos tornados públicos em discursos e promessas. Eles abarcavam de tudo um pouco: política cultural, defesa das minorias, convocação da Constituinte, política externa independente, retomada do desenvolvimento com reforma tributária, combate à inflação, renegociação da dívida externa, repúdio a discriminações e preconceitos, reestruturação da previdência social, incentivos à agropecuária, criação de empregos e luta contra a fome, prioridade ao Nordeste, proteção ao meio-ambiente e defesa da Amazônia, apoio à livre iniciativa, fortalecimento das empresas nacionais, revisão da política salarial (com aumentos reais), educação fundamental para todos, efetivação da autonomia universitária e reforma da legislação eleitoral. Todos esses itens apareciam com frequência nas falas de Tancredo Neves, e também nas sugestões apresentadas por seus apoiadores. Mais do que mero conjunto de objetivos a constarem de um programa de governo que se pretendia democrático, o que essa lista revela é um imenso contingente de necessidades prementes que reclamavam respostas rápidas e eficazes dos governantes, abarcando praticamente todas as áreas da vida social brasileira. Eram ainda um retrato incômodo do imenso desastre que foi a ditadura. Tal legado não deixava dúvidas de que os últimos anos da História do país haviam acumulado dívidas sociais, políticas e econômicas tremendas, cujo resgate exigiria muito esforço e poder de decisão. Olhando em retrospectiva, não é difícil perceber que essas demandas percorreram as décadas à espera de soluções duradouras. E que a inserção do Brasil no rol das nações civilizadas permaneceria sendo uma quimera imorredoura. Um horizonte a ser alcançado.

No dia 7 de agosto de 1984, em discurso pronunciado antes de assinar a ata de formalização da Aliança Democrática, em Brasília, Tancredo Neves ressaltou a desigualdade social como a grande mácula desonrosa que cobria de vergonha a nação brasileira: "Não podemos continuar vivendo numa pátria dividida entre dois brasis: o Brasil da opulência, da prosperidade e da riqueza, e o Brasil do sofrimento, da angústia, da miséria e da fome". E disse mais, ao reforçar o peso dos problemas sociais na configuração daquele presente desconfortável: "Sem justiça social nós seremos sempre uma nação dominada pelas plutocracias nacionais e internacionais. A nossa gente, o nosso povo já atingiu estágio de emancipação que não permite e nem admite viver subjugado aos grandes interesses capitalistas internacionais". Sem soluções mirabolantes, buscou nos elementos básicos a resposta para as maiores aflições: "Que a casa própria seja em verdade o asilo inviolável do nosso trabalhador e do nosso homem do povo, e não esse instrumento de permanente suplício que lhe tira até a alegria. Que haja nessa pátria emprego para todos, que não haja trabalhador sem trabalho e que haja salários dignos e justos para todos". Nessa fala, garantiu ainda que os direitos fundamentais de cidadania deveriam ser resguardados não só durante a vida ativa das pessoas, mas também em suas etapas de afastamento temporário e de aposentadoria: "Que a previdência social deixe de financiar o rico e o abastado e passe a ser realmente um instrumento protetor do nosso trabalhador, da nossa dona de casa e das nossas camadas mais infelicitadas". E declarou que as associações profissionais e sindicais deveriam servir para dar suporte e legitimidade às justas aspirações dos assalariados: "Que o sindicato deixe de ser esse fantasma com que o pintam, esse instrumento de intranquilidade, de desajustamento e desassossego da sociedade, mas seja instrumento de paz social, porque esta é a sua finalidade e esta é a sua filosofia".

Era um pacote de bondades completo. Nele, Tancredo Neves procurou contemplar os principais setores da sociedade com os quais esperava contar e para os quais pretendia acenar com medidas e propostas há muito desejadas. Os donos do poder e do dinheiro, por sua vez, não precisavam ser agraciados com promessas e juramentos, porque sabiam muito bem qual era a parte daquele imenso patrimônio que lhes cabia e dela se apropriavam sem a menor cerimônia. O dilema do futuro governante do Brasil, oriundo dessa aliança com os conservadores de sempre, era o de como preparar a sociedade local para se reorganizar democraticamente, acreditando piamente na mudança, ao mesmo tempo em que se preservava o objetivo precípuo de garantir a continuidade do processo de acumulação da riqueza em poucas mãos. O verdadeiro desafio a ser enfrentado, o real terreno das disputas entre as várias forças políticas era o da transferência ininterrupta dos recursos, bens e valores para as mãos dos poderosos, sem o risco de qualquer ruptura. Isso não se permitiria mudar.

A aliança firmada entre o PMDB e a Frente Liberal, embora não explicitasse obviamente tal compromisso, trazia em seu bojo essa incumbência. A própria configuração da chapa, com seu núcleo de alianças e parcerias, indicava que as velhas oligarquias que dominaram a cena econômica e política durante todo o período da ditadura continuavam dentro do jogo, e ditando regras. A pompa do evento destinado a pactuar o grande acordo nacional da redemocratização do país não deixou dúvidas, ao reagrupar na cerimônia as principais lideranças políticas que, há décadas, protagonizavam os debates e os embates em torno dos temas e dos momentos mais importantes. O seu documento de afirmação de princípios, apesar de abrir-se com generalidades e unanimidades típicas daqueles tempos de celebrações solenes, indicava com clareza que ambos os grupos assumiam o pleno controle do processo em curso e legitimavam as escolhas feitas quanto aos rumos a serem tomados: "Os signatários deste documento, representantes do PMDB e da Frente Liberal, objetivando a consolidação das instituições democráticas, o desenvolvimento econômico do Brasil e a realização da justiça social deliberam constituir uma Aliança Democrática, aberta aos partidos políticos e demais forças democráticas, para eleger o Presidente e o Vice-Presidente da República às próximas eleições e instituir um governo que promova o encontro do Estado com a sociedade e concretize o bem comum".

Não dá para negar: é um belo texto. Bem escrito, sintetiza perfeitamente o conjunto de princípios que rege uma sociedade democrática em plena vigência do Estado de Direito. Mas é impossível não reconhecer também a ironia de uma cerimônia pomposa conduzida por homens que até muito recentemente aderiam à ditadura e ocupavam postos-chave na administração do país. Serviram de modo solícito a um regime que agora entregava à população uma economia claudicante — com taxas de inflação altíssimas e uma dívida externa "impagável" — e uma crise social sem precedentes — com desemprego recorde, fome e desesperança, como se não tivessem nada a ver com isso. Passaram de uma era para outra sem qualquer desconforto, exibindo credenciais que julgavam as mais adequadas ao comando do governo. Empunhavam bandeiras díspares e contraditórias com total desembaraço. E se apresentavam como legítimos democratas quando mal acabavam de se desvincular de um regime de exceção. Como já observamos antes: "*plus ça change, plus c'est la même chose*", ou seja, é preciso mudar para que tudo continue igual.

O tempo se encarregaria de demonstrar que tal solução pelo alto, resultante de um amplo acordo das elites para conduzir o processo de transição democrática do Brasil e não deixar que ele caísse em "mãos alheias", serviu para perpetuar o modelo socioeconômico que prevalecia no país e não para promover qualquer tipo de desenvolvimento alternativo. Perry Anderson fez desse arranjo uma síntese bastante elucidativa: "Embora Tancredo nunca tenha sido um adversário particularmente mordaz da ditadura, nem tivesse chances de ser eleito num pleito direto, sua eleição indireta pelo Congresso foi consagrada pela opinião pública, em meio à enorme expectativa de que aquela fosse a vitória final da democracia sobre a tirania pretoriana.

Sua morte inesperada na véspera da posse foi um balde de água fria na euforia popular, e quem assumiu seu lugar foi um vistoso ornamento da ditadura: José Sarney, oligarca beletrista dos latifúndios do Maranhão, escolhido como vice de Tancredo para garantir o apoio dos derradeiros baluartes do regime. Foi um imenso anticlímax ideológico e o Brasil entrou na vaga de democratização da América Latina desnorteado e sem empolgação" (Anderson, 2020, p. 18).

Por isso mesmo, é interessante observar que, a se acreditar nas matérias dos jornais, que constituem a base documental desta pesquisa, para além do debate em torno da questão sucessória, o quadro geral da sociedade brasileira era bastante desolador. Se, por um lado, o ano de 1984 se abriu acalentando a esperança das "Diretas Já", por outro, exibiu também uma série de indicadores deveras preocupantes, que revelavam um retrato tremendamente sombrio do conjunto de seus habitantes. Em um estudo divulgado pelo Instituto de Planejamento da Seplan (Secretaria de Planejamento ligada à Presidência da República), por exemplo, ficava-se sabendo que o Brasil havia fechado 1983 com cerca de 10 milhões de desocupados, número que representava 22% de sua população economicamente ativa de 45 milhões de pessoas. Além de apresentar o percentual em si, já bastante grave, o estudo ainda indicava que, se o governo não criasse programas emergenciais para retificar as tendências, em dois anos o país chegaria ao patamar de 14,5 milhões de desocupados. Uma redução significativa dessa taxa elevada exigiria a criação de pelo menos 7,5 milhões de empregos novos e um crescimento econômico a percentuais anuais de 7% a 8% até 1986. Dados oficiais. E difíceis de pôr em prática.

Entre miséria e abandono de um lado, violência e repressão de outro, a sociedade se equilibrava de modo precário sobre uma realidade de máxima incerteza, acumulando níveis cada vez mais alarmantes de deterioração do seu tecido social e de inquietude em relação ao futuro. Apesar disso, como alardeavam os jornais, o clima de insegurança e brutalidade que se alastrava por várias regiões do país parecia ter seu lado positivo para um setor que estava em franca expansão: o dos "agentes de segurança". O fim dos anos 1970 marcara a emergência de uma atividade bastante febril no segmento da segurança privada — alguns argumentavam, inclusive, que isso teria decorrido, em parte, da desativação dos fortes esquemas de repressão que caracterizaram os anos anteriores da ditadura, liberando parcelas substanciais do pessoal envolvido na defesa do próprio regime para outras funções. O surgimento de várias empresas especializadas em segurança particular e patrimonial foi uma das principais características daquele período. Todavia, à margem das empresas regulamentadas e sob controle do Estado, crescia também o contingente de policiais e militares reformados que trabalhavam de forma clandestina na vigilância de hotéis de luxo, firmas de vários tipos (especialmente, no mercado financeiro), lojas comerciais e condomínios. Esse mercado informal de trabalhadores da segurança incorporava, segundo estimativas correntes, aproximadamente 10 mil profissionais em seus quadros, e se encontrava em plena ascensão. Num panorama socioeconômico de forte agravamento do desemprego, do arrocho salarial, da fome e das doenças, causava espanto esse incremento da situação geral de intolerância que acabaria levando a uma maior rigidez no tratamento das desigualdades. Tornava-se patente, cada vez mais, que o drama dos desequilíbrios sociais seria traduzido em soluções de força: é dessa época também o surgimento do hábito de cercar as casas e os edifícios com grades dotadas de dispositivos eletrônicos de controle.

Como expressão clara do total fracasso da ditadura em promover um desenvolvimento econômico sólido e duradouro, muito embora tivesse garantido que o faria, aqui e ali começavam a aparecer, na imprensa, várias reportagens que denunciavam a progressiva perda de poder aquisitivo da população. Ao longo do ano de 1984, isso deixou de ser episódico e se tornou rotineiro. Sob o impacto de três contingências principais — inflação, recessão e achatamento salarial —, a classe média brasileira descia rapidamente a ladeira e, em muitos casos, abandonaria para sempre o patamar de conforto que havia alcançado. O automóvel era vendido para pagar a prestação da casa própria, as crianças eram retiradas das escolas particulares e transferidas para as escolas públicas, os médicos particulares eram substituídos pelo atendimento ambulatorial dos hospitais públicos, e muita gente passou a fazer apenas uma refeição por dia. Em termos comparativos, segundo diziam as reportagens, o período de 1979 a 1982 havia causado a queda de centenas de milhares de brasileiros, que ganhavam acima de cinco salários mínimos, para níveis bem inferiores. Se fosse considerado ainda o aumento populacional daquele ínterim, chegava-se ao dado de que uma base ainda maior de pessoas havia deixado de ingressar nessa mesma faixa de renda, totalizando um corte estimado de 16% para esse grupo socioeconômico. De acordo com os números da última Pesquisa Nacional por Amostragem Domiciliar (PNAD) do Instituto Brasileiro de Geografia e Estatística (IBGE), no entanto, efeitos ainda mais drásticos estariam se abatendo sobre o segmento daqueles que ganhavam mais de 20 salários mínimos — entre eles, calculava-se que a baixa teria sido de 28%. O empobrecimento era generalizado na população brasileira, com exceção dos muito ricos. Os afortunados sobreviventes dessa calamidade se equilibravam como podiam, reduzindo gastos e expectativas, ao antever os tempos difíceis se erguendo de modo sombrio no horizonte.

Se a classe média e os marginalizados das grandes cidades ocupavam as páginas dos jornais com relativa frequência, novos personagens também começavam a ganhar destaque nos noticiários e um novo termo destinado a apelidá-los acabava de ser incorporado ao vocabulário habitual das pessoas: boias-frias. Hoje, praticamente desaparecidos do cenário agrícola brasileiro, eles foram fundamentais durante décadas, sobretudo, nos períodos das colheitas de grãos e laranjas e no corte da cana. Até que a mecanização progressiva do agronegócio os levasse à quase extinção. Muito pobres e desassistidos, sem meios próprios de prover a subsistência da família, cumpriam longas jornadas de trabalho braçal exaustivo, que podiam chegar a 12 horas corridas, começando por volta das 5 horas da manhã. Como saíam de casa muito cedo e carregavam a marmita com a única refeição do dia, almoçavam a comida já fria, de onde foi tirado o apelido pelo qual passaram a ser identificados por muito tempo. Ao longo de 1984, mas não apenas, os boias-frias também engrossaram o caldo de insatisfação e penúria que abalou a classe trabalhadora brasileira, asfixiada pelos baixos salários e pelas duras condições de vida, marcadas por privações de todos os tipos.

Em maio daquele ano, sacudiram o interior de São Paulo reivindicando melhor remuneração, por meio de greves e protestos. Em Guariba, por exemplo, cerca de 10 mil boias-frias enfrentaram os golpes de cassetetes e as bombas de gás lacrimogêneo da Polícia Militar, em busca dos seus direitos. Ao passar os olhos pelos termos do acordo aprovado por unanimidade na assembleia dos pequenos agricultores, é impossível não se impressionar com o nível brutal de exploração a que estavam submetidos nas grandes plantações do Brasil. Entre os vários itens da sua pauta de reivindicações, aprovados pelas grandes usinas e fazendas da região, encontravam-se um aumento salarial médio de 40%, disponibilidade de ferramentas e equipamentos indispensáveis às tarefas, transporte gratuito e registro em carteira. Para se ter uma ideia das discrepâncias em questão, os boias-frias reunidos em protesto na cidade de Bebedouro (SP) lutavam por um reajuste de Cr$ 60,00 (R$ 0,61) para Cr$ 200,00 (R$ 2,05)[1] no preço pago pela caixa de laranja colhida. Eram valores tão irrisórios que nem a mídia se atreveu a debater, fazendo apenas o registro.

---

1. A atualização de valores de cruzeiros ou cruzados para reais foi feita aqui por meio da Calculadora do Cidadão, do Banco Central do Brasil, utilizando como índice o IPCA (iniciado em 1980) e demarcando a data atual em dezembro de 2022.

Meses antes, o grito de alerta tinha vindo dos cortadores de cana de Pernambuco. Cinco mil deles, com faixas e cartazes, haviam tomado o centro da cidade de Carpina, a 60 quilômetros do Recife, exigindo providências contra a violência predominante nos engenhos da Zona da Mata pernambucana, onde se concentrava a agroindústria açucareira do Estado. Entre suas principais queixas, apontaram as expulsões sumárias, as ameaças, os espancamentos, os tiroteios e o assassinato de lavradores, cada dia mais comuns em toda a região. A Federação dos Trabalhadores da Agricultura de Pernambuco (Fetape) preparara um documento de 46 páginas a ser encaminhado à Organização Internacional do Trabalho (OIT) e aos senhores deputados e senadores brasileiros, contendo as graves acusações e as reivindicações dos agricultores. Entre as medidas drásticas tomadas pelos proprietários dos engenhos, o testemunho enumerava: a expulsão de moradores dos seus sítios, sem indenização; a substituição de trabalhadores registrados por clandestinos (sem documentação); a proibição de reuniões de lavradores e de ação dos sindicatos rurais; as tentativas permanentes de desarticular a fiscalização da Delegacia Regional do Trabalho. Intitulado de "Violências na Zona Canavieira", o relato da Fetape denunciava que o açúcar produzido na região açucareira de Pernambuco tinha gosto de sangue. O sangue dos trabalhadores rurais espancados e assassinados pela truculência daqueles senhores de engenho e usineiros que implantaram o verdadeiro clima de terror em suas propriedades, com o único objetivo de saciar a sua ganância de superlucros, através da superexploração dos trabalhadores rurais da palha da cana.

Manifestações desse tipo não seriam exceções nos meses e anos vindouros. O meio rural brasileiro seria sacudido por levantes e sublevações periódicos, resultantes da condição geral de miséria e privação vivida por grande parte dos seus habitantes. Embora o mal-estar se espalhasse por faixa considerável do território nacional, o Nordeste, sem dúvida, evidenciava as piores situações de sofrimento por causa do agravante da seca que assolava a região. Para lá dos episódios de estiagem que se sucediam com relativa frequência, a população nordestina padecia ainda de graves enfermidades decorrentes da falta de saneamento e de atendimento médico regular. Num documento elaborado pelo Ministério da Saúde, por exemplo, que contou com a participação de técnicos de diversos órgãos federais associados (como Seplan, Previdência Social e Sudene), ficou registrado que aproximadamente quatro milhões de nordestinos eram atacados pela esquistossomose; outros três milhões sofriam com a doença de Chagas; cerca de 17 mil casos anuais de tuberculose eram agregados aos dados oficiais na região; de cada mil crianças nascidas, 240 morriam antes de completar doze meses, sendo que 66% da população rural infantil (entre um e cinco anos de idade) sofriam os efeitos trágicos da desnutrição. Nessa descrição detalhada sobre o quadro de saúde predominante, ficou ainda evidenciado que apenas 6% da população rural destinavam adequadamente os seus dejetos, ao passo que apenas 12% dos residentes em locais de até 2 mil e 500 habitantes dispunham de abastecimento de água, com ou sem ligação domiciliar direta. Não seria de espantar, portanto, que periodicamente essas aglomerações humanas levantassem a voz para pedir solução. Nos anos seguintes, o tema da reforma agrária e das tensões crescentes no meio rural causaria grande impacto no debate político brasileiro.

Esses poucos exemplos citados acima não seriam os únicos colhidos na imprensa da época. Servem aqui apenas como pequenas amostras do ambiente socioeconômico mais amplo que caracterizava a vida brasileira na década de 1980. A relativa distensão política que resultara do fim do AI-5 e das progressivas conquistas dos setores democráticos — a reorganização partidária, por exemplo, assim como o retorno pleno das eleições diretas para os governos estaduais, prefeituras e legislaturas — propiciou um ambiente mais seguro para o aumento das reivindicações dos trabalhadores, e também para o crescimento das suas manifestações, que se tornavam cada vez mais sonoras.

Como expoente desse quadro mais amplo de luta e de contestação, destacou-se a formação do Movimento dos Trabalhadores Sem Terra (MST), em 1984. Foi nesse contexto, portanto, que se registraram os eventos acima mencionados, cujo real significado político para o processo de redemocratização do Brasil ainda precisa ser devidamente aquilatado.

Curiosamente, algumas reflexões sobre os problemas decorrentes da miséria que grassava no campo vinham não somente das searas brasileiras, mas encontravam eco nos centros acadêmicos estadunidenses. É meio óbvio que na visão geopolítica dos Estados Unidos o Brasil ocupasse um lugar de destaque e merecesse contínuas preocupações. Embora o golpe de 1964 tivesse solidificado a influência esmagadora da grande potência no país, tal ascendência jamais pareceu totalmente assegurada e inspirava cuidados permanentes. As oposições resistiam. E as adversidades também. Nessa perspectiva, a questão agrária sobressaía-se de modo vultoso. Em parte, porque despertava muitas "suspeitas" de que uma luta revolucionária inspirada nas teorias marxistas pudesse começar justamente no meio rural conflagrado. E, segundo os órgãos de inteligência estadunidenses, com o apoio de Cuba e da União Soviética. Entretanto, ainda que o fantasma do comunismo rondasse a região, sobretudo, na imaginação dos intelectuais conservadores dos Estados Unidos, eles pensavam ainda em alternativas a essa possibilidade ameaçadora e levantavam hipóteses sobre soluções inadiáveis para os principais problemas. Num estudo conduzido por professores da Universidade de Miami, por exemplo, resultante de entrevistas com banqueiros, executivos, homens de negócios, economistas, advogados e universitários, foi apresentada a conclusão de que o "gigante do Norte" não estava preparado para os movimentos radicais que surgiriam na América Latina, inevitavelmente, nos próximos anos, se a crise econômica ali continuasse a se agravar. Diante dessa avaliação, o texto recomendava a necessidade de uma nova política estadunidense na região, e chamava a atenção para o fato de que a intensa agitação dos lavradores que se opunham aos regimes oligárquicos dominantes não seria resultado apenas de influências estrangeiras (leia-se cubanas e soviéticas), mas poderia estar ancorada em deficiências seculares das estruturas agrárias vigentes. É preciso reconhecer lucidez nessas afirmações, sobretudo, levando-se em conta o ambiente ideológico no qual foram formuladas, com vasta predominância dos desígnios da Guerra Fria. Por sua vez, em outro ponto da análise, mostrada pela imprensa, levantava-se o fato incontroverso de que as dívidas externas dos países latino-americanos seriam tão pesadas que metade das rendas obtidas com suas exportações era consumida só no pagamento dos juros, criando assim uma espécie de "castelo de cartas econômico". Nessa perspectiva, a maneira mais eficaz de remediar a situação, segundo o referido documento, seria reativar os setores produtivos, com base na reestruturação das dívidas, nos investimentos de capital e numa política comercial de prioridades. Tudo isso, é claro, sem descuidar do combate incisivo à "ingerência" cubana e soviética na região, que os políticos e intelectuais estadunidenses julgavam inquestionável.

Embora as condições dramáticas do endividamento externo dos países da América Latina fosse uma questão por demais presente no âmbito das relações internacionais da década de 1980, elas não chegaram a merecer dos países ricos (o G-7) a atenção devida. Como o poder de barganha dos endividados fosse muito reduzido, as nações economicamente hegemônicas pouco faziam para mitigar tais aflições. Todavia, quando as lideranças latino-americanas tentaram unir esforços para buscar uma solução conjunta para a crise da dívida, foram imediatamente desencorajadas pelo governo dos Estados Unidos. Isso se passou na ocasião da reunião de chanceleres latino-americanos, em Quito, realizada em janeiro de 1984, a convite do presidente equatoriano, Oswaldo Hurtado, com o objetivo precípuo de apontar caminhos comuns para a crise do endividamento em que os países da região estavam mergulhados. Muito embora não fizesse parte do grupo dos devedores, o presidente Ronald Reagan determinou o comparecimento de um alto funcionário do Departamento do Tesouro dos Estados Unidos ao evento, pois a Casa Branca temia (e não aceitaria, de jeito nenhum) que se aprovasse ali a tese de uma renegociação conjunta das dívidas latino-americanas, porque isso contrariava os interesses de Washington, que preferia entendimentos isolados entre cada devedor e seus respectivos credores. O Brasil, por sua vez, demonstrou que não pretendia ter uma participação eloquente no encontro, tendo em vista que o Itamaraty já tomara conhecimento da preocupação reinante nos principais centros financeiros do mundo — Wall Street e City londrina. Como tencionava efetivar uma renegociação satisfatória de sua dívida externa, o governo brasileiro preferiu não provocar desconfianças nos negociadores e foi bastante discreto na reunião de Quito. Essa era a chave da questão: isolando os devedores em acertos diretos com os seus credores, e impedindo que unissem esforços para reivindicar contratos mais flexíveis e condizentes com as suas verdadeiras necessidades, a banca internacional continuava assegurando a transferência brutal de recursos dos países pobres para os países ricos. Por muitos anos ainda, a economia brasileira ficaria refém do pagamento escorchante dos juros da sua dívida externa, destinando parcela expressiva de sua riqueza produzida para os cofres dos grandes financistas internacionais e suas agências. O endividamento dos Estados Nacionais, desde a sua origem, sempre foi uma poderosa alavanca de criação de fortuna para os bolsos de banqueiros e seus associados. Como se pode ver, é dinheiro certo.

Alguns meses depois do esforço baldado do presidente equatoriano, novas rodadas de negociação voltaram a rondar a questão da dívida externa latino-americana. Por mais que alguns líderes mundiais tentassem fingir que isso não era matéria de grande preocupação, ela teimava em se impor como um fantasma inevitável. As condições econômicas dos países da América Latina se deterioravam a olhos vistos e ameaçavam inclusive a própria sobrevivência da democracia na região. O chanceler argentino, por exemplo, chegou a definir o quadro da dívida externa como uma "espada de Dâmocles" que pairava sobre as cabeças dos chefes de Estado latino-americanos, prestes a lhes tirar qualquer chance de sobrevida com a elevação sistemática dos juros. Os sucessivos aumentos das taxas de juros, somados à intensificação das medidas protecionistas adotadas pelos países desenvolvidos, tendiam a asfixiar as contas externas regionais. Com dificuldades para acessar os mercados das economias fortes, viam-se impedidos de aliviar o peso do seu endividamento, por meio do crescimento de suas exportações. E sofriam ainda com a lenta retomada dos fluxos de financiamento externo ao seu próprio desenvolvimento econômico. Sem receber divisas, quer por intermédio das exportações, quer por meio de investimentos estrangeiros, as economias latino-americanas teriam poucas chances de se recuperar satisfatoriamente do quadro grave de restrição financeira a que estavam submetidas. Foi isso que o vice-presidente brasileiro, Aureliano Chaves, denunciou com sua crítica ao protecionismo dos países ricos: durante uma visita oficial aos Estados Unidos, deixou claro que nenhum país poderia, sem o risco da autodestruição, ser forçado a destinar, por muito tempo, a metade da receita de suas exportações ao pagamento de juros da sua dívida externa, como era o caso do Brasil. Restava saber se o governo brasileiro partiria da palavra à ação.

Os esforços para renegociar se intensificavam. Dirigentes do Banco Central brasileiro, no retorno de uma viagem que fizeram a Washington, para se encontrar com Paul Volcker, presidente do Federal Reserve (Fed) (principal autoridade monetária estadunidense), relataram enormes preocupações com as altas taxas de juros vigentes e indicaram suspeitas generalizadas de que essas altas tenderiam a continuar e até a recrudescer. Em sua avaliação, o problema seria de responsabilidade direta do governo dos Estados Unidos, pois estaria fundado em duas razões principais: 1) a economia estadunidense experimentava um forte crescimento, que aumentava a demanda por crédito e conduzia à elevação das taxas de juros; 2) a política fiscal 'descontrolada' do governo estadunidense fazia com que o déficit da União fosse financiado com o incremento doméstico da taxa de juros, prejudicial ao resto do mundo. Tendo em vista esses dois aspectos, a perspectiva de melhora no quadro geral das taxas de juros parecia bem pouco promissora. Como não dá para dissociar a economia da política, coube ao senador Roberto Saturnino uma advertência séria para os riscos presentes na situação cada vez mais calamitosa de uma elevação contínua das taxas de juros internacionais. Em discurso na tribuna do Senado, Saturnino argumentou que o plano armamentista do presidente Ronald Reagan era o principal responsável pelo déficit fiscal dos Estados Unidos e, consequentemente, pelo processo de subida da 'prime rate' que colocava em grave perigo a paz e a economia da América Latina. Essa fala recebeu diversos apartes de aprovação, inclusive de líderes do PDS, o partido do governo, e deixou um registro oportuno da influência corrosiva que a Guerra Fria exercia sobre os rumos das relações internacionais. Investimentos maciços em armamentos e em defesa jamais seriam abandonados ou sequer refreados por uma grande potência que disputava a supremacia mundial. Ainda que o custo maior dessas decisões fosse a asfixia de inúmeros países menores ou menos influentes, ainda que isso representasse abdicar da aplicação de recursos em outras atividades muito mais vantajosas para grande parte de sua população.

A percepção dessa disparidade de poder e de persuasão levou alguns países dependentes a procurar alternativas. Algumas dessas opções seriam replicadas décadas depois, por iniciativas semelhantes de busca por soberania e desenvolvimento sustentável. O Brasil não se furtou a tentar uma aproximação com a China, por exemplo, como parte da sua estratégia para construir canais de expansão econômica e até cultural, que fossem além da rota comum traçada pelo equilíbrio secular entre países centrais e países periféricos, que caracterizara o modelo capitalista do Ocidente. Foi nesse contexto que o governo brasileiro preparou a visita do general-presidente Figueiredo à China, em maio de 1984, com toda a pompa e circunstância condizentes com a ambição de projetar o país no cenário global de uma forma inteiramente nova. Ambos os países se identificavam pelo patamar semelhante de gigantismo territorial, atraso econômico relativo, aspiração nacional de desenvolvimento e uma população jovem e ascendente. E se distanciavam completamente no que tange aos aspectos políticos, que, entretanto, não foram suficientes para afastá-los de uma iniciativa inovadora que se perpetuaria pelas décadas seguintes, promovendo um estreitamento sólido no plano comercial. Em suas falas, os presidentes Figueiredo e Li Xiannian defenderam "a unidade do Terceiro Mundo" e preconizaram uma "nova ordem econômica internacional", celebrando a amizade entre seus povos no Grande Palácio do Povo, em Pequim. O general-presidente participou, junto com sua comitiva, de banquete oferecido pelo governo chinês e condenou ainda, em especial, a competição das grandes potências na corrida armamentista e na política de poder (leia-se Estados Unidos e União Soviética). Os dois dirigentes assinaram vários acordos firmados em diversas áreas, como a cooperação científica e tecnológica e o intercâmbio em energia nuclear. Entre os demais compromissos oficiais, os jornais noticiaram que Figueiredo se encontrou também com o secretário-geral do Partido Comunista Chinês e depositou flores no monumento aos heróis do povo chinês, além de visitar o concorrido mausoléu do líder Mao Tsé-Tung, cumprindo toda a liturgia dos regimes comunistas!

Numa certa medida, estavam postas aqui, nesse mesmo período histórico, as principais contradições que iriam marcar a evolução subsequente do Brasil. O grande acordo nacional destinado a articular a passagem da ditadura à democracia, sem qualquer risco palpável, serviria também para consolidar as estruturas de poder dominantes. Poder político e poder econômico. Uma sólida aliança entre os militares e as oligarquias rurais e urbanas cuidaria de impedir o avanço das bandeiras da esquerda, entre as quais se destacava, sobejamente, a reforma agrária. Uma classe média vulnerável, espremida entre o muro dos poderosos e o fosso dos miseráveis, seguiria lutando para escapar da desgraça que teimava em se avizinhar, para jogá-la sem pena no inferno da pobreza, quiçá da pobreza extrema. E uma imensa massa de proletários desnutridos, doentes, indefesos, desesperançados, que, apesar do trabalho extenuante que executavam de sol a sol, nas mais variadas tarefas e ocupações, mal conseguiam ganhar o suficiente apenas para sobreviver. Era com essa bagagem que o país adentrava uma nova fase da sua história. Indiscutivelmente, era preciso muita confiança para acreditar que as perspectivas se mostrariam de fato animadoras.

política da f

é
s.
0
as
a
fi-
oor

oria
rasi-
uito
que
s do
entar
dução
es de
s, 680
s com
Mas
oveita-

om uma
sa e que
utiva es-
a ociosa
mos qui-
sários. E
científica
a em pou-
eficiente.
lítica. É o
problema
organizado
a Castro e
matéria co-
ução de ali-

Anna

nquanto muitas
ontavam a ação
ores e desordei-
ques a mercea-
ermercados, ou-
de perto com os
ção de alimentos
me — viam sobre-
ponto crítico uma
ente, agravou-se
modo em que, do
mamente económi-
se desenvolveu.
os, enquanto dispa-
cadores económicos
que ficou conhecido
brasileiro", declina-
de alimentos básicos,
convocada política

aquelas de boa colocação no mercado externo, para as quais já existia uma tecnologia internacional mais avançada e que consumia insumos modernos e matérias-primas agroindustriais — tratores, fertilizantes, agrotóxicos.

Rapidamente, solidificou-se uma perversa divisão de trabalho na agricultura: os produtores capitalistas com acesso à terra, crédito e tecnologia produziam para e em função do mercado externo, deslocados para as terras menos acessíveis e menos férteis, aos pequenos produtores tocou alimentar as crescentes massas urbanas. Alteraram-se o preço da terra, a composição de culturas, a estrutura fundiária, as relações de produção e a oferta de oportunidades económicas no campo, tudo contribuindo para a ... pequenos

"O fato de ocorrer em meio à opulência de outros grupos sociais e à grande extensão de terras inaproveitadas, empresta à fome brasileira características socialmente explosivas"

O Brasil vive hoje o dilema plantado por esta política: o aumento do preço é capaz de estimular a produção de alimentos, mas, diante da elevação dos preços, a demanda efetiva se reduz devido ao baixo poder aquisitivo da maioria da população. Tal redução do consumo certamente não significa a eliminação de supérfluo na dieta alimentar, mas fome e desnutri-

de trabalho de 240 horas mensais. Os dados são do DIEESE.

Com a correção do salário mínimo correndo por baixo da taxa de inflação, como estará a situação em dezembro deste ano, logo após reajuste de novembro — sobretudo levando-se em consideração que a alimentação foi o vilão da inflação d mês passado e que o acordo com supermercados garante os preços e táveis apenas até o final deste mês

CAPÍTULO 2

É democracia, mas sem o voto direto

1984-85. Definida a sucessão "pelo alto", como preconizavam os defensores do regime, as lideranças da oposição começaram a mostrar suas cartas e a colocá-las sobre a mesa. Tancredo Neves, o nome já amplamente aprovado para simbolizar as aspirações de mudança, preparava a sua saída do governo de Minas Gerais e a sua entrada definitiva na campanha eleitoral que daria rumo à questão sucessória no Brasil. No campo adversário, o deputado Paulo Maluf venceu a disputa com o ministro Mário Andreazza para ser o candidato do PDS (ou seja, do governo) no Colégio Eleitoral. Uma reorganização de forças e de apoios indicava seríssimas dificuldades para o concorrente governista — em pouco tempo, o racha situacionista convergiria para a formação de um novo partido conservador e para a adesão de diversos membros à candidatura de Tancredo Neves.

No ato de transmissão do cargo de governador de Minas Gerais ao então prefeito da capital, Belo Horizonte, Tancredo afirmou em alto e bom som que a corrupção, a fraude, o peculato haviam se tornado rotina na vida brasileira. Em sua visão, a nação passara a aceitar como normal o comportamento de seus altos funcionários, que não só viviam "no mundo fantástico e descuidado das mordomias", como também negociavam o interesse do Brasil com a negligência típica dos irresponsáveis. Astuciosamente, jogava sobre os ombros dos maus servidores públicos a desonra dos malfeitos praticados, enquanto as estruturas de poder econômico e político em si permaneciam obscurecidas. Em síntese, o problema não estaria no modelo socioeconômico excludente, mas nos seus executores perversos. Tancredo bradava as denúncias que se costumava fazer "à boca pequena" durante a vigência do regime militar. Todos os desmandos e dolos praticados contra os direitos e a soberania do povo brasileiro eram cochichados pelos cantos das bocas e das ruas, ainda que não pudessem ser esbravejados como deveriam, sob pena de repressão duríssima. Mas, então, estavam ali, expostos na mensagem oposicionista. Isso, sem dúvida, haveria de contribuir para angariar grande apoio popular à eleição de Tancredo Neves, apesar da enorme decepção sentida com a rejeição da Emenda Dante de Oliveira.

O governo respondia com declarações vivas de sua preocupação quanto ao "crescente comprometimento da candidatura de Tancredo Neves com as esquerdas", e prometia "uma ação ainda maior" em prol da vitória de Paulo Maluf. Aqui e ali, surgiam boatos de que o general-presidente estaria disposto inclusive a aceitar o modelo parlamentarista para o seu sucessor, desde que fosse votado pelo Congresso Nacional. Era mera sugestão, talvez. Mas, indicava a disposição de frear o avanço dos concorrentes. Hipóteses e ameaças se sucediam em meio aos temores de autoridades do regime de que o poder lhes escapasse finalmente ao controle — entre elas, destacavam-se as de arrocho nos repasses a Estados e municípios e de troca dos ocupantes de cargos de indicação política. Tudo isso a fim de impedir que os parlamentares levassem os seus votos para o candidato da oposição. Essas chantagens tinham uma finalidade clara de contenção das defecções que ameaçavam a integridade das forças governistas, mas expressavam também a própria natureza dos arranjos institucionais que davam sustentação ao modelo vigente. Eram muitos os envolvidos na manutenção do *status quo*. E os seus beneficiários também. No jogo político, todavia, as mudanças de ventos tendem a provocar uma vertiginosa revoada dos pássaros rumo a novos ninhos. E era disso que se tratava.

Tancredo Neves, em seu melhor estilo conciliador, declarou ter plena certeza de que contaria com o apoio dos militares, caso fosse eleito. Mas, ao mesmo tempo, garantiu que jamais aliciaria representantes das Forças Armadas em busca desse assentimento. Disse ainda acreditar que "a sustentação do povo, dos políticos e dos militares" era mesmo indispensável aos governantes de qualquer país do mundo. Com o Brasil, não seria diferente. Embora adotasse o tom moderado nas falas de campanha, Tancredo mantinha acesa a chama da indignação e da contestação diante do legado da ditadura. No comício de lançamento de sua candidatura oficial, realizado em Goiânia, exclamou, na presença das 300 mil pessoas que o acolhiam na praça, que julgava o Colégio Eleitoral "espúrio e ilegítimo", mas também a única alternativa facultada pelo regime à oposição. Por isso mesmo, não poderia ser descartada. Ainda, numa síntese de sua visão crítica, atribuiu aos "vinte anos de autoritarismo" o quadro de recessão, inflação e desemprego que o Brasil enfrentava, ligando à mesma causa a existência de jovens sem nenhum ideal. Um país diante de sua própria encruzilhada: era assim que a oposição retratava a realidade do momento, feita de contingências preocupantes nos seus mais diversos aspectos. Se a economia e a política andavam de mal a pior, incapazes de apontar soluções para os problemas crescentes da população que trabalhava sem cansar, mas não enxergava qualquer alívio, a juventude que ali crescia também não podia contar com perspectivas mais animadoras. Era um quadro desalentador, sem dúvida, para o qual a oposição pretendia dar uma resposta.

Enquanto a campanha oposicionista ganhava as ruas e as adesões, embora o pleito se restringisse ao Colégio Eleitoral, os governistas continuavam tentando suas manobras de intimidação e advertência. Coube a um senador do Rio Grande do Norte revelar para a imprensa uma conversa que teria tido com o general-presidente no Palácio do Planalto, na qual sobressaiu-se o temor do revanchismo. Segundo esse parlamentar, Figueiredo receava que a eleição de Tancredo Neves pudesse ensejar "a deflagração de um processo de revanchismo jamais visto na História do Brasil", pois considerava que o político mineiro não teria pulso nem condições de refrear a imaginada explosão revanchista dos grupos esquerdistas oriundos de "ideologias alienígenas". De novo, a velha ideia de uma ameaça comunista corporificada na ação deletéria de representantes locais dos interesses de Cuba e da União Soviética. No mesmo noticiário, lia-se ainda que os ministros da Marinha e da Aeronáutica também se reuniram com o general-presidente, para efeitos de uma "análise da conjuntura política", na qual trataram, forçosamente, do comício de Goiânia que inaugurara a campanha eleitoral da oposição. Na saída do encontro, um dos ministros pediu aos repórteres que não lhe fizessem perguntas, respeitando a sua opinião de que militar não deve se envolver em política, deve ficar afastado desses assuntos. Pois bem, o país vivia há vinte anos sob uma ditadura civil-militar e o oficial teve a coragem de dizer que os militares não deviam se envolver em política! E na saída de uma reunião com o Presidente da República, na qual trataram justamente da conjuntura política!

Tancredo Neves não se furtou ao debate. Seguro da própria trajetória e convicto dos compromissos que assumira, não tergiversou. Como candidato da Aliança Democrática, advertiu que tentar fazê-lo revanchista e comprometido com grupos de esquerda era negar toda a sua vida pública e o seu passado político. Isso era mais do que óbvio. Assim como era indubitável que o espantalho do comunismo fosse sempre utilizado para assombrar os espíritos mais incautos. Todavia, para não deixar margem a dúvidas, ele manifestou de forma bem clara que não tinha qualquer afinidade com o projeto político comunista e de que modo o classificava. Assegurou que era claramente anticomunista, por considerar o comunismo anticristão, antidemocrático e antinacional, e garantiu ainda ser um homem profundamente cristão, democrático e nacionalista. No mesmo comunicado divulgado pela imprensa, Tancredo ainda disse ter recebido informações de que grupos de direita se articulavam para tumultuar o processo sucessório, e acrescentou que considerava muito pior do que a esquerdização tão decantada do país, ter de enfrentar os grupos de direita incrustados no governo. Uma das principais resistências dos governistas era aos comícios — a isso Tancredo também reagiu, alegando que não via qualquer razão para que os comícios fossem censurados ou impedidos, pois eram manifestações livres garantidas pela Constituição. E determinou que seriam realizados dentro da lei e do respeito à ordem. Na preparação dos encontros programados para o dia 12 de outubro, em Belém, dia 13, em Manaus, e dia 14, em Rio Branco, a cúpula do PMDB pediu severas providências para evitar que bandeiras vermelhas fossem empunhadas na multidão. Essa era uma das coisas que mais incomodavam o regime. Enquanto isso, os altos comandos das Forças Armadas continuavam se reunindo para fazer seguidas "avaliações da conjuntura política".

Foi o racha na ala governista que ajudou a acirrar os ânimos de uma campanha eleitoral que, em tese, tendo em vista o modelo de escolha do futuro presidente por via indireta, nem sequer deveria existir. A criação da Frente Liberal — uma dissidência do próprio PDS — acelerou a ruptura no bloco governista e levou para a oposição uma expressiva quantidade de votos, que garantiriam a vitória da chapa encabeçada por Tancredo Neves. Levantamentos realizados pelos liberais indicavam que o candidato oposicionista poderia contar com 377 votos, contra estimados 244 votos para Paulo Maluf, restando ainda 53 indecisos e 12 ausências declaradas. O general-presidente acusou a oposição de ter "esfacelado a fidelidade partidária", ao promover amplo assédio aos seus correligionários e ao facilitar a adesão dos governadores ao projeto dos oponentes. Ao mesmo tempo, sugeria ao seu candidato que partisse para o ataque, viajando aos Estados da federação e conversando cara a cara com todos os membros do partido do governo, a fim de convencê-los da necessidade imperiosa de apoiar a continuidade do projeto situacionista. O acirramento das tensões no âmbito da disputa eleitoral acabou levando a um temor maior de que os atos públicos de campanha pudessem se transformar em embates violentos, comandados por provocadores da direita a serviço do regime. De acordo com um dos coordenadores da campanha da Aliança Democrática, as bandeiras de partidos clandestinos empunhadas nos comícios da oposição seriam ações de indivíduos infiltrados e destinadas a causar comoção: era um tipo de provocação que interessava aos radicais da direita, que desejavam continuar usufruindo das vantagens recebidas e não queriam admitir que se implantassem no Brasil as reais mudanças que o país estava precisando.

Por bandeiras de partidos clandestinos leia-se estandartes dos partidos comunistas, banidos da vida pública brasileira pela ditadura. A cúpula das Forças Armadas mantinha-se determinada em relação a isso e não aceitava, em nenhuma hipótese, que os partidos comunistas atuassem livremente em manifestações políticas, enquanto estivessem na ilegalidade. Segundo o coordenador de campanha citado nos jornais, os militares brasileiros, na sua maioria, têm "uma aversão histórica, doutrinária, ao comunismo e a qualquer manifestação de esquerda". Daí as notas de advertência que divulgavam de modo costumeiro contra expressões desse tipo. Embora reiterassem o tempo todo que se mantinham equidistantes do jogo político, o fato é que continuavam dando as cartas e tutelavam claramente o andamento do processo sucessório. Seus pronunciamentos periódicos em relação a isso eram uma demonstração eloquente do quanto se sentiam responsáveis pelo encaminhamento da sucessão presidencial. Quando Paulo Maluf foi recebido com uma chuva de ovos e de vaias na entrada da Assembleia Legislativa de Sergipe, em outubro de 1984, por mais de mil pessoas que se aglomeraram ali para lhe mostrar o seu repúdio, os ministros militares emitiram notas duras de condenação à "natureza radical" da hostilidade ao candidato governista. No fundo, isso era lido mesmo como uma ofensa ao próprio regime, pois sabia-se que Maluf recebera as vaias e as ovadas que muitos populares gostariam de ter lançado contra a cúpula do governo. Esse era o maior risco que os comícios e os protestos que se avolumavam podiam oferecer aos defensores da situação: a demonstração, cada vez mais incontestável, de que o desagrado com a realidade do país era amplamente disseminado. Por seu lado, a imprensa noticiava que o incidente ocorrido em Aracaju tinha sido organizado por lideranças sindicais e militantes comunistas, apoiados por estudantes e parlamentares oposicionistas — oito pessoas foram presas pela polícia. A narrativa corrente do avanço comunista sobre a oposição ganhava corpo e estimulava a agressividade da repressão.

No clima quente de acirramento das disputas, caiu como uma bomba a revelação do deputado Mário Juruna (PDT-RJ) de que teria recebido, do coordenador da campanha de Paulo Maluf, a oferta de generosa quantia de dinheiro, em troca do seu voto no Colégio Eleitoral. Juruna admitiu que já havia recebido as duas primeiras parcelas, depositadas numa agência bancária de Brasília. No dia em que deveria receber a terceira parcela, se arrependeu e voltou atrás — o seu voto agora seria de Tancredo Neves. Não foi cassado, apesar de ter confessado o delito, mas isso deve ter lhe custado a não reeleição em 1986. Para Tancredo Neves, a delação era tão grave que merecia uma Comissão Parlamentar de Inquérito (CPI): a seu ver, o "mar de lama" que cercava a candidatura do seu adversário escandalizava a nação inteira. O coordenador de Maluf, é claro, negou a denúncia e disse que esteve com Juruna uma única vez, na qual o deputado teria pedido ajuda em dinheiro para os seus "irmãos indígenas". A popularidade do cacique parlamentar ajudou a dar grande publicidade à acusação, que não foi a única, nem a primeira. Os jornais noticiaram ainda que um deputado da Frente Liberal do Paraná também teria incriminado o candidato Paulo Maluf em mais uma tentativa de compra de voto no Colégio Eleitoral, com a promessa de garantir o seu espaço político no sudoeste paranaense, por meio de favores que envolviam material de campanha, veículos (30 kombis) e farta verba para aplicar nos municípios de seu reduto eleitoral. Era um vale-tudo generalizado. Em nenhum desses casos, porém, chegou-se a ler na imprensa qualquer nota de repúdio emitida pelas lideranças militares.

Em compensação, a Polícia Federal saiu prendendo comunistas em todos os cantos do Brasil. Esse tipo de ação simultânea e conjunta não era vista desde o início da abertura política, e mereceu uma forte reação dos partidos de oposição. Ao todo, foram presas 39 pessoas nos Estados de Goiás, Bahia, Pará e São Paulo, onde se recolheu "farto material" de propaganda e se desativaram ainda diversos comitês do Partido Comunista do Brasil (PCdoB). Os representantes do governo defenderam a ação policial, sob alegação de que agremiações proscritas da vida pública não poderiam atuar na cena política e estariam infringindo a lei. Já os partidários da oposição recriminaram o nível da repressão, reconhecendo que os comunistas estariam travando uma luta legítima pela legalização de suas organizações, que viria a acontecer em 1985, no curso da transição democrática. Tancredo Neves, por sua vez, condenou as prisões e defendeu a manutenção das liberdades individuais. Tudo isso, no mesmo dia em que o candidato da Aliança Democrática reunia cerca de 70 mil criaturas em seu comício de João Pessoa. Dias antes, o próprio Tancredo já tinha reconhecido o apoio dos comunistas à sua candidatura e tentou tirar disso o peso negativo que buscavam lhe imputar. Após o comício em Manaus, o político mineiro admitiu aos correspondentes estrangeiros que desfrutava realmente do apoio de banqueiros e comunistas, porque naquele momento representaria um grande movimento de confiança nacional. Isso não significava, porém, que o seu governo seria contraditório. Ao contrário, garantiu que esse seria harmonioso e coerente, até porque a execução de um governo era coisa bem diferente da ação de uma campanha eleitoral. Os militantes comunistas, como já foi dito, aproveitavam as oportunidades criadas pela mobilização popular dos comícios para avançar com a sua agenda de legalização e de recuperação dos direitos políticos. O que Tancredo Neves deixava bem claro era que apoiava esse intento, mas estava longe de incorporar as plataformas e demandas dos comunistas ao seu projeto de governo.

Na inauguração do seu comitê eleitoral na capital mineira, segundo as notícias dos jornais, Tancredo Neves voltou à carga contra os desmandos escandalosos de seus adversários no Colégio Eleitoral e declarou: "Nós somos a lei, nós somos a ordem, nós somos a democracia. Eles são a corrupção, a violência e o continuísmo." O recrudescimento das tensões se intensificava ainda mais com a escolha dos delegados indicados pelas assembleias legislativas estaduais para compor o Colégio Eleitoral. Havia denúncias inclusive de uso da força policial para garantir a aprovação majoritária de delegações comprometidas com o "malufismo". De um lado, o oferecimento de fartas vantagens pecuniárias e, de outro, o emprego profuso da brutalidade. Pelo que se lia na imprensa, esses eram os métodos colocados em prática pelas hostes governistas, no intuito de garantir a vitória do seu candidato. Por sua vez, Tancredo Neves experimentava um incremento dia a dia mais acentuado do apoio à sua candidatura, e observava uma intensa mobilização da sociedade civil em torno do seu nome. Enquanto se espalhavam boatos quanto à iminência de um novo golpe militar no Brasil, com todos os retrocessos adjacentes, os líderes da dissidência do PDS apressavam os esforços para criar logo o Partido da Frente Liberal, a fim de garantir a tranquilidade necessária do seu voto na chapa da Aliança Democrática. Os 20 governadores que apoiavam Tancredo Neves, por seu turno, consolidaram essa aliança numa grande reunião realizada em Teresina, para sacramentar a adesão do governador piauiense à candidatura oposicionista. Ao mesmo tempo, em comunicado oficial assinado por seu presidente, a Ordem dos Advogados do Brasil (OAB) cobrou do general-presidente o cumprimento da promessa de "fazer do Brasil uma democracia". Na mesma linha, a Associação Brasileira de Imprensa (ABI) divulgou nota em defesa da plena restauração democrática no país. De modo idêntico, os dirigentes da União Nacional dos Estudantes (UNE) comunicaram a Tancredo Neves o apoio do movimento estudantil à sua participação na eleição presidencial indireta. Um reforço de peso veio ainda do setor empresarial: a Associação Comercial do

Rio de Janeiro organizava um almoço em tributo a Tancredo Neves, que pretendia ser "a maior homenagem que o empresariado do Rio de Janeiro já fizera a qualquer candidato à Presidência da República em todos os tempos".

Ao passo que o regime partia para a intimidação e a bravata, o círculo de alianças em torno da oposição se fortalecia com indiscutível impulso. A importância dos comícios se inseria justamente nesse contexto, pois eles ampliavam ainda mais a mobilização popular em torno da questão sucessória. Muito embora os arranjos pelo alto tivessem sido decisivos para a consagração da chapa da Aliança Democrática, a evolução consequente da campanha eleitoral não pôde prescindir da movimentação nas ruas e praças, sob pena de esvaziar o sentido transformador que a oposição tentou imprimir à sua candidatura. O candidato oposicionista era o representante legítimo das aspirações de mudança que a população acalentava, diante da perspectiva sombria que caracterizava o Brasil naquele momento. Mesmo sem o voto direto, a eleição de Tancredo Neves pretendeu significar a ruptura concreta com os anos da ditadura e a inauguração de uma nova era que pudesse trazer prosperidade e esperança para o povo brasileiro. Daí a necessidade urgente de se vincular às ruas e aos anseios que animavam grande parte das pessoas e das instituições que as representavam. Por isso mesmo, os comícios continuavam sendo tão importantes e serviam para atrair mais adeptos. Numa trajetória de mútua influência, as manifestações de rua reforçavam os apoios à oposição, ao mesmo tempo em que esses apoios ajudavam a atrair contingentes ainda maiores de adeptos. Pouco a pouco, a atração do candidato oposicionista se tornava praticamente irresistível, por convicção ou por oportunismo.

É forçoso reconhecer que a insatisfação contra o regime não brotou exatamente do setor empresarial. Nenhuma medida importante de política econômica era tomada sem a anuência dos empresários ou, pelo menos, dos segmentos mais representativos do empresariado. Todo o debate em torno das questões econômicas levava mais em conta os pontos de vista do setor privado — melhor dizendo, parecia até certo ponto evidente que a atividade governamental era, em grande parte, exercida em benefício dos interesses empresariais. Isso também se refletia no noticiário dos jornais, que privilegiava o tempo todo a visão empresarial e as suas conveniências. A inflação — o grande fantasma que assolava a economia brasileira há anos — recebia de todos uma atenção permanente, sem que se apresentasse qualquer solução viável nas inúmeras discussões conduzidas pelos órgãos de governo. Alguns levantavam a hipótese de um "pacto anti-inflacionário", mas, apesar das intenções louváveis de debelar o mal, mais despertavam o ceticismo que o otimismo. A dívida externa — outro bicho-papão a tirar o sono dos administradores da coisa pública — tendia a travar a liberdade de ação econômica do governo e dificultava a dinamização da atividade produtiva do país. Nesse quadro de turbulência financeira, a imprensa registrava a perspectiva das eleições presidenciais estadunidenses e a probabilidade mais do que certa de que o cenário permaneceria inalterado nos Estados Unidos, com a reeleição de Ronald Reagan, do Partido Republicano. Tal hipótese indicava que não haveria aumento de impostos nem corte de gastos com a defesa, a fim de reduzir o déficit fiscal estadunidense que já alcançara os 175 bilhões de dólares. Para países como o Brasil, isso significava a manutenção, ou até mesmo a possível elevação, das taxas de juros praticadas no mercado internacional, exacerbando a crise de suas dívidas externas.

As autoridades brasileiras se defendiam da enorme impopularidade do governo apontando a necessidade premente que tiveram de adotar medidas de cunho extremo, como o corte de salários, o aumento da carga tributária, a suspensão de subsídios ao consumo, entre outros. De acordo com os seus argumentos, tais providências haviam se mostrado "indispensáveis" para adequar a economia brasileira à elevação dos preços do petróleo e ao *boom* das taxas de juros no mercado internacional, ocorridos desde a década anterior. Essas novas circunstâncias se somavam ao desequilíbrio estrutural que sempre marcou as economias do chamado Terceiro Mundo (conceito que ainda se utilizava na época), e as expectativas de que os ajustes amargos surtissem efeitos se acentuavam. Autoridades como o ministro da Fazenda, Ernane Galvêas, apostavam numa próxima retomada do crescimento, consequente aos "esforços excepcionais" que tinham sido feitos até então. Mas, ao mesmo tempo, o ministro reconhecia o nível de dificuldades enfrentadas, porque compreendia perfeitamente a natureza hierarquizada das relações internacionais, ao admitir que não existia espírito de fraternidade e que os países industrializados não queriam dar ajuda aos países em desenvolvimento. E rebatia as críticas à acusação de que o endividamento externo tinha sido criado para aplicação em "obras faraônicas" e desnecessárias, argumentando que, na década anterior, foram os próprios credores e fornecedores que bateram à porta do Brasil querendo emprestar dinheiro e vender máquinas e equipamentos. Agora, simplesmente, cobravam a conta como se não tivessem sido complacentes e até negligentes com suas ofertas, e se eximiam de colaborar com uma solução minimamente viável para os países devedores.

Tancredo Neves respondia ao empresariado com loas à iniciativa privada e ampla defesa do livre-mercado. Em seu discurso de agradecimento pela homenagem prestada por mais de 1300 empresários de diversos setores, reunidos no Rio de Janeiro, ele reafirmou seus princípios fundamentais na economia e disse não poder aceitar que o desenvolvimento se fizesse com a crescente concentração da renda e da atividade econômica, com a expansão das situações de privilégio, com a estatização exacerbada e o esmagamento da empresa privada nacional, especialmente a de pequeno e médio porte. O capital estrangeiro seria bem-vindo, desde que subordinado à legislação vigente e ao "interesse nacional", mas, acima de tudo, era reconhecida a necessidade de um capitalismo mais humano, mais justo, menos concentrador, mais apoiado na distribuição ampla dos resultados e da própria atividade econômica, mais voltado para o social. Esse discurso, que foi tomado como uma verdadeira carta de princípios sobre a liberdade econômica, soou como música para os ouvidos dos empresários e selou a adesão definitiva de muitos deles à candidatura da oposição. Ali se dissiparam os temores de uma possível "esquerdização" do governo de Tancredo Neves, como apregoavam os defensores do candidato do regime. Palavras bem escolhidas e uma entonação convincente demoliram velhos receios e pavimentaram o caminho da aliança com o poder econômico na mensagem do futuro presidente, em especial, quando ele disse que a verdadeira libertação política de um povo somente se efetivaria se esse povo tivesse atendidas as suas aspirações sociais mínimas e se o exercício da atividade econômica fosse livre e aberto a todos, sem privilégios inaceitáveis ou intervencionismos perturbadores.

Enquanto os setores empresariais começavam a vencer as barreiras contra uma candidatura de oposição ao regime, os porta-vozes oficiais reafirmavam o caminho prometido rumo à democracia. No começo de novembro de 1984, a poucos dias da eleição, portanto, o ministro-chefe do EMFA diria que o governo estava agindo com total tranquilidade naquele momento de transição, garantindo que o vencedor do pleito assumiria normalmente. Ou seja, sem golpes à vista. Para sacramentar de vez o espírito de conciliação que as elites brasileiras pretendiam manobrar a fim de manter o controle sobre o processo sucessório, o Tribunal Superior Eleitoral (TSE) decidiu que o princípio da fidelidade partidária não se aplicaria ao Colégio Eleitoral que escolheria o futuro presidente brasileiro. Era a solução do impasse criado com a adesão de muitos parlamentares do partido governista à candidatura da oposição. Tendo em vista essa decisão, o resultado da eleição estava praticamente certo. Tão certo que a própria cúpula do governo passara a considerar entendimentos nessa direção. Dito isso, o mesmo Palácio do Planalto mostrou-se interessado em iniciar o diálogo com o candidato que já era considerado como o virtual vitorioso na corrida presidencial, Tancredo Neves, para que fossem estabelecidas as bases de uma transição pacífica de poder. Auxiliares próximos ao general-presidente Figueiredo concordavam com a tese de que a candidatura Paulo

Maluf havia ficado irremediavelmente abalada pela decisão recente do TSE, validando o voto infiel no Colégio Eleitoral.

Alguns chamaram de casuísmo. Mas, a se observar os movimentos cadenciados dos grupos detentores de poder, ao longo de todo o processo que definiu a sucessão presidencial no Brasil, talvez seja possível perceber que tudo estava sendo feito de modo compassado, calculado com a precisão possível em cada circunstância. Tratava-se, acima de tudo, de não perder o domínio da situação, de impedir que os verdadeiros opositores do regime e do seu modelo político e econômico ganhassem a dianteira no decurso da transição que se tentava realizar. Não há como negar que tiveram êxito. E souberam aplicar com maestria a máxima de mudar, para que tudo continuasse igual.

De promessa em promessa, a conciliação amadurecia e se fortificava. A cúpula da campanha oposicionista dedicava-se a preparar um documento que daria garantias ao general-presidente e às Forças Armadas de que a Aliança Democrática, caso chegasse ao poder (quanta humildade!), não permitiria nenhum tipo de revanchismo contra militares que participaram da repressão política nos anos 1970. Contava-se com a assinatura dos 20 governadores que apoiavam Tancredo Neves, dando o seu aval ao compromisso de constituir um governo de centro, que neutralizasse a participação das esquerdas. Os governantes militares, por sua vez, negavam qualquer intenção ou possibilidade de golpe, reafirmando a disposição inarredável de concluir o processo de transição democrática devidamente acordado nos anos anteriores. Os boatos e ameaças de novo endurecimento do regime, que aqui e ali pipocavam nos meios de comunicação, certamente, não partiram dos grupos políticos que efetivamente negociavam a passagem do bastão presidencial para os civis. Provinham, é plausível supor, de setores descontentes com os rumos seguidos e com a perda vislumbrada de participação nas esferas de mando, com todas as vantagens daí advindas. Mergulhariam no anonimato, à espera, talvez, de uma nova chance de atuar às claras. Era o que se acreditava nos meios políticos.

Num aceno evidente aos trabalhadores organizados, Tancredo Neves se reuniu com cerca de 300 dirigentes sindicais em Brasília, poucos dias antes da eleição, e pediu-lhes que concedessem a ele um prazo de seis a nove meses "para colocar a casa em ordem". Em troca da promessa dos sindicalistas de que não haveria greves, durante essa trégua, Tancredo assumiu o compromisso de que não exigiria sacrifícios econômicos dos trabalhadores no mesmo período. Apelando para a compreensão dos assalariados, o candidato da oposição garantiu que o pacto ali proposto visava dar um mínimo de estabilidade social ao país. No mesmo sentido, em ato de campanha no Espírito Santo, Tancredo Neves conclamou todos os seus apoiadores a se unirem pela criação de uma "Nova República" — a inauguração de uma nova era política que representasse com maestria o verdadeiro significado da conciliação que ele próprio pretendia encarnar. Naquela oportunidade, o candidato da oposição prometeu que, nessa República dos seus sonhos, haveria repulsa aos radicalismos "que agridem os sentimentos e as tradições nacionais", a todos os radicalismos, tanto os de esquerda — "que nos levam ao fanatismo ideológico" — quanto aos de direita, que ele considerava carentes de princípios e repletos de ambições de poder. Nada mais parecido com uma ideia de neutralidade e de "centrismo" do que uma afirmação como essa. No entanto, é forçoso reconhecer que uma das características do pensamento conservador é rotular os projetos políticos da esquerda de "ideológicos", esquecendo-se ou negando-se a aceitar que qualquer sistema de valores e qualquer conjunto de concepções e princípios é, necessariamente, uma ideologia.

Na abertura dos trabalhos da comissão encarregada de preparar o seu plano de governo, Tancredo afirmou que a sua prioridade seria a retomada do crescimento econômico, visando a criação de empregos e o pagamento de melhores salários. Na sua visão, uma retomada só seria possível com a reversão do quadro inflacionário vigente. Por isso, o seu programa pretendia partir daquilo que chamou de "bases realistas", isto é, promovendo a adequação dos principais indicadores econômicos às reais condições do desenvolvimento nacional. Os problemas da economia brasileira eram suficientemente concretos para determinar os rumos das políticas adotadas, sendo que temas como inflação e dívida externa não podiam ser negligenciados, merecendo, ao contrário, uma atenção toda especial. Em linhas gerais, sua proposta foi especificada nos seguintes tópicos: a renegociação da dívida externa seria feita dentro das regras do mercado internacional, mas os credores teriam que aceitar o crescimento; em relação ao câmbio, a ideia era manter uma política realista que estimulasse as exportações, sem discriminar o capital estrangeiro; a presença do Estado na economia deveria ser contida, dando ao capital privado nacional o protagonismo no modelo de desenvolvimento; a agricultura mereceria total apoio, não havendo conflitos entre as culturas voltadas para a exportação e as destinadas ao mercado interno; a região Nordeste receberia um tratamento especial com vistas à eliminação dos "bolsões crônicos de pobreza". O coordenador do grupo de trabalho, José Serra, disse que a orientação precípua de Tancredo Neves foi a de que o ajuste da economia se fizesse sem traumas. A transição era delicada e não suportaria pressões muito fortes. Os empresários elogiaram o discurso do candidato e destacaram como seus pontos altos o apoio à iniciativa privada e a abertura ao capital externo.

Tancredo Neves abriu sua fala deixando claro que tinha como maior preocupação o lado social e disse que a grande tarefa do seu governo deveria ser a retomada do crescimento econômico, que precisaria resultar na criação de novos empregos, na melhor remuneração da força de trabalho e em uma maior distribuição da renda nacional. Mas, sem descuidar do ajuste macroeconômico, que há muito tirava o sono dos responsáveis pela saúde financeira do país. Nessa perspectiva, a retomada do processo de crescimento não se sustentaria em bases sólidas sem que houvesse uma reversão do processo inflacionário, o saneamento financeiro do setor público e o equilíbrio das contas externas. E sem esquecer da importância decisiva do consumo interno para a dinamização da economia e da dívida histórica com a região Nordeste: portanto, o crescimento deveria se traduzir também em uma recuperação do poder de compra dos assalariados, o que levaria a um aumento de demanda por alargamento e fortalecimento do mercado interno. Na sua visão, o desenvolvimento do Nordeste não era um problema regional, mas um dos principais, senão o principal, dos problemas nacionais. Celso Furtado, um dos economistas mais renomados que compunham a comissão formuladora do plano de governo da Aliança Democrática, estava convencido de que a orientação econômica do país mudaria radicalmente, posto que a prioridade seria dada à retomada do desenvolvimento. Em seu entendimento, só haveria criação de empregos e crescimento econômico efetivo com investimentos produtivos adequados. Enquanto se continuasse tentando debelar os problemas com a adoção de políticas recessivas, a situação como um todo só se agravaria e a população não experimentaria nenhum tipo de alívio. A perspectiva era de uma mudança positiva, subjugando os ajustes necessários ao crescimento e à defesa simultânea da soberania nacional.

Não poderia ter sido melhor a repercussão desse plano entre os empresários brasileiros. No dia seguinte à apresentação das linhas gerais do plano de governo, três das mais importantes entidades empresariais do país — Confederação Nacional da Indústria (CNI), Federação das Indústrias do Estado de São Paulo (Fiesp) e Federação Brasileira de Associações de Bancos (Febraban) — manifestaram, por meio de seus presidentes, e em vários órgãos de imprensa, o seu total apoio às propostas econômicas apresentadas por Tancredo Neves. Ao debater na Fiesp a questão da intervenção do Estado na economia, um grupo de expressivas lideranças empresariais admitiu que o próximo governante do Brasil deveria demonstrar com fatos e iniciativas que iria reduzir sua interferência na economia — retomando o papel de provedor da infraestrutura básica social —, a fim de abrir um novo espaço para a iniciativa privada e assim garantir a presença de um "capitalismo democrático". Um dos empresários presentes chamou a atenção para o fato de que, aqueles que olhavam para o socialismo como forma de erradicar os males da humanidade, se esqueciam de que o efeito principal do capitalismo fora sua decisiva contribuição à criação e à distribuição de riqueza. Esse era o cerne do debate empresarial: refrear a participação do Estado na economia brasileira, principalmente, no caso das empresas estatais, cuja onipresença deixava a iniciativa privada em completo desconforto. A ideia de um Estado-empresário, cujo intervencionismo ameaçava "esmagar" as empresas privadas, era um temor a ser vencido. E a ascensão de uma nova era política, com Tancredo Neves, parecia prometer a oportunidade ideal de fazer a reversão definitiva da orientação estatal no plano econômico. Era essa a expectativa.

Se houve quem mudasse o rumo após a vitória da chapa de oposição, houve também quem migrasse para a candidatura de Tancredo Neves estando ainda vinculado às entranhas do regime cujo candidato pretendia vencer. Já foi mencionada a criação do Partido da Frente Liberal (PFL) como uma cisão dentro do PDS, a agremiação governista que dera sustentação ao general-presidente no cargo, e esperava conduzir o processo sucessório em curso, mas via seu candidato desmilinguir-se frente à enxurrada oposicionista. A aliança fundamental que consagraria a chapa vencedora seria justamente entre o PMDB — a oposição consentida pelos vinte anos de ditadura — e o PFL — a frente liberal oriunda desses mesmos anos de exceção da história política brasileira. Tal era a síntese que Tancredo Neves pretendia pilotar, dando-lhe os ares de uma completa novidade na cena política nacional, embora da novidade se pudesse duvidar à monta. Para coroar seu propósito, Tancredo lançou a convocação de uma Assembleia Nacional Constituinte, a ser instalada com a eleição de deputados e senadores, em 1986, e destinada a redigir uma nova Carta Constitucional, que restabelecesse as prerrogativas eliminadas pelo autoritarismo. E fez isso num grandioso comício realizado em São Paulo, no qual aproximadamente 200 mil pessoas o aclamaram sob um fortíssimo esquema de segurança, que tentou inibir os provocadores. E conseguiu. Num dos pontos altos do seu discurso, Tancredo destacou o peso da enorme desigualdade social que caracterizava o Brasil, ao comparar a sua condição de 7ª potência econômica mundial (segundo dados do Produto Interno Bruto (PIB) com o seu simultâneo 84º lugar em termos de renda *per capita*. E proclamou que "não aceitaria mais afrontas à nossa soberania e nem permitiria que a nossa dívida externa fosse paga com a fome e o sofrimento do nosso povo". Nada mais justo. Mas foi quando decretou a convocação da constituinte que Tancredo se mostrou mais enfático no chamamento a todos aqueles que acalentavam esperanças de construir um país melhor, mais equânime e mais legítimo. Segundo Tancredo, era nessa Constituição que iríamos inscrever os direitos e as liberdades democráticas — que jamais deveriam ser novamente profanados no país. Era nessa Constituição que iríamos assinalar os direitos do trabalhador brasileiro, o seu direito ao trabalho, o seu direito a um salário justo, o seu direito à casa própria, o seu direito a um pedaço de terra para cultivar, os ansiados direitos da juventude brasileira, essa juventude que há vinte anos vivia marginalizada, os direitos inalienáveis da mulher, "essa mulher brasileira tão discriminada, tão injustiçada e tão excluída".

Tudo isso de braços dados com os mais autênticos representantes do regime que se pretendia desalojar do poder, os quais agiam e falavam como se não tivessem nada a ver com o que se passava no país. A imprensa, por sua vez, também se comportava da mesma maneira com eles, e nada perguntava, nada criticava. Tudo transparecia a mais completa naturalidade. Não é que essas declarações não encontrassem eco nas aspirações das pessoas, e não significassem as esperanças verdadeiras de um grande número de cidadãos e cidadãs brasileiros(as). O que choca é o despudor com que agem certas figuras da cena política nacional, que há décadas seguem se locupletando das vantagens do poder e atuando apenas em benefício próprio, mas mudam de roupas e de aparências conforme a direção dos ventos. E permanecem no topo. Com a anuência de muitos.

Um dos resumos mais completos da conjuntura política da época veio a ser dado por um dos colunistas políticos mais importantes da imprensa brasileira. Com o sugestivo título de "Pela primeira vez não se fala em golpe", a Coluna do Castello publicou, no dia da votação do Colégio Eleitoral (Jornal do Brasil, 15/01/1985, p. 2.), uma análise inspiradora acerca do que representava de fato aquele episódio fundamental da História do Brasil. O otimismo que se observava na imprensa nativa também podia ser visto no exterior, onde, apesar da preocupação elevada com a situação econômica do país, os principais jornais e as cadeias de rádio e televisão das potências ocidentais enxergavam a volta dos generais aos quartéis como uma boa perspectiva para os brasileiros. E, sem dúvida, o era. A escrita irreparável de Castello, no entanto, é uma das interpretações mais brilhantes oferecidas pela imprensa da época. Pelo título, pode-se aquilatar o teor da coluna: era a primeira vez, em décadas, que um presidente eleito não correria o risco de não tomar posse e nem precisaria lutar de forma desesperada para garantir o próprio mandato. Um resumo irretocável da História política recente do Brasil, que permite compreender grande parte do drama nacional. Seria, pois, com enorme expectativa que a população brasileira aguardaria o resultado final do pleito a ser proclamado pelas autoridades eleitorais brasileiras. Mesmo com todas as manobras e com todos os artifícios criados para empanar o brilho daquele momento, a votação ocorreria no Congresso Nacional para legitimar o novo presidente brasileiro. Era uma eleição presidencial no Brasil e, pela primeira vez em décadas, não havia no ar a ameaça de golpe militar — eis a síntese perfeita do que se passava na cena política.

Apesar de não ameaçarem com um novo golpe, os militares, que sempre se acharam no direito de tutelar os governos brasileiros, apresentaram as coordenadas que, segundo seu desejo, deveriam ser seguidas no processo sucessório. Em primeiro lugar, defendiam que a legalização dos partidos comunistas era "um grande risco para o Brasil" e confiavam que o futuro presidente não ousaria enfrentá-lo.

O comandante da Escola Superior de Guerra (ESG) recordou que Tancredo Neves havia feito o curso da ESG em 1973, e isso representaria, em sua opinião, "um motivo de tranquilidade" para as Forças Armadas, tendo em vista que o candidato da oposição recebera ali uma formação adequada à sua condição de homem público. O que essa declaração enseja é a presunção de que os princípios que presidiam o preparo das Forças Armadas eram dotados de uma credibilidade inerente e mereciam ser acatados sem discussão pelos governantes, como preceitos a serem seguidos em caráter permanente. O fato de Tancredo Neves ter cursado a ESG, nessa visão, era uma virtude *per se* do candidato, superior às demais qualidades que ele pudesse ter e determinaria o juízo que se fazia dele. Em outra oportunidade, esse mesmo comandante militar voltou a advertir que o socialismo era uma ameaça concreta ao Brasil, e sugeriu que o "excesso de estatismo" poderia levar à rápida e arriscada socialização do país. Por isso mesmo, advogava que a iniciativa privada deveria ser a locomotiva do desenvolvimento econômico, e não o governo. Apesar dessas advertências, o general se disse otimista com as perspectivas econômicas brasileiras e, segundo as notícias, admitiu que, do contrário, ou seja, se tivesse perdido totalmente as esperanças, "daria um tiro na cabeça".

Num outro vértice dos setores dominantes da sociedade brasileira também tendiam a dissipar-se os temores quanto à mais que provável vitória eleitoral de Tancredo Neves, desde que esses passaram a enxergar o alinhamento do candidato a alguns de seus pressupostos mais sagrados. Um dos segmentos que mais tardiamente se colocou em harmonia com a candidatura da oposição, o mercado financeiro baixou as armas exatamente quando ouviu a promessa de que a conhecida "ciranda financeira" do país seria respeitada no futuro governo. É claro que os banqueiros e demais financistas não se referiam dessa forma ao giro da dívida pública brasileira, mas era assim que muitos críticos a enxergavam. Numa de suas últimas entrevistas, antes da vitória consagradora, Tancredo Neves deu uma declaração que repercutiu intensamente no meio das finanças: "Honrarei a dívida interna', ele afirmou. E isso foi o bastante para colocar uma pá de cal nas expectativas sombrias do setor, representado pela Bolsa de Valores do Rio de Janeiro, pela Federação Brasileira de Bancos, pela Associação das Empresas Distribuidoras de Valores, pela Associação Nacional de Bancos de Investimento, pela Bolsa de Valores de São Paulo e pela Associação Nacional de Instituições do Mercado. A questão da rolagem da dívida interna era suficientemente complexa para render rumorosos debates e severas disputas na condução da política econômica brasileira. A pressão do governo sobre as poupanças disponíveis, a fim de realizar o giro da dívida, provocava a elevação das taxas de juros, o que, por sua vez, tornava as aplicações financeiras muito mais atraentes do que os investimentos produtivos. Desatar esse nó era, de fato, um desafio tremendamente complicado, que demandaria ao novo governante uma vontade política descomunal, sobretudo, nas circunstâncias em que o país precisava gerar milhões de empregos.

Cobranças, advertências, compromissos eram requeridos de todos os lados — e os defensores da privatização não se omitiram também. Pelo contrário, foi por intermédio de um de seus principais porta-vozes que a imprensa veiculou uma sutil desaprovação, na qual se insinuava que Tancredo Neves ignorava por completo a privatização. Tratava-se das palavras de ninguém menos que o presidente da Comissão Especial de Desestatização, criada em 1981, principalmente, para promover o retorno à iniciativa privada de diversas empresas que foram estatizadas compulsoriamente, em virtude de sua inadimplência junto a instituições financeiras públicas, ao longo da década de 1970. E ele reclamava que, até aquele momento, Tancredo Neves não havia definido sua posição quanto ao programa nacional de desestatização, tendo feito apenas considerações genéricas sobre "a necessidade de se conter a ação do Estado na economia". A proposta em andamento previa não apenas sustar o processo de criação de novas empresas estatais, como também passar adiante as estatais que estariam "ocupando espaços normalmente reservados ao setor privado". Era mais uma etapa do embate ininterrupto entre os domínios público e privado na definição da política econômica brasileira. E não seria a última.

Sem voto e sem voz, a população mais pobre permanecia inteiramente à margem da questão sucessória. Sua presença se fazia sentir nos indicadores sociais que adquiriam uma feição cada vez mais alarmante no Brasil. Alguns articulistas da imprensa abraçaram com certa perplexidade a causa dos mais desvalidos. Os efeitos deletérios dos anos de recessão começavam a aparecer cada vez mais claramente na área social. Nem era preciso falar da verdadeira calamidade que assolava o Nordeste, vitimado por vários anos de secas e de uma política econômica inativa e tediosa, com base nas frentes de trabalho e na proteção aos grandes proprietários de terras. As marcas da recessão na área social, também eram exibidas em grandes cidades, como São Paulo, por meio do aumento da taxa de mortalidade infantil. De cada mil crianças nascidas vivas nos 34 municípios que compõem a Grande São Paulo, por exemplo, os jornais mostravam que 54 não chegaram a completar um ano de vida em 1984, contra 46 em 1983. Dificilmente, esse quadro seria revertido sem uma ação governamental abrangente e duradoura, e o tempo se encarregaria de confirmar tal suposição. As características básicas do capitalismo brasileiro — acentuadas acumulação de capital e expansão econômica acompanhadas de um grau quase inigualável de injustiça social — permaneciam inalteradas. A promoção de diversos programas na área social revelava-se uma possibilidade aberta de reversão desse quadro dramático, fomentando a geração de empregos e a melhoria na qualidade de vida das pessoas beneficiadas. Era preciso encerrar o ciclo histórico que condenara as inúmeras famílias de baixa renda a uma vida de privações e de sofrimentos sem fim.

Tancredo Neves venceu a eleição no Colégio Eleitoral com 480 votos, muito mais do que o necessário (344), e Paulo Maluf, o candidato do regime, recebeu 180 votos, uma quantia nada desprezível, considerando-se a situação geral. Brasília, antes e depois da votação, estava em festa. Os jornais mostraram que houve intensa movimentação na Capital, que se espraiou pelo aeroporto, pelos hotéis, bares e restaurantes, com gente vinda de todos os cantos do Brasil, tanto para compor o Colégio Eleitoral quanto para acompanhar espontaneamente aquele momento histórico. A Catedral, a Praça dos Três Poderes, a Esplanada dos Ministérios e o Palácio da Alvorada foram os locais mais visitados pelos turistas, como não poderia deixar de ser. Houve também manifestações programadas para celebrar a vitória de Tancredo Neves, inclusive nas cidades satélites. Uma diferença espantosa entre esse clima festivo e otimista e o cerco a Brasília realizado pelo governo da ditadura, nos dias que antecederam a votação da Emenda Dante de Oliveira (das Diretas Já), na Câmara dos Deputados, no ano anterior. O pacto das elites mereceu comemoração e festejos. O grande acordo nacional vingou e prosperou. O anseio genuinamente popular pela redemocratização, ao contrário, fora contido com a força das armas.

As festividades nas ruas de Brasília e as loas veiculadas pela imprensa sobre o encontro — ou seria o reencontro — do Estado com a nação brasileira não seriam mais do que breves euforias que arrebataram os espíritos necessitados de esperanças. Havia uma triste e pesada herança econômica à espreita, associada a um quadro social realmente dramático já diversas vezes referido. A especulação financeira tornara-se a norma da atividade econômica, em detrimento do investimento produtivo — e isso engordava os bolsos de poucos, enquanto esvaziava as perspectivas de muitos. Certos empresários não faziam mais segredo de que atuando no mercado financeiro buscavam "se resguardar" das incertezas e indefinições quanto ao futuro da economia, e também da incompetência associada ao casuísmo dos principais atores políticos. Dias antes da votação decisiva no Colégio Eleitoral, o ministro do Planejamento, Delfim Netto, reconhecia, segundo matéria de jornal, que a política econômica do governo Figueiredo fracassara no combate à inflação, por causa de dois fatores principais: a expansão da base monetária decorrente do crescimento do comércio externo e a recuperação do nível da atividade econômica, que provocava o otimismo nos agentes e a respectiva aceitação de preços altos. É curioso observar, nessa argumentação, que o fracasso era "do governo Figueiredo" e a inflação indomável era resultante de duas condições reais bastante positivas (balança comercial superavitária e crescimento econômico). Ou seja, as coisas iam bem, apesar dos péssimos sinais.

Tal narrativa não encontrava respaldo abrangente em todos os setores. Vozes dissonantes alertavam para as incongruências de certas afirmativas, que estavam em absoluta discordância com a realidade que os indicadores socioeconômicos teimavam em mostrar. O ciclo histórico que estava prestes a se encerrar, com a entrega da Presidência da República aos civis e com a perspectiva de eleições diretas futuras, revelava facetas consideravelmente problemáticas, que se arrastariam ainda por décadas. De acordo com as notícias publicadas nos jornais, era pesada a herança que o governo que saía deixava para o que entrava, em grande medida como fruto da inoperância de uma administração inapetente, que levara o país a um endividamento interno de Cr$ 118 trilhões (algo em torno de atuais R$ 450 bilhões), a um comprometimento externo de US$ 100 bilhões, a uma inflação anual de 240% e a uma perda de quase 10% da renda *per capita* da sociedade brasileira. Era o dia seguinte à votação que dera ampla vitória a Tancredo Neves no Colégio Eleitoral. Era o dia que prometia uma grande ressaca da festa da véspera. Mas, era também o momento da reflexão e da apreensão frente aos passos seguintes da redemocratização do país. Embora a alegria da vitória fosse legítima e tivesse sido esperada por décadas, o horizonte que se levantava à frente dos brasileiros não era lá tão luminoso quanto seria de se esperar. Nos espíritos mais contidos, a cautela fazia grandes reparos ao clima de festa e animação. Certa apreensão envolta em sensatez teimava em mostrar que os desafios a transpor eram vastos e prolongados.

Não era preciso fazer um esforço muito grande para alcançar essa realidade, os dados estavam bem à mão. Um censo de saúde realizado em Brasília com cerca de 5 mil servidores federais, por exemplo, constatou que muitos sofriam de enfermidades graves, como a sífilis e a doença de Chagas, enquanto outros tantos apresentavam sintomas que os médicos atribuíram à desnutrição. Do total de recenseados, apenas 1% foi considerado sadio. O perfil desses funcionários indicava que eles estavam incluídos numa imensa massa semialfabetizada de brasileiros, com idade média de 49 anos e três dependentes. A maioria ganhava de um e meio a dois salários mínimos, não tinha a assistência médica minimamente necessária e vivia sem perspectivas. Eram servidores do Ministério das Relações Exteriores, do Tribunal de Contas da União, do Departamento Administrativo do Serviço Público (DASP) e da Superintendência da Borracha, entre outros. Segundo a reportagem, quase 100% dos recenseados tinham algum tipo de problema dentário e sofriam de baixa acuidade visual, auditiva e/ou sensitiva. Cerca de 60% dos servidores examinados queixavam-se de dores frequentes, na cabeça e no estômago, provavelmente, decorrentes da condição de desnutrição a que estavam submetidos. Eram trabalhadores. E viviam doentes e com fome. Servidores do Estado brasileiro, exercendo variadas funções em diversos órgãos da administração direta, que não tinham acesso às condições mais elementares que perfazem uma existência digna. Pessoas que trabalhavam, e muitas vezes dedicavam a maior parte do tempo de suas vidas a trabalhar, mas sentiam fome. E estavam depauperadas, exaustas e enfermas.

Dados da calamidade social do Brasil apareciam com alguma frequência nas páginas dos jornais. Isso era praticamente inevitável. Logo após a vitória de Tancredo Neves no Colégio Eleitoral, eles passaram a ilustrar matérias que tentavam fazer um balanço do grave desafio a ser enfrentado pelo novo presidente. Os problemas sociais se avolumavam em todos os campos e em todos os cantos do país, não apenas em Brasília. Registrava-se, por exemplo, a existência de 7 milhões de crianças em idade escolar que não tinham onde estudar e seriam, muito provavelmente, condenadas ao analfabetismo. Pais e mães dormiam nas portas de escolas em busca de vagas, quando se abria o período anual de matrículas. E, muitas vezes, sem conseguir um lugar para seus filhos. A saúde da população brasileira, já bastante precária pelas condições de nutrição e de saneamento absurdamente insatisfatórias, via-se ainda mais prejudicada por uma rede hospitalar insuficiente e deficitária. Muitos professores do ensino fundamental e médio eram leigos, sem qualquer formação especializada, ensinando o pouco que aprenderam na vida. O difícil mesmo era decidir por onde começar, pois agruras e deformidades não faltavam.

Como bem lembrou Dom Aloisio Lorscheider, arcebispo de Fortaleza, Tancredo Neves havia sido eleito por um "pacto das elites". Foi um acordo entre os poderosos, que continuariam dominando o país e não garantiriam a implantação de um regime democrático autêntico, no qual o povo assumisse o papel que lhe cabe no processo político. Para o cardeal, um governo civil não significaria *per se* o fim das arbitrariedades praticadas desde 1964, pois o principal objetivo de um governo deveria ser cuidar da educação política de seu povo. Enquanto o povo não se tornasse sujeito ativo da sua própria história, não seria atingida uma verdadeira democracia, persistindo isso que o arcebispo denominou "elitocracia". Num regime democrático de fato, o povo é sempre ouvido e toma parte nas decisões. Por sua vez, Tancredo Neves pareceu compreender bem a distância que existia entre as expectativas acalentadas pela população quanto às medidas necessárias para enfrentar os gravíssimos problemas do país e as condições reais em que se encontravam as suas instituições. Por mais que declarasse ter plena confiança nos apoios que teria para enfrentar os desafios, ele reconhecia também o tamanho das dificuldades a superar. Por isso mesmo, colocou tanto empenho na convocação de uma Assembleia Constituinte, com a qual pretendia dividir o peso de carregar a "esperança esmagadora" da população em relação ao próprio futuro. Essa "esperança esmagadora" talvez explique a abrangência da Constituição de 1988 e a crença do presidente eleito em seu papel mediador. Segundo ele mesmo disse, só a Constituinte conciliaria o Brasil.

Havia muitos nós a desatar, sem dúvida. Entre as dificuldades, uma expectativa de que Tancredo Neves representaria uma verdadeira mudança no quadro econômico e político do Brasil, reforçada por seus muitos discursos de candidato à presidência, e, ao mesmo tempo, uma evidente vinculação de seu campo partidário com a velha ordem hegemônica, ilustrada com nitidez pela composição de alianças que o levaram à vitória. Do ponto de vista formal, isso seria um impasse irrefutável, uma contradição insuperável. Na prática, foi o caminho natural para a configuração de um governo que representasse a continuação das estruturas de poder vigentes, tendo a aparência de uma transformação inconteste. Era preciso mudar para que tudo continuasse igual. Isso ficaria patente nas disputas acirradas que ocorreram na formação do ministério e na ocupação dos principais cargos da administração pública direta e indireta. As intrigas, chantagens, desavenças, assim como os conflitos e ardis criados em torno da distribuição das benesses do poder seriam tremendamente tensos e estressantes, e se alargariam pelos meses subsequentes. Antes disso, os embaraços decorrentes de tal situação já tinham sido observados, como a inexistência de um programa de governo oferecido pelo candidato da oposição: Tancredo se defendeu da acusação dizendo que "o Brasil da mudança" não seria obra de um só homem, mas de "todos os patriotas brasileiros". Só não deixou claro como essa resposta atenderia à pergunta formulada, ou seja, qual seria o programa efetivo de governo? Podia-se pensar que essa ausência de uma proposta fechada e consistente acabaria lhe facilitando a escolha dos colaboradores ministeriais e a definição das principais linhas de ação adotadas em sua futura administração. Havia uma estrada aberta para adesões e defecções. E, sobretudo, para negociações.

Poucos dias após a sua consagração no Colégio Eleitoral, Tancredo Neves iniciou uma viagem de duas semanas em busca de apoio nos principais países da Europa e nos Estados Unidos. Nessas visitas, procurou conquistar a simpatia dos aliados para o fortalecimento da democracia no Brasil, sabendo as imensas dificuldades que precisaria enfrentar para consolidá-la. No campo econômico, era necessário mostrar credibilidade a fim de garantir uma renegociação viável da dívida externa brasileira e de atrair os investimentos estrangeiros considerados necessários à retomada do crescimento do país. O presidente eleito esbanjou confiança diante de seus interlocutores do exterior, garantindo que faria todos os esforços para recolocar a economia brasileira numa trilha de desenvolvimento sustentável, no qual as dívidas seriam sanadas e as condições da população seriam melhoradas. Para os jornais brasileiros, além do prestígio alcançado pelo novo governante nos principais países do Ocidente, o êxito dessa viagem poderia lhe garantir também a autonomia necessária para a escolha de sua equipe de governo nos melhores termos possíveis. Era o que se esperava, mas não obrigatoriamente o que iria acontecer. Enquanto a turnê acontecia, as disputas por cargos e ministérios ameaçavam dividir inclusive o próprio PMDB, o partido vitorioso do presidente eleito. Circulava o rumor de que Tancredo Neves decidira escolher seu sobrinho Francisco Dornelles para ocupar o cargo de ministro da Fazenda, e isso teria revoltado alguns correligionários mais exaltados. Como Dornelles exercia a função de secretário da Receita Federal no governo do general Figueiredo, esses partidários julgaram que tal escolha representaria a continuidade, e não a mudança prometida em campanha. Pelo menos, era o que alegavam.

Tancredo Neves respondeu a essas críticas em uma entrevista concedida a um jornal de Lisboa, e mostrou-se seriamente preocupado com a formação de seu ministério. Ele contestou a caracterização que tentavam fazer de seu governo como continuísta e conservador, contrariando os esforços que fazia para mostrar uma nova imagem do Brasil, democraticamente forte e economicamente esperançoso. Tais pendengas que cercavam as indicações políticas do futuro governo serviam muito bem ao governante que saía, pois aproximavam um regime francamente deteriorado e reprovado de um governo eleito que abarcava enormes expectativas de grande parte da população. Numa de suas primeiras manifestações após a votação do Colégio Eleitoral, que derrotara o candidato governista, pelo que se lê nos jornais, o general Figueiredo se disse desgostoso com o povo brasileiro, que "não reconheceu as boas ações que ele havia feito no governo". Certamente, ele se referia ao amplo apoio popular, tanto à campanha das Diretas Já quanto à candidatura da oposição, no curso do processo sucessório. Em ambas as situações, a população se manifestara em franca objeção ao regime militar que findava. Essa decepção com o povo se estendeu também aos políticos, de um modo geral: "fiquei magoado, fiquei surpreso". Ele se declarou mais contrariado ainda com a imprensa, que, na sua visão, só fez "atuar contra mim e contra o meu governo", pois, tudo que saía nos noticiários era "truncado, meia verdade ou invenção". E acabou desejando uma sorte melhor ao futuro presidente. Dias antes, o general-presidente tratara de observar que não havia pontos de divergência entre ele próprio e o futuro presidente do Brasil. Num encontro que tiveram no Palácio do Planalto, ao examinar amplamente os principais problemas de política interna e externa do país, ambos puderam perceber que suas ideias não apresentavam discordâncias e, ao contrário, mostravam fortes elementos de convergência. Assim anunciou oficialmente o porta-voz da presidência. E, desse modo, seguiram pairando no ar as muitas dúvidas quanto à real dimensão da transformação que se dizia estar em curso no solo brasileiro. Era mudança, ou continuidade, afinal? Tudo estaria mudando para permanecer igual?

Os jornais continuavam a publicar notinhas e matérias sobre as intrigas e tramoias que cercavam o andamento da escolha de ministros e demais colaboradores do novo governo. As disputas seguiam sendo cada vez mais acirradas e extrapolavam os principais cargos da administração direta e indireta, alcançando os postos de comando do Congresso Nacional (presidências, mesas, comissões etc.), que também dependiam de acordos e alianças formais e informais. A indicação para os escalões mais importantes impactava diretamente a distribuição de correligionários e partidários nas principais funções de negociação política. Diante do recrudescimento das divergências, Tancredo Neves anunciou que não aceitaria quaisquer vetos, pressões, imposições e ameaças, num claro recado aos que faziam objeção a nomes porventura ventilados para os ministérios. E disse que examinaria todas as colaborações que lhe eram oferecidas, com cuidado e atenção, aceitando-as e/ou recusando-as de acordo com as circunstâncias e possibilidades. Esse tema da composição do novo governo era manchete diária nos jornais consultados. E, no intuito de demonstrar boa vontade e compromisso com a democracia, Tancredo Neves buscava colher sugestões e opiniões em todas as instituições da sociedade, inclusive o Supremo Tribunal Federal (STF), o Núncio Apostólico, os partidos políticos, os governos estaduais. Mas a inquietação predominava nos círculos oficiais. Até os militares eram acusados de conspirar contra e a favor de nomes para os seus ministérios. Eles negavam, é claro. Ainda assim, por meio do decreto nº 90893, de 04/02/1985, assinado pelo general-presidente no apagar das luzes do seu mandato presidencial, restringia-se o poder dos futuros presidentes em atribuições específicas da área militar, tais como transferência de oficiais para a reserva, indicação de oficiais para missões no exterior, entre outras, que ficariam a cargo das autoridades militares em caráter exclusivo — isto é, aos ministros da Marinha, do Exército, da Aeronáutica, e ao chefe do EMFA. Ou seja, o controle sobre as esferas de mando adquiria uma feição cada vez mais peremptória. Aos militares caberia o poder militar, e apenas a eles, até mesmo em questões puramente administrativas.

Embora se tratasse ainda de meras especulações, tendo em vista que o presidente eleito não havia definido a composição do seu ministério, alguns indicadores mais objetivos pareciam anunciar a direção a ser tomada pelo futuro governo. Declarações constantes do futuro mandatário apontavam a decisão de conduzir a política econômica com ênfase no combate à inflação e no controle dos gastos públicos. Essa escolha, por si só, permitia deduzir que a área econômica como um todo seria dominada por uma perspectiva eminentemente conservadora. O receituário era claro. E não haveria, portanto, nenhum afastamento em relação a essas premissas. Não obstante Tancredo Neves insistisse no nome de seu sobrinho, Francisco Dornelles, para a pasta da Fazenda, fazia também questão de anunciar que estava atento aos cuidados de não permitir o surgimento de um superministério, como era então o do Planejamento, pois considerava isso uma característica típica de um regime autoritário. Na sua visão, haveria equilíbrio entre as diversas pastas e, portanto, harmonia na adoção das políticas públicas de seu governo. Todavia, as indicações que apareciam aqui e ali nos noticiários e nas fofocas veiculadas pela imprensa conduziam a certo pessimismo, quanto ao perfil escolhido para a formação da equipe governamental. O ministério parecia dialogar claramente com o continuísmo. Mas, por diversos meios, a sociedade brasileira já havia demonstrado que desejava mudanças visíveis na economia. O tempo se encarregaria de mostrar que as frustrações seriam bem maiores do que as soluções.

Malgrado a escolha da inflação como principal inimigo a ser combatido pela política econômica, o governo eleito enfrentou severas dificuldades para definir a melhor estratégia para debelá-la com êxito. Os impasses constantes entre o PMDB e a Frente Liberal, os fundadores da Aliança Democrática vitoriosa no Colégio Eleitoral, ajudavam a tornar ainda mais complexa a definição das melhores técnicas para atingir o objetivo proposto. Havia uma equação muito difícil a solucionar. De um lado, o déficit público e a escalada inflacionária, que precisavam de um enfrentamento sério e contundente, a fim de recolocar a economia brasileira numa era de prosperidade e desenvolvimento; de outro, os gravíssimos índices de desigualdade social, que requeriam um remédio urgente e duradouro, que permitisse à sociedade brasileira alcançar os patamares mínimos de civilização, sem os indicadores incômodos de miséria e de indignidade que há muito caracterizavam amplos setores da população. As medidas restritivas que vinham sendo anunciadas extraoficialmente para o controle da inflação, como era sobejamente conhecido, tendiam a provocar uma perda ainda maior de renda para as camadas médias e pobres da população, justamente as que mais sofriam com a escalada descontrolada dos preços. Era uma equação com duas incógnitas, de muito difícil solução, sobretudo, num arcabouço político eminentemente conservador.

Tratava-se, sem dúvida, de uma herança pesada deixada pelo regime que se encerrava. Além das taxas elevadas de inflação e do déficit público extraordinário, havia uma dívida externa que muitos julgavam "impagável", tal o seu valor estratosférico a juros crescentes. E havia ainda um sem número de escândalos de corrupção envolvendo praticamente todas as esferas da administração pública. Era um escoadouro permanente dos recursos oficiais, que tornava a população ainda mais pobre e desvalida, impedindo que chegassem às suas mãos os meios, os bens e os serviços aos quais tinha direito. Era um final de governo realmente melancólico aquele que se via. Enquanto a população se debatia com uma dura realidade de desemprego elevado, salários comprimidos, inflação galopante, serviços públicos essenciais precários e insuficientes, o general-presidente aparecia nos aparelhos de televisão, em horário nobre noturno, anunciando a todos os telespectadores as maravilhas de um país em que muito havia sido feito e resolvido. Em meio a isso, as denúncias de malfeitos nos altos escalões se expandiam. Os novos escândalos da hora eram, entre outros tantos, as fraudes no Instituto Nacional de Assistência Médica da Previdência Social (INAMPS) e os desvios na Superintendência Nacional de Marinha Mercante (Sunamam).

Criado em 1977, pelo governo federal, o INAMPS era destinado a fornecer assistência de saúde para os contribuintes da Previdência Social. Com poucos hospitais próprios, a maioria dos atendimentos era feita por intermédio da rede hospitalar privada credenciada, remunerada pelos cofres públicos. Era uma "arquitetura" que facilitava as fraudes em benefício da medicina privada. Denúncias e investigações preliminares identificaram o envolvimento de funcionários do próprio instituto, além de médicos e demais servidores da rede particular de clínicas e hospitais credenciados. A suspeita era de que registravam internações hospitalares, cirurgias e consultas totalmente fraudulentas, que nunca foram realizadas, e com isso aumentavam de modo substancial os valores cobrados do governo. A título de exemplificação, em mais uma operação surpresa, no começo de fevereiro de 1985, a Polícia Federal havia prendido dois médicos, dessa vez numa clínica particular da Zona Norte de São Paulo, quando ambos falsificavam cerca de Cr$ 5 bilhões (algo em torno de atuais R$ 20 milhões) em guias de internação para oito hospitais do Estado, dentro de um amplo e complexo esquema destinado a fraudar a Previdência Social. Em todo o país, calculava-se que o número de hospitais sob suspeita de fraudar a previdência ultrapassava os 600. Foi a época em que se vulgarizou a expressão "máfia de branco", numa clara referência aos profissionais de saúde corruptos que participavam dessas falcatruas, sempre vestidos com jalecos brancos. Apenas no intuito de enaltecer, é importante lembrar como foi fundamental para a saúde pública brasileira a fundação do Sistema Único de Saúde (SUS), um dos principais legados da Constituição de 1988. Olhada numa perspectiva histórica, a sua criação torna-se ainda mais relevante para o conjunto da população, e também para o próprio equilíbrio do orçamento da União, o que explica igualmente o motivo pelo qual sofre tantos ataques e vilipêndios.

A marinha mercante brasileira também ocuparia as páginas dos jornais, na berlinda por causa de polpudos desvios promovidos com a remuneração dos estaleiros contratados para construir ou reparar os navios e demais embarcações utilizadas em suas atividades. A comissão encarregada de examinar o assunto começava a apresentar ao público as suas primeiras constatações, numa longa lista de "incorreções" inicialmente identificadas na gestão dos serviços daquela superintendência. Entre elas, apareciam desde manipulações de duplicatas até o uso indevido de fundos públicos para subsidiar a construção de navios pelos estaleiros, com desvios polpudos de verbas. A referida comissão ainda detectou que a Sunaman acabou pagando várias parcelas que não seriam de sua responsabilidade, que os cálculos dos reajustes de preços e tarifas utilizaram índices inflacionados, a fim de beneficiar os tomadores de fundos, que o grau de nacionalização dos equipamentos dava margem a superfaturamentos e muitas outras irregularidades. A princípio, eram meras "incorreções", que depois seriam convertidas em legítimas fraudes contra os cofres da União. Mais dinheiro público desviado para os bolsos de meia dúzia de espertalhões, que não se constrangiam em surrupiar recursos provindos do sacrifício de muitos. Mais uma conta a ser paga por gente que vivia à míngua.

Com a amarração de uma solução pelo alto, como um "pacto entre as elites", nas palavras de Dom Aloísio Lorscheider, restava saber quem faria oposição ao mandato de Tancredo Neves, e com que pauta, posto que as principais forças políticas que dominavam o Congresso Nacional e os governos estaduais estivessem reunidas nesse arco de apoios à Nova República. Leonel Brizola (PDT) e Luiz Inácio da Silva (PT) eram os dois líderes mais representativos de uma oposição potencial que poderia ser formada no país, embora ambos já tivessem decidido manter uma postura de independência frente ao presidente eleito, podendo apresentar críticas ou elogios, de acordo com cada questão suscitada pelo andamento da gestão. Paulo Maluf, o candidato do regime derrotado no Colégio Eleitoral, prometia não aderir de imediato à trégua com que o meio político pretendia agraciar o novo mandatário. Mas, não teria êxito. O próprio general Figueiredo havia ficado muito bem impressionado com uma longa entrevista concedida por Tancredo Neves, logo após ter sido eleito, e pedira a seus correligionários do PDS que dessem a ele um voto de confiança. Diante desse quadro, era pouco provável que se constituísse um movimento oposicionista consistente, capaz de oferecer uma alternativa palatável e suficientemente robusta para confrontar o arranjo político montado para dar curso ao processo de redemocratização do Brasil. Havia ainda um longo caminho a percorrer, até que uma proposta verdadeiramente oposicionista viesse a disputar de igual para igual com o pacto das elites que sempre dominou a cena política brasileira.

Surpreendentemente, na madrugada de 15 de março de 1985, dia da posse do governo eleito, Tancredo Neves foi operado de emergência, para tratar uma diverticulite. Foi, sem dúvida, uma das reviravoltas mais dramáticas da história política brasileira, talvez a mais impressionante. Apesar do impacto indiscutível desse revés, às 10 horas da manhã, o vice-presidente José Sarney assumiu a Vice-Presidência e, interinamente, a Presidência da República. Tal decisão extemporânea foi tomada por um grupo político composto por parlamentares e ministros recém nomeados, após consulta a três dos principais juristas brasileiros, que reconheceram a validade e a oportunidade da medida. Em meio à tremenda perplexidade que tomou conta do país, os jornais noticiavam os eventos com uma cobertura de aparente normalidade, informando que Tancredo passava bem e deveria ter alta no prazo de aproximadamente uma semana.

No dia seguinte, as notícias indicavam que uma rotina governamental já estava em andamento e os governantes afinavam a comunicação para pôr em prática o seu projeto. O presidente em exercício José Sarney, em seu primeiro dia no cargo, assinou nove decretos, 28 nomeações e duas exonerações. Ao sair do Hospital de Base de Brasília, onde Tancredo Neves "passava bem", Sarney confirmou que presidiria no dia seguinte a primeira reunião do ministério, quando anunciaria uma série de medidas de austeridade antes decididas pelo presidente eleito. Malgrado as condições desfavoráveis às enormes expectativas criadas em torno da mudança de regime, os jornais se esforçavam para mostrar uma sequência de atos e falas que corporificavam o início preciso do governo aguardado pela sociedade. Enquanto Sarney recebia, na parte da tarde, no Palácio do Planalto, os cumprimentos de 600 integrantes de missões estrangeiras, logo após ter dado posse aos ministros, Tancredo Neves, submetido à última revisão médica do dia, no Hospital de Base de Brasília, mostrava um quadro clínico animador e, no dia seguinte, deveria sair da Unidade de Tratamento Intensivo (UTI) e receber visitas. Tudo na mais perfeita ordem. Ao passo que o timoneiro se recuperava, o seu auxiliar principal executava o projeto.

Conforme suspeitaram alguns colunistas de jornal mais atentos, desde a especulação sobre os nomes a serem indicados, o compromisso primordial da equipe econômica do novo governo era com a austeridade, e isso ficou patente nas falas de seus membros durante a solenidade em que tomaram posse de seus cargos e prometeram: "uma rígida austeridade monetária e fiscal que permitisse a queda da inflação, o saneamento financeiro do setor público e o equilíbrio das contas externas". Nas suas cerimônias de posse, outros ministros ligados à indústria, ao comércio e à infraestrutura afiançaram ainda o apoio integral à iniciativa privada, com decisivo controle da ingerência estatal sobre a economia do país. Além disso, houve o juramento de pôr em prática uma política externa "independente, persuasiva, respeitada e influente", e também a confissão de se considerar "intolerável que mais da metade dos brasileiros tenham um padrão de vida inferior ao mínimo que a própria dignidade humana exige". Eram promessas alvissareiras, sem dúvida. Nada diferente do que se poderia esperar de uma ocasião prestigiosa, embora não completamente animada e descontraída, dadas as amargas circunstâncias. A condição de saúde delicada do presidente eleito inspirava circunspecção. E todos procuraram mostrar certo recato. Até a festa programada para marcar a data murchou: nem mesmo o som de estridentes trios elétricos e de batucadas conseguiu animar as cerca de 30 mil pessoas que lotaram desde cedo a Esplanada dos Ministérios, defronte ao Congresso Nacional. E foi também com pouco entusiasmo que a multidão vinda dos mais diferentes pontos do país, para ver de perto a virada do poder e a posse de Tancredo Neves, saudou o vice-presidente José Sarney. Para quem tinha esperado comemorar a vitória das "Diretas Já" e acabara se contentando com a escolha de Tancredo Neves era mais um duro golpe a ausência dele na cerimônia de posse, com certeza. Boa parte da população brasileira teve de aprender a calibrar mais uma vez todas as suas expectativas, e superar a enorme frustração causada pela súbita enfermidade do presidente eleito. Houve quem se lembrasse de Rodrigues Alves, escolhido para a Presidência da República em 1918, mas impedido de assumir o cargo ao ser vitimado pela gripe espanhola. Era apenas uma lembrança, esperava-se. A morte repentina de um presidente eleito, pouco antes da sua posse, era uma tragédia excessivamente chocante para ser evocada além de uma simples reminiscência. As alegrias, portanto, ficaram pendentes.

No entanto, os dias que se seguiram não trouxeram grandes esperanças para quem as desejava. Ao contrário, o agravamento das condições de saúde do presidente eleito manteve em suspenso a confiança de que ele se recuperaria e assumiria o seu posto, por direito. Uma junta médica formada por especialistas vindos de São Paulo, Minas Gerais e Rio de Janeiro se reuniu em Brasília para examinar o estado pós-operatório de Tancredo e avaliar as medidas cabíveis para o seu mais rápido restabelecimento. Embora os primeiros boletins médicos apontassem sinais claros de franca melhora do paciente, ele acabou sendo submetido a uma segunda cirurgia destinada a "remover aderências ocorridas no intestino depois da primeira cirurgia". Em relação a isso, os jornais afirmaram que médicos, políticos e familiares haviam debatido a conveniência dessa decisão por mais de sete horas incessantes de intensa preocupação. Nos dias seguintes, porém, entre idas e vindas que alternavam otimismo e aflição, as notícias e os relatos cotidianos sobre o martírio de Tancredo Neves inquietavam sobremaneira a população e criavam na cena política um ambiente de constante nervosismo.

Apesar do trauma imposto pelas circunstâncias, a realidade acabava se sobrepondo e o noticiário também se rendia a alardear o caos que dominava o país. Embora guardasse profundo respeito pela dor do presidente eleito, que agonizava num leito de hospital com baixas expectativas de recuperação, a imprensa publicava com frequência diária as muitas mazelas que atormentavam a maior parte da população brasileira. Indiscutivelmente, o quadro geral era bastante grave. O impacto do súbito afastamento de Tancredo Neves apenas o agravava, tornando-o ainda mais perturbador. Todas as esperanças depositadas no talento do presidente eleito para debelar a crise tinham ido por água abaixo, e a sociedade agora passaria a se debater com uma situação de gravidade extrema que exigiria muito esforço e grande habilidade para ser superada. Os desafios eram imensos. Para começar, havia o desastre orçamentário que já ameaçava a Nova República com um déficit de nada menos do que Cr$ 20 trilhões (algo em torno de atuais R$ 75 bilhões). Não era de fato um começo nada auspicioso. Esse rombo nos orçamentos das estatais (administração indireta) e da própria União havia sido comunicado pelo ministro do Planejamento, João Sayad, ao presidente em exercício, José Sarney, durante audiência no Palácio do Planalto. Na Câmara dos Deputados, por sua vez, o líder do governo, Pimenta da Veiga (MG), encerrou o seu primeiro pronunciamento na Nova República com a promessa de que, dentro de poucos dias, os líderes do governo no parlamento mostrariam ao povo o país que haviam recebido — "caótico, paupérrimo e desorganizado". Para uma economia que precisava dar conta de resgatar uma dívida social monumental, com altas taxas de desemprego e muita miséria no campo e na cidade, não era nem um pouco alvissareiro o panorama apresentado nas primeiras horas do novo governo. A herança recebida se mostrava verdadeiramente desastrosa. E a frustração só aumentava diante da impossibilidade de contar com o presidente eleito, retratado como conciliador habilidoso e administrador competente, cuja obra terminaria lamentavelmente incompleta.

A lenta agonia de Tancredo Neves ficou registrada nas primeiras páginas de todos os jornais brasileiros, naquele mais de um mês em que permaneceu hospitalizado, sob a mais intensa expectativa. As manchetes falam por si só, e constituem um registro minucioso da tensão permanente que cercou aquele período histórico, que fora aguardado como a redenção democrática do país, após "um longo e tenebroso inverno", mas que acabara sendo vivido como uma grande tragédia. Que falem as notícias:

- Dúvidas sobre o pós-operatório de Tancredo alarmam Brasília (18/03)
- Tancredo se sente melhor, mas ainda há risco de nova cirurgia (20/03)
- País recomeça a espera por Tancredo (21/03)
- Tancredo deve começar a governar esta semana (25/03)
- Médicos não acertam alta de Tancredo (26/03)
- Vida de Tancredo corre risco máximo (27/03) [transferido para São Paulo, estado de saúde bastante grave]
- Tancredo luta agora contra infecção (28/03)
- Tancredo supera fase mais crítica (29/03)
- Tancredo enfrenta novos problemas (30/03)
- Tancredo resiste à quarta operação (03/04)
- Quarta operação em 19 dias agrava estado de Tancredo (03/04)
- A luta de Tancredo não acabou (04/04)
- Só um milagre salva Tancredo (05/04)
- O País respira outra vez. Tancredo supera sua pior crise (06/04)
- Tancredo mostra garra na luta pela sobrevivência (08/04)
- Tancredo em estado gravíssimo (10/04)
- Tancredo em lenta agonia (11/04)
- Tancredo sofre sétima cirurgia [chances de sobrevivência são remotas; decisão de operar é uma tentativa desesperada dos médicos] (12/04)
- Vida de Tancredo está por um fio [mais um aparelho garante a sobrevivência do presidente e substitui agora as funções dos rins] (13/04)
- Agora só um milagre salva Tancredo [o estado de saúde do presidente eleito permanece gravíssimo e sua vida depende dos aparelhos] (14/04)
- Tancredo à morte [os médicos já admitem que nada mais é possível para manter a vida do presidente por muito tempo] (15/04)
- Vida de Tancredo é artificial (16/04)

- Tancredo já perdeu toda resistência (17/04)
- Pinotti acredita na cura de Tancredo [chefe da equipe médica que acompanha o presidente eleito surpreende com seu otimismo e afirma que as funções neurológicas do paciente estão preservadas e não se esperam sequelas; diz ainda que não há indícios de lesões irreversíveis em quaisquer dos seus órgãos] (18/04)
- Estado de Tancredo é desesperador (19/04)
- Americano desengana Tancredo [Warren Zapol, médico do Hospital Geral de Massachusetts, trazido pelo Dr. Pinotti, diz que o paciente não dá sinais de recuperação] (21/04)
- Tancredo morreu. Deixou a esperança (22/04)
- Tancredo parte num mar de gente [O povo encheu as ruas. As multidões que acompanharam o cortejo fúnebre do presidente eleito Tancredo Neves, em São Paulo e em Brasília, foram mesmo muito numerosas.] (23/04)
- Povo na rua canta, chora e se despede de Tancredo (23/04)
- Sarney em nome do povo brasileiro: Adeus, até sempre, saudade [São João Del Rei - MG se despediu do seu filho mais ilustre com lágrimas e esperanças.] (25/04)

Assim seria inaugurada a Nova República, de modo nem um pouco animador. É amplamente sabido que Tancredo Neves não governou o Brasil. Portanto, jamais será possível julgar se teria cumprido de fato todas as promessas que fizera em seu plano de governo. Ficou não apenas a dúvida quanto a isso, como também a mitologia criada em torno dessa possibilidade. Acreditando falar em nome do povo brasileiro, José Sarney, agora efetivamente o presidente do Brasil, deu adeus a Tancredo Neves jurando, à beira de sua sepultura, honrar "o legado de dignidade, de amor ao povo, de tolerância, de conciliação e de grandeza na vida pública" deixado por ele. "O seu compromisso será o nosso compromisso, a sua promessa será a nossa promessa, o seu sonho será o nosso sonho", jurou Sarney. Esse trato ficaria à espera do juízo do tempo.

Tancredo morre

eixou a esperan

Morreu Tancred
75 anos, sete c
talizado, mine
de Abril par
mente uma h
destino resolveram pre
sidente que não assum
ras da posse. Tancredo
José Sarney, 55 anos n
de conduzir a Nova Re
te. Sarney, hoje de ma
nunciamento (**ver ch**
feriado nacional nes
dias de luto. O País
pelo político que pos
currículo que um hor
vereador, deputado
ça, primeiro-ministr
presidente eleito da
cargos. Mestre na
credo será lembrad
mia política, que co
to popular deste Pa
numa corrente **gig**
Democrática, outr
O corpo de Tancre
je a Brasília. Fica
ca, em câmara ar
to. **Páginas 2, 3, 4,**

Hospital de Base, 25 de março, o paciente Tancredo posa ao lado da companheira de calvário, dona Risoleta. Foi a sua última foto em vida

arney manterá programa

) nosso programa será o mesmo de
ıcredo Neves", prometeu o agora
sidente efetivo José Sarney, em
onunciamento transmitido por rede
cional de rádio e televisão, na ma-
ugada de hoje. O Governo, disse Sar-
y, dará prioridade aos pobres, com-
ıterá a inflação, lutará pelo fortaleci-
ento da iniciativa privada e imple-
entará a reforma agrária. Ulysses
uimarães, presidente do PMDB e da
âmara dos Deputados, por muitos
nos amigo e parceiro político de Tan-
redo, assumiu no final da noite a sua
cadeira no Congresso e fez uma profis-
são de fé: "Você (Tancredo) não nos
abandonou. A homenagem sincera e
conseqüente dos que o choram será im-
pedir qualquer recuo na caminhada
pelas instituições livres, que se consoli-
dará através da Assembléia Nacional
Constituinte". Por determinação do
presidente do Senado, José Fragelli, o
Congresso se reunirá às 11 horas. Os
ministros e parlamentares estão con-
vocados por Sarney para o velório. O
ministro das Comunicações, Antônio
Carlos Magalhães, exigiu a renúncia
de todo o ministério, "até mesmo por
uma questão de ética, logo depois de
terminar o velório do presidente Tan-
credo Neves". **Páginas 2 a 13**

ıVALDO BARBOSA

GILBERTO ALVES

O
de T

Concili
Tanc
Dem
nou
xima
das trevas d
nha que en
devolvendo-
ainda embri
vas positiva
– sua grar
que tal tra
sem violên
só é possive

A Consti
mente ren
se deseja
a dos soni
nenhuma.
fincou os
pública.
ção de u
Naciona
que têm
te sua ob

Qualq
que pas
ria de
saúde.
roar. e
nal. su
chora
brasil
sentin
porém
se po
deu t
var a

O
do c
quiv
Cab
Rep
Al

CAPÍTULO 3

Abram alas: a Nova República vai começar!

1985. José Sarney assumiu a Presidência da República sem um vice para chamar de seu. Eleito como vice de Tancredo Neves na chapa da Aliança Democrática vitoriosa no Colégio Eleitoral, e agora presidente, toda vez que precisava se ausentar do país, em viagens oficiais, Sarney era substituído por Ulysses Guimarães, presidente da Câmara dos Deputados e do PMDB. Apesar das rusgas e disputas em torno dos cargos e das verbas da administração federal, os dois principais partidos que davam sustentação ao governo que inaugurava a Nova República — o PMDB e o PFL — seguiram sendo as principais forças políticas a ditar os rumos do Brasil. Figuras como José Sarney, Antônio Carlos Magalhães, Marco Maciel, Francisco Dornelles, Aureliano Chaves (vice-presidente de João Figueiredo, 1979-1985), que tiveram tamanho destaque nas esferas de poder do regime militar, eram os rostos mais vistosos de uma transição política que se apelidou de Nova República, mas que precisaria mostrar verdadeiras mudanças na condução do país, para merecer de fato essa alcunha tão promissora.

Como sói acontecer nos momentos de turbulência, tal qual foi o choque provocado pela morte precoce de Tancredo Neves, os espertalhões logo começaram a aparecer, tentando tirar proveito da confusão natural que cercou aquelas circunstâncias. Alguns pediam uma oportunidade para "colaborar" com a renovação do país e ofereciam os seus préstimos; outros, mais ousados, alegavam terem sido convidados pessoalmente pelo "Dr. Tancredo" para ocupar esse ou aquele cargo no segundo ou terceiro escalão, nos ministérios e nas empresas estatais. As pastas mais disputadas eram Previdência, Saúde, Agricultura, Indústria e Comércio, escusado dizer, aquelas que dispunham de gordos orçamentos para executar. As demais sofriam assédios também, mas em menor escala. Segundo notas da imprensa, cansados da intensidade das pressões, e quanto mais se acelerava a formação das equipes, alguns ministros decidiram adotar uma resposta-padrão quando o interlocutor insinuava ter sido convocado, em pessoa, pelo presidente tragicamente falecido, e alegavam que o Dr. Tancredo Neves, quando os chamou para o cargo, nada dissera a esse respeito. E saíam de fininho. A montagem das assessorias ministeriais já estava sujeita ao jogo de poder das oligarquias, do grande capital nacional e dos credores internacionais, e não precisava de mais esse constrangimento. Os lobistas amadores teriam muito trabalho para emplacar os seus prepostos.

A oposição, por sua vez, ficaria a cargo, basicamente, dos dois principais líderes políticos do campo progressista — Leonel Brizola (PDT) e Luiz Inácio Lula da Silva (PT). Embora as relações entre ambos permanecessem cercadas de perturbações periódicas, chegando às vezes à beira do rompimento, eles dois prometeram manter, no início, uma postura comum frente ao novo governo, adotando uma posição de independência, que poderia resultar em críticas ou em elogios, sem, no entanto, partir de imediato para o combate ferrenho. Era uma espécie de crédito de confiança cauteloso. Nada de começar atirando. Seria necessário dar tempo ao tempo para que o novo governo dissesse a que veio. Paulo Maluf, por sua vez, o candidato do PDS derrotado no Colégio Eleitoral, segundo o noticiário dos jornais, não acreditava no clima de trégua geral que se instalara no sistema político e ameaçava iniciar uma disputa obstinada em torno das ações do governo. Maluf chegou a afirmar que faria uma oposição "verdadeira e consistente" ao governo eleito. Em pouco tempo, porém, seria facilmente observado que a composição e o compromisso acabariam tomando o lugar da discórdia e da objeção, mesmo entre os representantes do partido que representara o regime militar superado e que ficara na oposição formal à Aliança Democrática vencedora. Foi bem rápida a percepção de que o modelo político e econômico adotado pela Nova República era bastante semelhante ao do regime pretensamente sepultado. Mais do que uma disputa por princípios, tomaria lugar, então, uma batalha por cargos e comissões.

Convocado como um legítimo representante da oposição, no seu primeiro encontro oficial com Tancredo Neves, algumas semanas antes da posse presidencial, Lula apresentou as principais reivindicações que considerava essenciais para a classe trabalhadora: recuperação do poder aquisitivo dos salários (com destaque para a necessidade de aumento real do salário mínimo), liberdade de organização para os sindicatos e diálogo permanente com o governo. Era uma agenda e tanto. Caso esses pontos pudessem ser atendidos em breve tempo, uma parte considerável dos problemas que afligiam os trabalhadores brasileiros estaria sendo enfrentada com o devido acerto. Embora ciente da sua responsabilidade como liderança sindical e política, incumbido de apresentar ao presidente eleito as demandas mais importantes dos setores que representava, Lula parecia reconhecer que, dentro daquele arranjo político que resultara na eleição da Aliança Democrática, seria muito difícil alcançar os objetivos mais significativos para a população trabalhadora. Ao sair do encontro, Lula declarou aos jornalistas que Tancredo Neves demonstrara estar bem-intencionado para enfrentar as principais questões sociais do país, mas todos sabiam que ele encontraria grandes dificuldades e não poderia colocar em ação uma política social avançada, como era o desejo da classe trabalhadora. Mais uma vez, tornava-se evidente que a composição do novo governo, tanto quanto os seus maiores compromissos, apontava numa direção oposta à da solução dos graves problemas socioeconômicos do país.

O fato é que todas as falas e ações do governo eleito apontavam para a manutenção de um perfil conservador na condução da política econômica, tendo como seus dois eixos mais importantes o combate à inflação e o arrocho fiscal (com significativa redução dos gastos públicos). Um olhar de relance para isso permitiria cogitar que a adoção dessas medidas acabaria levando a um quadro de recessão que só faria agravar as condições socioeconômicas vigentes. Com base nesses parâmetros, seria praticamente impossível cumprir a promessa de multiplicar os investimentos governamentais na área social, exatamente como Lula havia sugerido em seu encontro com Tancredo Neves. As exigências do FMI para a renegociação da dívida externa brasileira, cada vez mais elevada em razão do aumento exorbitante das taxas de juros internacionais, contribuíam para intensificar ainda mais o nível de dificuldades com que se debatia a economia brasileira da época. Diante desse quadro, já de antemão desalentador, os membros da equipe econômica, que em breve tomaria posse, tentaram difundir o otimismo necessário para assegurar um mínimo de apoio popular aos seus projetos. João Sayad, futuro ministro do Planejamento, ao anunciar que, juntamente com a dívida externa e os gastos públicos, a inflação seria o grande problema a ser enfrentado, prometeu que o novo governo travaria uma "verdadeira batalha" para retomar o desenvolvimento econômico e diminuir o sofrimento do povo brasileiro.

João Sayad era integrante do grupo de "novos economistas" de São Paulo, que se posicionava contra a política econômica de juros altos e de corte nos gastos públicos defendida por Francisco Dornelles, futuro ministro da Fazenda e sobrinho de Tancredo Neves. Muito se veiculava na imprensa que a ideia do presidente eleito, de nomear dois ministros da área econômica com visões tão distintas, visava justamente impedir que se constituísse um superministério, com um superministro, como havia acontecido com Delfim Netto, na ditadura, de "triste memória". Tal equanimidade pode ter se originado de boas intenções profundamente sinceras; mas, acabou se revelando desastrosa para o andamento da Nova República e resultou em graves embates entre os dois ministros, com demissões e amarguras de ambos os lados. Nesse início do novo governo, contudo, as esperanças de que a administração da economia brasileira fosse um grande sucesso eram amplamente difundidas pela imprensa local. Mais do que a certeza de que tais medidas dariam certo, havia uma torcida quase desesperada para que isso acontecesse. Era o futuro da República que estava em jogo, e os seus dirigentes se esmeravam nos discursos.

Curiosamente, alheio a todas essas aflições e ignorando por completo as preocupações daqueles que procuravam mostrar o desastre presente, o novo ministro do Exército, em concorrida cerimônia militar, declarou em alto e bom som que, com o advento da Nova República, "a Revolução de 1964" não estaria se encerrando, e sim se eternizando, em função de estar sendo preparado o seu objetivo básico de democratizar o país. Não se trata aqui de mera disputa de narrativas. É algo mais grave e mais profundo. É a negação completa de duas décadas de arbítrio, opressão e aviltamento, cujos resultados dramáticos começavam a ser expostos. É a pretensão descabida de tutelar a democracia brasileira, definindo o que ela é e como deve ser governada. É a prepotência de eternizar o golpe militar apelidado de "revolução", cujo legado real era uma sociedade depauperada, uma legislação com fortes cargas de "entulho autoritário" e ainda uma parcela da população alienada e desinformada pelos anos de obscurantismo. Ao longo de todo esse período da transição democrática, os militares se sentirão no direito de participar ativamente das decisões políticas mais importantes, dando declarações e fazendo pronunciamentos no intuito de delimitar os espaços a serem ocupados pelos novos atores políticos. Não raro, quando percebiam alguma ousadia que não admitiam tolerar, logo mostravam seus arreganhos e ameaçavam endurecer. Sutilmente, aqui e ali, apareciam sucessivos "desmentidos" de altos oficiais das Forças Armadas, negando que estivessem preparando novos golpes. Tais desmentidos nada mais eram do que ameaças veladas de que, ao menor sinal, poderiam promover o endurecimento político, com novas medidas de exceção. O medo de uma nova era de tirania e arbítrio servia para desencorajar a bravura de alguns dos que desejavam mudanças mais sólidas e mais abrangentes. E esse jogo de ameaças permanentes cumpria seu papel intimidador, forçando recuos e limitando os avanços das forças democráticas.

As retrospectivas, no entanto, teimavam em denunciar o péssimo estado em que o Brasil se encontrava, no limiar de uma era que se supunha e se desejava que viesse a ser verdadeiramente democrática. Era melancólica a despedida do regime: inflação elevada, dívida externa asfixiante, escândalos financeiros mal explicados, apenas para citar alguns poucos elementos. Por mais que alguns defensores tentassem embelezar o regime que findava, a própria formulação da agenda da Nova República acabaria colocando em evidência todas as mazelas que assolavam a vida brasileira. E eram inúmeras. Havia muito a fazer. O passivo social era verdadeiramente assombroso. Os estragos observados nos diversos campos da sociedade brasileira, tanto os materiais quanto os intangíveis, eram de fato espantosos. O passar dos dias e dos meses tenderia a aumentar as cobranças: ficava cada vez mais difícil mentir e negar, porque um dos principais atributos dos novos tempos era o fim da censura. Tudo vinha às claras, ou praticamente tudo. Passar a limpo os anos penosos da ditadura acabaria se tornando missão para muitos. Naquele momento de acerto de contas, algumas vozes destemidas ecoavam na imprensa e se faziam ouvir.

Durante anos, o embate entre duas visões sobre o que fora o regime militar no Brasil ocuparia corações e mentes, sem ser propriamente conclusivo. As forças do regime sempre tentariam construir um relato pautado no sucesso e no acerto de suas iniciativas, enquanto os grupos da oposição se esforçariam para demonstrar que os anos da ditadura tinham trazido mais prejuízos do que benefícios, para a maior parte da população brasileira. Guardadas as devidas proporções, e levando-se em conta ainda as transformações trazidas pela própria passagem do tempo, o país que entregavam ao governo da

Nova República parecia tão caótico e problemático quanto diziam que havia sido o governo de João Goulart. Os indicadores socioeconômicos eram alarmantes, o empobrecimento da população era visível, as bases da infraestrutura do país reclamavam urgentes reparos, o endividamento interno e externo asfixiava a gestão dos investimentos, os recursos destinados à área social eram insuficientes. Os índices de violência, no campo e nas cidades, também eram espantosos e inquietantes. Matadores de aluguel, jagunços, milícias armadas, policiais assassinos não eram propriamente estranhos ao meio social brasileiro. E a miséria, companheira inseparável da fome e do desamparo, exibia as suas facetas sem qualquer pudor pelas ruas e estradas de todo o imenso território do Brasil.

Sarney começou a governar fazendo promessas, e contando ainda com as juras dos seus ministros da área econômica: tudo seria feito para melhorar a vida do povo. Para iniciar, elevou o salário mínimo para Cr$ 333.120,00 (atuais R$ 1.049,06), 6% acima da inflação, dentro daquilo que se convencionou chamar de uma "política de reposição gradativa das perdas salariais", sendo um valor que as principais lideranças sindicais do país julgaram, contudo, "meio decepcionante". Na mesma toada, assinou o decreto de criação do Ministério da Reforma e do Desenvolvimento Agrário, a fim de impulsionar a realização da reforma agrária, discriminar as terras públicas e regularizar as propriedades rurais. Era um dos compromissos de campanha mais importantes da Aliança Democrática, que visava atender a uma das reivindicações mais antigas e mais caras a todos aqueles que desejavam uma solução de larga escala para os problemas sociais brasileiros. Ao mesmo tempo, o presidente insistia em afirmar que, nas negociações da dívida externa com os credores, o Brasil não aceitaria o receituário recessivo imposto pelo FMI, para não comprometer o seu projeto recém-iniciado de redemocratização. Parecia bastante claro para os membros da equipe econômica que a evolução do processo democrático no Brasil "não poderia compatibilizar-se com uma política que impusesse, deliberadamente, a recessão econômica", com todas as consequências já conhecidas desse tipo de austeridade: mais arrocho, mais restrição, mais injustiça. E numa situação geral em que se reclamava uma ação incisiva das políticas públicas em benefício da população. Tornava-se cada vez mais evidente que a aplicação de medidas condizentes com o modelo neoliberal, baseado na austeridade fiscal e na concentração da riqueza em escala sideral, era totalmente incompatível com a preservação dos direitos humanos e com a manutenção dos regimes democráticos. Essa harmonização das necessidades mais do que urgentes de promover o investimento estatal e ao mesmo tempo controlar o déficit orçamentário da União, que já atingia os Cr$ 85 trilhões (quase R$ 270 bilhões), era um desafio para lá de complexo. Os embates recorrentes dentro da equipe econômica deixariam isso bem claro e provocariam muitas tensões.

João Sayad, ministro do Planejamento, resumiu criticamente o processo histórico que teria desaguado na Nova República, com todas essas graves contradições: numa entrevista concedida à imprensa, argumentou que o Brasil havia investido, durante as décadas anteriores, recursos financeiros maciços na construção da infraestrutura de transportes, energia e insumos básicos. Desses investimentos, havia resultado um volume imenso de obras destinadas à obtenção de energia elétrica e de prospecção de petróleo, além da transferência de recursos financeiros "bastante pesados" para o setor privado, no intuito de incentivar a industrialização e a colonização de terras. Na sua visão, a fim de assegurar um maior equilíbrio no orçamento da União, os cortes nos gastos públicos deveriam ser direcionados para os projetos das empresas estatais, para os subsídios e para as despesas da administração direta que pudessem sofrer uma redução, maior ou menor, sem perda significativa de substância. Ele sugeriu ainda uma inversão dessas prioridades, escolhendo privilegiar os gastos sociais do governo: educação, saúde, alimentação, combate à violência, construção de presídios, saneamento básico, combate às doenças endêmicas. Em síntese, tratava-se de uma avaliação preliminar da crise do Estado nacional desenvolvimentista, que afinal encontrara o seu limite decisivo na inflação descontrolada, na dívida externa galopante e no desajuste fiscal arrasador. As energias da Nova República seriam, em larga medida, tragadas por essa combinação explosiva de distúrbios socioeconômicos, muitas vezes insolúveis dentro do modelo político adotado. A famigerada dívida social, portanto, ficaria para ser paga depois. Apesar do reconhecimento de que, até ali, o Estado brasileiro havia gastado fortunas em estímulos à industrialização e ao desenvolvimento econômico, beneficiando, sobretudo, o capital privado nacional, e de que os investimentos destinados à mitigação da miséria e da indignidade em que sobrevivia grande parte do povo brasileiro haviam ficado muito aquém das reais necessidades, as soluções propostas e adotadas no alvorecer da Nova República não conseguiram suplantar essas contradições. De fato, seguiram perpetuando o mesmo modelo cíclico de crescimento e recessão, com a protelação interminável da correção definitiva dos gravíssimos problemas sociais acumulados pelo país.

Numa clara tentativa de infundir esperanças em seu governo, na sua primeira entrevista coletiva, realizada no Palácio do Planalto e transmitida em cadeia nacional de rádio e televisão, o presidente José Sarney afirmou com grande convicção: "Eu tenho absoluta certeza de que este país vai vencer a sua crise. Eu posso dizer ao povo brasileiro que nós não podemos ser um governo para fazer milagres, mas nós vamos vencer esses problemas". Era um breve resumo de sua segura determinação de que estava no caminho certo, uma introdução conveniente para responder às perguntas que lhe foram feitas pelos vários órgãos de radiodifusão ali presentes. Embora o otimismo do presidente pudesse angariar simpatias, não escapou aos jornalistas o embate contínuo entre as visões distintas que prevaleciam nos ministérios da Fazenda e do Planejamento, dos quais dependia o sucesso das medidas econômicas adotadas pelo governo. O quadro geral de instabilidade macroeconômica tendia a dominar grande parte das preocupações da imprensa, e a disputa entre os dois ministros provocava inquietações. Isso ficou bem claro na intervenção do repórter da principal emissora do país:

REDE GLOBO: — Senhor Presidente, há uma reação dentro do seu partido, o PMDB, com relação às divergências de conduta dos ministros da área econômica. Há poucos dias, entrevistei um político eminente do seu partido e ele me dizia que o ministro da Fazenda (Francisco Dornelles) estaria mais identificado com o antigo governo, e que o ministro do Planejamento, João Sayad, seria a Nova República. Eu pergunto ao senhor: o senhor é mais o controle de gastos do Sr. Dornelles, ou o aumento de impostos do Sr. Sayad? O senhor é a diminuição de juros do Sayad, ou a manutenção da política monetária do Sr. Dornelles? O senhor é Dornelles ou o senhor é Sayad?

PRESIDENTE JOSÉ SARNEY: — Acho que não vou poder fazer essa opção, simplesmente porque, quando os dois estão juntos, os dois são Sarney (Correio Braziliense, 18/06/1985. p. 5).

E seguiu minimizando as diferenças, reforçando as convergências. Assim, o presidente tentava apaziguar as divergências que dominavam a equipe econômica e o próprio rumo do seu governo. Em alguns aspectos, como esse citado pelo entrevistador, os embates eram realmente decisivos: corrigir o déficit público era mais adequado por meio do corte de gastos ou pela criação de novos impostos? Cortar numa situação de necessidades urgentes da presença do Estado era um problema ou uma solução? Adiar os investimentos em áreas extremamente sensíveis como a educação e a saúde era uma prova de sensatez ou uma temeridade? O tempo se encarregaria de revelar como foi difícil equilibrar essas duas tendências conflitantes dentro de um mesmo projeto governamental, e num quadro político conservador e arraigado como o do Brasil. Nenhum dos dois ministros citados completaria o seu ciclo no cargo. E a Nova República faria de si própria um retrato muito pouco lisonjeiro.

Nenhum tema ocupou mais as páginas dos jornais do que a reforma agrária proposta pelo governo, apesar da ênfase continuamente dada à questão macroeconômica. Desde antes mesmo do seu lançamento oficial, o projeto já despertava a ira desesperada dos grandes proprietários de terras, que seriam os principais protagonistas dos embates por vir. Foi o ministro do Interior, Ronaldo Costa Couto, ligado à questão apenas de forma indireta, quem deu a melhor definição sobre o clima de terror que se lançava sobre a matéria: "A expressão reforma agrária carrega uma carga ideológica que complica até mesmo o essencial: o objetivo de melhorar a agricultura brasileira num quadro de economia de mercado" (Correio Braziliense, 18/05/1985. p. 9). Seria impensável para um governo egresso, em grande medida, do regime militar promover uma transformação do meio rural que ameaçasse a propriedade da terra, praticamente sacralizada em território brasileiro nos moldes em que existia. Não era esse o objetivo do governo Sarney, com certeza. Mas a simples menção a uma proposta de distribuição de terras (em geral, públicas) para agricultores familiares fazerem culturas de alimentos para consumo do mercado interno era suficiente para desencadear uma verdadeira avalanche de gestos e ameaças de fazendeiros e latifundiários. De um modo geral, os proprietários de terras estavam irados diante da possibilidade de uma reforma agrária e enxergavam a "ação dos comunistas" em todos os lados da questão. Isso dificultava tremendamente qualquer tentativa de diálogo e de acordo. Eles temiam, sobretudo, o fantasma da desapropriação e se mostravam dispostos a qualquer coisa para defender o que consideravam o seu direito à terra. Em resposta às ameaças, o governo declarou de modo peremptório que não aceitaria a formação de grupos armados no campo (algo que, porém, já era mais do que fato consumado): as autoridades bradavam que não permitiriam, de forma alguma, a criação de milícias particulares para dificultar a implantação da reforma agrária e que a Polícia Federal intensificaria o controle do uso e da comercialização de armas nas áreas de tensão social.

O presidente da Confederação Nacional da Agricultura respondeu dizendo que considerava a proposta de reforma agrária do governo Sarney "totalmente nefasta" e que o empresariado rural não depositava nenhuma confiança no presidente do Incra, a quem acusava de "só contratar esquerdistas". A Associação dos Criadores (da Região do

Araguaia), por sua vez, advertiu, em telegrama enviado ao Ministério da Agricultura, que se o governo "teimasse" em levar adiante o seu projeto de reforma agrária, haveria de correr muito sangue naquele solo. Em termos duros, os fazendeiros denunciaram que a guerrilha estaria montada na região e que eles não poderiam ficar de braços cruzados diante da ação dos agricultores sem-terra. Os choques entre posseiros e pistoleiros contratados pelos fazendeiros seguiam fazendo muitas vítimas fatais no meio rural brasileiro. O ministro Nélson Ribeiro, da Reforma e do Desenvolvimento Agrário, se encarregava de declarar que as propriedades produtivas de quaisquer dimensões seriam preservadas, e tentava desmontar a campanha de desinformação que alardeava o objetivo governamental de desapropriar as terras produtivas. Apesar dos seus esforços, a violência só fazia recrudescer. Essas reações desabridas incomodavam os defensores da democracia, que lutavam tenazmente para que a Nova República, apesar de todos os seus dilemas, pudesse completar o ciclo da transição democrática brasileira.

Qualquer medida destinada a mitigar a desigualdade social brasileira tendia a ser recebida com verdadeira exasperação por parte das oligarquias que controlavam o país. Muito embora a população trabalhadora e desfavorecida fosse ainda mais duramente atingida pelas condições socioeconômicas predominantes, eram essas oligarquias que reclamavam com maior estridência as ameaças aos seus direitos. Sentiam-se diretamente afetadas por qualquer tentativa de amenizar o desequilíbrio tremendo na distribuição dos recursos e dos benefícios materiais existentes, supondo que as suas posses fossem portadoras de dons predestinados. E, portanto, inamovíveis. O balanço dos resultados, porém, indicava uma realidade totalmente oposta. No final de 1985, por exemplo, Dom Paulo Evaristo Arns, arcebispo de São Paulo, veio a público apresentar o cálculo das mortes havidas no campo. Nada menos do que 187 pessoas haviam morrido em conflitos pela posse da terra, naquele ano, estimava-se. A tragédia atingira 22 Estados da federação, mas foi no Pará, com 128 óbitos, que a questão se manifestou de forma mais terrível: 68,4% do total. Em segundo lugar, vinha o Maranhão, terra natal do presidente José Sarney, com 54 mortes (Jornal do Commercio, 12/12/1985, Confidencial, p. 2). Eram estatísticas muito inquietantes, sem dúvida. Para Dom Paulo, as esperanças de uma solução benéfica deveriam se concentrar na Assembleia Nacional Constituinte, que permitiria um debate mais adequado da questão e um consequente encontro dos melhores remédios para o mal que afligia tantos brasileiros. Na opinião do religioso, se não se modificasse a situação do campo, o Brasil iria se tornar um país selvagem, inabitável.

Nesse clima reinante de ódios e intimidações, a família do ministro da Reforma Agrária acabou sendo vítima de uma sucessão de ameaças de morte, que visavam atemorizar os políticos diretamente envolvidos com o projeto de mudança na estrutura fundiária do país. Além dos seguidos telefonemas ameaçadores, um empregado da família acabou sendo confundido com um dos filhos do ministro, e foi sequestrado e espancado por dois homens na periferia de Belém do Pará, onde Nélson Ribeiro tinha residência. Após esse episódio lamentável, o ministro finalmente se convenceu a levar toda a família para morar em Brasília. Por mais que ele se explicasse, e ocupasse as redes de comunicação para tranquilizar o meio rural quanto aos objetivos fundamentais do projeto a ser colocado em prática, nada adiantava. A ação brutal dos opositores ganharia ainda a adesão de uma conhecida organização civil de inspiração católica, que resolveu declarar guerra à reforma agrária, sob o argumento de que ela representaria "um passo importante no caminho do socialismo", por contar com o apoio do Pravda (jornal oficial do partido comunista da URSS), do PCB e do PCdoB. Nesse relato delirante, o espectro do comunismo estaria rondando o Brasil.

O Plano Nacional de Reforma Agrária encaminhado pelo ministro para o debate do Congresso Nacional despertou discussões acaloradas e reações indignadas da parte dos empresários rurais. Na tribuna do parlamento, os discursos também se sucederam ora em defesa ora contra a realização da reforma, numa clara demonstração de que o tema seria tratado sempre de modo muito conturbado. Como bem sentenciou o ministro Costa Couto, a implicação ideológica do termo reforma agrária já era motivo de sobra para fazer da questão uma polêmica infindável. O presidente da Federação da Agricultura do Estado de São Paulo, por exemplo, ao ser indagado acerca das pretensões do plano ministerial, foi logo afirmando que, além de esse não solucionar o problema de quem não tinha acesso à terra, sem explicar muito bem o motivo, ainda poderia trazer consequências trágicas para todos os envolvidos. O próprio presidente do Senado Federal, fazendeiro ligado à oligarquia do Mato Grosso do Sul, e eleito pelo PMDB, defendeu o uso da violência pelos proprietários, diante da ameaça de invasão de suas terras. A ideia recorrente era a de que os conflitos pela posse da terra sempre acabariam desembocando em tragédias, com mortos e feridos, e traumas de todos os tipos. Não obstante, essa era uma realidade que já caracterizava o meio rural brasileiro há muito tempo. Longe de pretender provocar mais assassinatos no campo, o projeto de reforma agrária apresentado pelo governo parecia visar mesmo era à pacificação dos conflitos, com uma distribuição mais equilibrada da terra e dos recursos naturais disponíveis, promovendo também a fixação do homem no campo e a produção mais larga de alimentos e demais insumos agrícolas. A hostilidade enraizada, porém, não daria trégua.

Não era raro que o debate acabasse resvalando para uma crítica direta ao modelo socialista em vigor, como o da União Soviética, por exemplo, que tantos acreditavam ser a fonte de inspiração para a proposta governamental em debate. Apontado como um rotundo fracasso econômico, esse modelo era classificado como gerador de uma agricultura atrasada e improdutiva, incapaz de atender às necessidades de consumo da população. Portanto, não merecia ser copiado. Naquele momento histórico, muitos consideravam que a ideia de uma revolução agrária já tinha sido totalmente superada, dando lugar ao projeto moderno e ambicioso de uma "revolução verde", com ampla mecanização da agricultura, baseada nos avanços tecnológicos e científicos disponíveis, e assim capaz de promover um aumento verdadeiramente revolucionário da produtividade da terra. Era isso que interessava ao Brasil, nessa visão, e não uma reforma agrária como estava sendo proposta, com riscos iminentes de conflagrar o meio rural. Mais do que as leis do Estado, seriam "as leis naturais da economia" que acabariam por acomodar esses conflitos, na medida em que a atividade rural, ao crescer em produtividade, reduziria as migrações, diminuiria a necessidade de novos assentamentos, regularizaria a posse da terra e asseguraria ao trabalhador rural um nível de vida que ele dificilmente alcançaria cultivando uma pequena propriedade com "métodos anacrônicos". Ou seja, o ideal aqui proposto era transformar todos os agricultores em proletários rurais, a serem empregados nas grandes propriedades modernizadas da agricultura comercial brasileira. E isso porque o aumento da produtividade agrícola nas unidades produtivas maiores era tomado como uma "lei da natureza", um fato inquestionável, desconsiderando por completo a existência de milhares de latifúndios improdutivos Brasil afora. E também porque os pequenos lavradores tendiam a utilizar, necessariamente, de acordo com essa concepção, apenas "métodos anacrônicos" em suas lavouras, ignorando-se totalmente a imensa contribuição que essas atividades em pequena escala sempre deram à preservação ambiental, à inovação dos plantios e ao cultivo orgânico de plantas e animais.

Enquanto o debate de ideias prosperava no Congresso Nacional, nas associações empresariais de agricultores e criadores de animais, na imprensa em geral, o governo seguia dando declarações de que não recuaria em seus propósitos de fazer a reforma agrária, compromisso assumido no programa da Aliança Democrática. Uma nota divulgada pelo Ministério da Reforma e do Desenvolvimento Agrário, em resposta ao recrudescimento dos conflitos, garantia que seu plano de reforma agrária repousava dentro dos parâmetros da legislação em vigor e não contemplava nenhum estímulo às hostilidades, cujas causas residiriam, há muitos anos, numa estrutura agrária "social e economicamente injusta". Na mesma ocasião, os jornais noticiavam que, na região oeste de Santa Catarina, cerca de quatro mil famílias de pequenos lavradores haviam tomado quatro mil hectares de terras consideradas improdutivas. Imediatamente, a Polícia Militar estadual deslocou cerca de mil soldados para o local. Dois deputados do PDS afirmaram que os proprietários rurais já estariam "lubrificando as armas para defender suas terras". A direção do Sindicato Rural de Chapecó, patronal, advertiu que ninguém ali estava predisposto a usar a força, mas os proprietários rurais haviam montado um esquema de defesa solidário e pretendiam impedir as invasões de qualquer forma. Apesar dessa advertência, o sindicato reconheceu que a ocupação das terras havia sido feita de maneira pacífica, que os posseiros não estavam armados e que da parte deles não estava sendo feita nenhuma provocação. Dias depois, informava-se que os agricultores tinham suspendido novas invasões, em reconhecimento ao acordo proposto pelo governo estadual de Santa Catarina, que prometia o assentamento definitivo das quatro mil famílias em 20 mil hectares a serem adquiridos com recursos conjuntos do Estado e da União (Jornal do Brasil, 03/06/1985, p. 1).

Nesse meio tempo, os proprietários de terras do sudoeste do Paraná e de Santa Catarina começaram a se reunir para criar uma associação, cujos dois objetivos principais seriam impedir a invasão de suas terras e criticar a reforma agrária proposta pelo governo Sarney. "Vamos nos unir e nos organizar porque os sem-terra estão sendo organizados pela Igreja e pelo Partido dos Trabalhadores", declarou uma das idealizadoras da associação (Jornal do Brasil, 07/06/1985, p. 6). No curso desse crescimento das tensões no campo, os jornais noticiaram que Leonel Brizola recomendou ao presidente José Sarney que tivesse calma na abordagem da questão, lembrando com muita ponderação e alerta que a reforma agrária havia derrubado João Goulart. Em resposta aos cuidados de Brizola, Sarney informou ao mensageiro dele, líder do PDT na Câmara dos Deputados, que o governo iria lançar nos próximos dias uma campanha de âmbito nacional para esclarecer os verdadeiros propósitos da reforma agrária, enfatizando que não mexeria em terras produtivas e não permitiria a invasão de propriedades privadas. As questões ligadas à titulação da terra no Brasil, porém, que envolviam posseiros, proprietários, grileiros e tal, continuavam sendo dramáticas em todo o território, fazendo com que a indefinição e a imprecisão predominantes acabassem favorecendo a ação dos latifundiários. Em grande medida, porque a correlação de forças, inclusive bélica, era muito desproporcional em favor dos grandes proprietários, que dispunham de armas e de pistoleiros a seu serviço. A demarcação da titularidade da terra, assim, podia ser feita mediante o uso da violência por parte de quem detinha os meios de fazê-lo.

Enquanto o debate sobre a reforma agrária avançava, com todas as suas contradições e polêmicas, os noticiários exibiam relatos estarrecedores de um sistema de exploração da mão-de-obra no campo que dificilmente se diferenciaria da escravidão. Num desses informes, ficou-se sabendo que dois lavradores haviam conseguido fugir, quando estavam sendo transportados para uma fazenda em Rondônia, na fronteira com a Bolívia. Na sede da Polícia Federal, em Belo Horizonte (MG), os dois resgatados informaram que um fazendeiro de Ji-Paraná (RO) os tinha levado da cidade de Governador Valadares (MG) para a propriedade rural onde os mantinha em regime de escravidão. Eles denunciaram ainda a atividade do "gato", intermediário responsável pelo aliciamento de mão-de-obra para esses fazendeiros, que costuma atuar em feiras, bares, vendas e outras localidades propícias ao encontro de trabalhadores disponíveis. Numa jornada exaustiva e com péssimas condições de trabalho, eles cortavam árvores do nascer ao pôr do sol, todos os dias, sem nenhum descanso. Sua fuga, relatada ao jornal, constituiu uma verdadeira epopeia pelo interior do Brasil: de Rondônia a Minas Gerais, por milhares de quilômetros e incontáveis rios e florestas (Jornal do Brasil, 27/06/1985, p. 8). Na mesma página, lê-se com perplexidade que a polícia rondoniense havia prendido 21 jagunços da fazenda Santa Júlia, durante uma operação de desarmamento, que possibilitou ainda a descoberta de várias sepulturas clandestinas na área rural em litígio, próxima ao Rio Jamari. Os posseiros da região não tiveram dúvidas em afirmar que nessas sepulturas haviam sido enterrados trabalhadores da fazenda, inclusive mulheres e crianças.

A pobreza, o isolamento e o abandono faziam vítimas constantes, sobretudo crianças e adolescentes, cuja vidas roubadas representavam alguns dos retratos mais tristes e angustiantes desse Brasil remoto e insano. Pelos jornais, ficava-se sabendo que aliciadores de menores no Acre tinham vendido a garimpeiros de Rondônia cerca de 50 meninas de 12 a 15 anos, exigindo o pagamento em ouro. Isso mesmo, crianças vendidas e pagas em ouro. Essas pobres inocentes haviam sido aliciadas por uma mulher, que prometera empregá-las em butiques chiques da região, mas, na verdade, acabou entregando-as a donos de boates ou a garimpeiros na fronteira com a Bolívia. O delegado de Proteção ao Menor, de Rio Branco (AC), afirmou à reportagem que muitas dessas meninas acreanas prostituídas contra a própria vontade eram assassinadas nas disputas entre os garimpeiros. A polícia não conseguia controlar o aliciamento criminoso, porque as garotas viajavam em companhia de membros da quadrilha que se passavam por seus familiares e/ou responsáveis. Segundo o policial, o índice de prostituição juvenil de Porto Velho (RO) era um dos mais altos do país. A criminosa em questão, conhecida como Modas, foi presa quando saía de Rio Branco levando cinco meninas para Rondônia; apanhada em flagrante, confessou que mentira para as menores sobre o emprego prometido numa butique de Guajará-Mirim (RO), disse ainda que as levava sem o consentimento dos pais e acabou entregando toda a quadrilha (Jornal do Brasil, 12/10/1985, p. 7). A exploração desordenada de garimpos, a devastação das florestas, o assassinato de indígenas e a degradação de crianças e adolescentes eram faces de um mesmo processo de destruição e ruína que caracterizava o avanço voraz sobre as riquezas incomensuráveis da região amazônica. As dificuldades para controlar essa calamidade eram imensas, mas, a vontade política para enfrentá-la de vez também se revelava muito tímida e intermitente.

Ao largo da tragédia social do país, os ruralistas seguiam com a sua cantilena, ignorando completamente os infortúnios dos trabalhadores do campo e julgando-se serem as maiores vítimas do quadro de tensão social que sacudia o meio rural brasileiro. O presidente da Federação de Agricultura do Estado de São Paulo foi intensamente aplaudido pelos participantes do Congresso Brasileiro de Reforma Agrária, realizado em Brasília, ao declarar que o país estava sendo ameaçado por "uma mudança ideológica e de doutrina política" e ao propor a criação de um partido político, para unir todos os empresários rurais brasileiros em torno da defesa dos seus mais legítimos interesses (Jornal do Brasil, 28/06/1985, p. 5). No documento tirado durante o encontro, os produtores consideravam que a "exploração condominial ou comunitária da terra", conforme proposta do Plano Nacional de Reforma Agrária, era apenas um eufemismo utilizado em lugar de "comunização ou coletivização da agricultura". Mais uma vez, aparecia o fantasma que rondava os espíritos contrários a qualquer alteração do modelo de distribuição da propriedade da terra no Brasil. Temiam ali que as mudanças sugeridas pudessem penalizar o grande e o médio proprietário rural, causando na sociedade a impressão de que o governo federal nutria especial preferência pelo agricultor familiar e pela pequena propriedade. Não obstante, não havia um dado concreto que pudesse confirmar tal hipótese.

Em sentido contrário, a Igreja Católica, por intermédio da sua principal entidade – a Conferência Nacional dos Bispos do Brasil (CNBB) – divulgou nota em que afirmava ser afinal chegado o momento de todos colaborarem eficazmente para a mudança das condições de vida do povo e em que lembrava ainda que a democratização da propriedade e do uso da terra era uma exigência da consciência cristã e requisito de uma sociedade justa e fraterna. A entidade fazia isso logo após receber a visita de cortesia do presidente José Sarney que, certamente, invocara o apoio de uma instituição com o peso extraordinário da Igreja Católica brasileira para a causa da reforma agrária que tentava implementar. A nota da CNBB dizia também que ao divulgar o seu plano, o governo federal estaria dando o primeiro passo de um processo, no qual procurava cumprir o compromisso de transformar o Brasil numa democracia. A Igreja conclamava, pois, os cristãos e convidava todos os homens de boa vontade para que, em nome de Deus, assumissem, numa real mobilização, a causa da reforma agrária, acompanhada de uma adequada política agrícola. A influência dos bispos católicos em todo o período de luta pela redemocratização do país precisa ser reconhecida e respeitada. No que se refere à questão agrária, então, a sua participação foi ainda mais fundamental e decisiva, arcando inclusive com perdas pessoais de lideranças e de aprovação. Mas eles sabiam pelo que lutavam, porque sempre estiveram próximos aos mais desassistidos, em todos os recantos do território brasileiro, e conheciam muito bem o drama das batalhas pela posse da terra.

No encontro do 11º Congresso Eucarístico Nacional, realizado em julho de 1985, no santuário de Aparecida do Norte, os bispos ali reunidos redigiram outra nota de apoio à execução imediata do projeto de reforma agrária do governo, lembrando mais uma vez que a sua realização era um "compromisso assumido em praça pública com o povo brasileiro". O documento seria entregue ao presidente José Sarney, que iria até Aparecida para prestigiar o encerramento do evento. Dom Paulo Evaristo Arns disse ainda que os latifúndios improdutivos e as terras de exploração eram um grande mal para a comunidade, enquanto Dom Hélder Câmara lembrou as declarações do Papa João Paulo II, em sua visita ao Recife, em 1980, de que "Deus criou a terra como um bem para todos". Reafirmando o peso da sua colaboração com o projeto do governo federal, os bispos concluíram o documento com uma síntese da sua visão sobre o problema: "Acreditamos que a reforma agrária, acompanhada de política agrícola adequada e de outras medidas complementares indispensáveis, será também excelente saída tanto para a crise política, econômica e social que vivemos como para a fome vergonhosa que padece a maioria da nossa gente". Não se tratava apenas de uma simples distribuição de terras, mas, sim, de uma verdadeira política de desenvolvimento que permitisse aos pequenos agricultores dispor das condições mais elementares para a realização das suas atividades produtivas, incluindo crédito e comercialização.

No extremo oposto da configuração social desse debate, cerca de 800 fazendeiros gaúchos reunidos no Congresso Estadual dos Produtores Rurais, em Santa Maria (RS), tiraram uma nota final cujas conclusões apontavam na direção de total repúdio ao Plano Nacional de Reforma Agrária e de pedido ao governo para que fizesse a sua revogação imediata, tendo em vista que esse projeto "é arbitrário, implica num regime socialista e entregará terras aos desajustados" (Jornal do Brasil, 24/07/1985, p. 7). Segundo os jornais, o encontro se realizara na elegante e confortável sede campestre da Associação Tradicionalista Estância Minuano. Muitos dos produtores rurais presentes estavam vestidos com roupas típicas gaúchas e bebiam chimarrão nos intervalos dos debates. E chegaram à Estância Minuano em suas potentes caminhonetes e em seus automóveis do ano. Um dos palestrantes, que se identificou como produtor rural no Mato Grosso, desatou a atacar a Igreja Católica, acusando-a de "apoiar os pobres tirando dos ricos" e dizendo que as comunidades eclesiais de base eram "agentes da subversão". Enquanto ele discursava, dois adolescentes vestidos com ternos pretos distribuíam panfletos contra o comunismo. Luxo, poder, e farto preconceito. Além de muita desinformação habilmente espalhada.

Lamentavelmente, a defesa da propriedade da terra pelos fazendeiros não incluiu a defesa correspondente do meio ambiente e dos recursos naturais. Menos ainda a proteção aos direitos dos trabalhadores, claro. Notícias sobre o uso abusivo de agrotóxicos e demais elementos correlatos eram constantes nos jornais. O descontrole era total. Muitos desses produtos químicos cujo emprego já havia sido abolido nos países europeus, por exemplo, continuavam sendo amplamente utilizados nas lavouras do Brasil. E sem nenhum controle ou fiscalização. De uma lista de 112 agrotóxicos elaborada pela ONU, proibidos em pelo menos 60 países, aproximadamente dez eram aplicados diariamente no Brasil: foi o que denunciou o Procon (sistema estadual de proteção ao consumidor), do Estado de São Paulo. Entre esses componentes químicos altamente danosos à saúde da população, encontravam-se justamente o Aldrin e o Endrin, cujas elevada toxidade e composição comprovadamente cancerígena já haviam sido testadas e validadas em camundongos. As autoridades responsáveis prometiam intensificar a fiscalização e o controle, mas os próprios agricultores tendiam a buscar esses defensivos no intuito de aprimorar o seu cultivo e garantir um produto mais vistoso na hora da comercialização. O combate ao uso indiscriminado desses remédios era muito difícil, embora os danos causados à própria saúde de quem os manejava fossem já bastante conhecidos. Mais grave ainda do que a aplicação dos agrotóxicos sobre as lavouras em si era a sua utilização febril na preparação das sementes. Nesses casos, o índice de propagação dos malefícios tendia a ser muito maior. Foi o que descobriu o órgão de controle do Estado do Rio Grande do Sul. Análises laboratoriais realizadas pela Fundação de Ciência e Tecnologia do estado, em alguns lotes das muitas toneladas de sementes de milho tratadas com o pesticida Aldrin, vendido pela multinacional Pioneer, acusaram que o produto estava contaminado duas mil vezes acima do índice permitido. Isso mesmo, duas mil vezes. Pela investigação, ficou-se sabendo que as sementes, que faziam parte de um lote de mil toneladas, estavam com o prazo de germinação vencido e deveriam ter sido incineradas. No entanto, a empresa gaúcha que as havia adquirido da Pioneer fez um polimento das mesmas e as revendeu em todo o país, mesmo sem ter conseguido eliminar o tóxico nelas presente. A investigação das autoridades responsáveis, que já durava alguns meses, pretendia ainda avançar sobre provas técnicas, depoimentos e exames periciais, buscando verificar também as entradas nos prontos-socorros a fim de examinar os casos de intoxicação e cotejá-los com o manuseio das sementes contaminadas. Todo um trabalho minucioso e custoso que não precisaria ter sido feito se fossem obedecidas as normas e os cuidados sugeridos, inclusive por organismos ligados à ONU.

Nem só de agrotóxicos venenosos padecia a agricultura brasileira. Um dos seus maiores males era, sem dúvida, a depredação da natureza e a consequente degradação ambiental que destruiria parcelas importantes da fertilidade do imenso território do país. Muitas consequências do desmatamento e da devastação do meio-ambiente só seriam sentidas com maior impacto nas décadas subsequentes, o que, de certo modo, facilitou a continuação do descuidado tratamento dado às riquezas naturais do Brasil. Florestas, rios, mares, nascentes e demais ecossistemas encontravam-se permanentemente ameaçados pela ação predatória de uma exploração econômica selvagem e descontrolada, que não aceitava limites à fúria de suas ambições materiais imediatistas. Tudo levava a emular o modelo da empresa colonial: extrair o máximo de valor do empreendimento, fosse ele qual fosse, com o mínimo de investimento e de cuidado com os recursos explorados. O que pudesse ser arrancado — à terra, às águas, aos homens — assim o seria. O sucesso das realizações, nesse processo voraz de proveito abusivo, parecia estar diretamente vinculado ao maior agravo da ação predadora. Ou seja, quanto maior a devastação, maior o troféu conquistado. Concluído o trabalho numa determinada área, agora degradada, essa seria rapidamente abandonada em busca de outras que pudessem proporcionar ganhos iguais ou semelhantes aos já obtidos. E assim sucessivamente, deixando um rastro de desmazelo e negligência por vários quilômetros de terras arruinadas.

Foi o que se passou com as ricas regiões da Mata Atlântica, segundo o desabafo de um dos maiores cientistas e naturalistas brasileiros — Augusto Ruschi. Já em 1985, ele denunciava o risco de desertificação da Amazônia, graças à ação devastadora dos milhares de madeireiros capixabas, que se deslocavam em massa de sua terra natal para o território amazônico, "depois de terem arrasado por completo" as florestas do Espírito Santo e do sul da Bahia, cujas árvores abasteceram por décadas as serrarias da região. Apoiado em dados do Instituto Brasileiro de Desenvolvimento Florestal (IBDF), Ruschi delatava que as indústrias de laminação e as serrarias de seu Estado passaram a receber cerca de oito mil metros cúbicos de madeiras nobres da Amazônia, por mês, após a devastação das áreas florestais locais. No Espírito Santo, o eucalipto passou a ser plantado em larga escala, em substituição às matas devastadas, provocando a secagem dos córregos e dando um tiro de misericórdia na agricultura. Segundo avaliação dos técnicos do IBDF, os madeireiros tendiam a preferir as terras da Amazônia para promover a destruição florestal em curso. Para Ruschi, lamentavelmente, os solos nos trópicos, como é o caso da Amazônia, são "lavados" assim que perdem a proteção da floresta, com os elementos nutrientes sendo levados para as camadas mais profundas. Tendo isso em vista, o novo solo só é capaz de sustentar uma vegetação típica do semiárido, como a caatinga, fazendo com que a dimensão das florestas se torne cada vez mais diminuta. Depois dessa passagem de um sistema de vegetação florestal a outro não-florestal, ele acrescentou, vem o deserto. Diante dessa destruição avassaladora, ele disse que o único caminho seria uma educação ecológica desde a infância, que preparasse as novas gerações para o cuidado necessário com o meio-ambiente. Pelo visto, as populações de então já estariam perdidas: "O meu Estado (ES), infelizmente, foi a universidade que formou os maiores especialistas em destruição de florestas, seguramente, de todo o universo. E esses especialistas, que foram um exército de depredadores, já se encontram na Amazônia" (Jornal do Brasil, 01/09/1985, p. 14). À parte o exagero melancólico do naturalista, o risco era, de fato, iminente.

Tanto tempo depois desse alerta de Ruschi, impressiona perceber que as medidas de contenção dos danos ambientais ainda continuam precisando ser transformadas em políticas de Estado, que independam dos humores desse ou daquele governo ou governante. Os estragos provocados pela devastação dos ecossistemas e das suas biodiversidades correspondentes, algumas vezes, podem ser irreversíveis. Embora os organismos internacionais ameacem com restrições e embargos, o fato é que tudo tem ficado muito aquém da verdadeira necessidade enfrentada pela espécie humana nos dias que correm. Não bastam palavras e atos intermitentes. É preciso um conjunto de ações e de compromissos que sejam perenes e pétreos. E que atuem enquanto ainda se tem um imenso legado a preservar.

Não é que o Brasil não dispusesse de leis e protocolos destinados à preservação do meio-ambiente, naquele período. É que muitos desses dispositivos legais acabavam sendo redigidos e aplicados de modo a facilitar a vida dos desmatadores e, ao mesmo tempo, impedir um controle e uma fiscalização mais efetivos dos danos causados pela exploração predatória. Um exemplo era o da política brasileira de reflorestamento, que precisaria ser totalmente reformulada, segundo o presidente do IBDF, Mário Palmério, dada a sua real ineficácia para prevenir a extinção das florestas. Em grande medida, porque o que estava previsto na legislação era a exigência de que as empresas e/ou os exploradores individuais fizessem o reflorestamento numa área exatamente igual à que devastaram. Todavia, o que a lei não contemplava era o aspecto mais importante e decisivo para o futuro ambiental do país: a qualidade da área devastada e, igualmente, a qualidade da floresta replantada. Como bem argumentou Palmério: "Derruba-se mogno, no sul do Pará, e cumpre-se a reposição plantando pinus e eucalipto a milhares de quilômetros de distância" (Jornal do Commercio, 01/08/1985, p. 2). Isto é, eliminam-se vastas áreas de madeiras nobres e compensa-se isso com plantações de crescimentos velozes, de retorno mais imediato, mas, capazes de causar também severos danos ao solo. A plantação de mogno, por outro lado, constitui um investimento de maior risco e de longo prazo (uma média de quinze anos para que a árvore atinja o seu ponto ideal), exigindo ainda os terrenos adequados e um manejo mais refinado. Seu mercado, no entanto, é praticamente garantido, pois a madeira se destina a diversos usos industriais e artísticos e pode obter preços altamente compensadores no mercado internacional. Vale os riscos para quem pensa longe.

Assim como o tema dos agrotóxicos que envenenavam a comida dos brasileiros, os riscos iminentes de devastação da Amazônia também logo abandonaram as páginas dos jornais, para só retornar nos casos de alguma emergência inescapável. Aos poucos, porém, começavam a pipocar alguns tímidos balanços do que tinham sido os anos da ditadura e dos vários danos que haviam causado ao conjunto da vida brasileira, em todos os seus aspectos. Os ministros militares, assim como todos os demais comandantes das Forças Armadas, sempre tentavam rebater as críticas que porventura ganhassem a opinião pública, mas ficava cada dia mais difícil esconder os malefícios acumulados ao longo das décadas anteriores. Parlamentares e demais representantes do PDS, o partido que dera sustentação direta ao regime, também se indignavam com as denúncias de malfeitos que volta e meia apareciam na imprensa, mas não tinham grandes argumentos para rebater o inventário das desilusões trazidas à luz pela transição democrática em curso. Numa clara tentativa de espantar o pessimismo que se alastrava, elevando a inquietação diante da inoperância do governo e das medidas governamentais até então adotadas, o presidente José Sarney, em pronunciamento à nação transmitido em cadeia nacional de rádio e televisão, logo avisou: “não serei síndico da catástrofe”. Era uma clara alusão à recusa a aceitar o peso das decepções que se acumulavam, e uma tentativa ostensiva de infundir na população uma expectativa positiva quanto às realizações do seu mandato. Entre os vários pontos que destacou do seu plano de governo, convém ressaltar: a necessidade de dinamizar o mercado interno e de sair da especulação — voltar a crer na produção; o reconhecimento de que a Nova República herdara “a maior crise política da História brasileira e a maior dívida”; o compromisso de que as perdas salariais seriam repostas, de forma parcelada para não causar impacto negativo; a firme disposição de discutir o patamar político da dívida externa; e a afirmação de que o Brasil se livrara do arbítrio e não aceitaria a tutela da coação. Ou seja, a carga pesada da Velha República é que estaria recaindo sobre os ombros do novo governo, impedindo, portanto, a realização acelerada dos seus propósitos.

Era praticamente uma revisão do passado, uma revisão sem nenhuma autocrítica, inclusive do seu próprio passado, mas com a renovação de mais um pedido de sacrifício aos trabalhadores, cujos reajustes salariais só acompanhariam a inflação galopante com o devido vagar. Não deixa de ser curioso que o presidente que então ocupava o Palácio do Planalto, sendo um legítimo representante da classe política que pontificara durante todo o regime militar, viesse a público apontar as agruras que teria de enfrentar como decorrência da herança perniciosa que recebera do antecessor. Nenhum artigo ou coluna do jornal se atreveu a mencionar esse fato. Apenas se fez o registro de um comentário mordaz do senador Amaral Peixoto, que criticou a "imprecisão" da fala, lembrando que Sarney presidira o PDS e, portanto, não deveria reclamar de "herança" (Correio Braziliense, 23/07/1985, p. 5). Não deixava de ter razão. Tanto que, alguns meses depois, e já diante do acirramento das disputas dentro dos quadros políticos da Aliança Democrática, Franco Montoro (PMDB), governador de São Paulo, fez um duro discurso na posse dos seus novos secretários. Entre as inúmeras dificuldades apontadas por Montoro, sobressaiu-se a queixa de que "os oportunistas da ditadura" estariam agora "querendo aparecer como iguais", e isso depois de os opositores do regime anterior terem enfrentado o "autoritarismo personalista e centralizador", que lhes custara muitas "lutas, cassações, perseguições e até mortes" (Jornal do Brasil, 16/02/1986, p. 1). Basicamente, o governador se referia, nesse discurso, aos 21 ministros do governo Sarney, dos quais 13, ou seja, mais da metade, tinham sido vitoriosos do golpe de 1964. Era mesmo muito irônico que viessem a público reclamar de suas agruras.

Uma longa reportagem mostraria a "herança caótica" que alguns ministros alegavam ter recebido — ainda que os dados apresentados se referissem apenas aos ministérios dos Transportes, da Previdência, das Comunicações e do Interior, e fossem bastante preocupantes. Em resumo: a grande maioria das prefeituras do país devia dinheiro à Previdência Social; as rodovias brasileiras já estavam se deteriorando e assim comprometiam o escoamento da produção nacional de alimentos; a Empresa Brasileira de Correios e Telégrafos e o Banco da Amazônia (Basa) estavam praticamente operando "no vermelho"; a Siderbrás tinha uma dívida externa que comprometia 50% da sua receita, inviabilizando qualquer possibilidade de investimento (Correio Braziliense, 11/08/1985, p. 5). Em seus breves pronunciamentos, os ministros revelaram o tamanho dos problemas:

Para Waldir Pires, da Previdência: a característica marcante da Previdência era a má qualidade dos serviços prestados, tanto na área médica como no pagamento dos benefícios; as filas refletiriam exatamente essa má qualidade; a maioria das fraudes perpetradas decorreria da ineficiência da fiscalização e da falta de controle na área de informática da Dataprev.

Para Ronaldo Costa Couto, do Interior: as aplicações operacionais com nível de retorno duvidoso bastante acentuado eram o principal problema encontrado.

Para Roberto Gusmão, da Indústria e Comércio: a dívida das empresas que compõem o sistema Siderbrás já atingiria 50% da receita total e era preciso fazer a reformulação desse endividamento e a revisão dos preços.

E mais, para o ministro Affonso Camargo, a fim de resolver os seus problemas de balanço de pagamentos, os governos anteriores induziram vários órgãos e empresas vinculados ao Ministério dos Transportes — Departamento Nacional de Estradas de Rodagem (DNER), Rede Ferroviária Federal (RFFSA), Empresa Brasileira de Trens Urbanos (EBTU) — a acumularem dívidas altíssimas, sem condições efetivas para pagá-las. Naquele momento em que se inaugurava a Nova República, porém, havia uma necessidade urgente de investimentos nos sistemas rodoviário e ferroviário do país, bastante danificados pelo uso contínuo, sem manutenção adequada, destinados a iniciar um programa forte de recuperação dos transportes em escala nacional. Mas, o que havia de fato dentro da pasta era o acúmulo de rombos, ineficiência e deterioração, que resultariam no adiamento das principais soluções. As estradas caóticas e perigosas continuariam fazendo as suas vítimas em todo o território brasileiro.

Em meio a esse rol de desenganos, o ministro da Fazenda, Francisco Dornelles, iniciou a sua guerra particular contra a especulação financeira e anunciou medidas destinadas a canalizar recursos para as empresas privadas nacionais. Ele fez isso num discurso aos empresários, no Maksoud Plaza Hotel, em São Paulo, no qual pretendeu lançar a nova política consagrada a capitalizar a empresa nacional, estimular a produção e frear a especulação. O seu pronunciamento tencionava ser um marco voltado para a reversão da tendência a especular, que se iniciara em 1981, quando havia se tornado imprescindível rolar a dívida pública por meio da emissão maciça de títulos públicos, dado o recuo dos investidores internacionais nos aportes ao desenvolvimento dos países emergentes. Era também nesse propósito que se inseria o programa de desestatização proposto pelo ministro Dornelles, planejado para eliminar os gastos públicos e assim reduzir o endividamento crescente do Estado. Ele ainda pregou a urgência de se iniciar um processo de redução das taxas de juros. O saneamento das contas governamentais, na sua visão, estava diretamente relacionado a essa medida.

Uma política de controle dos juros era mesmo fundamental para subsidiar todas essas medidas pensadas pela equipe econômica da Nova República. Enquanto houvesse muita gente ganhando dinheiro em cima das altas taxas oferecidas pelos títulos da dívida pública, quase ninguém se interessaria pela sua queda. E não eram apenas as grandes empresas nacionais e multinacionais que se locupletavam na farra dos juros. Pequenas e médias empresas que pararam de investir, reduziram custos e dispensaram mão-de-obra também estariam fazendo a festa no mercado financeiro, auferindo receitas não operacionais superiores às proporcionadas por suas atividades produtivas. Líderes dos pequenos e médios empresários admitiam isso abertamente. Os técnicos do Banco Central e do Ministério da Fazenda alegavam que, sem rendimentos assim elevados, os títulos públicos não encontrariam compradores e o governo não conseguiria fazer a rolagem da sua dívida interna. A solução poderia estar numa queda progressiva e controlada dos juros. No entanto, a ciranda financeira que havia se transformado numa das marcas registradas da estrutura socioeconômica brasileira seguiria fazendo suas vítimas entre a população trabalhadora, que continuava recebendo salários injustos, pagando impostos e tarifas acima das suas reais possibilidades, e sendo privada dos serviços públicos essenciais à própria existência (saúde, educação, previdência, segurança). O acúmulo de deficiências e de gravíssimos problemas sociais tinha nisso uma de suas causas principais. Mais uma vez, tratava-se de uma decisão política a tomar. Mais uma vez, porém, ela seria postergada para um futuro totalmente indefinido.

Embora os juros altos e a inflação descontrolada tivessem um peso acentuado no desastre macroeconômico que assolava o Brasil, havia ademais outros descaminhos pelos quais se dispersavam os recursos e as riquezas do país, dificultando ainda mais o encontro das melhores soluções para os seus graves problemas. Se não bastassem todas as mazelas do mundo visível da economia, vicejavam nas entranhas da República outros vícios que não se deixavam perceber a olho nu. Eram obscurecidos pela capa da impostura e da fraude. Levaria algum tempo até que se rompessem as camadas de proteção que haviam deixado encobertos praticamente todos os escândalos de corrupção que haviam envolvido, direta ou indiretamente, altas personalidades do regime militar que acabara de findar. Mas, como a censura tinha sido oficialmente abolida e como se assanhasse o interesse cada vez maior de desvendar tudo, ou quase tudo, não demorou muito para que as páginas dos jornais se enchessem de matérias e denúncias dos mais variados tipos. Nem sempre elas foram conclusivas, entretanto.

Na maior parte dos casos, logo desapareceriam dos noticiários, e seria preciso muito esforço de pesquisa para descobrir qual teria sido a conclusão daqueles casos. Em grande medida, o sumiço das evidências e o consequente engavetamento das denúncias seria obra dos próprios responsáveis pelos órgãos da administração pública — e isso revelaria com muita nitidez o significado da continuidade entre a Velha e a Nova República, que tantas vezes se apregoava na imprensa em geral. Foi preciso mudar para que tudo permanecesse igual.

É sabido que durante a vigência do regime militar, costumava-se falar de corrupção à boca pequena. Eram raras as aparições de casos e de personagens corruptos na mídia, de modo que muitos indivíduos guardaram a impressão de que, naquele período histórico, o brasileiro esteve livre da roubalheira e do peculato. Havia uma firme convicção de que, se não saísse na imprensa, era porque não existia, e não passava de invenção. Até os dias de hoje, os saudosos da ditadura costumam utilizar como um dos seus principais argumentos justamente o subterfúgio de que, durante aquele período, não havia malfeitos, tudo transcorria num perfeito mar de rosas. E fingem se esquecer de que havia uma prevalência da censura, que impedia a divulgação dos desvios. No entanto, a leitura dos jornais dessa época de transição democrática revela justamente o contrário: não só houve muita corrupção, como a leniência praticamente integral dos responsáveis impediu que viesse à tona, sofresse investigação acurada e recebesse a punição necessária. Em certos casos, o constrangedor era saber ou desconfiar do envolvimento de figuras carimbadas da política nacional; muitas delas aliadas do governo em exercício e altamente poderosas. Foi o que se passou, por exemplo, com o Ministério de Indústria e Comércio, ao receber os relatórios das auditorias independentes realizadas nas três principais autarquias da pasta — o Instituto Brasileiro do Café (IBC), o Instituto do Açúcar e do Álcool (IAA) e a Empresa Brasileira de Turismo (Embratur) —, que tinham sido alvos de diversas acusações de corrupção. De acordo com as notícias de jornal, segundo fontes da área governamental, os relatórios oferecidos pela consultoria contratada eram de "arrepiar os cabelos", com análises deveras comprometedoras das gestões passadas. Mas, ainda que essas conclusões transpirassem para a imprensa, o ministro pareceu relutar em democratizar o acesso às informações obtidas e preferiu sucumbir aos arranjos políticos que aproximavam cada vez de modo mais estreito a Velha e a Nova República. Os velhos interesses e aliados ainda prosperavam astuciosamente.

Talvez por força das pressões da mídia, que diariamente fazia referências aos escândalos que precisavam ser esclarecidos, o presidente José Sarney recomendou que todos os processos de corrupção fossem desengavetados. Sua determinação ao Procurador-Geral da República e a todos os ministros de Estado era para que apurassem todas as denúncias de corrupção na administração federal, fossem as ainda pendentes de decisão judicial, fossem as engavetadas nas inúmeras repartições públicas. Todavia, segundo as melhores recomendações do presidente, o trabalho deveria ser feito de maneira discreta, sem alarde, para não dar a impressão de "caça às bruxas" ou de revanchismo contra personalidades destacadas dos governos anteriores. Além dos casos já conhecidos de roubalheira no erário público, a Presidência da República tinha então um novo alvo para investigar com seriedade: a evasão de divisas, em bilhões de dólares, que saíam do Brasil com periodicidade impressionante. As remessas irregulares para o exterior eram feitas basicamente pelos canais já "tradicionais" de subfaturamento nas exportações (quando os valores declarados das mercadorias exportadas eram inferiores aos realmente recebidos, ficando uma parte disso no estrangeiro) e de superfaturamento das importações (quando os preços dos produtos importados eram majorados de modo fraudulento, para justificar o envio de divisas num montante maior do que o necessário), além, é claro, de outras modalidades destinadas a evadir o dinheiro obtido por meios criminosos e sujos. Nesse período da transição democrática, porém, começaram a circular na imprensa notícias de que uma nova forma de evasão de divisas passava a ser amplamente utilizada pelos brasileiros: o voo charter. O próprio Ministério da Aeronáutica se encarregara de passar ao presidente as informações necessárias sobre essa nova irregularidade. E de informar também que o Brasil era o segundo maior gastador de dólares na Disneyland, ficando atrás apenas dos Estados Unidos.

Pela Agência Nacional de Aviação Civil (ANAC), ficamos sabendo que os voos charter constituem operações de transporte aéreo comercial, público e não regular, cujos horário, local de partida e destino são ajustados em função da demanda, isto é, de acordo com as necessidades e previsões dos contratantes. Esses voos podem atender atividades de lazer, turismo e carga, sem seguir os horários pré-determinados e os cronogramas pré-definidos das companhias aéreas e dos aeroportos, sendo úteis justamente para os tipos de passageiros e empresas que necessitam ou preferem marcar suas viagens fora dos roteiros previamente estabelecidos. Isto é, se um determinado grupo deseja viajar para a Costa do Marfim, mas não se encaixa nos voos disponibilizados pelas companhias para esse destino, ele pode contratar um voo charter e definir dia e horário de ida e volta, de acordo com as suas preferências particulares. Normalmente, esses valores são pagos em divisas. E era por esse caminho que se difundia no Brasil uma nova variante de desvio de moeda estrangeira — uma enxurrada de voos charter, superfaturados, como se a maioria dos viajantes brasileiros estivesse em total desacordo com os roteiros oferecidos pelas empresas aéreas que atuavam no país, e com muito dinheiro disponível para pagar o luxo.

Numa outra ponta desses descaminhos, a imprensa noticiou um debate havido acerca da necessidade urgente de o governo brasileiro executar uma política cambial realista para a exportação de gemas e de metais preciosos, estabelecendo uma tributação adequada, uma fiscalização efetiva dos órgãos governamentais nas áreas de produção, além de preços internos iguais aos praticados no mercado internacional. Essas ações, sugeridas ao governo pelos representantes do setor, nasceram da constatação de que, no ano anterior, a evasão de divisas calculada no campo das pedras preciosas teria sido da ordem de US$ 2 bilhões. Tal cifra, acrescida do contrabando estimado de ouro e de demais metais preciosos, segundo uma avaliação do próprio segmento de atividade, poderia se elevar para cerca de US$ 20 bilhões. Era um dado estarrecedor. Na avaliação dos entrevistados, a principal responsabilidade sobre esse quadro escandaloso deveria recair na ausência de fiscalização que atuasse de maneira firme e segura, para evitar o extravio. A Cooperativa dos Garimpeiros de Serra Pelada, por exemplo, acusou o governo federal de ser responsável pela evasão de divisas, em razão da alta tributação imposta aos produtores e dos baixos preços oficiais pagos pelo ouro. Ou seja, impostos muito elevados e remuneração insuficiente levavam os mineradores a buscar saídas nada honrosas para justificar os seus ganhos.

Notícias subsequentes indicavam que o Brasil estava sendo subtraído de suas riquezas minerais por meio da exportação efetuada pelos países vizinhos. A suposição era simples: Paraguai e Uruguai, que não possuíam minas abundantes de metais preciosos, haviam exportado, apenas no ano anterior (1984), respectivamente, 20 e 24 toneladas de ouro. Era o caso de se desconfiar realmente. Tal revelação havia sido feita pelo presidente da Cooperativa dos Garimpeiros de Serra Pelada, durante a 50ª Mesa-Redonda do *Jornal do Commercio*, que disse acreditar que todo esse ouro tenha sido contrabandeado do Brasil (Jornal do Commercio, 11 e 12/08/1985, p. 1 e 5). E mais, o presidente-executivo do Instituto Brasileiro de Gemas e Metais Preciosos também lançou dúvidas quanto a certos países reconhecidos internacionalmente como grandes centros de lapidação de pedras preciosas, cujos territórios jamais foram aquinhoados com algo parecido com a riqueza do Brasil. Um desses países chegava a exportar cerca de US$ 1 bilhão em gemas lapidadas, por ano, sem ser detentor de minas conhecidas. Também na opinião desse representante, era bem provável que essas joias brutas tivessem sido enviadas para fora do país de forma claramente irregular. Ou seja, muita riqueza era subtraída do solo brasileiro, sem que a população pudesse tirar dela nenhum proveito. E as autoridades, em geral, pouco ou nada tinham a dizer.

Como de hábito, as notícias entravam em destaque nas páginas dos jornais, mas, em seguida, podiam desaparecer para nunca mais voltar. As dificuldades de apuração eram enormes, e sabe-se também que grupos de interesses bastante poderosos podiam dificultar as investigações, sempre que fosse oportuno. Por isso mesmo, eram frequentes os casos relatados com imenso alarde numa determinada edição, que simplesmente desapareciam de cena sem deixar rastros. Todavia, qualquer compilação que pudesse ser feita desses exemplos rumorosos de roubo e de desvio das riquezas brasileiras terminaria numa síntese corriqueira: dominado por uma mentalidade colonial arraigada, o país sofria interminável drenagem de seus recursos materiais em proveito de grupos e de mercados estrangeiros. O setor mineral era, dentre todos, um dos mais francamente dominados pelas empresas multinacionais, que controlavam grande parte da produção brasileira de minerais não-metálicos (como fosfato, calcário, amianto, magnesita e diamante), considerados vitais para o desenvolvimento econômico de qualquer nação. Segundo notícias de jornal, dados de um levantamento completo realizado pelo Centro de Tecnologia Mineral, da Universidade Federal do Rio de Janeiro, apontavam ainda que, na extração de minerais metálicos, a predominância das empresas estrangeiras era de 55%. Com exceção do petróleo, a participação no setor mineral do Brasil estava dividida da seguinte forma: 42% para multinacionais; 31% para empresas estatais; 27% para empresas privadas nacionais (Jornal do Commercio, 08/10/1985, Confidencial, p. 2). O ataque permanente às empresas públicas brasileiras pode ser inserido também nesse contexto de exploração dos recursos minerais disponíveis. E na consequente evasão de divisas, igualmente.

Embora amplamente demonizadas como fontes permanentes de desvios e de má gestão, as empresas estatais brasileiras sempre tiveram uma participação decisiva na montagem e na execução de diversos campos da atividade econômica do país. Em grande medida, elas se coadunam com a própria questão da soberania nacional e respondem por parcelas significativas do PIB, construídas ao longo de décadas de investimentos e de muito trabalho. O debate acerca da validade ou não da manutenção das empresas estatais brasileiras, em plena atividade e desempenhando papel decisivo na composição da riqueza nacional, coincide com a própria ideia de adoção de um projeto de desenvolvimento econômico calcado na industrialização e no avanço tecnológico. Esse talvez tenha sido um dos temas mais discutidos e mais acalorados da história do pensamento social brasileiro. Inaugurado com a famosa controvérsia entre Roberto Simonsen e Eugênio Gudin, em meados dos anos 1940, ele deu origem à formulação das duas visões divergentes que continuam presidindo o debate econômico acerca dos rumos do Brasil. De um lado, grosso modo, Simonsen defendia a tese de que era realmente impossível tirar um país da condição de subdesenvolvimento sem a intervenção do Estado e sem a opção pelo caminho da industrialização. De outro, Gudin mostrava não acreditar na viabilidade de uma economia industrializada no Brasil, recomendando que o país buscasse aproveitar as suas vantagens comparativas como grande produtor/exportador de produtos primários. Por mais incrível que pareça, essas duas concepções distintas acerca do caminho adequado para a economia brasileira continuam dominando o debate político. As experiências históricas, no entanto, têm mostrado que os países prósperos ancoraram o seu desenvolvimento numa forte base industrial, ao mesmo tempo em que os países agrário-exportadores tenderam a se manter numa posição de dependência e de significativo atraso tecnológico. Mesmo assim, e com todas as evidências que os estudos históricos possam demonstrar, muitas correntes políticas continuam a defender para o Brasil a consolidação de seu modelo agrário-exportador, em detrimento dos esforços coordenados com vistas a um desenvolvimento que se fundamente na expansão de uma sólida base industrial e de um contínuo progresso científico e tecnológico.

Nesse período da transição democrática, por exemplo, houve alguns momentos em que o debate recrudesceu, tendo como um dos seus principais componentes a iniciativa do governo dos Estados Unidos de interferir na elaboração das políticas públicas voltadas para a defesa do interesse nacional brasileiro. Um dos focos dessa atuação ianque foi a Lei de Informática, que previa a defesa do mercado interno para as empresas nacionais, a fim de fortalecê-las para que pudessem, mais adiante, suportar o peso da concorrência estrangeira formada por empresas gigantescas e tecnologicamente pioneiras. Estabelecida por lei em 1976, a reserva de mercado, que não permitia a importação indiscriminada de computadores, passou a ser objeto de uma escalada de críticas do governo estadunidense. Quando visitou o Brasil, no final de 1982, Ronald Reagan condenou a política brasileira de informática. Dois anos depois, o secretário de Estado, George Schultz, veio pessoalmente discutir o comércio bilateral e, especificamente, o Plano Nacional de Informática. Diante da relutância do governo brasileiro em atender às demandas colocadas pelos estrangeiros, de levantar a reserva de mercado, o governo dos Estados Unidos passou a pressionar com medidas protecionistas que incidiriam sobre produtos brasileiros exportados para lá. Era uma clara retaliação contra a soberania nacional, revestida, porém, de defesa da paridade comercial.

Nos debates subsequentes, autoridades e parlamentares se uniram em defesa do direito brasileiro sobre o seu mercado de computadores e derivados. Os líderes governistas informaram aos colegas e à imprensa, em geral, que o governo não pretendia propor nenhuma mudança na lei que regulava a informática no Brasil e, caso alguma proposta desse tipo chegasse ao Congresso Nacional, enfrentaria a firme oposição desses setores. Ao mesmo tempo, um grupo de deputados e senadores iniciava as articulações com o governo para promover o ressurgimento da "Frente Parlamentar Nacionalista", que há cerca de 30 anos mobilizara o país na campanha "o petróleo é nosso". Conforme justificou o deputado Artur Virgílio Neto, um dos idealizadores do movimento: "É fundamental que o Congresso tome esta bandeira da informática e dê toda a sustentação ao Governo

Sarney na questão, pois, essa foi apenas a primeira investida, um balão de ensaio. E, para a nossa geração, a reserva de mercado em informática é tão importante como a criação da Petrobrás o foi nos anos 50" (Jornal do Brasil, 10/09/1985, p. 9). Era preciso resistir, porque as multinacionais do setor não dariam trégua.

No curso dos debates, a imprensa noticiaria que duas associações empresariais dos Estados Unidos, dos setores de eletrodomésticos e de informática, haviam formalizado junto ao *United States Trade Representative* (órgão responsável pela defesa dos direitos comerciais daquele país) oito acusações contra o Brasil, pela "prática de medidas restritivas às atividades das empresas estadunidenses no mercado brasileiro". Não deixa de ser curioso observar que as empresas ianques consideravam legítima a sua aspiração de total acesso ao mercado brasileiro, independentemente das medidas protetivas que o país pudesse adotar em benefício dos produtores locais. Mas, não consideravam igualmente legítimo o esforço brasileiro de preservar alguma capacidade interna de desenvolvimento autônomo e sustentável. Segundo a matéria do jornal, o artigo 301 havia sido introduzido em janeiro daquele ano na lei específica dos Estados Unidos, e dava ao seu presidente poderes para adotar, unilateralmente, a retaliação contra países que prejudicassem as atividades de empresas estadunidenses no exterior. Isto é, as associações em questão acusavam o Brasil de querer soberania em atividades econômicas consideradas fundamentais ao seu próprio desenvolvimento! Para elas, isso era inadmissível. Como principal argumento de defesa, a Associação Brasileira da Indústria de Computadores (Abicomp) invocou a permissão do General *Agreement on Tariffs and Trade*/ Acordo Geral de Tarifas e Comércio (GATT) para que os países em desenvolvimento protegessem temporariamente áreas nascentes de tecnologia, enquadrando a informática nessa permissão. E recebeu apoio praticamente inequívoco de muitos setores (Jornal do Brasil, 17/10/1985, p. 23). Mas a luta prosseguiu, com avanços e recuos em favor ou em desfavor da informática brasileira.

A soberania nacional também tinha os seus inimigos internos. Não apenas as empresas estadunidenses cerravam fileiras contra os esforços brasileiros no sentido de dotar o país de uma indústria de informática moderna e competitiva. Quando os debates acerca da eficiência das empresas públicas ganhavam terreno, a Computadores Brasileiros (Cobra) entrava no rol das possíveis privatizações. Criada em 1974, no bojo da legislação que instituiu um setor de informática no Brasil, a Cobra foi uma das empresas que mais se beneficiou com a lei de reserva do mercado durante a década de 1980. Com a abertura do mercado interno, a partir dos anos 1990, a maioria das empresas do setor se revelou pouco competitiva e acabou fechando ou sendo absorvida por outras. A Cobra foi adquirida pelo Banco do Brasil e virou a BB Tecnologia e Serviços, tendo grande aplicação no processo de automatização dos serviços bancários. Quando ainda representava a principal fonte de inovações no mercado brasileiro de informática, a Cobra já enfrentava tremendos desafios para a continuação das suas atividades: de um lado, a necessidade de manter uma equipe técnica de excelência; de outro, a premência de realizar grandes investimentos em pesquisa e desenvolvimento. Só em 1985, as notícias indicavam que a empresa havia perdido cerca de 220 técnicos de alto nível, que trocavam de emprego em busca de melhores salários e oportunidades, sendo muitas vezes contratados por empresas no exterior. Entre os defensores de uma indústria de informática nacional forte e atualizada, havia a crença de que, sem isso, o Brasil caminharia para ser um país capitalista de segunda classe, um joguete nas mãos das nações ricas e desenvolvidas. Por outro lado, entre os que rechaçavam qualquer iniciativa de uma soberania assertiva por parte do Brasil, dizia-se haver o temor de que, na medida em que essa política desse certo, dada a nossa representatividade, outros países do Terceiro Mundo pudessem se sentir motivados a imitá-la. Isso era bem provável.

A opção entre manter ou privatizar as empresas estatais brasileiras não poderia se restringir, exclusivamente, a uma questão especificamente relacionada ao equilíbrio orçamentário ou ao peso do Estado na economia do país. Mas, deveria compor o modelo socioeconômico a ser seguido pelo país. Quem mostrou isso foram quatro economistas brasileiros, que ofereceram aos leitores de jornal uma visão um pouco mais qualificada do problema, levando em conta os aspectos históricos da formação econômica brasileira: Antonio Barros de Castro (presidente do Conselho Regional de Economia e professor da Universidade Federal do Rio de Janeiro (UFRJ), Paulo Rabello de Castro (redator-chefe da revista *Conjuntura Econômica*, da FGV), Silvando da Silva Cardoso (presidente do Conselho Federal de Economia) e Rômulo de Almeida (diretor do BNDES). Instados a opinar sobre o debate em curso, defenderam a permanência do Estado no controle de alguns meios de produção, como forma de assegurar o desenvolvimento industrial e tecnológico do Brasil. Isso porque as empresas estatais deveriam ser compreendidas em uma perspectiva histórica: sua importância se tornara decisiva a partir dos anos 1930, quando comandaram os investimentos pesados nas indústrias de base, com apoio decisivo do BNDES. Ademais, as empresas estatais se relacionavam diretamente à questão da soberania nacional, e jamais deveriam ser pensadas fora dessa interpretação. Como ressaltou Antonio Barros de Castro: "O que presenciamos hoje é um neoliberalismo se reafirmando com variantes neopopulistas. Apenas o Estado pode prover o bem-estar social e corrigir as falhas do capitalismo selvagem, como, por exemplo, o desemprego". Rômulo de Almeida lembrou ainda que as empresas estatais sempre foram decisivas na redução dos desequilíbrios regionais, sendo o Estado o grande responsável pelo desenvolvimento nacional das últimas décadas. Ambos concordaram que os problemas associados às estatais poderiam ser pensados como sequelas da ditadura e das gestões autoritárias. Nos tempos que se abriam, essas empresas poderiam voltar a desempenhar um papel benéfico no processo de expansão qualificada da economia brasileira. Ou seja, estatal não deveria ser aplicado como sinônimo de ineficiente (Jornal do Commercio, 13/09/1985, p. 6).

No extremo oposto, pontificava o senador Roberto Campos (PDS-MT), autointitulado um "liberal solitário" que remava contra a maré contínua dos intervencionismos estatais sempre marcantes no Brasil, segundo a sua visão. Certamente, como um dos grandes defensores da "economia de mercado", não poderia ficar de fora da discussão que assomava com a proteção à nascente indústria de informática. Partidário assumido das privatizações, Campos jamais escondeu sua predileção pelas empresas privadas, mormente as estrangeiras, e advogou de modo intransigente contra a intervenção do Estado na economia. No caso da informática, não seria diferente. De acordo com os relatos publicados, o senador decidira entrar de sola na crítica ao modelo adotado no país para o setor de informática. Segundo registros da imprensa, em menos de um mês, o senador Roberto Campos teria estado duas vezes em Washington, para conversar com autoridades econômicas estadunidenses, delas trazendo recados nada sutis ao presidente José Sarney, com quem já se encontrara e com quem pretendia se avistar novamente na semana vindoura, a fim de insistir na mesma tecla: a reserva de mercado na informática criaria incontornáveis problemas com os Estados Unidos. Além das preocupações óbvias resultantes das ameaças de retaliação por parte dos dirigentes estadunidenses, o senador mato-grossense partilhava também a crença bastante difundida entre os liberais de que as empresas estatais e a regulação do Estado na economia constituíam prenúncios claros de uma provável guinada em direção ao socialismo, e advertia que as esquerdas ampliavam o setor estatal para assim apressar o advento do centralismo socialista. Disposto a iniciar logo uma verdadeira cruzada contra o que considerava um risco iminente que assolava o Brasil, Campos anunciou que começaria uma intensa atividade parlamentar em prol do liberalismo econômico (Jornal do Commercio, 18/09/1985, p. 2). Não dá para negar que, guardadas as proporções motivadas pela passagem do tempo e pelo acréscimo de novas questões, o célebre debate entre Simonsen e Gudin era mais uma vez atualizado e recebia mais uma justa homenagem, confirmando assim a sua notória longevidade. De fato, era um dos símbolos mais importantes da própria história econômica brasileira.

Na sequência das disputas acaloradas em torno da reserva de mercado para a indústria de informática brasileira, aconteceu no Anhembi, em São Paulo, mais uma edição exitosa da Feira de Informática, que atraía milhares de visitantes e ajudava a promover um grande volume de negócios no setor. Festejada como uma das mostras mais produtivas e mais estimulantes da indústria nacional, ela exibia uma variedade imensa de produtos e cativava a atenção dos curiosos e dos especialistas para uma atividade cuja marca principal era justamente a inovação permanente. O fascínio das novas tecnologias da era digital não tinha paralelo, e muitos brasileiros queriam participar desse júbilo. Por isso mesmo, o rechaço à pregação do senador Roberto Campos, que dedicara o capítulo V do seu novo livro a desancar a política nacional de informática, chamando-a de "a história de um erro". Na contramão dessa afirmação, vinha uma verdadeira louvação ao progresso técnico compartilhado pelos brasileiros, cuja adesão à era da informação, da assim chamada Terceira Revolução Industrial, mostrou-se quase irresistível. Nessa dicotomia, outra vez, resta uma singela homenagem à célebre controvérsia entre Simonsen e Gudin, que definiu, forçosamente, um dos grandes debates sobre o Brasil.

A polêmica relativa à informática ganhou muito espaço na imprensa, mas a defesa da economia nacional nunca se restringiu a apenas um ou dois segmentos de atividade. Ao contrário, a tendência observada ao longo do tempo é a de que as empresas multinacionais expandiam com celeridade cada vez maior a sua penetração no território brasileiro, ampliando seguramente o espectro de setores abarcados. Nesse contexto de mudanças trazidas pelo processo de transição democrática, as multinacionais também se articulavam para obter vantagens e benefícios mais e mais amplos, incluindo até mesmo algumas alterações na legislação específica que as regulava. Entre os objetivos traçados, destacavam-se: fim dos controles de preços;

modificações na legislação que regulava o capital estrangeiro (com afrouxamento da remessa de lucros, por exemplo); eliminação da reserva de mercado para a informática; criação de facilidades para realizar importações; transformações na lei de greve. Era uma agenda expressiva, que incluía claramente muitas negociações políticas. De certo modo, isso não representava um problema para o setor, que tinha inúmeros interlocutores em todos os segmentos da vida brasileira e transitava com total desenvoltura em todas as esferas de poder. Em alguns aspectos mais sensíveis, como já foi referido antes, as notícias surgiam discretamente em notas de um ou outro jornal, para logo em seguida desaparecer sem deixar sinal, como de costume. Foi o que se deu com o tema dos levantamentos aerofotogramétricos, até então de exclusiva execução pelas Forças Armadas brasileiras, por se tratar de questão de segurança nacional. Segundo notícias de jornal, o ministro-chefe do EMFA teria ficado nitidamente constrangido ao ser questionado sobre quais os motivos da abertura para que as empresas estrangeiras pudessem atuar no mercado brasileiro de levantamentos aerofotogramétricos. O assunto era delicado, pois permitiria a radiografia do Brasil, e a consequente revelação de suas riquezas potenciais. Houve uma suspeita de que a permissão para que as empresas estrangeiras participassem de licitações referentes aos levantamentos aerofotogramétricos do território nacional teria sido uma exigência do Banco Mundial, para emprestar US$ 50 milhões a projetos de desenvolvimento do Nordeste. Ou seja, não havia transparência alguma. Falava-se, suspeitava-se, dizia-se à boca pequena, mas muitas coisas ficavam restritas a um círculo muito diminuto de pessoas encarregadas de silenciar sobre o que se passava de fato.

E não foram apenas as empresas estatais ou públicas que sofreram o assédio das multinacionais. O próprio avanço quantitativo do mercado nacional, com as diversificações e as inovações promovidas em inúmeros ramos da atividade econômica, abria espaços para a instalação de novos competidores, cujas vantagens tecnológicas e organizacionais tornavam praticamente irresistível o seu domínio sobre os vários segmentos da produção. Foi o que se passou com a instalação da multinacional *Reynolds International*, que chegou para fabricar no Brasil latas de alumínio destinadas a cervejas e refrigerantes, mas recebeu total repúdio dos empresários paulistas estabelecidos no setor. Na visão desse grupo, o parque industrial da época atendia perfeitamente bem à demanda interna, que chegava à ordem de um bilhão de latinhas por ano. Os fabricantes nacionais argumentavam também que a cadeia produtiva nacional incluía a CSN e a Usiminas, como fornecedoras das folhas de flandres indispensáveis à confecção do produto; que as empresas brasileiras empregavam milhares de funcionários e exportavam parte da sua produção para países da América do Sul e da África; e que a gigante dos Estados Unidos teria potencial para destruir as concorrentes brasileiras, mesmo trazendo maquinaria já ultrapassada em seu país de origem. Eles prometeram lutar com todas as suas forças para não perecer diante da concorrência desigual das multinacionais, mas não conseguiram manter a promessa por muito tempo. Segundo dados da Associação Brasileira dos Fabricantes de Latas de Alumínio (ABRALATAS, fundada em 1989), as quatro fabricantes de latas de alumínio instaladas no Brasil, em 2019, isto é, trinta anos depois, eram: Ardagh, Ball, CanPack Brasil e Crown Embalagens. Todas estrangeiras. E elas sedimentaram uma posição hegemônica no mercado brasileiro, suplantando as latas de folha de flandres usadas anteriormente e agora substituídas pelas latas de alumínio. Os antigos fabricantes brasileiros simplesmente desapareceram.

À parte a ação direta e assumida das grandes corporações multinacionais, em especial, as estadunidenses, acreditava-se que havia também uma ação sub-reptícia consumada pelas agências de inteligência dos Estados Unidos, destinada a obter vantagens e franquias em atividades muitas vezes rechaçadas pela obstinação da resistência local. Entre aqueles que mais frequentemente denunciavam essa intromissão indevida, destacava-se Leonel Brizola, um conhecido opositor desses métodos insidiosos que visavam desestabilizar as estruturas internas da sociedade brasileira, com vistas a facilitar o caminho para a apropriação das riquezas e da soberania nacional. De tal forma Brizola se sobressaiu, que acabou recebendo uma menção irônica da imprensa, que, regra geral, se recusava a encampar essa visão. Graças à sua incansável denúncia sobre a intromissão indevida da principal Agência Central de Inteligência (CIA) dos Estados Unidos nos assuntos internos do Brasil, Brizola foi apontado nos jornais como merecedor do título de "assessor especial de marketing" da referida agência, dada a sua insistência em responsabilizá-la por tantos fatos e eventos importantes da vida política brasileira. Por mais que os jornais se esforçassem para desacreditar essa influência nefasta, denunciada não só por Brizola, mas ainda por outros brasileiros, o próprio tempo se encarregaria de demonstrar o quanto estavam certos, sobretudo, quando inúmeros documentos sigilosos dos Estados Unidos vieram a público, décadas depois, para comprovar a extensão e a profundidade dessa ingerência descabida e maldosa. A tática empregada pelos noticiários, no sentido de escarnecer dessas suspeitas, intencionalmente ou não, acabava por obscurecer a verdadeira natureza da dominação externa que, muitas vezes, asfixiou o país.

Os caminhos tortuosos encontrados por esses métodos de domínio estrangeiro eram muitos e variados. Isso apareceu numa denúncia oferecida pela Divisão de Ecumenismo da CNBB, de que grupos religiosos de origem estadunidense e "oriental" teriam infiltração de espiões da Agência CIA dos Estados Unidos. Apesar da menção direta, não houve nenhuma referência específica a esse clero "oriental" que estaria agindo no território brasileiro, deixando em aberto a sua natureza real. Tal denúncia constou de um documento dado em resposta a uma consulta prévia do Vaticano, sobre o crescimento dos assim chamados "movimentos religiosos livres", também conhecidos como "seitas". De acordo com o texto desse documento, governos de países latino-americanos teriam estimulado a vinda de missionários evangélicos, principalmente estadunidenses, acreditando que a entrada dessas igrejas poderia quebrar o monopólio do clero católico na região. Embora inicialmente essas iniciativas estivessem pautadas por uma intenção declarada de arejar o ambiente religioso e de ampliar o espectro confessional, o fato é que os grupos "fundamentalistas e violentamente anticomunistas", tanto evangélicos quanto orientais, teriam atuado para dificultar a ação dos padres progressistas. Segundo a denúncia, havia sérios indícios de que os missionários da Igreja Católica e das demais igrejas evangélicas comprometidos com a causa dos marginalizados encontravam muitas dificuldades para entrar nos países latino-americanos, ao passo que os outros religiosos, não identificados com os problemas sociais da região, tinham a sua entrada francamente facilitada pelas autoridades. E também de que esse plano insidioso não era idealizado apenas pelos governos nacionais de direita, mas fazia parte da geopolítica dos Estados Unidos no continente. O texto concluía que a suspeita de que a CIA estaria infiltrada em certos grupos, ou de que eles estariam a serviço daquela entidade, era um problema gravíssimo e exigia pesquisas mais aprofundadas. Após a publicação desse texto, a CNBB divulgou nota oficial afirmando que o documento em questão era de inteira responsabilidade da Linha V – Divisão de Ecumenismo, e não expressava a opinião da instituição nem envolvia formalmente aquele órgão episcopal. Dizia também a nota que o relatório não possuía os fundamentos necessários para afirmar que somas fabulosas vindas do exterior, em especial dos Estados Unidos, financiavam a instalação de tais grupos e movimentos religiosos, destacando que existiriam apenas indícios de infiltração da CIA nos mesmos. E, assim, ficou o dito pelo não dito.

Apesar da gravidade da denúncia, tal como acontecera diversas outras vezes, a notícia simplesmente desapareceu dos jornais e nunca mais foi mencionada. Olhando em retrospectiva, porém, é sabido que a Igreja Católica sofreu um duplo ataque naquele período histórico particular: de um lado, internamente, pela perseguição aos luminares da Teologia da Libertação, que foram progressivamente afastados da liderança que exerciam dentro do clero católico no Brasil e na América Latina, por exemplo; de outro, externamente, pela ascensão das novas igrejas evangélicas, que entrariam com uma força extraordinária nas áreas tradicionalmente dominadas pela fé católica, arrebanhando milhões de fiéis para as suas fileiras, em detrimento do catolicismo. Se foram financiadas por agentes estrangeiros, e se cumpriram um desígnio mais político do que religioso na região, é matéria para uma investigação mais aprofundada, que não cabe nestas páginas. Por ora, fica o registro de uma suspeita levantada por segmentos católicos, que continuou sem merecer da imprensa local o devido vulto e a devida menção. Em grande medida, os órgãos de mídia seguiriam mantendo uma postura olímpica e displicente diante da influência maciça e prepotente de interesses estrangeiros nos assuntos internos do Brasil.

Nos idos de agosto de 1985, talvez nenhum outro assunto tenha repercutido tanto na imprensa brasileira quanto o relato da atriz e deputada Bete Mendes, sobre sua viagem ao Uruguai, a convite do presidente José Sarney, em visita oficial. Incluída na comitiva presidencial em razão do enorme sucesso que fazia como protagonista do filme "Eles não usam black-tie", nas telas uruguaias, Bete Mendes foi surpreendida logo ao sair do avião, ao ser abordada pelo adido militar da embaixada brasileira, que teria lhe perguntado de chofre: "Você se lembra de mim?". Segundo consta na matéria dos jornais, ela pensou que se tratava de um fã e tentou se desvencilhar educadamente. Mas o militar insistiu, e ainda lhe apresentou a esposa e alguns funcionários da embaixada brasileira. Em seguida, pediu desculpas pelos maus tratos que impingiu a ela, justificando a sua atuação nos porões da ditadura como mero "cumprimento de uma missão". Era o torturador que havia imposto a Bete os mais terríveis sofrimentos, enquanto ela esteve presa no II Exército, em São Paulo, por fazer parte do grupo Var Palmares, no início dos anos 1970. Após o pedido de desculpas, o militar ainda a convidou a viver com ele "os tempos de conciliação da Nova República", deixando para trás todos os males do passado. Segundo as notícias, Bete Mendes engolira em seco, para não causar nenhum constrangimento à viagem oficial, mas escreveu, indignada, ao presidente, assim que chegou de volta ao Brasil. E também tornou pública a própria carta, na qual relatava o espanto que sentira com o episódio em si e mais ainda com a naturalidade do militar diante de tudo que havia se passado, o que teve farta repercussão na imprensa brasileira.

Não demorou muito para que o presidente José Sarney, que havia telefonado para Bete Mendes, a fim de confortá-la pelo ocorrido, passasse a fazer severas recomendações aos seus auxiliares mais próximos e aos líderes da Aliança Democrática, no Congresso Nacional, para que congelassem a discussão sobre os crimes de tortura praticados durante a vigência do regime militar. Os jornais insinuavam que os ministros do Exército e do Serviço Nacional de Informação (SNI) vinham conversando assiduamente com o presidente sobre esse assunto, e lhe transmitiam certa "inquietação" das Forças Armadas, com a série de notícias que estariam atentando contra "a idoneidade dos militares". Sutilmente, ou talvez nem tão sutilmente assim, os ministros militares fizeram chegar aos ouvidos presidenciais a sua contrariedade diante de qualquer manifestação ou cobrança sobre tema tão sensível, apresentando, ao mesmo tempo, o perigo de reações mais contundentes da parte dos que se sentiam diretamente atingidos. Era meio óbvio que a pergunta surgisse, e a negativa se precipitasse: "Não há nenhum risco de golpe militar. Disso nós temos absoluta certeza" — afirmou um assessor do Palácio do Planalto. Isso era batata: qualquer movimentação dos militares logo sugeria a possibilidade de um novo golpe. O governo, em atenção a essas ameaças veladas, reafirmava o fato de que os "excessos" porventura cometidos tinham sido apagados com a anistia de 1979, reconhecida como um "pacto recíproco", uma "lei de mão dupla". E destacava que os fatos de maior repercussão junto às Forças Armadas tinham sido: a divulgação de uma lista nominal de torturadores pelo deputado José Genoíno (PT-SP) e o amplo espaço dado pela imprensa ao relato da deputada Bete Mendes (sem partido), sobre o encontro involuntário que tivera com o seu torturador no Uruguai. Fora isso, os militares também criticaram a denúncia sobre a ESG, que recebia da Receita Federal bebidas finas e fitas de filmes eróticos, e o que chamavam de uma campanha relativamente insistente nos jornais acerca da presença de adidos militares no exterior, que, segundo as notícias, custavam muito caro aos cofres públicos e não traziam de fato nenhum benefício para o país.

A reação dos militares a esses episódios foi determinada e maciça, sob a alegação tantas vezes alardeada pelos seus comandantes de que o "revanchismo" jamais seria tolerado. O ministro do Exército, por exemplo, que era reconhecido pela mídia como um militar de "incontestável habilidade política", havia convocado uma reunião a portas fechadas, em 22/08/85, com cerca de 20 parlamentares, entre os quais três que haviam sido cassados na ditadura e quatro ligados à Esquerda Independente, para lhes mostrar, segundo o jornal, que não aceitaria revanchismo e que daria total apoio aos militares que haviam atuado "patrioticamente" no combate "à esquerdização do Brasil e aos vícios políticos de maus brasileiros". Não poderia haver um recado mais contundente do que esse. Ao mesmo tempo, de acordo com as reportagens, o ministro ainda informou aos presentes que estaria fazendo um grande esforço para manter a "coesão das tropas", posto que vinham ocorrendo fortes reações nos bastidores, de militares que tinham atuado diretamente na repressão, durante a vigência do regime militar. Não é surpreendente constatar que, depois disso, tanto as notícias sobre os abusos acontecidos quanto sobre as denúncias porventura oferecidas a esse respeito desaparecessem solenemente das páginas dos jornais. Que não se duvidasse das ameaças, veladas ou não.

Alguns fatos que chegaram aos jornais, e incomodaram bastante os círculos militares, foram, na verdade, extraídos de um processo que estava em julgamento na 1ª Auditoria de Marinha e que havia se originado de uma investigação que buscava apurar o sumiço de material do almoxarifado da ESG. No curso das apurações, acabaram sendo reveladas certas práticas um tanto exóticas nos bastidores da Velha

República, com desvios de grandes proporções. Ao todo, os jornais noticiavam 522 garrafas de uísque escocês da melhor qualidade, aparelhos de videocassete e vídeo-tape, secretárias eletrônicas, toca-discos, rádios para carros e dezenas de fitas de videocassete, entre elas mais de vinte filmes eróticos — todos esses materiais retirados dos depósitos de contrabando apreendido pela Receita Federal e entregues à ESG, no período de abril a novembro de 1984. Havia certa controvérsia a respeito dessa destinação dos bens contrabandeados e apreendidos pela fiscalização. De acordo com a lei vigente na época (Lei nº 2.653 de 24 de novembro de 1955): "Art. 11. as mercadorias introduzidas clandestinamente no país e encontradas à venda ou em depósito serão consideradas, para efeitos fiscais, como contrabando e, logo após o julgamento deste, proceder-se-á ao leilão das mesmas mercadorias, sem prejuízo das prescrições legais vigentes, inclusive a aplicação de sanções cabíveis aos responsáveis pela infração". Todavia, apesar do texto claro da lei, havia se criado no Brasil uma praxe de doar tais mercadorias estrangeiras de alto valor a determinadas instituições do serviço público. A Secretaria da Receita Federal habitualmente enviava ao Itamaraty, à Presidência da República e a algumas repartições militares que têm compromisso de representação, uísques e equipamentos eletrônicos apreendidos em contrabando, deixando de realizar os leilões públicos dessas mercadorias, previstos em lei. A rigor, somente as mercadorias inutilizadas para fins comerciais poderiam ser doadas, mas, para instituições de caridade. Todavia, essa prática informal já vinha sendo bastante difundida nas esferas institucionais.

Do ponto de vista estritamente legal, isso era uma brecha para a qual as autoridades fechavam os olhos e da qual algumas instituições governamentais se beneficiavam a fim de obter produtos de alto valor comercial, para suas festas e demais eventos oficiais. Fitas eróticas, no entanto, eram difíceis de justificar, embora essa quantidade de 522 garrafas de uísque também fosse verdadeiramente assombrosa. O fato é que o inquérito se originara justamente do sumiço de muitos desses bens que haviam sido depositados no almoxarifado da ESG, após doação da Receita Federal. Aparelhos eletrônicos, bebidas caras e fitas de vídeo simplesmente desapareceram das prateleiras sem deixar rastros, e era isso que se tentava apurar, embora o responsável pelo caso afirmasse que estava sendo muito difícil a verificação do material desviado. Segundo as reportagens, os filmes em videocassete da série *Swedish Erotica* estavam entre as produções pornográficas mais disputadas nos videoclubes do Rio de Janeiro e de São Paulo, devido à sua confecção com alta qualidade técnica e à utilização de atrizes e atores cuidadosamente selecionados, pela beleza e pela boa forma física. Na época, talvez fosse possível fazer um bom dinheiro com uma coleção como aquela que fora roubada da ESG. Hoje, encontra-se disponível na internet um volume considerável de vídeos produzidos por essa série.

Na esteira das investigações, segundo as reportagens dos jornais, os inquéritos acabaram apurando a existência de uma quadrilha de contrabandistas formada por 40 militares da Força Aérea Brasileira (FAB) e mais oito civis, que transportava ilegalmente equipamentos eletrônicos em aviões da Aeronáutica. Um funcionário aposentado da Panair do Brasil (principal companhia aérea do país, entre os anos 1940 e 1960) era apontado pelos militares como um dos chefes da organização, que trazia principalmente de Miami, nos Estados Unidos, o material contrabandeado. De acordo com um dos depoentes, haveria "excesso de credibilidade por parte dos pilotos das aeronaves" com relação aos demais tripulantes que realizavam missões no exterior, não existindo verificação de bagagens da tripulação, nem conferência de carga proveniente do exterior. As soluções óbvias para o agravamento do problema passavam, necessariamente, pela revisão dos sistemas de controle. Outro elemento facilitador, como a reportagem também informava, era que o crime de contrabando não constava do Código Penal Militar, facultando a continuidade dos desvios já tornados comuns.

Aqui e ali surgiam outros tipos de denúncia envolvendo militares, que não causaram tanto rebuliço entre os seus comandantes, sabe-se lá por quê. Numa delas, ficava-se sabendo que a esposa de um coronel, que havia exercido cargo muito importante nos governos passados, ingressara numa das Varas de Família de Brasília com uma ação de desquite na qual se habilitava, legalmente, a receber a sua parte numa conta numerada que o marido mantinha num banco da Suíça. Com a quebra do sigilo causada pela madame, criou-se o maior bafafá nas altas rodas da sociedade brasiliense. Novas revelações indicaram que suas reivindicações alcançavam, além da casa no Lago Sul, região nobre da Capital, uma mansão que o coronel teria mandado construir para uma "amiga", no Ceará. E mais uma fortuna em bens móveis e imóveis, de fazer inveja aos mais prósperos capitalistas! Não espanta que algum tempo depois, tomava-se conhecimento de que a ação de desquite acabara sendo suspensa e o casal voltara "às boas". Há um jeito certo de fazer pressão, é bom saber disso. Em especial, quando existe muito dinheiro envolvido.

Segundo notícias de jornal, um condomínio de alto padrão, criado em 1977 e depois apelidado de "loteamento dos coronéis", propiciava aos seus felizes moradores a condição de desfrutar os prazeres de uma vida campestre dentro do perímetro urbano do Distrito Federal, a poucos quilômetros do Plano Piloto. Embora os loteamentos urbanos no Distrito Federal fossem proibidos por lei, utilizou-se fartamente o artifício dos condomínios para ampliá-los e ganhar cada vez mais terrenos para a especulação imobiliária, que daria origem a muitas fortunas. O grande problema desse condomínio, conforme a reportagem, era o fato de localizar-se em área de proteção ambiental das bacias dos rios São Bartolomeu e Descoberto, responsáveis pelo abastecimento de água da Capital. O governo do Distrito Federal acabava de criar um grupo de trabalho para estudar o problema, sabendo antecipadamente as dificuldades que deveria encontrar numa eventual disputa judicial contra os 218 proprietários dos lotes condominiais, entre os quais se identificavam, de acordo com o noticiário, "militares de renome", alguns estreitamente ligados ao sistema de informações. A omissão dos órgãos de fiscalização e o tráfico de influência, ainda segundo a imprensa, seriam os principais responsáveis pelos loteamentos irregulares, sob a capa de condomínios, em áreas consideradas de interesse público, criando uma situação deveras complexa em termos legais, políticos e sociais. Ao lado disso, as companhias de eletricidade e de telefonia, assim como o abastecimento de água e a rede de esgotos, acabavam avalizando esses empreendimentos irregulares ao fornecerem os seus serviços, descumprindo a legislação vigente. Enquanto isso, o anúncio do projeto de reforma agrária do governo fazia tremer as bases da República.

Não custa mencionar que a tutela militar sobre o governo era robusta e extensa. Pelo que se lê nos jornais, os comandantes das Forças Armadas não apenas opinavam sobre todas as questões políticas relevantes, como também exerciam peso decisivo sobre a tomada das principais decisões. Com menção ao surgimento de "novas estrelas do Planalto", surgiu na imprensa a informação de que circulava entre os políticos de Brasília uma indicação clara de que os blocos de maior influência política sobre o presidente José Sarney incluíam dois militares muito atuantes: o ministro-chefe do Gabinete Militar e o ministro-chefe do SNI. Ambos direta e assiduamente ligados à Presidência da República. Segundo as notícias, para o responsável pelo SNI, a maior preocupação naquele momento era o desfecho da escolha do novo reitor da Universidade de Brasília (UnB), porque ele não desejava ter "um núcleo de esquerda ativo no quintal de Brasília". Como se pode observar, os militares pretendiam influir até mesmo na escolha dos reitores das universidades públicas, e agiam como se essa atribuição lhes fosse natural e inquestionável. Era muito evidente ainda que eles marcavam posição não apenas com a sua presença incisiva, mas também com a sua ausência significativa — como, por exemplo, na cerimônia de assinatura da lei que legalizava a UNE, proscrita na ditadura, que foi realizada pelo presidente José Sarney, no Palácio do Planalto, diante de uma plateia festiva de jovens brasileiros, à qual nenhum dos ministros militares compareceu. Os estudantes, como era fartamente reconhecido, compunham um dos segmentos mais combativos entre os opositores da ditadura e festejaram alegremente a recuperação da sua principal entidade representativa.

O governo seguia enfrentando severas dificuldades para colocar em prática os seus projetos e afinar a composição política que lhe dava sustentação. Os embates se sucediam com uma incômoda insistência, com destaque para as disputas entre os ministros da Fazenda (Francisco Dornelles) e do Planejamento (João Sayad), em torno das melhores medidas econômicas a serem adotadas para enfrentar os graves desafios que continuavam testando as resistências da economia brasileira. Inflação elevada, dívida crescente, exigências do FMI para redução drástica do déficit público, além de um quadro social para lá de dramático — eram os maiores dilemas da equipe econômica no cargo. Em meio a tantos dissabores, saiu Dornelles e entrou Dílson Funaro, empresário paulista que tomou posse como novo ministro da Fazenda, investido com um conjunto de promessas dignas de um verdadeiro super-herói: crescer no mínimo 5%, baixar as taxas de juros, reduzir o déficit social, cortar pouco nas estatais e negociar a dívida sem recuar. Era o começo de uma reforma ministerial que o presidente Sarney vinha prometendo para o início do ano vindouro, mas que acabou se tornando inadiável, dadas as muitas contrariedades que assolavam o ambiente empresarial do país. A taxa de inflação calculada em 14% naquele mês de agosto acabara forçando o lançamento de um novo pacote de medidas, que visavam corrigir os problemas com o congelamento de preços e o combate vigoroso à especulação, entre outras coisas. Havia esperanças de que Funaro, sendo afinado com o pensamento de Sayad, estivesse em melhores condições para colocar em prática uma nova estratégia, que desse bons resultados em breve tempo.

Um dos episódios mais tensos e turbulentos do processo de negociação do governo com as forças representadas no legislativo foi a votação de um conjunto de medidas enviado ao Congresso, contendo algumas propostas na área econômica. O líder do PTB, um dos coordenadores da obstrução à votação, resolveu levantar, pela segunda vez consecutiva na mesma noite, uma questão de ordem. Para tanto, escolheu justamente o microfone de apartes da bancada do PMDB, partido de sustentação do governo e, portanto, interessado em aprovar a matéria. A reação da bancada foi imediata: um dos deputados do PMDB empurrou o líder do PTB e tomou o microfone do seu partido. O petebista resistiu e devolveu o empurrão. Em seguida, ambos ameaçaram partir para o confronto físico. Um deputado do PDS-PA irrompeu contra a bancada adversária, brandindo uma arma, mas encontrou imediata resposta de outro deputado do PMDB-BA, que também estava armado. A confusão, então, foi geral. O presidente da Câmara dos Deputados, Ulysses Guimarães, suspendeu a sessão e pediu a entrada dos seguranças para evitar o pior. Ele sugeriu ainda que os jornalistas que acompanhavam a sessão se retirassem imediatamente do plenário, para que não fossem atingidos por uma eventual bala perdida. Havia pressa para votar o projeto, porque o Congresso logo entraria em recesso de dois meses, e o governo alegava não poder esperar tanto tempo para pôr em prática as medidas esperadas pela população. Entre idas e vindas, a aprovação acabaria acontecendo, mas ao custo de demonstrar as imensas dificuldades que cercavam o frágil equilíbrio político existente no país.

Em parte, essa instabilidade decorria do resultado das últimas eleições municipais, realizadas em novembro de 1985, com uma vitória esmagadora do PMDB, que conquistara cerca de 70% das capitais do país. Embora a cúpula do partido se mostrasse abalada com a derrota, em São Paulo, do senador Fernando Henrique Cardoso para Jânio Quadros, eleito numa coligação PTB-PFL, a votação estrondosa obtida pela sigla em todo o Brasil permitia-lhe acalentar fortes esperanças de obter resultado muito favorável nas eleições para o Congresso Nacional e para os governos de Estado, a se realizar no final de 1986. E, com isso, estabelecer também o controle desejado sobre a Assembleia Constituinte a ser instalada concomitantemente. Além da posição inquestionável de principal agremiação partidária do país, conquistada pelo PMDB nas urnas, o último pleito revelou ainda que o PT havia se tornado a segunda força política em pelo menos quatro capitais brasileiras — Goiânia, Vitória, Fortaleza e Aracaju —, situadas em regiões fundamentalmente dominadas pelas velhas oligarquias, o que demonstrava uma ligeira mobilidade do quadro político em algumas áreas do território. Fora isso, o PT acabou ficando em terceiro lugar, em outras duas capitais estaduais bastante importantes: São Paulo e Belo Horizonte. Ao mesmo tempo, o favoritismo de Leonel Brizola no Rio de Janeiro e em Porto Alegre foi amplamente confirmado, fato que o manteria como o mais forte candidato das esquerdas à Presidência da República. Enquanto os vitoriosos faziam os seus cálculos, os derrotados juntavam os cacos de um fiasco até certo ponto esperado: reunidos para discutir o futuro do PDS, alguns senadores concluíram pela necessidade de mudanças urgentes e profundas no partido — a primeira delas deveria ser o nome da sigla, que muitos julgavam "amaldiçoada" pelo povo, como herança da ditadura.

Entre uma crise e outra, o governo de José Sarney seguia tentando estabelecer os rumos de sua administração, obtendo alguns resultados muito positivos no plano das relações internacionais. A diplomacia fazia bonito em seu mandato. A visita do primeiro-ministro chinês, Zhao Ziyang, por exemplo, foi fartamente documentada pela imprensa brasileira como um episódio de grande relevância, resultando na assinatura de diversos documentos que continham as bases para a expansão do comércio bilateral, da cooperação econômica e tecnológica e do intercâmbio cultural entre os dois países. Em seu discurso cerimonial, o primeiro-ministro chinês destacou que o Brasil e a China se aproximavam justamente por disporem de semelhanças indiscutíveis, tais como: vastos recursos naturais, política interna voltada para um tipo de crescimento semelhante, nível de desenvolvimento aproximado, com características próprias, capacidade de compreensão de sua posição no cenário internacional, defesa dos princípios do respeito mútuo na política externa e vivo interesse em ampliar o relacionamento existente. Entre outros pontos, o primeiro-ministro chinês ainda destacou que a dívida externa não poderia ser paga com o fechamento dos mercados aos países do Terceiro Mundo, que precisavam exportar muito para obter divisas, e enfatizou a importância da cooperação Sul-Sul, na qual Brasil e China se destacavam como postulantes de uma política de não-alinhamento e de defesa de uma nova ordem econômica internacional. Os laços com a China tenderiam a se intensificar em outras etapas das décadas seguintes, reforçando uma política externa que buscava certa independência e contribuía para a afirmação do Brasil como liderança nascente. A imprensa também divulgou a assinatura de um contrato entre a Braspetro e a Sinochen (estatal petrolífera chinesa), para a realização de pesquisas no Mar da China Oriental, além do treinamento de geólogos chineses no Brasil, em processamento de petróleo e gás natural, com aproveitamento do know-how disponível de produção em alto mar. A possibilidade de ambos se tornarem potências econômicas e políticas no século XXI já aparecia no horizonte geopolítico daquela década de intensas e contínuas transformações observadas no cenário internacional.

Nesse mesmo terreno diplomático, o governo Sarney recebeu ainda, naquele mesmo ano, a visita do presidente francês, François Mitterand, o que lhe conferiu um significativo prestígio internacional. Ao mesmo tempo, prosseguiu também nas tratativas para o reatamento das relações diplomáticas com Cuba, o que seria um dos feitos mais marcantes da sua política exterior. Frente à escalada da violência racial na África do Sul, o governo brasileiro condenou a ação repressiva do regime sul-africano contra a população negra e repudiou as crescentes violações dos direitos humanos ali perpetradas. Em nota do Itamaraty, o Brasil censurou o estado de emergência decretado em Pretória e alertou para o fato de que tais medidas só serviriam para agravar ainda mais a "deplorável situação". Novos surtos de violência sacudiriam a África do Sul durante boa parte daquele período e receberiam da diplomacia brasileira a mais contundente recriminação. A fim de sedimentar a sua plena filiação aos princípios democráticos e ao absoluto predomínio do Estado de Direito, o governo brasileiro se preparou ainda para assinar o projeto de convenção das Nações Unidas, que definiria a tortura como crime internacional. O gesto oficial, marcado para um ato solene em Nova York, teria profundo significado político e pretendia ser uma garantia de que o país não desejava conviver com a tortura, além de demonstrar à comunidade internacional a sua adesão integral ao respeito inabalável ao princípio dos direitos humanos. Não obstante tais promessas, apesar das rotineiras notícias sobre gravíssimas violações de direitos humanos no Chile, sob a ditadura de Augusto Pinochet, que fez tantas vítimas e destruiu tantas lideranças sociais, o governo brasileiro não fez qualquer demonstração de repúdio ou de recriminação. Os jornais informaram, mas o Palácio do Planalto se calou, pelo que se observa nos noticiários.

No plano interno, o governo de José Sarney também concluía os trabalhos para instalação da Assembleia Nacional Constituinte, no início de 1987, coincidindo com a posse do novo Congresso Nacional, a ser eleito no pleito de novembro de 1986. Houve grande polêmica em torno do assunto, porque PT e PDT, por exemplo, defendiam que fosse instalada uma Assembleia Constituinte exclusiva, que não se confundisse com a atividade parlamentar regular, para que não se contaminasse com as disputas corriqueiras da vida política cotidiana e não se subordinasse ao jogo político eleitoral. Ambos os partidos defenderam também a tese de que deveriam ser estabelecidas eleições diretas para a Presidência da República, no mesmo pleito de novembro de 1986. Mas, essa posição acabou sendo derrotada, prevalecendo a orientação governamental de fazer do Congresso eleito em 1986 um Congresso Constituinte, que determinaria a duração do mandato presidencial em vigor e estabeleceria a data, portanto, da eleição direta para presidente. Com 370 votos favoráveis, os parlamentares finalmente aprovaram a emenda do governo que convocava a Assembleia Nacional Constituinte com essas atribuições.

Apesar dos sucessivos êxitos, o clima político dentro do PMDB continuou turbulento. A esquerda independente era a principal causa da instabilidade reinante no partido: preocupada com o futuro da própria sigla, essa corrente exigia que se retomasse o "compromisso progressista" que sempre caracterizara a agremiação, sobretudo em confronto com a ditadura, sob pena de sucumbir a uma clara inclinação à direita que já se anunciava. Segundo os representantes desse segmento, o comportamento do PMDB, que consideravam muito ambíguo, acabaria, de um lado, acentuando a desconfiança dos conservadores e, de outro, entregando "de bandeja" ao PT e ao PDT os votos progressistas que acreditavam possuir. De fato, esse grupo julgava que, como principal base de sustentação do governo, o partido estaria pagando o preço de se sujeitar aos propósitos governamentais, em vez de impor os seus próprios compromissos. No caso de um prolongamento excessivo dessas condições, a ala independente acreditava que um racha seria inevitável. O tempo se encarregaria de demonstrar o acerto de tal suposição.

A recomposição das forças sociais, após aqueles longos anos de ditadura, não foi nada fácil. Eram inúmeras as contradições com as quais lidar. A principal delas, que muitas vezes seria revelada nos embates mais dramáticos, era o fato de que o modelo econômico e social não havia se alterado. O capital financeiro e o latifúndio continuariam subjugando todas as demais esferas econômicas e políticas, impondo as suas exigências sobre todas as necessidades existentes e delimitando toda e qualquer mudança possível, destinada a atender às muitas demandas sociais. Era nesse estreito limite de atuação que os vários níveis de governo deveriam agir, sempre que puderam e/ou quiseram fazer, de verdade, uma política baseada nos direitos de cidadania que costumeiramente foram subtraídos à população brasileira.

Foi o que se passou com a convocação da Assembleia Nacional Constituinte. Uma rápida leitura dos meandros que cercaram todo o processo de construção desse rito permite observar o esforço empreendido pelas oligarquias, no sentido de estabelecer o mais rígido controle possível sobre o curso dos debates constitucionais. A primeira dessas ações foi a nomeação, pelo presidente José Sarney, de uma Comissão Provisória de Estudos Constitucionais, sob a coordenação do jurista Afonso Arinos de Mello Franco, destinada a elaborar sugestões para os nobres constituintes, a serem eleitos em 1986. Segundo relatos de jornal, a sessão solene com cerca de 300 convidados e mais de 20 ministros presentes não empolgou. Ulysses Guimarães não compareceu. José Genoíno (PT-SP) explicou na tribuna da Câmara o motivo da recusa de seu partido ao convite para a instalação da referida comissão: "Nós do PT não reconhecemos essa comissão biônica, sem legitimidade, constituída de cabeças reacionárias". O presidente José Sarney assegurou, em seu discurso na cerimônia, que a comissão não se reuniria para ditar à Assembleia Nacional Constituinte o que aprovar ou não aprovar. O jurista Afonso Arinos, no entanto, segundo notícias de jornal, anunciou que estaria encarregado de elaborar um anteprojeto constitucional, e não estudos ou simples "subsídios", conforme assinalado no discurso presidencial. Como presidente da comissão encarregada, ele julgava possuir suficiente autonomia para tal. O bafafá já tinha sido grande, em razão da presença de uma única mulher nessa comissão e de um representante negro ter sido nomeado na última hora. Todavia, o maior baque seria a recusa do jurista Fabio Konder Comparato à indicação para fazer parte dessa "comissão de notáveis" presidida por Afonso Arinos. Comparato havia deixado claro que só aceitaria participar de uma Constituinte desvinculada do Congresso Nacional, com autonomia e liberdade suficientes para exercer o seu ofício. Na sua opinião, a fórmula escolhida por Sarney coincidia com o interesse do Congresso "em fazer de conta" que iria realmente "mudar o regime", quando, na verdade, estaria apenas "trocando o invólucro". E disse mais: para ele, aquilo soava como um golpe de Estado perpetrado por Sarney, que, na sua visão, já havia comandado o naufrágio da campanha das Diretas Já e se tornara o virtual timoneiro da Nova República. Com muita contundência, Comparato indicou que, naquele modelo ali implantado, não poderia haver qualquer modificação no sistema econômico, quanto ao planejamento a favor da supressão das desigualdades sociais, "pois todo o sistema de poder continuará como está". Difícil discordar dessa avaliação. Mudar para ficar igual.

Não tardou para que novas vozes engrossassem o coro de descontentes com o caminho tomado pela reforma tão esperada por todos que lutaram pela volta da democracia no país. O professor e jurista Raymundo Faoro, um dos homens mais respeitados por sua trajetória intelectual e política, se declarou bastante contrariado com a Nova República. Ele não escondeu a enorme insatisfação contra os que pregaram uma cartilha no passado e agora liam outra. E aproveitou para defender a tese de uma Constituinte clara, transparente e soberana, além de condenar o que chamou de anacronismo da Comissão Afonso Arinos, "formada em boa parte de pessoas tidas como reacionárias e conservadoras". Segundo as notícias de jornal, Faoro ainda se disse aborrecido com o PMDB, que não estaria sendo fiel à mensagem reformista que tivera grande aceitação no passado. Como se viu, era exatamente disso que falavam os membros da chamada esquerda independente do partido, que prenunciavam o desgaste tremendo que se abateria sobre a sigla, diante de todas essas manobras destinadas a afastar os desígnios autênticos daqueles que haviam lutado pelo fim da ditadura. A chegada ao poder tinha as suas armadilhas. Muitos que participaram dessa transição acabaram decepcionados com aquilo que de fato puderam conquistar. Sonhos e esperanças desapareceram no ar.

Não obstante as grandes decepções, algumas alegrias foram permitidas aos deserdados da sorte. Entre elas, a readmissão, pela Petrobrás, de 680 antigos funcionários que haviam sido cassados pela ditadura. Embora se tratasse de uma cerimônia de desagravo, em que muitos demitidos tinham sido vítimas de prisões, torturas e até exílio, e agora viam reconhecidos os seus direitos de perseguidos políticos, com a devida remissão, ela foi presidida por dois legítimos representantes dos governos militares: Aureliano Chaves, no cargo de ministro das Minas e Energia, e Hélio Beltrão, então presidente da Petrobrás. O próprio Aureliano Chaves, como relataram as notícias, admitiu em seu discurso ter apoiado o golpe militar de 1964, "porque era preciso acabar com a baderna existente no país". Nada poderia ser mais representativo do verdadeiro significado da Nova República do que essa cerimônia realizada na sede da petroleira, no Rio de Janeiro. Como bem disse o saudoso Barão de Itararé: "Anistia é um ato pelo qual os governos resolvem perdoar generosamente as injustiças e os crimes que eles mesmos cometeram". Os antigos funcionários demitidos por motivos políticos haviam sido relacionados pela Comissão Nacional de Anistiados da Petrobrás (Conap), que realizara um cuidadoso levantamento ao longo de mais de cinco meses, em todo o país. Nos depoimentos de alguns presentes, podia ser percebido o cerne da questão que resultara na perseguição implacável contra alguns dos servidores: o antigo diretor da área industrial permaneceu preso por 40 a 50 dias. Ele conta que tudo que lhe perguntaram, além dos dados pessoais, foi se ele era favorável ao monopólio do petróleo e à encampação das refinarias privadas de Capuava, Manguinhos, Manaus e Ipiranga. Ou seja, os investigadores buscavam os responsáveis pela defesa de uma política que colocava as refinarias de petróleo que estavam sob o controle do capital privado nacional no alvo de uma campanha nacionalista, que pretendia fortalecer e expandir o monopólio estatal da Petrobrás. Esse era o seu crime! Foi também por participar da campanha de João Goulart pela encampação das refinarias que o ex-diretor da área industrial acabou preso com os demais colegas que defendiam essa posição. Essa era, provavelmente, a baderna mencionada pelo ministro!

A maioria dos anistiados era composta de operários. Entre todos, havia somente doze mulheres. Na avaliação dos advogados encarregados

dos processos de readmissão, cerca de 50% dos anistiados desejavam voltar a trabalhar na empresa. Os demais, certamente, já haviam tomado outro rumo na vida. Um dos relatos mais comoventes da reportagem foi o de Eliseu Rodrigues y Rodrigues, ex-vigilante da Refinaria Duque de Caxias, que estava chegando de volta à Petrobrás. Ele dizia retornar sem rancor e sem revanchismo, mas sem esquecer a "herança" que recebera do golpe de 1964: três infartos, um aneurisma e duas pontes de safena, além dos anos passados longe da mulher e dos seis filhos, na tentativa de ganhar a vida para sustentá-los. Eliseu entrara na empresa nos idos de 1959, uma época em que, como ele próprio declarou, "havia um nacionalismo puro, trabalhava-se pelo país; hoje, parece que as coisas se inverteram, as pessoas trabalham só pelo dinheiro". Naquele começo de tudo, ele ajudara a fundar o sindicato dos petroquímicos (Sindipetro) e fora também um dos delegados representantes da Reduc (Refinaria Duque de Caxias). Ao explicar à reportagem a natureza da sua intensa atividade sindical, Eliseu ainda argumentou: "Os trabalhadores se uniram em defesa da empresa, que nós amávamos como uma parte da nossa família". Foi justamente a liderança sindical que lhe rendeu as duas prisões incomunicáveis, a depredação e os saques de sua casa, além de dois inquéritos sob a acusação de ser comunista e subversivo. Ao se defender das acusações, ele alegou: "Nunca fui comunista, pelo contrário, sou até evangélico". E lembrou ainda que se tratava de um governo legítimo e que tudo que eles faziam no sindicato era absolutamente legal. Todavia, essa atuação foi amplamente utilizada para incriminá-lo e justificar o seu afastamento.

O horror da perseguição não parou por aí. A família de Eliseu também sofreu amargamente as consequências da sua atuação profissional e política, pois a mulher e os filhos tiveram de abandonar a casa em que viviam, numa vila em Duque de Caxias, passando a viver com parentes. As crianças acabaram ficando sem estudar durante algum tempo, porque a escola delas, que era mantida pelo sindicato, também fora depredada. Apesar disso tudo, os inquéritos nada conseguiram provar contra Eliseu. Ao sair da prisão, onde ele diz ter ficado na companhia de "presos ilustres" como o ator Mário Lago e o médico Roberto Chabo (um dos grandes sanitaristas brasileiros), recebeu aquilo que classificou como uma "proposta indecorosa", em que lhe foi oferecida uma carteirinha do Departamento de Ordem Política e Social (DOPS), um dos principais órgãos ligados à repressão, para que colaborasse no sentido de "ajudar a expulsar os comunistas da empresa". Como ele não aceitou, foi demitido e impossibilitado de arranjar outro emprego em qualquer empresa pública. Uma típica situação em que "se correr, o bicho pega; se ficar, o bicho come". Ao recusar aquele papel indecoroso sugerido pela polícia, Eliseu optara pela ética e agora, sendo reintegrado à empresa, se via recompensado com justiça (Jornal do Brasil, 19/10/1985, p. 5).

Circulou na imprensa também a existência de um debate sobre a reintegração às Forças Armadas dos militares cassados pelo golpe de 1964. Do total de 407 oficiais das três armas atingidos pelas cassações, apenas 96 estariam em condições de retornar à ativa, sendo que alguns dos atingidos já tinham morrido, e outros se encontravam muito doentes e/ou envelhecidos. Os líderes dos militares cassados reivindicavam a sua reintegração à ativa pura e simplesmente, por uma questão de justiça. Mas, os comandantes em exercício alegavam que eles estariam desatualizados porque haviam deixado de fazer os cursos necessários ao "bom desempenho da função militar". Pelo que se pôde depreender da leitura das reportagens, a decisão tomada seria a de reintegrá-los, quando fosse o caso, mas, diretamente na reserva. No curso desses atos que visavam corrigir as injustiças praticadas pelo regime que findara, o presidente José Sarney também sancionou a lei que cancelava as penas impostas ao ex-presidente João Goulart, falecido em 1976, quando se encontrava exilado no Uruguai. Pelo texto legal, foram ainda devolvidas todas as condecorações recebidas por Goulart e que haviam sido retiradas pelo golpe, além do seu retorno aos quadros das respectivas ordens honoríficas das quais houvesse sido excluído. Mais uma vez citando o Barão de Itararé: "Antes tarde do que mais tarde ainda".

Era um modesto acerto de contas com o passado. Não havia espaço, nem ambiente, para voos mais altos, pelo que se acreditava amplamente naquela época. Uma verdadeira redenção ficaria à espera de dias melhores, que ninguém podia mesmo afirmar se viriam.

RNAL DO BRA

Rio de Janeiro — Sexta-feira, 28 de fevereiro de 1986 Ano XCV — Nº 322 Preço: 4 cruzados

lança o plano da Inflação Zer

Todos os preços estão congelados
Salário mínimo aumenta amanhã
Cruzado substitui o cruzeiro
Caderneta dá 14,93% este mês
Poupança renderá por trimestre
ORTN deixa de ser reajustável

ente José Sarney, ante a
de a inflação este ano
)%, resolveu adotar me-
oque que serão anuncia-
10h em cadeia nacional
televisão. O plano tem o
obter taxa zero de infla-
ssimo prazo.

eiro vai desaparecer e será
por uma nova moeda, o
com um corte de três zeros.
. Cr$ 100.000 (cem mil
) passam a valer 100 cru-

os os preços estão congela-
rtir de hoje, inclusive álcool,
e tarifas públicas. O Estado
a Lei Delegada nº 4, que
o fechamento de estabeleci-
industriais e comerciais que
mprirem as determinações.

data base do salário mínimo
tecipada para o dia 1º de
. De acordo com a variação
los salários de novembro até
acrescida de um bônus, o go-
deverá fixar o novo valor do

salário mínimo em cerca de 750 cruzados (Cr$ 750 mil). Os trabalhadores com dissídio em março terão reajuste equivalente à variação média da ORTN nos últimos seis meses.

Nos próximos meses, os aumentos salariais passarão a ocorrer uma vez por ano, por ocasião dos dissídios de cada categoria, com liberdade total para a negociação dos reajustes entre trabalhadores e empresas. A escala móvel será adotada

para proteger o poder aquisi
salários. Dessa forma, toda c
profissional poderá optar
reajuste imediato dos salári
pre que a inflação atingir 2

Em vez de correção mo
governo oferecerá aos p
uma remuneração trimestr
lente à inflação no pe
ORTN foi substituída p
cujo valor nominal será
por um ano. Esse valor d
fixado em 107 cruzados,
partir de amanhã.

O FGTS e o PIS/P
corrigidos automaticame
que houver elevação de
baram as desvalorizaçõ
diárias. O Banco Cen
uma nova taxa de câr
manterá fixa até que o
tenda ser convenient
juste.

O presidente José
vidou todos os gov
país para uma reuniã
Brasília. (Páginas 2

Os bancos fizeram suprimentos extras aos caixas automáticos para atender à corrida que se seguiu ao anúncio d

Foto de Carlos Mesquita

Pazzianotto será vice do PMDB na eleição paulista

O ministro do Trabalho, Almir Pazzianotto, aceitou ser companheiro de chapa de Orestes Quércia para a sucessão em São Paulo. Como detentor de mandato de deputado estadual, ele só precisa desincompatibilizar-se até 15 de maio, mas poderá deixar o governo antes para integrar-se logo à campanha do PMDB paulista. A Rede Globo chegou a anunciar sua substituição pelo deputado Airton Soares (PMDB-SP), mas Pazzianotto negou e desmentiu a versão de que teria dado um murro na mesa ao atritar-se com Sarney em reunião na véspera. "É uma mentira total", disse o ministro. (Página 2)

Bando armado rouba cofre de banco no CTA

Um grupo de cinco ou seis homens armados, que incluía um soldado da Polícia Militar do Rio de Janeiro, invadiu o superprotegido Instituto de Estudos Avançados do Centro Técnico Aeroespacial, em São José dos ... cofre do posto do

Ulysses Funar explica

O presider
Ulysses Guimar
o ministro da
explicar ao Co
econômicas do
ve com Sarney
informado sob
deter a inflaç
são coisa do e
teve de cerca
las", disse
nacional do l
tros filiados
vestindo de

Briz pelo eleiç

O g
dendo ag
ção a la
Repúblic
são, e a
Brizola
Fluminer
comício
Pernam
tera hoj
a eleiçã
sido di

CAPÍTULO 4

O que há para comemorar na Nova República?

1986. O ano de 1986 descortinou-se com uma preocupação gravíssima para o governo brasileiro: a subida da inflação. No finalzinho de janeiro, o ministro do Planejamento, João Sayad, anunciava para um público perplexo que o índice daquele mês era de 16,23% (IPCA), o maior de toda a História do Brasil. Com isso, o acumulado apontava para uma inflação anual de 238,38%: um recorde inquietante, altamente perturbador, e que já levantava especulações no sentido de que o presidente Sarney começava a pressionar os seus ministros e de que esses já encaminhavam propostas para deslanchar um pacote de medidas econômicas destinadas a controlar de vez o "dragão inflacionário".

No dia 28 de fevereiro, em plena sexta-feira de um verão caloroso, o governo decretaria o famoso choque heterodoxo e a desindexação da economia, por meio de um conjunto de medidas imediatas, cujo objetivo mais importante era mudar a ordem econômica do país e, assim, derrotar definitivamente a inflação. Ao comentar as medidas, os ministros Sayad e Funaro garantiam que a inflação do mês seguinte (março) seria zerada "a qualquer custo" e descartavam a ameaça de recessão. Ao mesmo tempo, o presidente Sarney conclamava (o verbo é esse mesmo) cada brasileiro e cada brasileira a ser um fiscal dos preços, em todo e qualquer canto do país — pois um dos pilares do Plano de Estabilização Econômica ali decretado seria justamente o congelamento de preços e salários. As tabelas da Superintendência Nacional de Abastecimento (Sunab), que ficariam famosas em todo o Brasil com as relações dos produtos de consumo habituais e seus respectivos preços autorizados pelo governo, passariam a fazer parte da rotina das pessoas e deveriam ser afixadas na entrada de todo e qualquer estabelecimento comercial e/ou prestador de serviços. A Sunab, autarquia vinculada ao Ministério da Agricultura, que executava a política nacional de abastecimento referente aos alimentos *in natura* e industrializados, produtos vegetais e animais, além de bens e serviços vinculados à agricultura e à pesca, ocuparia com muita frequência as páginas dos jornais, exercendo papel central na fiscalização do tabelamento e do controle de preços. Para o bem e para o mal.

As medidas adotadas no plano econômico eram amplas e diversificadas — incluíram a própria mudança do padrão monetário, com a substituição do velho Cruzeiro de guerra pelo Cruzado, resultando no corte de muitos zeros da moeda —, mas é fato que o êxito da estratégia adotada dependia crucialmente do congelamento dos preços. Tendo em vista que o combate à inflação condicionava todos os demais sucessos do programa, as remarcações de preços foram identificadas como as inimigas definitivas da saúde econômica brasileira. Alguns jornais, em seus editoriais, inclusive em primeira página, chegaram a falar em "atitude audaciosa e generosa" do governo, em contraponto às "ambições impatrióticas" de negociantes inescrupulosos que tentavam escapar da fiscalização rigorosa imposta pelas autoridades. Com tamanha adesão de primeira hora, dificilmente o governo federal acabaria precisando de uma campanha publicitária visando ao esclarecimento do público sobre as principais medidas adotadas. A imprensa bastava.

Nos primeiros dias, a população respondeu com entusiasmo à exortação do governo e os "fiscais do Sarney" podiam ser vistos em todos os cantos, com as suas tabelinhas nas mãos e uma disposição incansável para colaborar com o rígido controle dos preços. Sarney não economizou no verbo para infundir na massa a confiança de que o seu projeto representava uma cartada decisiva e firme contra o “flagelo da inflação” que penalizava, sobretudo, os assalariados, e mais ainda os de baixa renda. Em sua primeira fala à nação, anunciando o pacote, ele declarou que aquele programa teria que ser um programa do povo brasileiro e que todos deveriam estar mobilizados para aquela luta. Cada brasileiro ou brasileira estaria investido pelo presidente para ser um fiscal de preços em qualquer lugar do Brasil. Ao mesmo tempo, os jornais estampavam a foto de uma lanchonete do Rio de Janeiro, que havia sido depredada por populares que a acusaram de ter remarcado os preços. E afirmavam ainda que “vários outros estabelecimentos haviam sido quebrados” por cidadãos indignados. Os excessos se sucederiam numa escala difícil de conter. Algumas vezes, houve inclusive vítimas de ferimentos e de confrontos com a polícia, resultantes de ânimos mais exaltados e de expectativas exacerbadas. Tais eventos representam uma oportunidade valiosa para que se faça uma reflexão acerca do potencial contido nessas mobilizações emotivas da população, em grande medida motivadas por campanhas de mídia. Mesmo sendo bem-intencionado, esse tipo de encorajamento que apela à emoção das pessoas precisa ser precedido de muito cuidado. O ideal é que não seja feito, que esses apelos dramáticos ao emocional de uma população desgastada pelas dificuldades da vida sejam sempre evitados, a fim de se escapar dos riscos constantes que permeiam situações desse tipo. Melhor será sempre agir com prudência e equilíbrio, em momentos de intensas dificuldades.

Mas, as autoridades preferiram insistir na ideia de uma “guerra à especulação”, o que carregava em si um sentido implícito de violência. O ministro Funaro, segundo os jornais, ameaçava prender os donos e/ou gerentes de supermercados, dizendo que a Sunab seria implacável contra os remarcadores e que o governo poderia lançar mão até mesmo da Lei Delegada nº 4 — que dispõe sobre a intervenção no domínio econômico, para assegurar a livre distribuição de produtos necessários ao consumo do povo. O fato é que os conflitos estavam apenas começando: o congelamento tinha sido decretado de surpresa, apanhando muitos agentes econômicos com seus preços alegadamente defasados. Um tentava jogar para o outro o ônus dessas mudanças súbitas — produtores, fornecedores e comerciantes iniciavam a sua queda de braço particular, a fim de escapar dos prejuízos decorrentes do tabelamento decretado à revelia. Antevendo as armadilhas, Funaro anunciou que todos aqueles que fossem flagrados remarcando preços acabariam no xilindró e ainda poderiam ter os seus estabelecimentos fechados. No Rio e em São Paulo, as duas cidades mais populosas do país, a incidência de revolta popular contra supermercados remarcadores tendeu a ser maior, com o registro de várias ocorrências marcadas pela violência e pelos quebra-quebras. Mas, foi em João Pessoa, na Paraíba, pelo que se lê nos jornais que o povo se notabilizou por um dos episódios mais simbólicos daquele período, forçando a polícia a fechar um supermercado remarcador, gritando em alto e bom som "somos fiscais do Sarney".

Embora a população, de um modo geral, se mostrasse disposta a colaborar com o governo na fiscalização dos preços, fazendo centenas e centenas de denúncias à Sunab, por todo o país, essa se revelaria despreparada para apurar as queixas, no volume em que elas eram feitas, porque não dispunha de fiscais na quantidade suficiente. Essas deficiências, entre outras coisas mais ou menos graves, pouco a pouco, acabaram minando a credibilidade do governo e contribuindo para arrefecer o entusiasmo popular. Naqueles primeiros dias, porém, tudo ainda estava muito fresco e grande parte da população se dedicava a participar do esforço para debelar o indesejável "dragão inflacionário". Tudo era válido. E a tal ponto que a imprensa registrou um aumento significativo da procura por jornais e revistas nas bancas das principais cidades brasileiras, que venderam como nunca. O cidadão comum passara a ser não só um fiscal exigente do controle de preços, como desejava também compreender a natureza do pacote econômico e estar bem-informado. Os principais termos empregados no debate macroeconômico, assim como os nomes dos membros da equipe econômica, caíram na boca do povo.

Havia os descontentes, é claro, talvez porque prestassem um pouquinho mais de atenção. Algumas lideranças sindicais, por exemplo, fizeram críticas fortes ao chamado "choque heterodoxo" em razão das perdas salariais que estavam sendo impostas aos assalariados. O PT usou o seu programa de televisão para denunciar a redução salarial provocada pelo pacote de congelamento, além da ameaça de desemprego que pairava sobre algumas categorias, especialmente, bancários e metalúrgicos. Segundo dados sindicais contabilizados e apresentados pelo partido, o trabalhador perdera uma média de 20% do salário real. O governador Leonel Brizola engrossou o coro de críticas e acusou o pacote de impingir perdas salariais significativas à classe trabalhadora. Os jornais insistiam, no entanto, que os grandes empresários e a população, em geral, estavam "enamorados" de José Sarney. E ressaltavam que grandes estrelas do cinema e do esporte, como Sonia Braga e Pelé, declaravam sua admiração ao mandatário. Maria Teresa Goulart, viúva do presidente Jango, teria exaltado ainda as suas qualidades de "grande estadista", conforme ostentado pela imprensa.

Todavia, houve alguns que insistiram nas armadilhas contidas no plano, sobretudo, aquelas que "garfaram" parte dos salários dos trabalhadores. O mais grave nessa medida, porém, não seria registrado apenas nas perdas imediatas, tendo em vista que os salários foram congelados sem a incorporação da inflação última passada. No médio e no longo prazos, se o governo conseguisse convencer a opinião pública em geral de que os aumentos salariais conduziriam a uma aceleração inflacionária perigosa, seria criada no Brasil uma concepção capaz de condicionar toda a evolução futura das relações trabalhistas e da política econômica. Isso porque, sempre que se tentasse corrigir as perdas eventuais, lembrando que os salários brasileiros eram dramaticamente baixos, alguma voz se levantaria para advertir que, se eles subissem, a inflação voltaria a uma escalada indesejável. Não demoraria muito para que essa visão se consagrasse no debate macroeconômico brasileiro, associando aumentos de salário diretamente à inflação.

Ah, cumpre registrar que os militares foram poupados.

Segundo os jornais, não sofreriam qualquer redução em seus vencimentos. O próprio ministro do EMFA garantiu isso numa reunião com os ministros das três armas, do SNI e do Gabinete Militar: "ficaremos no zero a zero". Nos jornais, membros do Conselho Federal de Economia reconheciam a existência de perdas reais dos salários dos civis, em razão do pacote econômico recém aplicado. Não espanta que os empregadores, de modo geral, estivessem satisfeitos com as principais medidas adotadas no Plano de Estabilização Econômica do governo Sarney. Quem teria dor de cabeça mesmo eram os assalariados. Mais uma vez, a população trabalhadora era chamada a dar a sua cota de sacrifício pelo bem do país. Mais uma vez, os governantes pediam a ela que aguardasse o momento certo de usufruir dos benefícios gerados pelas políticas adotadas. Um dia, quem sabe, a sua vez haveria de chegar.

Os grupos dirigentes brasileiros sempre tenderam a acreditar (ou a dizer que acreditavam) na máxima de que o seu modelo econômico preferencial, em cada um dos vários períodos históricos, seria capaz, por si só, de resolver "automaticamente" o grave problema da desigualdade social do país. Assim sendo, sempre se optou pela tese de que, em primeiro lugar, era preciso resolver alguma dificuldade "mais urgente" — ora o crescimento econômico, ora o déficit fiscal, o ajuste das contas públicas, a dívida externa ou a inflação —, deixando para depois o enfrentamento das péssimas condições de vida de parte significativa da população. Quem não se lembra da famosa enunciação vigente nos anos da ditadura, de que, primeiro, era preciso "fazer o bolo crescer", para, então, dividir? Esse depois, para o qual era lançada uma possível solução da miséria brasileira, parecia não chegar nunca. Como de hábito, logo se encontrava a justificativa para resolver, antes de mais nada, uma questão que se julgasse mais preocupante e mais imperiosa, postergando sucessivamente o drama da fome, da privação e do abandono. Foi o que aconteceu com o combate à inflação, eleito como prioridade número um do governo Sarney, que acabou condicionando todos os demais elementos da política econômica e deixou para trás a busca do remédio apropriado para as feridas brasileiras. No fim das contas, não resolveria nem uma coisa nem a outra.

O crescimento econômico *per se*, a industrialização e a modernização da economia não conduzem, necessariamente, ao bem-estar geral da população trabalhadora. O que a História econômica do Brasil ensina é que esses processos podem conviver, por décadas, com as condições sociais mais abjetas, exemplificadas na favelização das principais cidades brasileiras, na desnutrição e na fome dos seus habitantes, na mortalidade infantil e no analfabetismo de grandes parcelas do seu povo. Para solucionar tais mazelas, são necessárias políticas públicas específicas, que ultrapassem os limites dessa crença enganosa de que as respostas viriam espontaneamente, desde que se adotassem as medidas macroeconômicas "corretas". O controle da inflação, pura e simplesmente, não funciona como um condão de progresso e de desenvolvimento. Era fator importante, sem dúvida, mas não poderia ser considerado um fim em si mesmo, tendo em vista a real dramaticidade das condições sociais vigentes no país. O fato é que, completado um ano do governo Sarney, os programas sociais praticamente não tinham saído do papel. E seguiam servindo apenas como promessas vagas de um futuro melhor.

No clima de euforia fomentado pelo governo, contudo, e com o apoio indisfarçável da mídia, a oposição enfrentava enorme dificuldade para debater de forma crítica o plano em curso. Alguns colunistas de jornal indagavam se o governador Leonel Brizola não teria errado ao se lançar de pronto no combate direto ao pacote econômico adotado por José Sarney. Isso porque Brizola se colocara como o principal adversário político do Planalto, nessa questão, e como um dos maiores críticos das medidas econômicas então aplicadas. Em resposta, noticiava-se que Brasília programava uma grande batalha contra o governador do Rio de Janeiro, com várias iniciativas destinadas a solapar a sua credibilidade, incluindo uma forte campanha publicitária que visava demonstrar que sua popularidade era "efêmera e ilusória". O objetivo maior dessa campanha seria o de realçar os pontos positivos do pacote econômico, deixando no ridículo todos aqueles que tentavam menosprezá-lo ou desqualificá-lo. Isso porque a opinião pública, em boa medida, se mostrava bastante favorável ao controle de preços instituído pelo governo federal, como já observamos anteriormente.

A questão é que o tempo histórico tem as suas manhas e os processos econômicos e sociais, em geral, demoram para mostrar seus resultados. Nada nesse campo se faz de modo repentino e brusco, a não ser nos casos de rupturas dramáticas, que costumam ser muito raros. Além do mais, a máquina de propaganda do governo federal faria de tudo para convencer a população brasileira de que o pacote econômico decretado no começo de 1986 era a forma correta de conduzir os graves problemas ligados à inflação e à perda de confiança na economia. A exaltação da participação popular, corporificada na forma dos cidadãos engalanados como "fiscais do Sarney", que assumiam a responsabilidade pelo controle dos preços na venda direta aos consumidores, ali, na ponta do varejo, do pequeno ao grande comércio ou prestador de serviços, angariou enorme simpatia do povo aos esforços para debelar o terrível "dragão da inflação". Muitos, se não todos, se sentiram diretamente responsáveis pelo sucesso do projeto e abraçaram com sincero ímpeto a causa do governo, que passou a ser vista como a causa de todos os brasileiros.

Acabou demorando pouco para que a (quase) unanimidade e a euforia em torno do pacote econômico fossem ficando para trás. Em cerca de um mês, com a dissipação do clima de perplexidade inicial, frente ao vasto e complexo elenco de medidas do Plano de Inflação Zero, como fora apelidado, os economistas de várias correntes de pensamento e de filiação partidária foram adquirindo a confiança necessária para identificar e criticar as arestas do programa. Em síntese, os especialistas mencionados pelos jornais começaram a questionar diversos pontos no pacote econômico, cobrando do governo uma política salarial mais justa, por exemplo, além de um controle mais efetivo do setor de abastecimento e uma vigilância maior e mais eficaz sobre as negociações das margens de lucros entre as empresas. Os economistas ligados ao PT apontaram a má distribuição de renda e o arrocho salarial como graves problemas, além do risco de oligopolização da economia trazido pelo congelamento (na negociação das margens de lucros entre grandes e pequenos, eles argumentavam que acabaria prevalecendo a "lei do mais forte", ou seja, os maiores se sobrepondo aos menores); além disso, mencionaram também as falhas no sistema de fiscalização do governo, que poderiam provocar a especulação e o desabastecimento de produtos essenciais nos mercados. Os monetaristas por sua vez tendiam a defender o corte dos gastos públicos, alegando que o déficit público não teria perdido importância diante da inflação e do choque proposto, devendo ser enfrentado com mais rigor. Os trabalhistas, de outro lado, alertavam para o perigo da recessão e de uma consequente contestação social, tendo em vista que os conflitos distributivos não cessariam com a queda da inflação. Enfim, havia muito a ser debatido, mas o espaço destinado a isso estava se tornando cada vez mais estreito. Mesmo na imprensa, eram bem discrepantes as oportunidades concedidas às críticas e aos elogios destinados ao plano governamental. Em favor dos louvores, é claro[2].

Fora do debate macroeconômico, a violência era o grande tema nacional. No campo e nas cidades, as muitas ocorrências envolvendo mortes e chacinas assumiam as manchetes dos jornais de forma

---

2. Há uma ótima análise sobre esse Plano de Estabilização Econômica do governo José Sarney no texto de Eduardo Costa Pinto, intitulado "Nova República (1985-1989): transição democrática, crise da dívida externa, inflação, luta pela apropriação da renda e fim do desenvolvimentismo". Instituto de Economia da UFRJ. Texto para Discussão 007/2019. Ele faz não apenas um debate arrazoado sobre os principais pontos do plano, como ainda apresenta as correntes de pensamento mais relevantes entre os economistas brasileiros da época. É uma leitura que vale a pena para aprofundar a questão. Disponível em: http://www.ie.ufrj.br/index.php/index-publicacoes/texto-para-discussao.

reiterada. Lendo essas páginas, é difícil não se deixar dominar por um misto de horror e compaixão, ao se dar conta do sofrimento brutal a que têm sido condenados tantos brasileiros. Em muitos casos, as vítimas dessa tragédia eram apenas criaturas que buscavam defender os seus meios de sobrevivência — e dentre eles destacava-se a posse de um pequeno (às vezes minúsculo) pedaço de terra, do qual teimavam retirar o sustento, em meio a tamanhas adversidades. Nos garimpos, nas matas, nos cafundós dessa imensa "terra brasilis", sucumbiam homens e mulheres pobres que tentavam subsistir ou, quem sabe, encontrar a sorte em um veio de ouro. Invariavelmente, acabavam de modo sempre involuntário interpondo-se no caminho dos aventureiros que percorriam o território em busca das fontes mais promissoras de riquezas, como se fossem os "novos desbravadores" da nova era republicana. Na maior parte das vezes, esses trabalhadores pobres eram vitimados pela cobiça selvagem daqueles que se lançavam furiosos na imensidão de uma fábula de oportunidades gritada aos quatro ventos. E que iam loucos à procura da sorte, sem saber que o verdadeiro Eldorado estava nas mãos das grandes empresas e dos grandes proprietários, que haviam se antecipado, há muito, ao sonho alucinado do enriquecimento fantástico que arrastava tantos homens brutos para os recônditos do território brasileiro.

O nível de concentração da propriedade da terra era um dos principais entraves aos avanços sociais, no Brasil. O próprio ministro da Reforma Agrária veio a público dizer que apenas 42 famílias eram donas de 5% de todas as terras produtivas do país. O maior latifundiário brasileiro, por sua vez, segundo a fala do ministro, era um senador do Acre, que chegara a possuir seis milhões de hectares! Além disso, entre as grandes empresas rurais existentes, um alto percentual era controlado por capitais estrangeiros. A questão da reforma agrária, que havia sido apontada como uma das principais políticas destinadas a debelar a desigualdade social escandalosa que assolava o Brasil, apenas patinava no cenário da Nova República. Todo tipo de manobra e de protelação era empregado pelos adversários da reforma agrária, dentro e fora do Congresso Nacional. O governo, por outro lado, apesar das falas constantes que reiteravam o "compromisso inarredável" com a democratização do acesso à terra, pouco avançava nas diretrizes destinadas a pôr em prática o projeto de reforma agrária, que representara uma das bandeiras políticas mais pomposas da Aliança Democrática que elegera a chapa Tancredo/Sarney.

A mídia, por seu turno, jamais abraçou a causa da reforma agrária com simpatia ou interesse, mantendo sobre ela uma distância segura que lhe permitisse se resguardar de qualquer comprometimento maior. Representantes dos movimentos sociais de luta pela terra reclamavam que a imprensa se omitia covardemente, ao não promover campanhas de esclarecimento ou denúncias acerca dos maus tratos e dos crimes cometidos contra os trabalhadores rurais que lutavam pelos seus direitos. Eram incontáveis as vítimas. Tal indiferença acabou levando o bispo de Coroatá, no Maranhão, Dom Reinaldo Pünder, a escrever ao jornal *Rheinische Post*, de Düsseldorf, na Alemanha, fazendo um claro pedido de socorro e dizendo que a imprensa estrangeira era a única esperança que lhe restava dentro das possibilidades humanas, posto que as violações dos direitos humanos continuavam sendo diárias no Brasil. Foi assim que conseguiu virar notícia na imprensa nativa. Ao fazer isso, o bispo também denunciou que o cerco aos pequenos lavradores que lutavam pela terra se tornava a cada dia mais asfixiante, porque funcionários da administração pública, policiais e juízes também se aliavam aos que combatiam os defensores da justiça social. Em seu apelo dramático, o bispo de Coroatá procurou mostrar que os trabalhadores pobres do campo não tinham a quem recorrer, porque as instâncias policiais e judiciais se encontravam corrompidas a serviço dos grandes proprietários de terras e das grandes empresas do agronegócio. Eram essas mesmas instâncias policiais e judiciais que viriam a ser continuamente mobilizadas para confrontar as iniciativas voltadas para empreender a reforma agrária, quando essa teimasse em sair do papel. Diante desse quadro, o grau de dramaticidade das disputas pela terra só faria aumentar.

Nas grandes fronteiras agrícolas do país, as tensões se intensificavam a cada dia, motivadas, em boa medida, segundo alegavam os jornais, pelo anúncio da reforma agrária a ser empreendida pelo governo federal. Alguns fatores se destacavam no cenário de hostilidades iminentes que caracterizavam essas vastas regiões — a formação de milícias particulares pelos fazendeiros e latifundiários, a atuação frenética e veloz de verdadeiras quadrilhas que se apropriavam de terras da União para especular, a organização de grupos empresariais para promover a defesa de interesses junto aos governos e o incremento do contrabando de armas e munições destinadas às grandes propriedades rurais. Tais iniciativas, voltadas ao fortalecimento de um dos lados do conflito, dariam o tom dos embates que se desenrolariam nos tempos vindouros. Chamou a atenção da imprensa, por exemplo, o lançamento de um concurso para o preenchimento de 1.600 vagas na Polícia Militar do Estado do Mato Grosso, cujo efetivo havia sofrido uma baixa significativa, no último ano — de 4.500 homens para apenas 2.900 —, decorrente da forte atração exercida sobre os soldados pelos salários tentadores oferecidos pelos fazendeiros da região. De acordo com a reportagem, o soldo pago pela Polícia Militar (algo próximo aos R$ 1.400,00 mensais) era substituído nas fazendas por um pagamento cinco vezes maior ao pessoal destinado à formação das milícias particulares. Nenhum recrutamento era mais abusivo do que esse feito junto às corporações policiais — tratava-se de homens treinados pelas forças da segurança pública que passavam a servir aos objetivos nem sempre legais ou legítimos da segurança privada. As principais lideranças de trabalhadores na agricultura do Mato Grosso informaram à reportagem que sempre receberam ameaças da parte dos fazendeiros e que já vinham acompanhando de perto a criação desses grupos armados no campo, há muito tempo. Eram as suas vítimas preferenciais. Dentre os inimigos mais ferrenhos da reforma agrária e dos pequenos agricultores — em tese, os que mais se beneficiariam com a distribuição de terras — encontravam-se as quadrilhas de especuladores que ganhavam rios de dinheiro vendendo terras da União e empregando uma violência brutal contra quem ousasse resistir ao seu furor totalmente ausente de escrúpulos.

Tragédias e desfechos sangrentos costumavam ser corriqueiros nas disputas pela posse da terra, durante todo o período aqui tratado. A desproporção de forças era notória, irrefutável, mas, jamais serviu para impedir que atos covardes e sorrateiros tirassem a vida e/ou o sustento de milhares de famílias de agricultores pobres. Em mais uma notícia que evocava essas desgraças, um dos jornais registrou que uma reunião pacífica realizada por posseiros, no município de Unaí, em Minas Gerais, terminara de modo desastroso, quando um cabo e dois soldados da Polícia Militar, comandados por um fazendeiro local, chegaram atirando contra os posseiros e ferindo vários deles. São gravíssimos os absurdos contidos nessa informação, mas o fato de que policiais tenham sido comandados, numa ação brutal como aquela, por um proprietário de terras do lugar, é algo completamente inaceitável. Os conflitos entre posseiros e fazendeiros da região eram antigos e por demais conhecidos para que as autoridades competentes já tivessem tomado as devidas providências. Em especial, as medidas destinadas a proteger a integridade dos mais vulneráveis. Todavia, com o anúncio da reforma agrária e com a atuação vigorosa da presidenta do sindicato rural, Maria Aparecida, os pequenos agricultores mostravam-se dispostos a resistir e a não abandonar as terras nas quais viviam há vários anos. A campanha de conscientização dos posseiros desenvolvida pelo sindicato rural despertara o ódio dos latifundiários locais, que passaram a responder com a brutalidade da força.

As atrocidades não tinham paradeiro e não se restringiam às relações entre posseiros e latifundiários, abarcando todo o escopo de atividades ligadas ao uso do solo e do subsolo. Grandes empresas e grandes grupos econômicos também contribuíam para tornar a vida dos trabalhadores pobres um verdadeiro inferno, e não apenas no terreno do agronegócio. As denúncias eram volumosas. Um exemplo dramático dos riscos permanentes que circundavam os pequenos exploradores foi dado pelo presidente da associação de garimpeiros de Nova Apiacá, no Mato Grosso, que se refugiou na capital do Estado para acusar o desaparecimento de vários companheiros, que estariam sendo eliminados pela milícia particular de uma empresa mineradora, com a ajuda da Polícia Militar. Ele afirmou que cadáveres estavam sendo descobertos na mata, em torno da localidade, que fica a 900 quilômetros de Cuiabá, em plena Floresta Amazônica, e mostrou fotos de diversos esqueletos e de um corpo em decomposição que ele mesmo teria encontrado. Com medo de voltar a Nova Apiacá e ser assassinado, Francisco relatou que "a PM tinha se aliado à mineradora" e implantado o terror contra os garimpeiros, com a prática de torturas, espancamentos e assassinatos, além da "humilhação de mulheres". Todo o ouro encontrado com as famílias era tomado pelos milicianos e pelos policiais, que as expulsavam em seguida. Os que prometiam denunciar as violências eram ameaçados de morte. O nível de perversidade era tamanho que a mineradora nem se dava ao trabalho de fazer a prospecção do metal — deixava que os garimpeiros operassem para encontrá-lo e, quando assim o faziam, encarregava as milícias de enxotá-los e se apropriava das minas e das reservas localizadas. Nessa farra macabra, a empresa já tinha expandido a sua área de 90 mil para 130 mil hectares. Detalhe: os primeiros garimpeiros chegaram à região em 1978; a empresa mineradora estava lá há apenas dois anos, data a partir da qual os conflitos começaram e se intensificaram (Jornal do Brasil, 04/04/1986, p. 9).

E como o governo federal encaminhou o seu projeto de reforma agrária? Já se completava um ano desde a posse e as expectativas continuavam sem resposta. Em reunião com cinco bispos da CNBB, o presidente Sarney declarou que o governo estaria "desaparelhado" para fazer a reforma agrária, mas garantiu que ela seria feita, porque se tratava de um dever seu e de uma "questão de consciência". Ao mesmo tempo, reafirmou que não admitiria pressões sobre o tema. Enquanto isso, na mesma época, lê-se que o Movimento dos Trabalhadores Rurais Sem-Terra distribuiu, em Brasília, um dossiê que apontava o assassinato e o desaparecimento de mais de mil pessoas por questões ligadas à posse da terra, responsabilizando grandes grupos empresariais, generais do Exército, fazendeiros e políticos. O dossiê intitulado "Assassinatos no Campo — Crime e Impunidade, de 1964 a 1985" também teria sido enviado ao presidente Sarney. As vítimas dessa violência estarrecedora eram sempre os trabalhadores rurais, pequenos agricultores, agentes de pastoral e advogados que militavam na causa da democratização do acesso à terra, em todo o território brasileiro. O documento de 217 páginas, segundo a matéria, continha os dados completos dos episódios arrolados, com nomes das vítimas, data e local dos crimes, "motivos" e mandantes. Esse levantamento havia sido feito por duas jornalistas de São Paulo, sob o patrocínio da Comissão Pastoral da Terra, ligada à CNBB. E mostrava um significativo aumento do número de casos desde 1964 até 1985, com o Estado do Pará na dianteira, seguido por São Paulo, Maranhão e Minas Gerais (Jornal do Brasil, 01/05/1986, p. 13).

Apesar desse recrudescimento, nem só com os conflitos pela posse da terra sofria o trabalhador rural brasileiro. Os anos se passavam e os relatos de maus-tratos e violências de todos os tipos continuavam a preencher as folhas dos jornais, talvez não com a frequência com que aconteciam e nem com a urgência com que mereciam ser denunciados. Mesmo assim, de vez em quando, os jornais se dispunham a revelar as entranhas de uma sociedade tragicamente tolerante com a selvageria e com a opressão, que tem feito tantas vítimas inocentes entre os trabalhadores pobres, ao longo das décadas. Que outro nome a não ser tolerância seria possível dar ao caso de duas fazendas em Rondônia, que durante três meses submeteram 200 homens ao trabalho sob sevícias e torturas, e receberam apenas o pagamento de multas como punição? E isso após uma inspeção realizada, segundo as notícias de jornal, pela Polícia Federal, pelo Ministério Público e pela Delegacia Regional do Trabalho. Notícias indicavam que jagunços viciados em drogas e extremamente violentos mantinham esses pobres trabalhadores em estado de permanente terror, espancando-os e torturando-os, em especial, quando tentavam fugir. Além das jornadas de trabalho extenuantes que deveriam cumprir, tanto a água quanto a alimentação que recebiam eram bastante precárias. É doloroso reconhecer que episódios como esse não terminaram aqui e continuaram a se reproduzir na imensidão do Brasil, alcançando os dias de hoje. E é lamentável admitir que não só não se conseguiu desenvolver um aparato estatal capaz de garantir a integridade dos cidadãos e o respeito à letra das leis, como também não houve decência suficiente para eliminar, ou pelo menos reduzir ao mínimo, esse estado de selvageria tão primitivo e deletério que permite a um homem praticar contra outro ser igual a ele tamanhas barbaridades. O caminho civilizacional no Brasil parece que ainda está por ser feito.

Embora o escopo de aberrações que assolavam o Brasil dessa época fosse tendente a se expandir e a se diversificar, era no terreno da disputa pela terra que o caráter incivilizado e anacrônico de certos setores da sociedade brasileira mais se acentuava. Foi assim que se deu nos jornais, no dia 10 de maio de 1986, a notícia de que o padre Josimo Morais Tavares caiu assassinado a tiros, na cidade de Imperatriz, no Maranhão, em plena luz do dia. Pelo que foi escrito, o padre vinha sendo seguido por pistoleiros que atuavam na região há vários dias, tendo inclusive escapado de uma emboscada em que atingiram o seu carro com várias balas de revólver. Padre Josimo era um lutador incansável em favor dos trabalhadores rurais daquela área e despertou a ira de fazendeiros interessados em desmoralizar a ação da Igreja frente aos conflitos que assomavam a cada dia. Até aquela data, segundo dados que foram compilados pelo próprio Ministério da Reforma e do Desenvolvimento Agrário, o país já registrara 82 mortes no campo, em 13 Estados brasileiros, motivadas por disputas em torno da posse da terra. Entre as comunidades indígenas, contavam-se 18 assassinatos praticados por pistoleiros a soldo de empresas mineradoras e de latifundiários. Nesse quadro de sucessivas crueldades, compreende-se por que o sepultamento do padre Josimo foi marcado por grande temor, além de forte emoção e revolta. Segundo relatos da imprensa, o próprio ministro da Reforma Agrária esteve presente, além do secretário-geral da CNBB e de 10 bispos, inúmeros padres e uma multidão calculada em 4 mil pessoas. O PT emitiu uma nota duríssima em defesa do padre Josimo, que era filiado ao partido. A CNBB também lamentou a audácia com que atuavam o que chamou de "milícias clandestinas", que ostentavam suas armas e agiam impunemente contra os lavradores pobres.

Padre Josimo foi o primeiro agente pastoral assassinado naquele ano, mas não seria o único, infelizmente. Alguns dias depois, um pastor batista, também defensor de pequenos posseiros, tombaria com sete tiros de revólver, na porta de casa, justo quando saía para ir à igreja. O caso se deu no município de Timon, no interior do Maranhão. Em sequência, noticiou-se não só o assassinato do pastor batista José Inácio da Silva Filho, no Maranhão, como também o "escalpelamento a água quente" de um lavrador sem-terra no Vale da Ribeira, em São Paulo, na mesma data. E ainda a denúncia de um bispo da Bahia sobre a impunidade dos responsáveis pela morte de três posseiros no município baiano de Maraú. Parecia claro que o objetivo desses crimes bárbaros era desencorajar a reforma agrária e a luta pela democratização do acesso à terra. Muitas vozes se levantaram para suspeitar da atuação da União Democrática Ruralista (UDR) no fomento a essa violência desabrida, mas a entidade negou as acusações. O presidente José Sarney determinou, segundo as notícias, "mão forte" contra todas aquelas calamidades e mandou apurar com rigor o assassinato do padre Josimo.

"Eu não matei um padre, matei um comunista". Foi com essa frase que o pistoleiro preso pela Polícia Federal, em Goiânia, respondeu aos jornalistas que lhe perguntaram se era realmente o assassino do padre Josimo. Embora fosse acusado de outros homicídios e de assaltos, ele ousou dizer que matara por "ideologia", quem sabe esperando atenuante ao crime praticado. No fim das contas, acabou assentindo que a execução do religioso fora contratada por dinheiro, do qual teria recebido apenas 20%. Os mandantes seriam dois irmãos, fazendeiros na região do Bico do Papagaio (área de transição entre o cerrado e a floresta), que justificaram o acerto dizendo que o padre estaria incendiando os conflitos pela posse da terra em seu território. Ambos foram presos, mas liberados em seguida. Com a repercussão do caso, desapareceram. O assassinato encomendado do padre Josimo feriu profundamente o clero brasileiro comprometido com as comunidades eclesiais de base, aumentando ainda mais a sua notória disposição para a resistência. Os ataques violentos contra posseiros e clérigos se intensificaram e se tornaram cada vez mais frequentes e mais consecutivos. Com isso, as hostilidades entre fazendeiros e membros da Igreja Católica não paravam de crescer. Os jornais afirmavam que alguns padres passaram até a recusar os sacramentos (sobretudo, batismos e casamentos de fazendeiros ligados à UDR), enquanto outros chegaram às raias de excomungar o próprio governador do Maranhão, além do seu secretário de Segurança Pública e dos principais dirigentes da UDR do Estado, denunciando ainda a conivência da polícia e de muitos políticos com a violência e com o crime organizado. As autoridades ignoraram a reação dos sacerdotes, sendo que uma delas ainda ironizou dizendo que eles não teriam nenhuma "procuração de Deus" — nesse caso, ignorando inclusive a própria natureza do sacerdócio católico. Mas, é forçoso reconhecer a fibra desses religiosos que ousaram se levantar contra homens brutais e muito poderosos, resistindo em defesa dos lavradores pobres e de uma luta que consideravam justa e condizente com o Evangelho.

Em resposta às sucessivas críticas publicadas contra o clero católico, em especial, contra padres estrangeiros que atuavam em solo brasileiro, a CNBB emitiu uma nota em que deixava bem clara a posição da Igreja na defesa rigorosa dos seus princípios de ação, reafirmando o compromisso com o esforço pacífico na busca de soluções para os graves problemas decorrentes da desigualdade social do país. Segundo a nota, "a ação pastoral da Igreja no Brasil inclui a promoção da justiça social, sempre por meios pacíficos, e não existe ação coordenada de padres e agentes da pastoral para provocar lutas ou invasões de terra". Além disso, "a causa da instabilidade social nas áreas de conflito não deve ser procurada em lideranças isoladas, mas nas próprias situações por todos conhecidas de extrema injustiça social que afligem em especial os trabalhadores do campo" (Correio Braziliense, 01/06/1986, p. 10). Apesar das seguidas manifestações do clero católico brasileiro em favor dos direitos sociais e do respeito às leis, ele continuava sendo visto por setores do governo como um inimigo perigoso a ser contido e neutralizado, de todas as formas possíveis. Isso ficou evidente numa reclamação endereçada ao presidente Sarney pelo secretário-geral da CNBB, quanto aos sucessivos vetos emitidos pelo Ministério da Justiça à concessão de vistos para missionários estrangeiros virem atuar no Brasil. As solicitações de entrada e de permanência no país eram negadas sob os carimbos de "indeferido" e "não é conveniente", causando graves problemas para a Igreja, de acordo com a queixa do bispo. Quadros importantes do clero católico ficaram impedidos de trabalhar em solo brasileiro, e de contribuir com a defesa enfática da reforma agrária e da demarcação das terras indígenas, duas bandeiras pelas quais os religiosos se bateram de modo incansável.

Cumpre registrar que, ao cabo de um ano do seu lançamento, o Plano Nacional de Reforma Agrária, que prometera assentar 150 mil famílias, tinha assentado apenas 8 mil, segundo os próprios dados oficiais divulgados pela imprensa.

Eram notórias as tentações, por parte do governo, de apontar um ou mais culpados pelos conflitos em torno da democratização do acesso à terra, sem tocar na sua verdadeira natureza e sem enfrentar os desafios que então se colocavam — como o de empreender, afinal, a reforma agrária. Segundo registro da imprensa, o próprio ministro da Justiça, no "relatório verbal" que apresentou ao presidente Sarney, assim que retornou da visita ao Bico do Papagaio, onde recrudesciam os confrontos e a violência brutal, teria afirmado que não existiam conflitos fundiários na região. O que havia ali, de fato, era uma "crise artificial provocada por grupos extremistas", entre os quais o ministro teria destacado o PT, “cujo intuito era desestabilizar o plano de reforma agrária do governo”. O secretário-geral do PT reagiu a essas acusações classificando-as como “ridículo atroz”, “ignorância lamentável”, posto que todos os órgãos de imprensa vinham sendo unânimes em registrar que os verdadeiros sabotadores do plano de reforma agrária do governo eram os grandes grileiros e proprietários de terras, empenhados em garantir privilégios e vantagens muitas vezes espúrios.

Todavia, a responsabilização do PT pelos conflitos em grande parte do meio rural brasileiro, sobretudo, na região do Bico do Papagaio, gravemente conflagrada, não se resumiu à fala do ministro da Justiça em seu “relatório verbal” ao presidente da República. Os jornais veicularam denúncias de que a Polícia Militar do Estado de Goiás estaria utilizando crianças para descobrir ali quem eram os militantes do PT e das Comunidades Eclesiais de Base. Como, em geral, a população adulta estava envolvida, de um modo ou de outro, com a luta pela terra, os policiais optaram por aliciar grupos de crianças na faixa dos 9 aos 12 anos, incumbindo-as de descobrir e de delatar as pessoas que atuavam na organização dos movimentos populares. Acusados de incitação à desordem, invasão de terras e subversão, esses militantes eram detidos e submetidos a vexames e a agressões físicas, sendo muitas vezes despojados de seus poucos e humildes bens materiais. Policiais armados invadiam os barracos que serviam de moradia a esses agricultores, de lá retirando e destruindo cartazes e faixas com propaganda eleitoral de candidatos do PT, do movimento dos trabalhadores sem-terra e também os que aludiam ao assassinato do padre Josimo Tavares. É óbvio que esses policiais não atuaram em seu próprio nome ou benefício, as ordens devem ter sido bem claras quanto aos objetos da ação a ser efetivada. Quem ordenou os procedimentos, quem planejou a intervenção policial? Lamentavelmente, a imprensa sequer aludiu a esse aspecto da questão e menos ainda se preocupou em investigar os fundamentos de uma repressão assim violenta e ilícita. De certo modo, era mais conveniente que não se alardeasse demasiadamente esse tipo de brutalidade, a fim de não despertar o clamor popular ou até mesmo a interferência de autoridades menos comprometidas com o uso sistemático da força para tratar das questões sociais. Os fatos aconteciam, as pessoas tomavam conhecimento, mas tudo acabava sendo relegado a um plano secundário, com o beneplácito da maioria das instituições implicadas. Inclusive da imprensa.

Enquanto a reforma agrária mal avançava no Brasil, os trabalhadores sem-terra intensificavam a sua luta e realizavam diversas manifestações contra o que chamavam de procrastinação das medidas. Em visita a Roma e ao Vaticano, o presidente Sarney se encontrou com o Papa João Paulo II, que o encorajou a prosseguir nas reformas sociais, consideradas muito importantes pela autoridade máxima do catolicismo. O que o governo brasileiro buscava junto ao Vaticano, segundo as notícias de jornal, era um reforço para encontrar uma solução conciliadora que permitisse superar as dificuldades políticas que enfrentava com o chamado clero progressista, obtendo uma espécie de autoridade moral necessária para impor a sua agenda na questão agrária. Em síntese, a expectativa do governo Sarney era desarmar os espíritos combativos que acirravam as reivindicações de uma distribuição mais justa da terra, trocando a resistência militante dos sacerdotes ligados aos pequenos agricultores por uma "conciliação evangelizadora" que primasse pela aceitação pacífica do modelo proposto de cima para baixo, com as bênçãos do Papa. Por isso mesmo, ao desembarcar em Brasília procedente de Roma, em tom animado e sorridente, o presidente afirmou que faria "uma reforma agrária e não uma revolução agrária". Ao ser indagado sobre a diferença entre elas, disparou que a primeira se faz dentro da lei e a segunda, fora dela. Ou seja, mudanças substanciais nas estruturas da sociedade eram vistas, no mínimo, como ilegais. O que reforçaria a mensagem recorrente de que era preciso mudar para que tudo continuasse igual.

Dando prosseguimento ao propósito de empreender uma reforma agrária de "baixo impacto", por assim dizer, cujo objetivo final seria o de promover uma mudança do tipo cosmética, sem alterar significativamente as estruturas fundiárias do país, o governo Sarney aprovou a confecção de planos regionais como instrumentos definidores das áreas em que a distribuição de terras deveria acontecer, em cada Estado da federação. A determinação dos espaços territoriais ficaria a cargo das chamadas Comissões Agrárias, nas quais grandes fazendeiros e latifundiários teriam votos e grande poder de influência, resultando no fato de que, em alguns casos, a reforma agrária nem saísse do papel. Os planos regionais não definiriam as áreas prioritárias e as áreas de ação, mas apenas determinariam que toda área rural de um determinado Estado seria passível de desapropriação. Para alguns observadores, desse modo, a cúpula do governo emperrava propositalmente o avanço da reforma, tendo em vista a proximidade das eleições para os governos estaduais e para a Assembleia Nacional Constituinte, que seriam realizadas em novembro de 1986. Era de conhecimento público que a reforma agrária tinha opositores ferrenhos em diversas unidades da federação brasileira controladas por oligarquias seculares. Bandos armados e criminosos a serviço dos latifundiários eram bastante conhecidos, assim como era reconhecida a impunidade com que atuavam em todos os cantos do país. A tática governamental que buscava "desarmar" os indefesos, sem incomodar os grandes grileiros e proprietários de terras, continuaria engordando as estatísticas macabras da violência no campo.

As pressões exercidas contra o ministro da Reforma Agrária surtiram efeito e ele acabou pedindo demissão, para desgosto de amplos setores da Igreja engajados na luta pela reforma agrária e de muitas entidades representativas dos trabalhadores rurais. Colunistas de jornal alegavam que o ministro da Reforma e do Desenvolvimento Agrário, Nélson Ribeiro, havia pedido demissão porque sabia que a verdadeira reforma agrária não sairia do papel. Uma reforma que permitisse estancar o inchaço explosivo dos centros urbanos, acabar com os fluxos migratórios em direção às cidades e dar renda e emprego a milhões de pequenos agricultores era impensável naquele contexto político. Em vez de um audacioso plano de modernização da agricultura brasileira, com grandes reflexos sobre o conjunto da economia, optou-se por um pífio programa de colonização de terras públicas, cujo efeito multiplicador seria bem mais reduzido, ou quase nulo. Sem dúvida, era mais um dos véus da Nova República que se levantava para deixar visível a face da "velha senhora" que a antecedera e teimava em não desaparecer. Em vez de um salto em frente, um passo atrás.

Para o lugar de Nélson Ribeiro foi nomeado ninguém menos do que Dante de Oliveira, o deputado autor da famosa emenda das Diretas Já, que tantas esperanças havia lançado sobre os espíritos brasileiros, mas acabara sepultada por acordos desse mesmo tipo "é preciso mudar para que tudo continue igual". Alguns se perguntaram se a sua nomeação era o prenúncio de um destino para a reforma agrária idêntico do das eleições diretas — isto é, a desilusão dos brasileiros. A ausência dos ministros militares na cerimônia de sua posse foi observada pelos jornais: nenhum deles compareceu. Houve indagação da imprensa sobre a natureza desse "protesto", e uma suposição de que Dante de Oliveira seria o "primeiro quadro autenticamente de esquerda no topo da administração federal", o que desagradaria sobremaneira a cúpula das Forças Armadas. Tal nota explicaria, em termos, o papel desempenhado pelos militares em relação aos temas mais sensíveis da República. De fato, eles sempre se atribuíram relevância incontestável nos momentos e nas questões decisivas do Estado brasileiro. Velha ou Nova República era uma contingência indiferente. Eles atravessariam o tempo dando as cartas de qualquer jeito. Marcando presença ou ausência nos momentos mais relevantes.

Para culminar, talvez como um golpe de misericórdia, dos cerca de 13 bilhões de reais atuais previstos inicialmente no orçamento, em cruzados, para empreender a reforma agrária, o Ministério da Fazenda declarava que só iria disponibilizar algo próximo a 10% do total. Para assentar as 150 mil famílias presumidas no plano original do governo, seria necessária uma soma dez vezes maior. No entanto, a equipe econômica alegava que não tinha dinheiro para tanto. Ao mesmo tempo, a imprensa anunciava que o programa de irrigação desse mesmo governo andava de vento em popa, devendo ser iniciado em outubro de 1986, embora os projetos técnicos ainda carecessem de grandes ajustes. Não se pode esquecer que a irrigação, calculada na época ao custo de US$ 5 a 6 mil por hectare, beneficiaria diretamente os latifundiários. A reforma agrária, por sua vez, para a qual não havia recursos orçamentários suficientes, serviria de amparo aos trabalhadores rurais sem-terra. Certamente, os recursos necessários para empreender grandes projetos de irrigação seriam subsidiados a custos baixos para os fazendeiros. O que faltava mesmo era dinheiro para assentar os agricultores pobres. Como justificativa para reduzir o ímpeto da reforma agrária, talvez não existisse pretexto melhor.

Nesses anos da chamada transição democrática, também foram tomadas algumas iniciativas no sentido de reabrir alguns casos obscuros de morte e/ou desaparecimento de brasileiros em circunstâncias jamais esclarecidas devidamente. Havia suspeitas, havia denúncias, mas era tudo muito difícil de apurar. As estruturas de repressão da ditadura, infiltradas nos diversos aparelhos policiais e judiciais, constituíam severos obstáculos ao esclarecimento desses episódios lamentáveis. Aqui e ali, apareceram pequenas notas nos jornais sobre um ou outro caso, nada muito substancial, que permitisse um entendimento adequado dos acontecidos. Dadas essas condições, acabavam sendo deixados de lado. Um dos mais rumorosos desses episódios foi o chamado Caso Para-Sar, que previa a utilização de um esquadrão da Força Aérea Brasileira para bombardear e destruir diversas estações de serviços públicos, na cidade do Rio de Janeiro — entre as quais, o Gasômetro —, causando a morte de milhares de pessoas e colocando a culpa na esquerda pelos ataques, cujos militantes deveriam ser exterminados, em consequência. Ao tomar conhecimento desse plano macabro, o capitão da Aeronáutica, Sérgio Miranda Ribeiro de Carvalho, conhecido como "Sérgio Macaco", denunciou-o aos superiores e impediu um dos piores atentados então registrados na história. Por sua bravura ao frustrar uma catástrofe sem precedentes na cidade do Rio de Janeiro, ele não foi condecorado ou homenageado, como deveria; ao contrário, foi preso, respondeu a vários inquéritos, sofreu processos e ainda acabou reformado pelo Ato Institucional nº 5, no final de 1968. A reabertura desse caso foi solicitada ainda em 1979, na esteira da Lei da Anistia, por um representante da União Brasileira de Educação, mas descansou durante anos em alguma gaveta da burocracia do regime. Durante o governo Sarney, seria feita mais uma tentativa para corrigir essas injustiças, por iniciativa do Conselho de Defesa dos Direitos da Pessoa Humana, mas também não prosperou como deveria. O capitão "Sérgio Macaco" só conseguiria afinal recuperar os seus direitos profissionais plenamente, em 1994, poucos dias antes de falecer...

Nesse mesmo contexto de reparação das graves injustiças cometidas pela ditadura, foi tentada a abertura de um inquérito para apurar o desaparecimento do ex-deputado Rubens Paiva, ocorrido em 1972, que jamais ficou devidamente esclarecido. Em nota oficial, diante de mais essa iniciativa destinada a desvelar os arbítrios do regime, o Exército deixou bem claro que entendia que a abertura do inquérito sobre o caso Rubens Paiva era um instrumento investigatório para apurar a eventual obrigação civil de reparação ou para dissipar dúvidas que possam existir sobre a responsabilidade civil da União, sem visar os aspectos de natureza penal. O que estava dito na nota oficial da corporação, na realidade, era que qualquer forma de investigação deveria ser feita exclusivamente no âmbito civil, sem que se resvalasse para o domínio penal, posto que todos os eventuais elementos criminais envolvidos estivessem cobertos pela anistia promulgada em 1979. Ao comentar a nota, o próprio ministro da Justiça, Paulo Brossard, teria corroborado essa interpretação, afirmando que "o que estiver coberto pela anistia está coberto pela anistia". Em certo sentido, o empenho declarado dos militares para preservar as suas funções constitucionais de "defesa da lei e da ordem" pode ser compreendido, também, como um esforço destinado a resguardar o poder necessário que lhes garantisse as prerrogativas políticas e institucionais que desfrutavam.

Fora do circuito oficial de autoridade que exerciam sobre a lei e a ordem internas do país, ficaria muito mais difícil para as Forças Armadas estabelecerem o controle que desejavam ter sobre as diversas instâncias políticas decisórias instaladas em Brasília. Isso era de tal forma incisivo, que o ministro do Exército, por exemplo, mantinha os seus diversos assessores especiais no Congresso Nacional atentos ao menor movimento parlamentar que pudesse ter um impacto significativo nos rumos da política nacional. Foi o que se deu por ocasião de um afastamento do presidente nacional do PMDB, deputado Ulysses Guimarães, por problemas de saúde, em meados de 1986. Uma das avaliações feitas pelo ministro do Exército era que essa baixa, ainda que temporária, poderia prejudicar de modo acentuado o desempenho do partido nas eleições de novembro próximo. A principal preocupação era quanto a uma eventual desestabilização do processo político de sucessão nos Estados e de renovação do Congresso, com vistas à Assembleia Constituinte. O PMDB, como era amplamente reconhecido, representava o principal pilar de sustentação do governo Sarney. E os militares, como também era francamente sabido por todos, exerciam poderosa influência junto ao Palácio do Planalto, sede do governo.

Havia outra questão que se articulava diretamente aos interesses dos militares, no período aqui tratado — a demarcação das terras indígenas. Ela apareceu numa reclamação do Conselho Indigenista Missionário (Cimi) veiculada pela imprensa, contra o Projeto Calha Norte, cujo objetivo principal, pelo menos oficialmente declarado, era o de "promover o desenvolvimento e a segurança das calhas dos rios Solimões e Amazonas", no extremo-norte brasileiro, na cobiçada região amazônica. Segundo a proposta, o Conselho de Segurança Nacional, dentro do qual o projeto fora elaborado, não pretendia demarcar terras indígenas nas seguintes situações: faixas de fronteira; áreas demasiado extensas; áreas cortadas por rios e/ou estradas federais. De acordo com esses critérios, na visão do Cimi, o governo federal acabaria subtraindo imensos territórios pertencentes aos indígenas brasileiros. Como afirmou Dom Erwin Krautler, bispo do Xingu e presidente do Cimi, o projeto Calha Norte revelaria um caráter imperialista, autoritário e paranoico nas concepções que o fundamentavam. Em sua percepção, a concretização daquelas propostas resultaria, amargamente, no extermínio dos povos indígenas da região Norte do Brasil. Isso porque visaria atender às velhas aspirações de setores mais retrógrados de dentro e de fora do país, que sempre defenderam a liberação definitiva das terras amazônicas para a especulação e a exploração predatória, sem qualquer restrição. Não à toa, Dom Erwin concluiu sua queixa afirmando que, para ele, infelizmente, a Nova República, em termos de política indigenista oficial não mudara nada do que era praticado na época da ditadura. Isto é, na tomada de decisões a respeito de temas ligados aos direitos dos povos indígenas, as vozes menos ouvidas ou levadas em conta eram justamente as dos povos originários do Brasil. Uma postura autoritária arraigada, que teria predominado na burocracia federal concernente à política indigenista, durante a ditadura, teimava em resistir aos ventos democráticos que diziam soprar na Nova República.

Os jornais não ofereceram maiores detalhes sobre a posição dos militares, a não ser a já mencionada ideia de salvaguarda da região abarcada pelo projeto, promovendo o seu "desenvolvimento" e garantindo a sua "segurança" integral, sem detalhar os principais procedimentos a serem adotados no curso da sua implantação. Mesmo na página do Ministério da Defesa (em 2019 e anteriormente), o Projeto Calha Norte continua sendo apresentado com as mesmas linhas de argumentação expostas na matéria citada.

Se, por um lado, os militares pareciam sentir-se pouco à vontade no enfrentamento à violência rural, por outro, demonstravam total desenvoltura ao atuar nos principais círculos do poder. Uma das figuras mais proeminentes do governo Sarney era justamente o general que exercia o cargo de ministro-chefe do SNI, cuja influência sobre o presidente era reconhecida e notória, levando-o a participar de todas as reuniões oficiais, inclusive as da área econômica. Era uma atuação tão incisiva que chegou a merecer manchetes de primeira página, sobre a notícia de uma reunião realizada no gabinete do SNI, com sete ministros e dois secretários-gerais de ministérios, para avaliar o aumento dos movimentos grevistas no país, as possíveis implicações sobre o Plano de Estabilização Econômica e os riscos de surgimento de atos de violência. Meses depois, por ordem do próprio Palácio do Planalto, soldados do Exército ocuparam as instalações da Companhia Siderúrgica Nacional (CSN), em Volta Redonda, para — segundo fontes oficiais — proteger o patrimônio da empresa e garantir o acesso ao trabalho dos metalúrgicos que não aderissem à greve. Impossível não supor que essa ação tenha tido a mão dos chefes militares, cuja ingerência sobre os assuntos de governo era pública e declarada. De qualquer maneira, de acordo com o sindicato local, não teriam ocorrido incidentes durante a ocupação militar, com a retirada pacífica dos piquetes e a permanência dentro da usina apenas dos trabalhadores responsáveis pelos altos-fornos. Era patente que a categoria não buscava conflitos, embora reivindicasse direitos considerados legítimos.

A ação dos militares na repressão a movimentos grevistas não era propriamente uma novidade, mas, principalmente, um anacronismo, tendo em vista a tão decantada transição democrática que o país vivia. Afinal de contas, os movimentos sociais e as reivindicações trabalhistas sempre fizeram parte do cotidiano dos Estados democráticos. Curioso mesmo foi o apoio dos ministros militares a uma decisão para lá de polêmica tomada pelo presidente Sarney, diante da recusa dos pecuaristas a entregar suas cabeças de gado para o abate, com os preços da arroba congelados num patamar considerado por eles muito abaixo do seu real valor. Os criadores mostravam-se decididos a partir para o confronto com o governo e a não fornecer animais para os frigoríficos; as autoridades também confirmavam a sua disposição de garantir o fornecimento de carne para a população. Estabelecido o impasse, segundo registros da imprensa, os seis ministros militares, reunidos com o presidente no Palácio do Planalto, estimularam o confisco dos bois no pasto e deu-se início a uma das maiores confusões da História brasileira. As reações dos produtores não tardaram em chegar, acusando o governo de antidemocrático e demagógico. Essa queda de braço duraria meses, com falta de carne em praticamente todas as cidades e regiões do país, com a cobrança de ágio pelos pecuaristas aos frigoríficos — que tentavam repassar esse aumento aos mercados e aos consumidores — com ações espetaculosas da Polícia Federal caçando os bois no pasto e com muitas piadas e galhofas por parte de uma população, que olhava perplexa para tantos desmandos. O importante a registrar aqui é justamente esse assentimento dos militares nessa decisão do governo — uma escolha bastante controversa, haja vista o fracasso das negociações com os pecuaristas e a incapacidade de encontrar uma melhor solução. Os desgastes e as atribulações decorrentes dessa medida de confisco dos bois, na marra, levariam à conclusão, meses depois, de que não fora mesmo a escolha mais acertada. O custo político e econômico dessa resolução ecoaria por muito tempo, em prejuízo da imagem do próprio governo federal.

Enquanto os embates se sucediam na sociedade civil, as Forças Armadas seguiam trabalhando firmes para garantir a manutenção das suas atribuições na futura Constituição do Brasil. Havia uma enorme preocupação entre os seus oficiais quanto à possibilidade de a Assembleia Constituinte vindoura eliminar as suas funções de responsabilidade pela ordem interna. Dentre as medidas adotadas para influir nas decisões do Congresso Nacional, segundo os relatos dos jornais, os ministros militares optaram por aumentar o seu número de assessores parlamentares, cujo principal objetivo seria o de atuar para convencer os congressistas da importância de preservar as incumbências constitucionais vigentes das Forças Armadas. Importância para eles próprios, é claro. Embora acreditassem que as forças de esquerda ficariam isoladas dentro do Congresso e sem capacidade para impor as suas ideias, os militares preferiram ter cautela e não descuidar da ênfase na necessidade de conservar o seu papel de tutela na República do Brasil. Assim fez o ministro do Exército, em solenidade pela passagem do Dia do Soldado, em 25/08/1986, com a presença do presidente Sarney e de mais 400 convidados. Na sua fala, declarou ser fundamental que as Forças Armadas continuassem sendo responsáveis pela manutenção da ordem interna, como ocorre desde a primeira Constituição republicana. Ao exaltar a figura do Duque de Caxias como "grande pacificador do Brasil", o ministro ainda advertiu que, assim como no passado "os perigos do regionalismo exacerbado" ameaçaram a coesão do Império, hoje, "as intolerâncias de determinadas concepções político-sociais" ainda seriam capazes de fragmentar a sociedade e a democracia brasileiras. Mais claro impossível. Mudavam-se as conjunturas e os desafios, mas o papel dos militares continuaria a ser o mesmo de sempre: eles não apenas se atribuíam a missão de preservar a democracia no país, como também a de definir o seu próprio significado. Os atuais inimigos surgidos no horizonte (novas "concepções político-sociais", por exemplo) deveriam ser vigiados e combatidos, e nenhuma outra instituição se julgava mais capaz de fazer isso do que as Forças Armadas. O jogo democrático, então, para os militares, seria apenas mera fachada. O sentido da direção histórica do país já estaria predeterminado pelas suas próprias escolhas.

Talvez faltasse aos militares brasileiros exatamente aquilo que aparentemente mais temiam: ouvir a voz das ruas, escutar o que diziam os cidadãos no seu dia a dia. A futura Assembleia Constituinte teria a missão de estabelecer as diretrizes e as concepções que orientariam os rumos da nação brasileira. Sua instalação representaria um novo frescor a arejar o ambiente político do país, ressecado pelos anos da ditadura e da transição em curso. E, pelo que se lia no jornal, segundo pesquisa de opinião realizada recentemente, nove em cada dez chefes de família cariocas — mais precisamente 92% — consideravam que o Brasil tinha melhorado muito com a Nova República. Além disso, em sua esmagadora maioria (87%), os entrevistados afirmaram que os militares nunca mais deveriam voltar ao poder. "Lugar de militar é na caserna", foi a respostas mais comum emitida por eles. A bem da verdade, esse sentimento já havia se revelado em todo o seu esplendor durante a campanha das Diretas Já, quando a população brasileira, de norte a sul do imenso território, enchera as ruas de esperança e de confiança num futuro melhor. Com o passar dos anos, esse sentimento parece que foi encorpando, ganhando estofo e aumentando o seu alcance. Era natural que boa parte da população acreditasse em dias melhores num governo civil e democrático. A experiência vivida era o melhor balanço que podia ser feito de tudo aquilo que passou.

Os defensores do Estado Democrático de Direito também se mobilizavam para assegurar a plenitude da democracia no Brasil. Uma de suas principais bandeiras de luta era justamente a eliminação da Lei de Segurança Nacional e a sua substituição por uma Lei de Defesa do Estado Democrático, cujo anteprojeto, elaborado com a colaboração de renomados juristas brasileiros, foi enviado ao presidente José Sarney, como sugestão a ser debatida. Entre as suas propostas, havia uma redução significativa da atuação da Justiça Militar (que processava inclusive civis, com base na Lei de Segurança Nacional) e a punição aos crimes de tortura, conspiração e golpe de Estado. Outra proposta que ganhava terreno entre os democratas era a da criação de um Ministério da Defesa, a ser ocupado por um civil, tornando os atuais ministros militares meros comandantes gerais, sem participação ativa no governo. Isso tirava o sono dos oficiais das três armas. Também ganhou destaque na imprensa a iniciativa do deputado José Genoíno Neto (PT-SP) de apresentar ao plenário da Câmara dos Deputados um roteiro com as suas principais propostas para a nova Constituição do Brasil. No capítulo sobre as Forças Armadas e a Polícia, o papel das instituições militares seria redefinido da seguinte maneira: 1) serviço militar voluntário; 2) extinção do Conselho de Segurança Nacional; 3) proibição aos militares da ativa de exercerem função pública civil não-eletiva; 4) destinação das Forças Armadas à função exclusiva de defesa externa; 5) proibição do envolvimento das Forças Armadas em manobras e operações militares fora do território nacional; 6) proibição de acordos militares com outros países; 7) proibição de instalação de bases militares estrangeiras no território brasileiro; 8) criação de um ministério único referente às atividades militares; 9) extinção das polícias especiais das Forças Armadas; 10) proibição de julgamento de civis por tribunais militares. Como declarou o próprio deputado Genoíno, tais proposições se encaixavam perfeitamente na visão política que o PT tinha então para o Brasil.

Enquanto isso, os governos de Brasil e Argentina avançavam nas negociações para um acordo bilateral de cooperação no setor de defesa, buscando sepultar em definitivo hipóteses anteriormente levantadas de um conflito armado possível entre os dois países. Era um passo realmente extraordinário para a região, apesar dos diversos problemas envolvidos em tema assim tão sensível. Ao mesmo tempo, ao discursar para oficiais das três armas, em almoço de confraternização de final de ano, o presidente José Sarney foi interrompido por demorados aplausos quando disse claramente não concordar com a tese que vinha sendo proposta de restringir a atuação das Forças Armadas apenas à defesa da soberania do país, contra inimigos externos. E reafirmou a convicção de que deveriam ser mantidas, também, as suas atribuições de "preservar a ordem interna e as instituições democráticas". Sarney já dera mostras dessa confiança ao convocar os militares para agirem durante a greve geral recentemente declarada em seu governo. Ao reafirmar tal disposição em seu discurso, fez, ao mesmo tempo, um elogio e um chamado aos militares — de que contava com eles para controlar os "insubordinados".

No curso dessas mudanças que se anunciavam no cenário político nacional, tendo em vista, sobretudo, a instalação da Assembleia Constituinte, os jornais apresentaram matérias bastante pertinentes para o debate sobre o papel das Forças Armadas, no novo arranjo institucional que se preparava para o Estado brasileiro. O professor Fausto Castilho, da Universidade de Campinas, por exemplo, disse em longa entrevista ao JB acreditar que a redução do poder dos militares ocorreria de forma segura e progressiva, se o sistema de governo adotado pela Constituinte fosse o parlamentarismo. No entanto, se os congressistas brasileiros decidissem preservar o modelo presidencialista em vigor, a influência exercida pelos militares "permaneceria virtualmente intacta". Na opinião do professor Castilho, a presença militar no cenário político do Brasil seria "excessiva", embora estivesse ligeiramente inibida desde o fim da ditadura. Apesar das novas circunstâncias, os militares não teriam ainda desocupado nenhum dos espaços que conquistaram desde 1964. E mais: de acordo com a sua visão, a simples manutenção de ministros militares no primeiro escalão governamental seria "próprio de republiquetas". Além disso, o *status* alcançado no país pelo SNI seria uma evidente anomalia, pois fora criado nos moldes da CIA, para ter uma projeção militar externa, e que, por falta de um inimigo externo real, teve de ser dirigido para outras funções. Com isso, a penetração do militarismo nos diversos aparelhos do Estado brasileiro não possuiria no mundo um caso similar.

Segundo o professor Castilho, o Brasil era a única nação do mundo que lograra sair de uma ditadura militar para um período de transição, sem que os militares perdessem um posto sequer de poder e ainda conseguissem manter intacto o seu aparelho de repressão. Na sua visão, as Forças Armadas exerciam controle efetivo sobre as polícias militares, a Polícia Federal e o SNI. Na administração direta federal, detinham total domínio sobre o Departamento Nacional de Telecomunicações (Dentel), encarregado da gestão e da fiscalização da radiodifusão no país, o Centro Integrado de Defesa Aérea e Controle de Tráfego Aéreo (Cindacta) e a Empresa Brasileira de Infraestrutura Aeroportuária (Infraero), responsáveis pelo manejo dos aeroportos, além de uma forte presença nas grandes empresas estatais, sobretudo, Petrobrás e Nuclebrás. Suas avaliações, conforme declarou o professor Castilho na própria entrevista, tinham como propósito principal fornecer subsídios qualificados para que a Assembleia Constituinte promovesse a progressiva desmilitarização do Brasil. Um Estado Democrático de Direito, em sua plena acepção, não pode ser um Estado controlado ou tutelado por militares. O poder emana do povo e deve ser escolhido por voto popular direto e livre (Jornal do Brasil, 12/04/1987, p. 5).

Dentro dessa perspectiva, é tremendamente simbólica a notícia publicada no jornal quanto a uma "pequena e significativa crise militar" ocorrida em Brasília, no contexto de uma solenidade oficial promovida no Superior Tribunal Militar. Ao tomar posse como ministro civil naquela corte militar, o juiz José Luiz Clerot disse em seu discurso que não havia apoiado o golpe de 1964 e ainda elogiou o presidente deposto, João Goulart, e seu chefe da Casa Civil, Darcy Ribeiro. Ademais, o juiz Clerot também fez questão de deixar clara a sua posição contrária ao julgamento pelo STM de crimes contra a segurança do Estado. Quando ele terminou a sua fala, percebeu que os militares presentes não o aplaudiram, sendo que os ministros das três armas simplesmente se retiraram, em protesto contra as suas palavras destemidas. Não deixa de ser curioso saber que esse mesmo juiz Clerot deu um dos quatro votos no STM, em favor da condenação do ex-capitão do Exército, Jair Bolsonaro, pelo planejamento de vários atentados a bomba, no Rio de Janeiro, destinados a desestabilizar o Brasil, em 1987, acreditando que assim conseguiria um aumento de soldo para os oficiais militares. Nesse julgamento, o réu acabou sendo absolvido por 8 votos a 4.

Um personagem curioso encheu os noticiários da época, fazendo tremer alguns dos mais nobres salões da República. Antonio Gebauer, mais conhecido como Tony Gebauer, ilustrou as manchetes dos jornais, durante várias semanas, por um motivo, digamos assim, bastante indecoroso. De origem venezuelana, Gebauer ocupou o alto escalão de um dos mais poderosos bancos estadunidenses — o Morgan Guaranty Trust Company, sediado em Nova York, do qual foi um dos vice-presidentes por muitos anos. Enquanto exerceu essa função, ficou encarregado de colaborar na renegociação da dívida externa brasileira e de conceder empréstimos a países da América Latina. Tendo presidido o comitê de assessoramento dos bancos credores, na fase I da renegociação da dívida brasileira, circulou com grande desenvoltura nos salões oficiais e privados da República, cultivando inúmeros amigos e angariando a simpatia e a confiança de muita gente. Entre seus principais contatos, dizem os jornais que se contavam ex-ministros, ex-presidentes do Banco Central e membros da equipe econômica que então dirigia os destinos do país, além de empresários e demais detentores de grandes fortunas. Era a "fina flor" do topo da pirâmide brasileira.

Detentor desse prestígio invejável, Gebauer virou notícia de primeira página após uma investigação interna realizada pelo próprio banco, no qual ele havia trabalhado por mais de duas décadas, que identificou um desfalque de 6 milhões de dólares ocorrido nas contas de correntistas brasileiros da instituição. Segundo a acusação que o promotor Rudolph Giuliani estaria apurando, o tal vice-presidente teria movimentado o dinheiro dessas contas aplicando parte dele fora dos Estados Unidos e desviando os lucros daí resultantes para o seu próprio bolso. Em defesa da organização bancária, o porta-voz declarou que todo o seu sistema de auditoria interna estaria sendo completamente renovado, em função desse episódio lamentável de desvio protagonizado por um ex-funcionário da mais inteira confiança. Ao mesmo tempo, ele alegou que as auditorias do Morgan Trust ocorriam de modo frequente e contínuo, e defendeu a sua administração ao apontar que um executivo com mais de vinte anos de casa e com altos poderes decisórios na diretoria, certamente, acabaria dispondo de meios para enganar a fiscalização de forma exitosa. Além disso, o porta-voz também se contrapôs ao argumento do advogado de defesa, segundo o qual Gebauer teria autorização para movimentar aquelas contas. Isso não restaria comprovado, pela ausência de procurações formais, e teria um custo elevado para os correntistas, por se tratar do gerenciamento de contas, um serviço altamente especializado e dependente de inúmeras garantias extras.

Parte do governo brasileiro ficou em polvorosa com a notícia. Os ditos correntistas lesados pelo espertalhão do Morgan Trust nem deram as caras. E a explicação para isso poderia estar numa suposição singela levantada pelo *The New York Times* e reproduzida pelos jornais daqui: era possível que Gebauer tivesse realmente autorização dos clientes brasileiros para movimentar o dinheiro deles, porque esse seria oriundo da chamada "fuga de capitais" – eufemismo usado para nomear recursos que saem ilegalmente do país. Ou seja, quanto menos aparecessem, melhor seria para eles. Diante dessas e de outras especulações que irrompiam na mídia, o próprio banco enviou uma declaração à imprensa, afirmando defender uma política muito clara de não aceitação de depósitos, caso suspeitasse de qualquer violação da legislação vigente nos países de origem do dinheiro. Algo difícil de se acreditar. O fato é que sempre será possível alegar o desconhecimento das falcatruas. Quando se trata de grandes somas de numerário, então, há uma tendência quase irresistível de se fecharem os olhos. O reconhecimento dessa realidade incontestável foi dado pelo próprio ministro de Ciência e Tecnologia, Renato Archer, que, na saída de um evento, ao ser indagado sobre o caso, considerou-o "uma calamidade". Quando o repórter lhe perguntou o que achava das estimativas do mercado financeiro, de que o volume de depósitos brasileiros no exterior alcançaria a cifra de US$ 30 bilhões, ele respondeu de pronto: "Tem gente que afirma ser muito mais do que isso". Pelo menos, não bancou o inocente, nem demonstrou aquele tipo de perplexidade enganosa que muitos gostavam de fingir. Inclusive na mídia. Tanto o ministro quanto o repórter admitiram, implicitamente, o conhecimento público da existência dessa sangria vergonhosa de dinheiro evadido do Brasil, trazendo dados fornecidos pelos próprios agentes do sistema financeiro.

Uma das suspeitas sempre comentadas à boca pequena era a de que uma parcela expressiva da dívida externa brasileira seria composta por dinheiro que jamais chegara ao solo do país, ficando lá mesmo no estrangeiro, em diversos depósitos de particulares desconhecidos, embora registrado nas planilhas dos credores para ser cobrado ao Tesouro Nacional. Esse tipo de circunstância deve ter pesado na decisão de Gebauer – afinal, ele conhecia muito bem a nata da sociedade brasileira. Justamente aquela fatia da população em condições de enviar dinheiro para o exterior, sem assumir a sua titularidade.

O próprio secretário da Receita Federal, ao ser questionado sobre o caso, disse aos jornais acreditar que a sonegação fiscal chegaria a 50% da arrecadação tributária do país. E adiantou que a Secretaria da Receita Federal estava desenvolvendo um serviço especializado para identificar os casos de enriquecimento súbito e de intensa movimentação social, com gastos cada vez mais elevados. Quem estivesse esbanjando dinheiro e apresentando sinais evidentes de uma elevação acelerada do padrão de vida deveria abrir os olhos para a vigilância do fisco! No entanto, será que aqueles que estivessem mandando grandes somas de dólares para o exterior, sem declarar, teriam uma sorte idêntica? Ou estariam a salvo dos rigores da lei?

O Banco Central, por sua vez, fazia gestões junto ao Morgan Trust para que revelasse os nomes dos clientes brasileiros que haviam sido lesados por Gebauer. E se levantava até a hipótese de recorrer ao Federal Reserve (principal autoridade monetária dos Estados Unidos) para obter as informações. Seria tudo pró-forma? O ministro da Fazenda, Dílson Funaro, ao ser questionado sobre o episódio, reconheceu que aquilo representava "mais um forte indício" de que existiria um fluxo contínuo de evasão de divisas do país. E disse ainda que o governo estava realmente empenhado em saber os nomes dos brasileiros envolvidos, embora admitisse que a legislação do sigilo bancário acabaria impedindo a sua divulgação. Pelo sim, pelo não, o ministro Funaro fez um apelo para que os brasileiros que mantinham contas no exterior repatriassem o dinheiro. E justificou o seu chamamento dizendo que o Brasil precisava muito de investimentos e que era necessária a participação de todos para promover o crescimento do país. Ora, senhor Ministro, quem manda dinheiro para fora sem declarar tem algum compromisso com o desenvolvimento do Brasil?

O mais escandaloso é que, no mês de abril daquele mesmo ano de 1986, o Morgan Trust havia publicado um relatório em que apontava o desvio de US$ 14 bilhões da dívida externa brasileira para contas secretas de brasileiros no exterior. É no mínimo intrigante que as autoridades monetárias e tributárias do Brasil não tivessem procedido a uma rigorosa investigação desse descaminho, a fim de ressarcir os cofres públicos, como era sua obrigação precípua. E que a imprensa nativa, que se diz tão zelosa do bem comum, ao tomar conhecimento do fato, não tenha empreendido uma campanha publicitária vigorosa e uma busca de informações que desvendassem todo esse processo de lesa-pátria, que feria de morte a soberania brasileira e condenava à miséria absoluta uma parcela significativa da sua população. O máximo que um diretor do Banco Central se dispôs a declarar foi que não era proibido aos brasileiros manter contas empresariais ou pessoais no exterior, desde que os recursos enviados tivessem origem declarada e fosse recolhido o imposto devido sobre o montante transferido. E, segundo a notícia, ele evitou comentar uma possível evasão de dólares incluídos na dívida externa do país. Isso não impede, contudo, que qualquer um levante a suposição de que não apenas brasileiros desonestos se apropriaram de recursos contabilizados como dívida externa do país, assim como bancos e/ou outras instituições financeiras que os receberam também obtiveram vantagens oriundas dessa riqueza subtraída ao erário. Não existem inocentes nesse submundo das negociatas e das roubalheiras. Os vigaristas só demonstram surpresa quando são apanhados.

Não demorou muito para que o processo de investigação sobre o desfalque de Gebauer chegasse a termo. Numa negociação rápida, segundo os jornais, ele optou por reconhecer que havia cometido quatro crimes — fraude bancária, empréstimos bancários não autorizados, sonegação de imposto de renda e falsificação de extratos bancários —, em troca da desistência de seus antigos empregadores de persegui-lo judicialmente. O promotor que aceitara o compromisso, Rudolph Giuliani, divulgou ainda os nomes de quatro correntistas brasileiros que tiveram suas contas fraudadas por Gebauer. Todos eles negaram qualquer relação com o caso, e afirmaram que jamais tiveram contas bancárias administradas pelo réu, embora o advogado de defesa desse insistisse em que eles precisariam, necessariamente, de um *manager* para movimentar o dinheiro que estariam tirando ilegalmente do Brasil. Um tempo depois, o juizado federal de Nova York sentenciou Gebauer a sete anos de prisão, multa elevada ao fisco e devolução do dinheiro desviado aos cofres do Morgan Trust. Após ouvir a sentença, ele ainda afirmou que aquele numerário havia sido transferido ilicitamente do Brasil para os Estados Unidos. Talvez esperasse contar com o beneplácito de um velho dito popular brasileiro: "ladrão que rouba ladrão tem cem anos de perdão". Mas, a corte federal ficava mesmo nos Estados Unidos, e o banco era o Morgan Trust.

Fosse pela relativa benevolência das autoridades, fosse pela abordagem complacente da mídia, fica a impressão de que casos como esse que levaram Tony Gebauer às primeiras páginas dos jornais não mereciam a preocupação devida, nem as providências adequadas. Quanto aos correntistas, apontados pelo banco e pelo procurador responsável como detentores do dinheiro, por exemplo, quase nada mais se falou. Eles negaram o envolvimento no episódio e ficou por isso mesmo. Em poucos dias, a notícia foi saindo dos jornais e tudo caiu no mais completo esquecimento. De certo modo, pareceu que a indignação demonstrada pela imprensa foi maior em relação ao trambiqueiro Gebauer do que aos clientes tupiniquins que, muito provavelmente, estiveram lesando o fisco, ao mandar grandes somas de numerário para o exterior sem declarar. Foram milhões de dólares, não se pode esquecer. Uma fortuna cuja origem não foi sequer apurada. Nada se investigou de verdade. O fato de que a investigação partiu do próprio banco Morgan Trust explica muita coisa, inclusive a quase obrigatória divulgação na imprensa, pois ficaria muito vergonhoso saber do acontecido e não publicar. Todavia, o visível "desinteresse" demonstrado pelas autoridades competentes e pela mídia contribuiu, indiscutivelmente, para a perpetuação do quadro de impunidade em relação aos crimes financeiros, eternizando um ambiente dentro do qual eles se repetiriam e se aperfeiçoariam por décadas. No fundo, o que se pode observar, é que havia muita gente implicada, por ação e por omissão. E esse comportamento, que transparecia indiferença e descaso da parte dos responsáveis, pode ser pensado como uma tentativa óbvia de fazer com que o assunto saísse de pauta e deixasse de despertar a curiosidade do distinto público. Assim foi feito.

O assunto pode até ter saído de pauta, mas, os trapaceiros e velhacos continuariam a agir, nas sombras e às claras.

Uma das muitas investigações em curso, nesse período, foi a das famosas "Polonetas", sendo ainda uma das que mais despertava a curiosidade da opinião pública — aquela que fazia as pessoas pararem em frente a uma banca de jornal para ficar lendo as principais manchetes publicadas no dia. Entre os principais destaques teria ficado o depoimento do embaixador em Roma, que garantira aos distintos investigadores não ter havido prejuízos relevantes aos cofres do país, pois tratara-se de mero "acidente de mercado", dessas coisas que acontecem, sem maiores importâncias. Ainda que dois dos principais implicados fossem ex-ministros de Estado que tiveram grande destaque na cena nacional, e já tivessem sido devidamente convocados a prestar os seus esclarecimentos perante o Congresso Nacional. Essa mesma linha de argumentação seria utilizada pelo relator da matéria no Senado, que alegou não ter encontrado quaisquer "atos atentatórios aos interesses nacionais", tratando-se apenas de "erros e tropeços" comuns nesse tipo de transação comercial. Mais um engavetamento à vista.

Pelo sim, pelo não, ficou sempre a dúvida entre a má-fé e a estupidez dos negociadores brasileiros que levaram o país a uma situação vexatória como aquela das famigeradas "Polonetas". No afã de promover as exportações brasileiras, e assim ampliar o ingresso de divisas que ajudassem a fazer frente ao endividamento externo crescente, o governo criou o *slogan* "Exportar é o que importa" e lançou os seus agentes mundo afora para buscar as melhores oportunidades de negociar os produtos e serviços do Brasil, sobretudo, a partir de 1979. Por meio de vendas financiadas, logo descobriu-se que era muito fácil vender para fora; difícil mesmo seria receber os dólares devidos pelos compradores. Os poloneses, por exemplo, adquiriram inúmeros bens brasileiros, em valores que superaram os US$ 6 bilhões, financiados a curto prazo pelo próprio governo. Conforme os débitos foram vencendo, os poloneses demonstravam que não tinham condições de honrar seus compromissos. Diante disso, o máximo que os negociadores brasileiros conseguiram foi a assinatura do governo polonês em vários documentos, reconhecendo a dívida (meio no estilo "devo não nego, pago quando puder") — uma espécie de notas promissórias, nas quais o pagamento do valor devido ficou condicionado à disponibilidade dos recursos. Foram esses papéis que receberam o nome de "Polonetas". E o que mais intrigou os nobres parlamentares foi justamente essa disposição do governo brasileiro em assinar um contrato entre credor e devedor, no qual ficou determinado que o débito só seria sanado quando o endividado dispusesse do dinheiro.

Desde então, o problema foi se arrastando sem que a dívida ficasse devidamente quitada. Em 1992, o Brasil concordou, junto com outros países credores, no Clube de Paris, em conceder à Polônia um desconto de 50% do valor devido, a fim de obter os seus créditos e encerrar a disputa. No entanto, ainda no começo da década de 2000, o país continuava embolsando parcelas referentes ao total dessa dívida, em parte graças à negociação desses créditos no mercado financeiro, mediante um enorme deságio para recebê-los imediatamente. Uma dupla perda, na verdade, pelo abatimento anterior de 50% do total devido e pelo deságio pago na negociação posterior do montante a receber. Como de praxe, ninguém foi responsabilizado, ninguém pagou por isso. Parecia ter ficado aberta uma imensa avenida para que novos casos como esse pudessem acontecer, sem que nenhum dos seus agentes precisasse se preocupar com as consequências.

Lamentavelmente, os escândalos se multiplicavam e se exacerbavam. Em abril de 1986, por exemplo, a polícia encontrava-se envolvida na investigação de graves denúncias de desvios no Proálcool. Criado no final de 1975, no âmbito da crise mundial do petróleo e da necessidade de encontrar combustíveis alternativos, o governo brasileiro fomentou o Programa Nacional do Álcool — mais conhecido como Proálcool — destinado a estimular a produção do álcool combustível, para atender à demanda crescente tanto no mercado interno quanto no mercado externo. Uma das principais faces do programa era justamente a de incentivos vigorosos à produção da cana-de-açúcar, além da criação e da ampliação das destilarias. O que restava denunciado no jornal era a existência de várias empresas implicadas em fraudes contra o Proálcool, responsáveis por um rombo calculado inicialmente em cerca de US$ 1,4 bilhão, segundo as estimativas das autoridades policiais incumbidas da investigação. A partir de Piracicaba, no Estado de São Paulo, montara-se uma estrutura criminosa de fornecimento de notas frias a empresas fraudulentas — pelas quais se declarava a falsa instalação de unidades alcooleiras em várias partes do Brasil, que não passavam de empresas de fachada destinadas a embolsar os subsídios disponibilizados aos produtores.

E mais denúncias sobre a evasão de ouro e de pedras preciosas surgiam nas páginas dos jornais, para a perplexidade dos seus leitores. Apesar de tantas notícias, das CPIs e das suspeitas, pouco ou nada se fazia para coibir essa drenagem cada vez mais dramática das riquezas do país. A mentalidade colonial arraigada ajudava a perpetuar o quadro de total desvalorização da ideia de nação, de povo, de unidade nacional, e fomentava uma depredação cultural e material do Brasil em todos os níveis e âmbitos, que se espalhava pelos corações e mentes de grande parte da população. O que se via era uma quase radical indiferença quanto aos destinos coletivos dessa nacionalidade, era uma insensibilidade desoladora diante dos estragos e infortúnios decorrentes da ação predatória dessa parcela mais influente da sociedade. Como de praxe, as notícias surgiam e desapareciam com a mesma velocidade nas páginas da imprensa. Poucos rastros deixavam.

De fato, o Brasil era um imenso território cheio de riquezas que despertava a cobiça incontrolada de predadores internos e externos. Em sua maioria, como não sofriam nenhum tipo de cerceamento ou de obstáculo efetivo à sua fúria saqueadora, eles agiam com total desenvoltura, sem prestar contas de seus atos a quem quer que fosse.

Os anos da ditadura, ao contrário do que se costumava crer, não puseram fim a essa dramática pilhagem dos valiosos recursos do país. Foi o que tentou demonstrar um debate havido numa mesa-redonda promovida pela junção da CNI com o *Jornal do Commercio*, acerca da evasão de metais e pedras preciosas, que há décadas vinha lesando a economia nacional (Jornal do Commercio, 05/06/1986, p. 2). Os ouvintes atentos arrepiaram-se quando o deputado paraense, geólogo profissional, Gabriel Guerreiro revelou que o modesto aeroporto de Itaituba (PA) era o mais movimentado da América Latina, deixando à distância os aeroportos do Rio de Janeiro, de São Paulo e de Buenos Aires. Segundo Guerreiro, a cada minuto pousavam — e decolavam — em Itaituba cerca de três aviões. Vinham buscar o ouro brasileiro. Uma denúncia já tantas vezes sido feita de que a exploração ilegal das reservas de ouro da Amazônia brasileira vinha sendo realizada de maneira frenética, por indivíduos e por empresas mineradoras que, em grande parte, nunca tiveram autorização para fazê-lo. O diretor-geral do Departamento Nacional de Produção Mineral (DNPM), corroborando a acusação do deputado, anunciou que o contrabando de ouro do Brasil para o exterior era estimado em cerca de 100 toneladas. E mais: aproximadamente um milhão de quilates de diamantes saíam ilegalmente do país, todos os anos, provocando uma evasão de divisas superior a US$ 2 bilhões. Outro palestrante ainda denunciou que as reservas de ouro do Banco Central do Brasil teriam sido usadas, a partir de 1964, para saldar compromissos da nossa dívida externa, promovendo uma sangria tão brutal que essas mesmas reservas teriam caído de 56 toneladas para 4,67 toneladas. Seria conveniente aprofundar as investigações sobre denúncias desse tipo, mas a imprensa, de modo geral, parou por aqui.

O inventário das falcatruas era desanimador. Cada vez mais diversificadas e sofisticadas, elas abarcavam um sem-número de operações, manobras e fraudes, que o poder público tinha imensa dificuldade de combater. Sempre adiantados em relação às autoridades, os vigaristas se lançavam com rapidez e eficiência aos novos métodos de burla do fisco e dos demais sistemas de controle e de fiscalização. Eram empresas fantasmas, notas frias, documentos "por fora", caixa 2, sonegação de ICM e de IPI, entre outros expedientes mais comumente empregados pelos fraudadores. O famigerado caixa 2, que hoje é mais identificado como dinheiro não contabilizado e utilizado em campanhas eleitorais, naquela época era o hábito de realizar procedimentos de compra e venda de produtos e/ou serviços sem emissão de nota fiscal. E era um dos campeões dessas trapaças, porque, segundo as denúncias, praticamente todas as empresas operavam com caixa 2. As ilegalidades abarcavam desde pequenas quantias subtraídas ao fisco até cifras astronômicas geralmente surrupiadas por grandes grupos econômicos. Nesse campo, as empresas multinacionais deitavam e rolavam, pois tinham maior facilidade para empreender manobras contábeis destinadas a drenar uma grande soma de recursos para fora do país. Muitos acreditavam que tais operações, assumidas como "ilegalidades consentidas", eram amplamente conhecidas pelas autoridades brasileiras, que faziam vista grossa por serem essas empresas tremendamente poderosas e, ainda por cima, responsáveis por uma grande parte das exportações nacionais, necessárias para gerar divisas e garantir o pagamento da dívida externa. Já mencionamos anteriormente os artifícios de subfaturar e superfaturar importações e exportações como mecanismos preferenciais das multinacionais para o envio excedente de dólares ao exterior. Mas tinha também o pagamento de "comissões" a agentes fantasmas de empresas exportadoras, e ainda a criação de "filiais de papel" em paraísos fiscais, para cumprir as mesmas funções.

Enquanto isso se passava nas altas esferas do poder econômico, o Governo do Distrito Federal, onde situa-se a linda cidade de Brasília, encontrava-se às voltas com a tentativa de punir a realização de loteamentos irregulares e a apropriação indébita de terras públicas no entorno da Capital. Esse era um problema que já se arrastava há bastante tempo, mas que só com o início da Nova República começou a ser enfrentado de fato. O projeto do governo era justamente o de moralizar o uso e a ocupação do solo, com vistas a garantir a preservação de áreas de interesse ecológico e social. Já vimos anteriormente o envolvimento de altas patentes militares nesses descaminhos, e agora nos deparamos com a participação ativa de funcionários de alto escalão, tanto da União quanto do Distrito Federal, além de procuradores de Estado e da República, que interpunham severos obstáculos a que as autoridades empenhadas conseguissem resolver os problemas. Usando as suas prerrogativas funcionais e o seu poder de influência, esses altos servidores governamentais atuavam em desfavor do bem público e beneficiavam, além de si próprios, apenas os especuladores. Dos inúmeros casos de corrupção relatados nos jornais, esse era, sem dúvida, um dos mais escandalosos. Principalmente, por revelar o descompromisso generalizado de tantos brasileiros com a sorte do seu próprio país.

A contrapartida desses desmandos era um quadro social dos mais dramáticos. Embora as notícias sobre a calamidade pública que assolava o Brasil fossem relativamente esparsas, e descontinuadas, vez por outra elas acabavam cobrindo as páginas dos jornais de vergonha e assombro. De modo assustadoramente contraditório, o país ocupava o lugar de oitava maior economia do mundo, ao mesmo tempo em que exibia o mais grave índice de mortalidade infantil registrado, segundo a denúncia do presidente do Instituto Nacional de Alimentação e Nutrição (autarquia vinculada ao Ministério da Saúde). Para Eduardo Kertezs, a causa básica desse opróbrio era uma só: a fome. Prevendo atender cerca de quatro mil municípios até dezembro de 1986, com o Programa de Suplementação Alimentar, Kertezs atribuiu a desnutrição que castigava parte da população brasileira ao desemprego e à baixa renda *per capita*. Dados computados pela Divisão Nacional de Epidemiologia atestavam que o coeficiente da mortalidade infantil, no Brasil, teve uma redução de 50%, entre 1940 e 1980, caindo de 164 para 81 óbitos de crianças de menos de um ano por 1 mil nascidos vivos. Lamentavelmente, em lugar de prosseguir nessa trilha de redução contínua, a tendência acabou invertendo-se, entre 1982 e

1984, por causa de grave recessão que atingiu a economia brasileira. Nas palavras de Kertezs, o bem-estar da população decorreria basicamente da política econômica, com ênfase nos níveis de emprego e de salário que ela determina. Era uma questão decorrente da distribuição de renda. Os números eram conhecidos, e estavam disponíveis. Políticas públicas dispunham das informações necessárias à sua plena execução (Jornal do Commercio, 17/10/1986, p. 9).

Sem dúvida, o desemprego era fator decisivo na composição do quadro de miséria e de desalento que acometia o Brasil. No entanto, mais terrível do que o desemprego era o emprego mal remunerado e exaustivo, ao qual estavam submetidas parcelas expressivas da população trabalhadora do país. Deprimente mesmo era saber que muitas famílias perdiam as suas crianças, ainda que os pais trabalhassem incansavelmente todos os dias da semana — os salários eram baixíssimos e a desnutrição deles resultante era gravíssima. No quadro de crise que marcou a primeira metade da década de 1980, a desvalorização da moeda foi tão drástica que tornou o salário mínimo insuficiente par alimentar sequer uma única pessoa, que dirá uma família. Isso apareceu no cálculo das despesas correntes do trabalhador brasiliense, que gastava, apenas para comer, 76,9% do salário mínimo que recebia. Segundo matérias de jornal, a cesta básica composta por 13 produtos alimentícios, em junho de 1986, estava cotada em Cz$ 565,74 (algo em torno de R$ 550,00) para cada habitante, de acordo com informações do Departamento Intersindical de Estatística e Estudos Socioeconômicos (Dieese). Todavia, para atender às necessidades de uma família formada por dois adultos e duas crianças, o trabalhador precisaria ganhar, no mínimo, Cz$ 3.693,12 (algo próximo a R$ 3.600,00). Ou seja, para comprar apenas os alimentos básicos, o brasiliense precisaria trabalhar 21 dias e 53 minutos do seu tempo. Embora os primeiros meses de execução do Plano Cruzado tivessem trazido grandes esperanças, mobilizando os dedicados "fiscais do Sarney" para o combate à inflação, cinco meses depois disso os menos favorecidos haviam chegado a uma conclusão desanimadora: congelados mesmo estavam os seus salários, enquanto preços e tarifas começavam a subir sistematicamente.

Donas de casa e trabalhadores já externavam suas preocupações em relação aos aumentos contínuos dos preços e à escassez de produtos essenciais nos mercados. O desafogo proporcionado pelo congelamento determinado em fevereiro durou pouco tempo, posto que os salários ficaram retidos num patamar muito inferior ao dos preços praticados no comércio em geral. Tanto o tabelamento quanto a fiscalização deixavam muito a desejar, penalizando os consumidores, sobretudo, os de baixa renda. A lua de mel que aproximara o governo da população, no lançamento do Plano Cruzado, já vinha se transformando em sonora decepção. Numa nova tentativa de sensibilizar o povo para as promessas de seu governo, José Sarney fez outro pronunciamento em rede nacional de rádio e televisão, para anunciar um Plano de Metas que visava "preparar o país para o século XXI" e corrigir distorções do projeto iniciado em fevereiro: aumento de arrecadação para aplicação, principalmente, em programas sociais que ajudem a superar o quadro de miséria que afeta parte expressiva da população, por meio de sobretaxação de combustíveis, automóveis, passagens aéreas e compra de dólares — numa clara demonstração de que o ônus do programa recairia mais uma vez sobre a classe média, não se cogitando nem de longe qualquer tipo de tributação sobre as grandes fortunas brasileiras. A finalidade do plano — disse o presidente — era preparar nossa estrutura para o século XXI como uma nação com desenvolvimento econômico e sem pobreza. O objetivo era um país rico, com nível de vida para toda a população igual ao da Europa mediterrânea. Sem a vergonha da fome. E terminou sua fala improvisando, ao afirmar que seria o último presidente de um Brasil subdesenvolvido. E pedindo ao povo que se colocasse no seu lugar e percebesse as enormes dificuldades que precisava enfrentar. Alguns chamaram de apelação.

Apesar dos planos, correções e promessas, a distribuição de renda piorou sensivelmente no primeiro ano da Nova República. Segundo dados trazidos pela revista "Conjuntura & Perspectiva", do Conselho Regional de Economia, em 1981, os 20% mais pobres da população economicamente ativa se apropriavam de apenas 2,9% da renda nacional. Em 1985, essa participação teria baixado mais ainda, chegando a apenas 2,7%. A cota dos 50% mais pobres também piorou, caindo de 14,2% para 13%. Já os mais ricos ficaram com fatias ainda mais gordas do bolo: os 10% mais abastados aumentaram a sua apropriação de renda de 45,5% para 47,7%. Ao mesmo tempo, o 1% que frequenta o topo da pirâmide elevou a sua fatia de 13% para 14,4%. Foram números como esses que levaram o próprio Banco Mundial a declarar que o Brasil seria, talvez, o país com a pior distribuição de renda do mundo. Empréstimo compulsório sobre a compra de carros novos, assim como sobre os preços dos combustíveis, e sobretaxas nas passagens aéreas e marítimas internacionais e na compra de dólares para viagem eram medidas que dificilmente iriam resolver os graves problemas econômicos enfrentados pela população brasileira. Ainda que se pudesse reconhecer que um ou dois anos seriam pouco para o enfrentamento de tamanhos problemas, o fato é que as decisões tomadas nos vários planos e projetos eram indicativas de que o caminho trilhado talvez não fosse o mais adequado. A passagem do tempo se encarregaria de definir os erros e acertos da Nova República. No campo macroeconômico, os desacertos se notabilizaram.

Nem só de dificuldades econômicas vivia o Brasil, embora elas tivessem um peso mais do que extraordinário na realidade do país, posto que incidissem sobre as principais realizações de empresas e de pessoas, condicionando o presente e o futuro. Ainda que o passado muitas vezes continuasse a assombrar os espíritos, com reminiscências trágicas e comoventes, certas cerimônias reparadoras serviram para devolver aos corações mais sensíveis uma pequena alegria que misturava senso de justiça e recomposição de uma dignidade outrora perdida. Foi o que aconteceu, em agosto de 1986, com a reintegração aos quadros da Fundação Oswaldo Cruz (Fiocruz), de dez pesquisadores que foram vitimados pelo obscurantismo deplorável que vigorou nos anos da ditadura. Segundo o cálculo de um dos cassados, de 1970 até aquela data, o Brasil teria perdido o equivalente a mais de um século e meio de pesquisas na área de saúde, e teria deixado de formar pelo menos 160 novos pesquisadores, devido à cassação, naquele ano, de dez dos mais importantes e mais produtivos cientistas do país. Foi responsável por esse cômputo o entomologista Sebastião José de Oliveira, devidamente credenciado a fazê-lo, pelos grandes serviços prestados ao conhecimento científico brasileiro, tendo sido pioneiro no estudo de diversos insetos. Sérgio Arouca, que então presidia a Fiocruz, fez um enorme esforço pela volta dos cientistas cassados. No encerramento da solenidade que sacramentou esse retorno, Arouca disse esperar que aquela festa fosse o "nunca mais da ciência brasileira", numa clara referência ao termo utilizado pelos expoentes da luta contra a ditadura e a tortura. Ele ainda lembrou que a punição dos dez cientistas ali homenageados, muito mais do que a simples cassação de alguns dos mais ilustres pesquisadores que estiveram naquela casa, representava, na realidade, um ato do pensamento autoritário contra a ciência brasileira.

Foram beneficiados pela anistia os cientistas Hally Moussatcheh, Herman Lent, Moacir Vaz de Andrade, Augusto Cid de Mello Perisseh, Hugo de Souza Lopes, Sebastião José de Oliveira, Fernando Braga Ubatuba, Tito Arcoverde Cavalcanti de Albuquerque, Masao Goto e Domingos Augusto Machado Filho. A cerimônia, dirigida e apresentada pelo ator Paulo José, se iniciou com a apresentação da cena oito da peça "Galileu Galilei", de Bertolt Brecht, protagonizada pelos atores Cláudio Correa e Castro e Antônio Pedro. Em seguida, o renomado ator e poeta Mário Lago declamou um poema de sua autoria, intitulado "Canção do não tempo de lua", uma apologia à não violência no mundo. No final da solenidade, o coral da Fiocruz emocionou a todos cantando o Hino Nacional. Estiveram presentes diversas autoridades, entre ministros, secretários, políticos de várias tendências e muitos artistas. Renato Archer, ministro de Ciência e Tecnologia, destacou que o Brasil de então passara a viver o grande problema da falta de cientistas e de pesquisadores e que, enquanto outros países investiam fortemente na formação de recursos humanos, o Brasil havia expulsado cientistas importantes. Ele concluiu pedindo perdão aos pesquisadores, em nome dos insensatos que os baniram da Fiocruz. Sérgio Arouca aproveitou para lembrar ainda que o conflito criado pelo pensamento autoritário contra a ciência provocara também o fechamento de laboratórios, a destruição de coleções e da aparelhagem utilizada. Uma devastação cuja recuperação seria difícil e prolongada (Jornal do Brasil, 16/08/1986, p. 12; Correio Braziliense, 16/08/1986, p. 7).

Esses cientistas ingressaram na Fiocruz ao longo das décadas de 1930 e 1940 e, portanto, carregavam uma parte muito importante da história da instituição. Trabalharam durante décadas nas pesquisas mais relevantes dentro do cenário científico do país e da própria fundação. Nenhum pretexto ou causa seria suficiente para justificar a violência que foi feita contra eles. O mais trágico em todo esse episódio nefasto é observar que estragos como esse que vitimou os principais expoentes da Fiocruz sempre são feitos pelas mãos de recalcados e fracassados, ou brutos, que encontram nas brechas dos regimes de exceção as oportunidades para colocar em prática todo o seu ressentimento e provocar danos àqueles que se destacam e brilham nos seus afazeres. Foi exatamente o que aconteceu ali: de acordo com relatos colhidos pela imprensa, o interventor nomeado para dirigir a fundação logo após o golpe de 1964, ao não ser reconhecido pelos integrantes da instituição como um dirigente respeitável, resolveu se vingar promovendo aquele verdadeiro expurgo cujas consequências seriam sentidas por muitas décadas. Embora tenha conseguido causar um grande prejuízo a uma das mais importantes instituições científicas do Brasil, jamais recebeu qualquer tipo de recompensa profissional por sua atuação ou desempenho. Pelo que disseram os jornais, terminou virando professor numa faculdade qualquer de medicina, sem se destacar brilhantemente em coisa nenhuma.

Uns dias antes desse evento na Fiocruz, começava o retorno de professores cassados da Universidade de Brasília (UnB), uma das mais importantes do Brasil. Pelo que se lia na imprensa, na UnB, nada menos do que 215 professores tinham sido demitidos ou obrigados a se demitir, isto só no ano de 1965. Seis deles eram agora reabilitados, mesmo sem dever nada. Faltavam os outros. Mas, como seria possível reintegrar os que já haviam partido? Um deles, a imprensa noticiou que teria morrido de amargura: o baiano Machado Neto. Fundada em 1962 e tendo o ilustre professor Darcy Ribeiro como seu primeiro reitor, a UnB tinha a ambição de tornar-se uma universidade modelo ao implantar o seu projeto pedagógico e científico da forma a mais arrojada e moderna possível. Para tanto, buscou professores do mais alto nível, tanto nacionais quanto estrangeiros, para iniciar a sua exitosa trajetória acadêmica. E foi esse sonho arrojado e inovador que se viu destruído pelo obscurantismo de um regime que se instalara para resolver as coisas por meio da força. A verdade é que nada seria como antes, muitos desses professores cassados não seriam reincorporados aos quadros da UnB, por vários motivos, mas começava-se ali a reparar os danos mais graves causados pela ditadura. Havia dificuldades a vencer para que a universidade voltasse a trilhar os caminhos com os quais havia se identificado no início. Algumas marcas do passado ficariam para sempre nos corações e mentes dos que sofreram aquelas agruras. Mas, experimentar um novo tempo de liberdade de ação e de expressão era uma vivência que praticamente todos os democratas desejavam saborear. Petrobrás, Fiocruz, UnB e outras instituições brasileiras passavam por isso. Apesar de tudo, havia algo a comemorar na Nova República.

Após longas negociações que foram mantidas em sigilo, o Brasil finalmente reatou relações diplomáticas com Cuba. No dia 25 de junho de 1986, o chanceler brasileiro comunicou oficialmente que o presidente José Sarney o havia incumbido de anunciar o reatamento das relações com o país caribenho, rompidas no dia 13 de maio de 1964, poucos dias depois de consumado o golpe militar. Segundo as notícias veiculadas pela imprensa, delegações diplomáticas dos dois países já começavam a tratar dos trâmites para instalar as respectivas embaixadas e as residências dos embaixadores em ambas as capitais. Fidel Castro ligou para José Sarney e apresentou sua satisfação por essa decisão histórica, afirmando que os dois países muito se beneficiariam dessa aproximação, tendo em vista os vários laços culturais e sociais que os uniam. É curioso observar a esse respeito que, depois de ter anunciado que seria logo assinado pelo presidente Sarney o decreto de criação da embaixada do Brasil em Havana, o Itamaraty tenha descoberto que esse ato não seria necessário. O fato é que nos 22 anos que se passaram, desde que foram rompidas as relações diplomáticas entre os dois países, não fora produzido nenhum documento que formalizasse a extinção da embaixada brasileira em território cubano, que existia desde 1906. Como não tinha sido extinta, não havia nenhuma necessidade de criá-la outra vez!

Pelo que se lê nos jornais da época, os ministros militares teriam encarado com "muita naturalidade" essa decisão do governo brasileiro, mas, isso só ocorreu porque eles foram consultados antes da tomada definitiva dessa deliberação — logo no início do governo da Nova República, os militares foram ouvidos a esse respeito no Conselho de Segurança Nacional, tendo se criado um consenso geral de que a decisão era de governo para governo e representava uma posição soberana do Brasil diante das colocações da diplomacia do governo Reagan, que era contrário a esse reatamento. Embora considerassem que a conjuntura agora fosse outra e que o país deveria exercer em plenitude a sua soberania, os militares impuseram algumas restrições às relações com Cuba, como a proibição de estabelecer intercâmbios profissionais no campo militar e a interdição à venda indiscriminada de armas. Houve, segundo a imprensa, reações "equilibradas", nos círculos das Forças Armadas, à proposta do governo de reatamento com Cuba: nem se manifestaram radicalmente contrários, nem efusivamente favoráveis. Do ponto de vista comercial, havia grande expectativa acerca do papel representado pelo Brasil, que abriria um novo canal de trocas e de parcerias, contribuindo para reduzir o isolamento cubano no continente americano, devido ao bloqueio econômico imposto pelos Estados Unidos.

No terreno diplomático, nessa mesma época, o governo brasileiro enfrentou certo embaraço ao abrigar involuntariamente o ex-chefe de polícia do ditador haitiano Baby Doc, cujo nome verdadeiro era Jean-Claude Duvalier. Isso teria decorrido, de acordo com os jornais, de um equívoco do Ministério das Relações Exteriores, que informara ao Ministério da Justiça que o coronel Albert Pierre havia recebido asilo diplomático no Brasil, embora o policial foragido da justiça do seu país tivesse apenas um visto temporário de turista para permanecer em território nacional. Ao tomar conhecimento do destino de Pierre, o governo do Haiti enviou um pedido de extradição ao governo brasileiro, acompanhado de numerosos documentos contendo denúncias de crimes de tortura e de dois assassinatos praticados pelo coronel, além de duas ordens de prisão contra o temido chefe dos Tontons Macoutes. Assim que recebeu o pedido de extradição, Brasília determinou à Polícia Federal que mantivesse Pierre em prisão temporária, até que o STF julgasse o pleito do governo haitiano.

Tonton Macoute, no idioma creole do Haiti, quer dizer "bicho-papão". Com todas as características de uma milícia fascista violenta e brutal, os tontons-macoutes tinham carta branca do regime político imposto por Papa Doc e por seu filho Baby Doc ao país durante décadas, para torturar, matar, estuprar e massacrar todo e qualquer opositor real ou imaginário de suas estruturas sanguinárias de poder. Além de atuar para favorecer o governo de terror duvalierista, esses milicianos também extorquiam dinheiro e bens materiais da população, como é comum acontecer com qualquer milícia desse tipo. Ademais, como recompensa pelos serviços prestados, os ditadores também os agraciavam com bons salários e benefícios, tais como posse de terras e cargos para seus familiares. Mesmo com a imprecisão das estatísticas disponíveis, calcula-se que chegaram a matar algumas dezenas de milhares de haitianos, entre 1957 e 1986, o longo e tenebroso inverno da ditadura feroz que os Duvalier impuseram a seu povo (Latino-americana, 2006, p. 1157-1158).

Apesar dos relatos contidos nos documentos que embasaram o pedido do governo do Haiti, o STF negou, por unanimidade, a extradição de Albert Pierre, que escaparia assim de ser julgado pelo governo provisório de seu país, por todos os crimes cometidos contra cidadãos desarmados. Em audiência, o ex-policial negou todas as acusações contra ele e disse estar sendo escolhido como bode expiatório do grupo que destituiu o ditador Duvalier. Pelo que se lê nos jornais, o que pesou na decisão do STF foi o fato de que ele seria sentenciado por um "tribunal de exceção", o que afrontaria claramente os pressupostos jurídicos brasileiros, na visão dos ministros supremos. A primeira coisa que Pierre faria ao ser solto das dependências da Polícia Federal, em Brasília, como declarou, seria assistir a uma missa em ação de graças, na igreja de Nossa Senhora de Fátima, pois disse estar certo de que, se fosse extraditado, acabaria condenado à morte. Era um homem religioso, quem diria. Embora revelasse o desejo de permanecer vivendo no Brasil, o coronel haitiano teve de deixar o país, pouco tempo depois, porque não recebera, como se imaginara, o famigerado asilo político. O que não ficou esclarecido nas reportagens da imprensa foi o porquê dessa escolha do Brasil como refúgio. É bem provável que não tenha sido por acaso. Ou teria sido mero equívoco a informação passada pelo Ministério das Relações Exteriores de que o ex-policial tinha recebido asilo político? Pode ser que ele tivesse amigos influentes, que colaboraram de modo sutil para que ele ingressasse e permanecesse no país, sem ser incomodado. Mas, não deu muito certo.

Nesse meio tempo, o embrião do Mercosul começava a surgir no horizonte da América do Sul, por intermédio de uma aproximação cada vez mais intensa entre os governos de Brasil e Argentina — respectivamente comandados por José Sarney e Raul Alfonsín. Na integração de suas economias, ambos enxergavam uma alternativa positiva para enfrentar os desafios que emergiam no cenário econômico dos países latino-americanos. E buscavam uma saída da era de crises sucessivas que experimentaram, em decorrência de um contexto desfavorável marcado pelo agravamento de suas dívidas externas e por uma prolongada recessão. Membros das equipes econômicas que costuravam os acordos chegaram a afirmar que outros países da região vinham demonstrando interesse em participar dessa integração conduzida por brasileiros e argentinos. Como ressaltou o presidente Alfonsín num discurso de boas-vindas a Sarney, a conjuntura internacional daquele momento histórico tendia a impor severas limitações aos países sul-americanos, como a retração do comércio mundial, as incertezas do sistema financeiro, o peso do serviço da dívida sobre as economias regionais e também a deterioração dos termos de intercâmbio. Diante desses desafios, era fundamental que seus governos se aproximassem e buscassem soluções próprias. Não haveria, portanto, caminho mais promissor do que o da integração e da cooperação — exatamente como estavam a planejar. Apesar do entusiasmo proclamado, é sabido que um projeto ambicioso desse porte teria muitas arestas a aparar e muitos senões a debater. Não seria construído em dias ou meses, mas levaria alguns anos para se consolidar. O interessante a observar aqui é que nessa primeira visita de Sarney a Buenos Aires foram assinados os protocolos iniciais destinados a ampliar o comércio entre os dois países, cujo objetivo era alcançar a cifra de US$ 2 bilhões nos cinco anos seguintes. A expectativa inicial era de que só no primeiro ano as trocas chegassem a US$ 300 milhões. Grande entusiasta da ideia de cooperação e de integração, o presidente do Uruguai, Júlio Maria Sanguinetti, também esteve em visita a Buenos Aires para testemunhar a assinatura desses primeiros compromissos, e reforçou ali a sua convicção de que a saída para a crise em que estavam mergulhados os países latino-americanos era justamente aquela que se desenhava nos primeiros acordos selados entre brasileiros e argentinos. Ao longo dos anos, Uruguai e Paraguai foram sendo incorporados ao projeto inicial e ajudaram a dar forma ao Mercosul, como um ambicioso plano de integração regional na América do Sul.

As pressões dos Estados Unidos contra a lei de informática que vigorava no Brasil, votada e aprovada por unanimidade no Congresso Nacional, seguiam cada vez mais firmes e taxativas — e muitos políticos e empresários brasileiros já reconheciam que elas não se limitavam apenas ao setor de informática, mas visavam enfraquecer o poder de barganha brasileiro, conseguindo assim aumentar o controle sobre outros setores. Embora a lei em vigor só pudesse ser alterada por uma outra lei que a revogasse ou a alterasse de modo substancial, o governo brasileiro aceitou iniciar negociações com os estadunidenses numa reunião marcada em Paris, no mês de julho de 1986. Conforme registro da imprensa, na opinião do deputado José Eudes (PDT-RJ), o encontro entre as delegações brasileira e estadunidense para discutir a política de informática seria uma clara diminuição política da autoridade do Brasil. Qualificada como instrumento de chantagem, a reunião seria um mero "picadeiro", pois o país jamais deveria colocar para análise dos Estados Unidos uma lei que representava uma das afirmações da nossa soberania. Por sua vez, o deputado Odilon Salmoria (PMDB-SC), também em declarações aos jornais, sugeriu que a melhor saída para enfrentar a estratégia estadunidense, que era apoiada por outros países desenvolvidos, seria redirecionar o comércio exterior do Brasil aos países pobres, garantindo assim mercados mais abertos aos seus produtos e negócios.

O tempo se encarregaria de demonstrar até que ponto o Brasil estaria em condições de resistir às fortes pressões estadunidenses para abdicar da defesa de seu mercado de informática. As ameaças se intensificavam e se tornavam cada vez mais duras. Isso ficou muito claro nas declarações do embaixador Clayton Yeutter, principal assessor de Ronald Reagan para assuntos de comércio exterior: o Brasil deveria alterar os artigos 12 e 22 da Lei de Informática, se quisesse evitar graves retaliações comerciais dos Estados Unidos, a partir de dezembro de 1986. Esses dois artigos citados se referiam justamente à definição de empresa nacional e à caracterização da empresa estrangeira que poderia atuar no setor de informática. O embaixador estadunidense julgava que eles estariam entravando os novos investimentos do seu país na atividade. Para justificar suas ameaças, ele alegou que a legislação comercial dos Estados Unidos permitia retaliações contra países que praticassem reserva de mercado ou adoção de subsídios para defender seus próprios produtos e/ou serviços. Parece inacreditável, mas, não é. Segundo cálculos que Yeutter julgou "conservadores", isto é, aquém da realidade investigada, o Departamento de Comércio dos Estados Unidos teria demonstrado que a lei brasileira de proteção à atividade de informática geraria um prejuízo situado entre 400 milhões e 500 milhões de dólares para as empresas estadunidenses do setor. Tratavam como prejuízo a presumida ou imaginada possibilidade de lucro no mercado brasileiro, e que estaria vedada pela Lei de Informática. É curioso observar que o dano do qual falavam não era uma eventual perda de posições já conquistadas no mercado brasileiro, mas o esforço feito pelas empresas nacionais protegidas pela legislação em vigor. Aquilo que consideravam os "direitos legítimos" dos Estados Unidos deveria se sobrepor a todos os demais direitos porventura existentes no mundo. Quem discordasse deveria se preparar para levar chumbo. Ou seja, se o Brasil insistisse em manter suas posturas em defesa da informática nacional, que se dispusesse a enfrentar toda sorte de revanche.

Os dois artigos destacados pelo negociador de Ronald Reagan eram, de fato, a "espinha dorsal" da legislação. Um, o 12º, porque definia claramente o que era a empresa nacional: "pessoa jurídica constituída com sede no país, cujo controle esteja em caráter permanente, exclusivo e incondicional, sob a titularidade direta ou indireta de pessoas físicas residentes ou domiciliadas no país, ou por entidades de direito público interno; devem possuir ainda o controle decisório da empresa, além do controle tecnológico e de capital". Além disso, dispunha também sobre a distribuição acionária das empresas e a definição de suas competências administrativas. Outro, o 22º, porque discriminava as exceções cabíveis para que empresas estrangeiras pudessem produzir no Brasil os bens e serviços de informática não fabricados por empresas nacionais e que fossem relevantes para as atividades científicas e produtivas do país. Entre as exigências impostas, destacavam-se: "realização de investimentos compulsórios em atividades de pesquisa e desenvolvimento locais; aprovação dos programas de capacitação do corpo técnico, de tecnologias de produto e de processos de produção pelo Conselho Nacional de Informática e Automação; apresentação de plano de exportação e de programas de desenvolvimento dos fornecedores locais". Ou seja, a flexibilização ou a eliminação desses dois artigos, como pretendia o negociador citado, seria o mesmo que arruinar a reserva de mercado para a nascente indústria de informática brasileira.

Era uma via de mão dupla essa que determinava os fluxos de comércio exterior entre os Estados Unidos e seus demais parceiros da América Latina. Embora os representantes ianques reclamassem muito das perdas sofridas com as tentativas de defesa e proteção dos mercados internos latino-americanos para alguns produtos ou serviços, os Estados Unidos também impunham diversas cotas que limitavam as exportações para o seu mercado interno. No caso do Brasil, no curso dessa discussão sobre a informática, havia perdas comerciais decorrentes da limitação de cotas para a exportação de aço e produtos siderúrgicos, sucos cítricos, calçados e etanol. Ou seja, a retaliação contra as medidas protetivas brasileiras não tinha justificativa numa plena abertura do mercado interno estadunidense para os produtos brasileiros. Observadores mais atentos, entretanto, advertiam para o fato de que o Brasil precisaria estar preparado para enfrentar pressões dos Estados Unidos também na área da química fina — alguns chegaram a admitir que a disputa em torno da informática seria, além de tudo, um ensaio para uma provável coação em torno das patentes dos produtos fármacos. Tendo em vista que as empresas estadunidenses tinham ampla dominância no mercado brasileiro de artigos farmacêuticos, a obtenção das patentes (que seria a principal fonte de pressão sobre o governo do Brasil) acabaria lhes concedendo uma "reserva de mercado invertida", isto é, elas poderiam se tornar empresas estrangeiras que desfrutariam de um monopólio legal dentro dos limites territoriais brasileiros. O risco de que adotassem práticas abusivas era grande e fontes do governo, segundo registros nos jornais, defendiam uma rigorosa preservação do controle governamental sobre o setor. É forçoso reconhecer ainda que os produtos químicos de alta densidade tecnológica vão além do setor de medicamentos e alcançam a fabricação de alimentos, itens de higiene e cosmética. Por isso mesmo, são considerados estratégicos para a soberania econômica de qualquer país.

Nessa mesma época, a imprensa divulgou notícias sobre a intensificação da atividade dos chamados "espiões minerais" dos Estados Unidos, que passaram a atuar de forma cada vez mais assídua no cenário brasileiro. Denominados "adidos minerais" na linguagem diplomática, esses funcionários eram responsáveis por uma investigação minuciosa acerca das reservas minerais disponíveis nos diversos países, descrevendo-as em relatórios periódicos entregues ao Departamento de Estado ou, nos casos não sigilosos, disponibilizados para grandes empresas daquele país que estivessem em busca de boas oportunidades de negócios. Segundo relatos dos jornais, a tensão política agravada na África do Sul — uma das maiores reservas de metais estratégicos do mundo — estaria fazendo com que os países que dependiam fundamentalmente das exportações minerais sul-africanas acionassem com maior intensidade os seus servidores, atrás de informações sobre a disponibilidade de eventuais fornecedores substitutos. Era o caso do Brasil, que possuía conhecidas (e muitas ainda incógnitas) reservas de metais estratégicos em grande parte do seu território. A coleta de informações era feita de modo bastante profissional, e os adidos ficavam atentos a tudo o que saía nos jornais, nos boletins e nas publicações oficiais. Além disso, tinham os seus contatos na área governamental, o que facilitava em grande medida a checagem dos dados obtidos em suas pesquisas. Outros países, como Austrália, Canadá e Japão também faziam prospecção de fontes minerais no subsolo brasileiro, mas, em menor escala do que os Estados Unidos, é claro.

Não deixa de ser curioso observar essa faceta do capitalismo estadunidense, sempre relacionado à liberdade de iniciativa e à oposição radical a qualquer forma de intervenção do Estado na economia. Fica o registro de que a liberdade de iniciativa não se inibe nem um pouco com a firme intromissão do Estado na defesa dos seus interesses e na busca de sua hegemonia em todos os mercados disponíveis. A atuação dos serviços diplomáticos na prospecção refinada das melhores oportunidades para a exploração da atividade mineral mundo afora é um belo exemplo dessa aliança. Eram dezenas, talvez, centenas de funcionários públicos encarregados de investigar a disponibilidade e a abundância de jazidas e fontes de minerais considerados essenciais à atividade produtiva e bélica do país. Eram profissionais estratégicos na configuração do poderio econômico e militar dos Estados Unidos, e não eram exatamente remunerados pela iniciativa privada. Muito ao contrário. Trabalhavam para o governo, que repassava aos setores empresariais os segredos e os caminhos do lucro fácil em terras estrangeiras. Eis aí a presença firme da mão visível do Estado a serviço do capital.

Um dos *lobbies* mais vistosos dos Estados Unidos, no Brasil, era o da indústria cinematográfica. Sob o comando de Harry Stone, mais conhecido como o "embaixador de Hollywood", o escritório da *Motion Pictures Association*, no Rio de Janeiro, era responsável pela defesa dos interesses dos nove maiores estúdios hollywoodianos em toda a América Latina. Harry Stone era bastante prestigiado pelas festas badaladas que promovia em sua sala de cinema particular, reunindo celebridades, políticos e a "alta sociedade" carioca, para apresentar os filmes mais concorridos em pré-estreia. Os convites para as noites de gala do cinema estadunidense, que ele organizava, eram disputadíssimos e os detalhes das festas enchiam as páginas de todas as "colunas sociais" dos principais jornais brasileiros. Instalado no Rio desde 1954, esse escritório da MPA justificava-se pelo fato de o Brasil figurar como o 7º maior mercado cinematográfico fora dos Estados Unidos, e como o 1º da América Latina, segundo dados disponibilizados pelo próprio *lobby*. E mais: de todos os filmes exibidos nas salas de cinema brasileiras, cerca de 75% a 80% eram estadunidenses. O próprio Stone já havia declarado certa vez que metade do faturamento de um filme produzido em Hollywood vinha do mercado exterior — seus produtores estavam bastante cientes, portanto, da importância de manter um lobista bem articulado nos principais centros de exibição do mundo inteiro.

A história do cinema brasileiro, com todos os episódios marcantes que a caracterizam, já está bem contada por diversos autores consagrados. Para os propósitos deste ensaio, interessa, sobretudo, apontar as circunstâncias em que a ação da indústria cinematográfica estadunidense foi mais incisiva na defesa de seu controle sobre o mercado de exibição brasileiro, conforme notícias de jornal da época tratada. Um desses momentos foi protagonizado, inclusive, pelo próprio presidente da MPA — Jack Valenti — que ameaçou recorrer ao presidente Reagan e ao Congresso dos Estados Unidos, para aplicar retaliação econômica contra o Brasil, caso o país insistisse em manter a reserva de mercado de 25% para videocassetes de produção nacional. Ou seja, apenas um quarto da totalidade das fitas comercializadas. E, mesmo assim, isso era inadmissível para os representantes dos grandes estúdios hollywoodianos. Aquela foi uma decisão determinada por resolução do Conselho Nacional de Cinema (Concine), cuja existência durou de 1976 a 1990, e cuja finalidade seria debater e definir as políticas voltadas para a área cinematográfica brasileira. O fato é que o mercado brasileiro estava em franca expansão. Segundo Zelito Viana, ouvido pela reportagem dos jornais, no ano de 1985, tinham chegado ao público cerca de 16 fitas de videocassete. No ano seguinte, porém, o mercado tinha sido capaz de absorver 13 mil títulos, sendo grande parte desse montante de produção nacional. Os agentes estadunidenses pretendiam uma redução dessa reserva para apenas 10%, mas as negociações tinham sido suspensas em decorrência do aumento da demanda interna e da posição dos cineastas brasileiros, favoráveis à medida.

Por meio de uma carta dirigida a Gustavo Dahl, que então comandava o Concine, Jack Valenti apresentou as suas armas com bastante clareza (Jornal do Brasil, 06/06/1986, Caderno B, p. 2). Sem qualquer tipo de cerimônia ou acanhamento, declarou em alto e bom som as verdadeiras preocupações que norteavam os estúdios que ele representava: “A Resolução 98 do Concine é dirigida contra o coração da exportação da propriedade intelectual dos Estados Unidos. Se o Brasil tiver êxito em negar o acesso dos Estados Unidos a seu mercado interno de videocassete, outras nações inspiradas por ‘soberania cultural’ ou simplesmente para proteger o mercado local serão encorajadas a erguer barreiras contra produtos norte-americanos. Esse é o motivo por que eu, não apenas como indústria norte-americana de filme, mas como nação profundamente dependente dos ganhos do comércio da propriedade intelectual, estou tão preocupado”. É interessante observar esse caráter pedagógico apontado por Valenti em sua carta, referindo-se à capacidade de uma ação soberana de determinado país ser utilizada como exemplo por várias nações, como num efeito dominó que confrontaria o domínio comercial dos Estados Unidos em muitos territórios e regiões. O Brasil seria um caso típico dessa qualidade, pelas suas dimensões, cultura, criatividade e talento artístico. E poderia influenciar inúmeros outros países a buscar soberania nesse campo. Na passagem citada, Jack Valenti se confunde com a própria nação — e aí reside a natureza mesma de sua preocupação. Por isso mesmo, o revide seria inevitável, posto que o âmago da nacionalidade estaria sendo ferido de morte. Se não houvesse mudança na conduta brasileira, que se preparassem para uma dura resposta.

O último parágrafo da carta de Valenti endereçada ao Concine, na figura de seu diretor, Gustavo Dahl, é também bastante esclarecedor dessa postura imperiosa e prepotente que sempre caracterizou a ação dos agentes estadunidenses, no trato das grandes questões de cunho comercial e financeiro. “Não é de interesse do Concine, nem da Motion Pictures, acender um fósforo que poderá colocar

Estados Unidos e Brasil numa grande guerra comercial. Nós temos o dever com nossos respectivos governos de fazer todo o possível para evitar essa infeliz modificação no curso dos acontecimentos. É por esse motivo que eu rezo para que o seu encontro com o Sr. Stone traga resultados positivos". Entrava em cena, então, Harry Stone, o badalado lobista do cinema estadunidense em terras brasileiras, que estava sendo escalado para liberar o ingresso maciço das fitas de videocassete produzidas nos Estados Unidos — outro grande filão mercantil que os estúdios de Hollywood não desejavam entregar a nenhum concorrente. Embora a Resolução 98 do Concine jamais tenha sido efetivamente cumprida, dadas as próprias dificuldades de fiscalização e as constantes mudanças tecnológicas do setor, a pressão dos estúdios foi decisiva para sepultar qualquer iniciativa contrária aos seus ditames. A forma como a imprensa retratou essa disputa também revela uma faceta ilustrativa da visão predominante na mídia comercial brasileira. Quando não há um claro distanciamento seguro em relação ao tema, evitando-se qualquer comprometimento com a defesa de atitudes soberanas, prevalece uma tendência a naturalizar a ação intimidadora dos agentes estrangeiros, como se fosse a coisa mais corriqueira do mundo que eles desfrutassem do mais completo domínio sobre o mercado nacional e não sofressem nenhuma resistência. E como se qualquer tentativa de barrar a sua sanha ou de garantir para os produtores locais alguma proteção fosse algo condenável e anacrônico.

Numa longa entrevista com Harry Stone, realizada pela *Folha de S. Paulo* em julho de 1995, percebe-se essa conduta de corroborar as declarações do entrevistado, sem interpor nenhuma discordância ou nenhum questionamento às premissas levantadas por ele. O cinema dos Estados Unidos domina o mercado brasileiro, e ponto final. O escritório da *Motion Pictures Association* no Rio de Janeiro existe para defender os interesses dessa indústria, contra tudo e contra todos, e ponto final. Métodos como retaliações, ameaças ou punições são amplamente utilizados, e ponto final. E a narrativa segue o seu fluxo sem qualquer intervenção contrária. Ou meramente indagativa. Eis uma de suas conclusões mais impressionantes: "Cada lei protecionista de cinema nacional que não passa, cada reserva de mercado nas artes visuais que é derrubada, cada legislação liberal que emplaca, pode crer que o dedo de Stone está por trás". Só faltaram as salvas de palmas. E os gritinhos de êxtase[3].

Esse autodesprezo dos brasileiros tinha tanta repercussão que outra notícia veiculada por essa mesma época realçava o complexo de inferioridade predominante. Estava de visita ao Brasil, circulando por Rio de Janeiro e São Paulo, o governador em exercício da Flórida, à procura de diretores e artistas brasileiros para a coprodução de filmes binacionais. Ao ser indagado sobre o porquê da escolha dos profissionais locais, ele não se acanhou em dizer que os sindicatos de Nova York eram extremamente rígidos e os da Flórida um pouco mais brandos, mas os do Brasil seriam bastante fracos. Isso posto, poderiam contratar apenas um fotógrafo ou diretor sem a obrigatoriedade de pagar toda a equipe. Isso tornava a produção bem mais barata. E o resultado bem mais lucrativo, diga-se de passagem. Ou seja, o profissional brasileiro, mesmo sendo altamente qualificado, era muito mais explorado do que o seu semelhante estadunidense e isso, por si só, justificaria a sua contratação para os serviços especializados dos mais variados tipos. É forçoso dizer que a extração de riqueza de um país não se faz exclusivamente na forma de bens materiais, mas inclui ainda modalidades imateriais que possuem valor extraordinário também. A qualidade dos seus trabalhadores é uma das virtudes mais importantes de qualquer nacionalidade. E deveria servir para o progressivo melhoramento das condições de vida de sua população, não para o gáudio de aventureiros e exploradores estrangeiros.

---

3. Disponível em: www1.folha.uol.com.br/fsp/1995/7/11/ilustrada/1.html.

Nem só de "primo pobre" brincava de se apresentar o país da Nova República, curvando-se desonrosamente aos ditames estrangeiros em seus assuntos internos. Na hora de fazer valer a autoridade moral de seu governo, o vexame também ficava à espreita. O confisco dos bois no pasto, por exemplo, foi uma das páginas mais ridículas da História política brasileira. Não somente pelo evento em si, marcado por cenas caricaturais de agentes da Polícia Federal sobrevoando fazendas para identificar a presença dos bois gordos e, em seguida, realizando operações de busca e apreensão dos mesmos ruminantes. Mas, também pela queda de braço totalmente irracional entre autoridades e pecuaristas — os primeiros tentando impor na marra o congelamento do preço da arroba; os segundos decididos a esconder suas cabeças de gado, à espera de um recuo da equipe econômica e de um reajuste à altura das suas pretensões. Embora oficialmente essa fosse a narrativa imposta ao distinto público acerca do problema, havia algumas nuances que, pouco a pouco, surgiam na imprensa sem muito alarde. A carne bovina não havia desaparecido das prateleiras dos mercados apenas porque governantes e fazendeiros não se entendiam acerca do preço correto da arroba. De fato, o boi gordo andava pelos pastos solenemente e os pecuaristas estavam vendendo seu gado com ágio, isto é, cobrando um pouco além do preço tabelado para quem quisesse pagar. Quem disse isso, segundo matérias de jornal, em outubro de 1986, foi o próprio presidente do Sindicato dos Pecuaristas de São Paulo, que culpou os donos de alguns frigoríficos, que se dispunham a pagar algo próximo aos atuais R$ 300,00 cobrados de modo furtivo pelos criadores, quando o preço de tabela era de quase R$ 280,00 atuais. Ou seja, a carne existia à vontade. E estava sendo vendida para aqueles que podiam pagar um sobrepreço — como grandes hotéis e restaurantes. Na opinião desse fazendeiro, se ninguém pagasse o ágio, mais cedo ou mais tarde, a carne acabaria aparecendo no mercado, dentro dos preços tabelados pelo governo.

Nesse ritmo, em pouco tempo, o congelamento acabou sendo totalmente ignorado na prática, embora continuasse existindo de direito.

E não foram apenas os consumidores de alta renda que ajudaram a burlar o tabelamento, mas todo e qualquer um que podia pagar pela carne com ágio. Técnicos do Ministério da Agricultura reconheceram, em Brasília, que pelo menos na prática a tabela da Sunab não estava mais vigorando para disciplinar o preço da carne vendida ao consumidor nos grandes centros. Na opinião dos especialistas, entre ficar sem o produto à mesa e comprá-lo com ágio, o consumidor que podia estava preferindo a segunda alternativa, fortalecendo o chamado mercado clandestino e tornando praticamente inútil qualquer tentativa de fiscalização. O que acontecia, de verdade, era uma espécie de reação em cadeia. O pecuarista vendia o boi com ágio e fora da inspeção federal, porque encontrava quem se dispusesse a correr o risco. Quem comprava com ágio vendia com ágio, justamente porque muitos consumidores também não queriam ficar sem o produto e topavam pagar o preço majorado. Como a Sunab não possuía estrutura suficiente para fiscalizar e os "fiscais do Sarney" abandonaram a tarefa que lhes fora dada, estabeleceu-se um mercado ilícito que já não era escondido em lugar algum. No fundo, era uma saída que tentava escapar do vexame — fechavam-se os olhos para a tapeação e fingia-se que tudo se passava dentro da mais perfeita ordem. E todos colaboravam.

Havia mais coisas em jogo: entre elas a eleição que se aproximava, para conduzir aos governos estaduais e ao Congresso Constituinte os candidatos escolhidos pela população para levar adiante os projetos da Nova República — consolidar a democracia brasileira e resolver grande parte dos problemas econômicos e sociais legados pela ditadura. Era uma tarefa e tanto. O PMDB, partido do governo que havia configurado a Aliança Democrática da chapa Tancredo/Sarney, era uma estrela em ascensão no cenário político do país e confirmaria os prognósticos lançados durante todo o período da campanha eleitoral — os de que obteria uma vitória esmagadora em todo o território nacional. Curiosamente, no entanto, embora reconhecendo essa conquista extraordinária do governo e de seus principais correligionários, a imprensa deixava escapar algumas preocupações que rondavam o Palácio do Planalto, em especial, concernentes à eleição direta para a Presidência da República, que deveria acontecer ao final do mandato de José Sarney. Esse era o troféu que interessava verdadeiramente ao grupo que havia ascendido ao poder com o fim da ditadura. Era um grupo heterogêneo, que comportava tendências bastante distintas, abrigando, inclusive, personalidades do cenário político que tiveram enorme destaque no período da ditadura. Um elemento, porém, parecia operar para garantir a todos eles um objetivo comum — barrar a ascensão da esquerda, no caso representada por Leonel Brizola (PDT), de um lado, e Luiz Inácio Lula da Silva (PT), de outro.

Nesse sentido, as avaliações mais positivas do resultado eleitoral anunciavam um enfraquecimento incontestável tanto dos trabalhistas quanto dos petistas. As greves ocorridas no ano anterior, com ampla participação de trabalhadores e com certo apoio da opinião pública, tinham colocado em alerta o núcleo de poder da Nova República. Por isso mesmo, havia o que comemorar: segundo os jornais, o presidente José Sarney, sem ter feito nenhum comício, ganhou até demais as eleições de 1986 — delas saiu um PMDB certamente maior do que ele mesmo desejaria, mas, o seu maior lucro teria sido o de isolar o PT, que ficou espremido pela disputa às eleições majoritárias, não devendo aparecer com força na Constituinte, e o governador Leonel Brizola, que perdeu substância com as derrotas no Rio de Janeiro e no Rio Grande do Sul. A oposição partidária a Sarney, portanto, ficou emparedada pela esmagadora maioria do PMDB e, em muito menor escala, pelo PFL. Todavia, por mais espetacular que tenha sido a vitória política dos governistas na eleição, o seu horizonte aparecia nublado e sombrio diante das severas dificuldades econômicas a enfrentar nos dias vindouros. Um dos sintomas desse desconforto que se anunciava foi justamente a presença do deputado Ulysses Guimarães, presidente nacional do PMDB, no debate sobre as reformas que deveriam ser feitas no plano econômico do governo. Isso porque Ulysses não fora ouvido nem na formulação do Plano Cruzado nem na criação do empréstimo compulsório sobre os combustíveis, decretado meses depois. E agora era o convidado de honra.

No dia 21 de novembro de 1986, o governo anunciou uma série de aumentos de preços em produtos e serviços, cujo objetivo principal era o de promover os ajustes necessários ao bom andamento do plano de estabilização econômica. Eletricidade, telefone, tarifa postal, combustíveis, automóveis e outros foram as categorias mais afetadas, deixando entrever com bastante clareza que o mais atingido seria mesmo o bolso da classe média. Quem alertou para os infortúnios trazidos pelos reajustes foi Dom Luciano Mendes, secretário-geral da CNBB. Para ele, a reforma do cruzado teria colocado em questão a credibilidade do governo, por ter sido anunciada após eleições que pareciam ter consagrado fidelidade da população ao plano. Foi o prestígio decorrente dos sucessos do plano de estabilização — sobretudo, ao controlar minimamente a inflação — que resultou na vitória estrondosa do partido governista na eleição de 1986. Logo em seguida aos resultados do pleito, promover uma subida tão abrangente de preços e tarifas não pareceu a melhor decisão. A fidelidade ao plano, destacada por Dom Luciano, era uma espécie de compromisso entre governo e cidadãos. Ambos teriam de ser fiéis ao projeto, para que ele desse certo. Quando a equipe econômica liberou afinal o aumento dos aluguéis, apenas uns dias depois do anúncio oficial dos reajustes, a derrota da parcela assalariada ficou bem evidente: era ela que pagaria, praticamente sozinha, todos os custos do saneamento da economia. Seria cada vez mais difícil escapar das duras críticas a essa estratégia de aguardar o resultado das eleições para, então, lançar sobre os trabalhadores as agruras de uma nova sequência de aumentos e sacrifícios. Parecia um estelionato eleitoral. A impopularidade das medidas começaria a forçar muitos políticos a buscar o afastamento do centro decisório que as tinha determinado. Embora o pretexto fosse o de evitar um desgaste elevado do PMDB na eleição, caso o anúncio fosse feito antes do pleito, o oportunismo vislumbrado nessa manobra pegou muito mal.

O ministro da Fazenda, Dílson Funaro, apresentou sua demissão ao presidente, julgando que teria sido responsabilizado pelas decepções generalizadas com o governo. José Sarney não aceitou e o manteve no cargo. Mas, isso seria por pouco tempo. Era preciso ganhar fôlego para amenizar os desastres causados pelo impacto negativo das medidas recentes. Os jornais, sempre cuidadosos na abordagem do tema, enfatizavam a sincera preocupação do mandatário com o andamento da crise. Segundo as notícias, o presidente estaria abatido com as críticas ao Plano Cruzado II e reconhecia que houve um erro estratégico na forma como as medidas foram divulgadas, sem qualquer preparação da opinião pública. Ele pretendia explicá-las à nação, mas acabara se deixando convencer por assessores sobre a falta de oportunidade do pronunciamento. Ora, ora. Não era uma questão de marketing. Por mais que se tentasse embelezar o pacote acabado de lançar, não havia como esconder, ou ao menos disfarçar, que se tratava de uma facada nas costas da população assalariada, que, provavelmente, pelo resultado da eleição, parecia ter votado em peso nos candidatos governistas. Uma sensação de frustração e de fracasso tomou conta das pessoas. A reação popular não tardou, e foi violenta. Segundo as primeiras páginas dos jornais, toda a polícia do Distrito Federal teria sido impotente para conter a onda de protestos que se transformou em arruaça, com saques e depredações "como Brasília nunca havia assistido" antes. Depredações de agências bancárias, saques de lojas, ônibus e carros da polícia incendiados, o cardápio era completo. O próprio noticiário afirmou que a violência partira dos policiais, já sabidamente incompetentes para lidar com manifestações populares. Para não deixar dúvidas, o Exército logo botou o bloco na rua e cercou o Palácio do Planalto, além de exibir pelas avenidas diversos exemplares de carros de combate e tanques. Sem se intimidar, os populares que ousaram sair às ruas gritavam suas palavras de ordem e onde apareciam membros do governo ou parlamentares, as vaias eram certas. Nem Ulysses Guimarães escapou dos apupos ao chegar no Congresso Nacional.

Tal explosão popular não apenas surpreendeu políticos e jornalistas, como acendeu um alerta perigoso de possível descontrole social ocasionado pela perda de confiança nas medidas governamentais. As manchetes em letras garrafais indicavam a perplexidade e a preocupação generalizadas. As menções aos atos de violência que marcaram os protestos foram insistentes, enquanto autoridades como o ministro da Justiça e o porta-voz do Planalto aferravam-se ao argumento de que tudo se tratava de ação orquestrada por grupos de interesse político dedicados a fazer provocação. Pelo sim, pelo não, o governo cuidou de garantir a maior discrição possível por parte da imprensa, na esperança de manter um mínimo de credibilidade diante do grande público. Para tanto, contou com o favor obsequioso da mídia, que foi bastante reservada na divulgação dos malfadados eventos: as redes de televisão Globo e Manchete apresentaram poucas imagens do protesto em seus noticiários, atendendo à solicitação do presidente Sarney aos dirigentes das duas organizações, Roberto Marinho e Adolpho Bloch, segundo notinha de jornal. Nesse caso, valeu a máxima de que o que os olhos não veem, o coração não sente. Quanto menos divulgação houvesse dos atos contrários ao governo, menores seriam os danos causados por eles. O contrário também seria verdadeiro, e a mídia em geral saberia explorar muito bem essa vantagem: alardear eventos serviria para atiçar o fogo das insatisfações e para conduzir os manifestantes por caminhos desejados.

Em termos práticos, foi convocada uma greve geral contra as medidas econômicas, para o dia 12 de dezembro, uma sexta-feira quente e alvoroçada de um final de ano que prometia muita inquietação no país. Saques e depredações até poderiam ser apenas um "caso de polícia", mas, uma greve geral era muito mais do que isso e o governo já declarava que o Exército iria intervir caso houvesse desordem na greve. Nesse momento, ficava bem claro o significado da demanda dos militares pela preservação do seu papel constitucional como guardiães da ordem interna. E todos puderam compreender que o sistema de poder vigente no Brasil tornara imprescindível a ação das Forças Armadas na manutenção dos direitos, dos privilégios e das regalias que se desejava preservar. O informe dizia que, caso houvesse perturbação da ordem na greve geral programada, as tropas federais seriam acionadas. O próprio ministro do Exército confirmou a existência de um esquema montado especificamente para atender a essa demanda. Os demais comandantes das Forças Armadas reforçaram as declarações do general, enfatizando que estavam decididos a manter a ordem, preservar a autoridade do poder civil e fazer cumprir a lei. Estava dado o recado.

Mais do que um comunicado, a declaração dos militares acerca de seu papel de guardiães da lei e da ordem foi seguida de uma patente demonstração de força, com a ocupação ostensiva das instalações da Companhia Siderúrgica Nacional (CSN), em Volta Redonda, e de diversas estações ferroviárias da Central do Brasil, no Rio de Janeiro, por tropas do Exército. Da mesma forma, soldados da Marinha ocuparam as áreas portuárias de Santos e do Rio de Janeiro, após ambos os sindicatos de estivadores comunicarem sua adesão à greve geral decretada. Um grande aparato policial e militar foi mobilizado pelas autoridades em todo o país. O Exército pretendia acompanhar a greve geral de sobreaviso e a Aeronáutica iria manter todo o seu efetivo de prontidão. No dia seguinte, as notícias transpiraram um visível alívio por parte da imprensa, que certamente ecoava um sentimento comum ao próprio governo. A greve geral convocada pelas centrais sindicais em protesto contra as medidas do chamado Plano Cruzado II não tinha sido nem geral nem nacional. Aliviado, o presidente afirmou que o movimento fora planejado por uma minoria radical e que não seria justo com o governo. Já as lideranças sindicais julgaram que a paralisação cumprira o seu objetivo e afirmaram que ela não tinha sido proposta como um fim em si mesmo, mas como o começo de uma agenda de lutas que duraria um bom tempo. Em tese, a leitura dos jornais poderia dar a impressão de que estava tudo resolvido e de que o governo havia vencido a batalha contra os sindicatos. A imprensa parecia fazer de tudo para que os líderes grevistas assumissem o próprio "fracasso", mas eles resistiram bravamente e não admitiram o fiasco que a mídia tentava arrancar de suas falas. Ao contrário, apontaram a exibição de força bruta do governo, com os militares nas ruas, nas fábricas, nos portos, como uma tática de intimidação dos trabalhadores que se reportava ao período da ditadura.

Apesar das tensões, uma grande expectativa aguardava os parlamentares eleitos para a nova legislatura, que se iniciaria em 1987, com a missão precípua de redigir uma nova Constituição para o Brasil. Muitos deles eram novatos e não tinham a menor ideia do que iriam encontrar em Brasília. No afã de familiarizá-los com as nuances da Capital e do próprio Congresso, os jornais começaram a fazer matérias detalhadas sobre os hábitos e as condições que seriam predominantes nessa nova vida que se iniciava. Para começar, uma radiografia do Congresso Nacional: 210 mil metros quadrados de área construída, mais de 10 mil funcionários regulares e um gasto de água e de luz que se equiparava ao de milhares de residências de médio porte. O seu orçamento para o ano vindouro era de Cz$ 4 bilhões e 500 milhões (algo em torno de R$ 3,8 bilhões), nada mal, mas poderiam ser solicitadas verbas complementares no segundo semestre. À disposição haveria ainda uma vasta biblioteca com cerca de 800 mil volumes e um dos acervos mais ricos do Brasil, dispondo de documentos que datam de 1823. Uma gráfica com aproximadamente 1.500 funcionários estaria ao dispor dos parlamentares para executar todo tipo de serviço — impressão de discursos, projetos ou qualquer outro trabalho legislativo. Bares, restaurantes, cafés, barbearia, salão de beleza, farmácia, além de médicos, dentistas e enfermeiros prontos para atender qualquer eventualidade, em ambulâncias equipadas com toda aparelhagem de emergência, também faziam parte das prerrogativas dos parlamentares e constavam das facilidades disponibilizadas no interior do parlamento brasileiro. Ademais, cada constituinte, além de ter direito a usufruir de todo esse complexo, receberia um apartamento para morar, de três a quatro funcionários no gabinete, um salário em torno de Cz$ 24 mil por mês (aproximadamente R$ 20 mil atuais), acrescidos de ajuda de transportes, ajuda de gabinetes, totalizando um subsídio de Cz$ 48 mil mensais (cerca de R$ 40 mil atuais), livres de Imposto de Renda. Teria ainda franquia de telefone e de correio e quatro passagens aéreas mensais, três para seu estado de origem e uma para o Rio de Janeiro. Para um lazer mais completo e seguro, os congressistas disporiam ainda de duas sedes do Clube do Congresso, com salões de festas, salões de jogos, sauna e ginásio, além de piscinas, quadras de esporte, restaurante e lanchonete.

Alheios a todas essas vantagens, os grandes *lobbies* empresariais começaram cedo a se movimentar para assegurar a eleição de representantes do setor privado e influenciar de forma decisiva a redação da futura Carta Magna brasileira. Essas articulações se tornaram tão ostensivas que chegaram às páginas dos jornais, nas quais se denunciava a inexistência de uma legislação adequada para coibir os abusos dos poderosos na disputa eleitoral. Enquanto o poder econômico se organizava para determinar os rumos da Constituinte e para definir os parâmetros da nova Constituição, os demais setores da sociedade, que não dispunham de recursos financeiros de igual monta, ficavam claramente em desvantagem na hora da escolha de seus candidatos. Isso acabaria se refletindo também no teor dos capítulos mais importantes da nova carta constitucional do país. E isso sem levar em conta uma sondagem do Ibope, publicada na imprensa, que apontava o total despreparo do eleitorado na época: 72% dos entrevistados sequer sabiam o que era exatamente uma Assembleia Constituinte. Tudo parecia conspirar para que a composição do Congresso Nacional não representasse de fato uma escolha popular, definida pelo voto livre e soberano. Em lugar dos ditames de exceção impostos pela ditadura, vinha agora o poder do dinheiro se sobrepondo a todos os demais meios para se consagrar uma eleição.

As eleições de novembro de 1986 entraram para a História política do Brasil como uma das campanhas mais caras dos últimos tempos, confirmando em definitivo a participação dos setores empresariais em grupos de pressão política decididos a influir nos resultados. Pautando-se, sobretudo, numa agenda de defesa intransigente da liberdade e da iniciativa privada como "fundamentos da democracia", os *lobbies* formados pelos empresários, por meio das suas várias associações e entidades representativas, ofereciam apoio financeiro de grande monta aos candidatos a deputado federal e senador ligados a essa pauta. Dentre essas organizações, destacaram-se a Fiesp, a Federação das Associações Comerciais, a Confederação Nacional dos Diretores Lojistas, a Confederação Nacional das Instituições Financeiras, a UDR. Eram poderosas agremiações representativas, que tinham grande penetração em seus meios específicos e franco trânsito nas esferas governamentais e políticas do país. Esse esforço adicional que estavam empregando na configuração de um Congresso favorável a suas propostas e ideias, mesmo não sendo exatamente uma novidade, tinha lá a sua razão de ser: o grande fantasma a enfrentar era a representação da esquerda na Constituinte. Renovada e diversificada, embora numericamente pequena, demonstrava um grande poder de fogo. Era isso o que mais assombrava o empresariado.

Cada vez mais, tornava-se evidente que os detentores do poder econômico, assim como os militares, tinham pouca simpatia por uma disputa democrática aberta. Mal saído de uma longa ditadura, e dando os primeiros passos rumo à reconstituição de seu Estado de Direito, o Brasil vislumbrava um movimento bastante intenso de pessoas e entidades dispostas a gastar muito dinheiro para colocar, no comando das esferas decisórias, apenas aqueles que se dispusessem a ser "os serviçais dedicados de seus senhores". A mera suposição de que os partidos de esquerda pudessem fazer uma bancada parlamentar expressiva, que simbolizasse as afinidades ideológicas e políticas de certas parcelas da população brasileira, era suficiente para mobilizar grandes esforços no sentido de tentar neutralizar essas forças dentro das instituições, ou até mesmo impedir que elas chegassem a se constituir. Havia um claro reconhecimento de que a nova Constituição brasileira teria um imenso impacto sobre o desenvolvimento futuro do país, e as agremiações empresariais não pretendiam deixar que os representantes dos trabalhadores comandassem o debate e a deliberação sobre os principais tópicos que mais diretamente lhes diziam respeito. A desigualdade de forças era gritante, mas não havia nada na legislação da época que pudesse interditar a ação desimpedida desses setores, na busca por uma fatia cada vez maior do poder de decisão que determinaria os rumos da nação brasileira pelas décadas seguintes. Dispostos a pagar por seus objetivos, esses grupos de pressão conceberam um regime democrático próprio, no qual era possível (e desejável) suprimir a noção de paridade e igualdade de condições, na competição pelo poder. Como bem ressaltou o ilustre senador Roberto Campos: "Democracia é ótimo. O que aborrece é esse negócio de precisar de votos" (Jornal do Commercio, 31/12/1986, p. 2).

Outro elemento importante que caracterizou esse pleito, e que acabaria definindo algumas das principais peculiaridades do sistema político brasileiro, foi o ingresso dos evangélicos na política partidária, com uma representação parlamentar cada vez mais expressiva. O fenômeno parece ter começado pelo Estado do Rio de Janeiro, mas acabaria se espalhando por todo o território nacional. Segundo o pastor Roberto Lopes, cuja base eleitoral estava situada em Niterói e São Gonçalo, duas cidades da região metropolitana do Estado do

Rio bastante populosas, os evangélicos constituiriam uma parcela de aproximadamente 30% da população brasileira e isso, por si só, justificaria a sua forte presença no Congresso Nacional. Na visão do religioso, a explicação mais elementar para a força desse conjunto estaria no fato de que os protestantes possuíam igrejas em todo o Estado do Rio, inclusive nos lugares mais inóspitos, nos quais não se observava a presença de outras instituições. Como esses núcleos funcionavam ativamente, tinham capacidade para suplantar qualquer partido político. Em segundo lugar, mas não menos importante, vinha a utilização dos veículos de comunicação de massa, principalmente, o rádio e a televisão, que davam um alcance extraordinário para a sua pregação. É fundamental ressaltar que muitos pastores evangélicos eleitos na ocasião vinham de uma longa experiência como detentores de programas de radiodifusão bastante populares. Mas, é preciso salientar, a esse respeito, que a utilização da popularidade obtida em atrações radiofônicas para fins eleitorais não era um monopólio dos segmentos evangélicos: vários políticos de destaque do Rio de Janeiro, em todos os tempos, vinham dessa mesma linhagem, como Sandra Cavalcanti, Artur da Távola, Amaral Neto, Miro Teixeira, Antony Garotinho, Cidinha Campos e muitos outros.

O PMDB continuaria sendo a maior força política dentro do Congresso Nacional, tendo conquistado 28 cadeiras das 60 disputadas só pelo Estado de São Paulo. Uma ressalva nesses números, contudo, indicava que a chamada esquerda do partido tinha saído derrotada dessa eleição, perdendo metade da posição que possuía na legislatura passada, num claro contraste com o sucesso dos 22 governadores eleitos em todo o Brasil. Seria sintoma do financiamento empresarial, que garantia grandes somas de recursos para os seus próprios candidatos e penalizava os outros que não seguiam seus ditames? Em Minas Gerais, o PMDB também continuaria exibindo grande poder de fogo eleitoral: dos 53 deputados eleitos, 35 eram da sigla mais vitoriosa. O perfil conservador do Congresso seria mantido, em grande medida. O PT, com uma bancada de apenas oito parlamentares constituintes eleitos, acabou ostentando em seus quadros o deputado mais votado do país naquele pleito decisivo: Luiz Inácio Lula da Silva, com 651.763 votos. Havia um longo caminho a percorrer no debate com a sociedade acerca dos rumos a serem seguidos na elaboração da nova carta constitucional brasileira.

Jornal da Cons

Órgão Oficial de Divulgação da Assembléia Nacional Constituinte

Bras

Todos decider

ADIRP/William Prescot

CAPÍTULO 5

De fracassos e de expectativas

1987. Dois temas principais dominaram o noticiário no alvorecer de 1987: de um lado, o fracasso macroeconômico, com o fim do Plano Cruzado e com a volta da inflação, de outro, a instalação da Assembleia Nacional Constituinte, que carreou imensa carga de expectativas e motivou uma pesada disputa em torno do controle político das suas comissões. No meio-tempo, entre esses dois assuntos que ocuparam grande parte dos debates nacionais da época, levantou-se o problema do tempo de duração do mandato presidencial de José Sarney. Pela Constituição que estava em vigor (promulgada em 1967, em plena ditadura, portanto), cada governante permanecia no cargo pelo prazo de seis anos. No entanto, dadas as contingências daquilo que se convencionou chamar de "transição democrática", e levando-se em conta as aspirações generalizadas quanto à volta das eleições diretas para presidente, uma extensão assim tão elástica de datas tornara-se de fato inaceitável. Os governistas propunham cinco anos como um prazo razoável, mas, os oposicionistas, capitaneados por Leonel Brizola (PDT) e Luiz Inácio Lula da Silva (PT), insistiam em definir aquele período transitório em quatro anos, prevendo um novo pleito já em 1988. Ao lado deles, Mário Covas (PMDB) também pregava a necessidade de reduzir a fase provisória de mudança de regime — de ditadura para democracia — com maior rapidez, defendendo o estabelecimento constitucional do mandato presidencial de quatro anos, valendo para o próprio Sarney. Nada simbolizaria melhor a chegada da democracia do que a eleição direta do presidente da República. Pelo menos, era o que se acreditava.

De um modo geral, pelo que se lê na imprensa da época, os principais agentes econômicos do Brasil estariam bastante pessimistas com relação ao futuro do país. Empresários, banqueiros, ruralistas, economistas de diversas agências privadas e oficiais mostravam-se céticos diante do quadro de dificuldades enfrentadas, as quais, na maior parte das opiniões manifestadas, acabariam levando a uma recessão com desfecho imprevisível. De fato, o retumbante fracasso do Plano Cruzado, após uma longa agonia marcada por severos embates entre o setor empresarial e a equipe econômica do governo, em torno do congelamento de preços e do manejo da política macroeconômica, não inspirava maiores entusiasmos. Uma das primeiras medidas adotadas pelo governo, no sentido de contornar a crise com o setor privado, foi a de instituir o controle de preços no lugar do finado congelamento. Por mais que revestisse a iniciativa de significativo avanço em relação ao que fora feito anteriormente, na prática, a equipe econômica não conseguiu convencer o empresariado. Surgiram boatos de que os dirigentes das principais empresas brasileiras estariam pensando em promover um movimento de "desobediência civil", sob o comando da principal federação empresarial de São Paulo. O presidente José Sarney respondeu de forma dura, acusando setores industriais de serem adeptos do anarquismo e de estarem preparando uma ação destinada a desestabilizar o governo federal. Dílson Funaro, o outrora poderoso ministro da Fazenda, também criticou os empresários que estavam aumentando seus preços sem autorização oficial e ameaçou cortar-lhes o crédito, caso não respeitassem o prazo legal de realinhamento de preços. Aqui e ali, apareciam notinhas indicando que os pesos-pesados da atividade econômica paulista já começavam a pedir a cabeça de Funaro. Ao mesmo tempo, porém, deixavam claro que não abririam mão de indicar o futuro ocupante do Ministério da Fazenda. As rédeas da economia deveriam continuar em São Paulo.

No curso da crise, o governo Sarney anunciava a disposição de lançar um novo pacote de medidas econômicas destinado a conter a subida de inflação e a alta dos juros — nas entrelinhas, ficava sugerido que os objetivos seriam alcançados por meio do aperto nos créditos, nos subsídios e nos aumentos salariais. Apesar disso, o descrédito parecia generalizado. Conforme captou uma reportagem de jornal, várias lanchonetes vizinhas, numa área do centro do Rio de Janeiro, combinaram um aumento de preços conjunto em todas as suas mercadorias, talvez, pensando que assim poderiam despistar a ação dos fiscais ou obrigá-los a uma ação conjunta contra todo o grupo. Ao ser indagado sobre a medida, um dos gerentes explicou: eles tinham decidido se organizar e aumentar tudo ao mesmo tempo. Se alguém tivesse de ser preso, iriam todos juntos!

Enquanto esse clima geral de desobediência civil se alastrava pelas cidades, o governo seguia prometendo mudanças e buscava maior entendimento com a sociedade. Dílson Funaro garantia que conversaria com todos, incluindo aí governadores, partidos políticos, prefeitos e diversos segmentos do povo brasileiro. Os assalariados, sempre que eram consultados, demonstravam querer a manutenção do congelamento de preços, a despeito de todos os problemas que ele havia gerado. Mesmo reconhecendo a falta de produtos nas prateleiras dos mercados e o ágio cobrado sobre diversas mercadorias, os entrevistados nas pesquisas de opinião divulgadas pelos jornais diziam preferir que o congelamento de preços fosse mantido. O horror à inflação continuava assombrando a população brasileira, especialmente, aquela parcela que vivia de salário.

Não espanta esse horror do povo à inflação, sobretudo, quando se aprende que o montante de renda apropriado pelos trabalhadores assalariados do Brasil era vergonhosamente pequeno. Pelos dados do IBGE publicados na imprensa, ficava-se sabendo que o país tinha uma população economicamente ativa de 51 milhões de pessoas, sendo que, desse total, apenas 8 milhões pagavam Imposto de Renda, isto é, obtinham somas superiores ao mínimo estabelecido pelo fisco para taxação. 15,6% era o percentual dos assalariados responsáveis pelo pagamento de impostos ao final do ano fiscal. Com uma receita que encolhia progressivamente diante da inflação, muitos acabavam se alimentando de modo sofrível e vivendo em condições bastante adversas. Como se costumava dizer, "viviam de teimosos". No sertão nordestino, que, vez por outra, ganhava as páginas dos jornais com o retrato de uma gente desamparada e faminta, reclamando medidas urgentes a uma sociedade que se pretendia minimamente civilizada, o quadro desolador mostrava um nível elevadíssimo de desnutrição infantil, de gravidez precoce e de altas complicações no quadro geral de saúde, com a gravíssima falta de saneamento básico e a baixíssima qualidade da alimentação acessível. Diante desse quadro, o governo falava em um pacto social para enfrentar a crise econômica que se avolumava e ainda demandava dos sindicatos, dos movimentos sociais e de suas principais lideranças que aceitassem os sacrifícios impostos aos trabalhadores, sob pena de se jogar o país no mais terrível caos. Dos mais pobres, os ricos brasileiros sempre esperaram altas doses de compreensão e de altruísmo. E sem que lhes dessem nada em troca.

Na base dessa iniciativa do governo, havia o receio de que um quadro socioeconômico agravado pela inflação elevada e pelo aumento das greves e das reivindicações trabalhistas pudesse trazer implicações negativas para a negociação da dívida externa brasileira. Praticamente impagável nas condições em que o país se encontrava, essa dívida consumia um grande esforço das autoridades no sentido de obter algum tipo de concessão por parte dos bancos e dos governos estrangeiros, em termos de prazos mais alongados e de condições mais favoráveis aos devedores. No limite, haveria a necessidade de recorrer ao FMI, cujos empréstimos e arranjos vinham sempre acompanhados de severas medidas de ajuste econômico, que costumavam lançar os países endividados em longos períodos recessivos e em situações dramáticas de crise social. Sabedor de todos os percalços envolvidos no socorro prestado pelo FMI, o governo brasileiro dizia estar fazendo de tudo para que não fosse necessário chegar de joelhos aos escritórios do fundo.

Justamente por isso, a equipe econômica e as lideranças do governo Sarney insistiam na ideia de que era preciso garantir um mínimo de estabilidade interna, para que o Brasil reunisse força suficiente na hora de dialogar com os seus credores internacionais. Portanto, nada de reclamações dos mais necessitados. Aos pobres era dada a missão de "fazer bonito" perante os credores e de garantir a sua confiança.

Tornara-se comum nas hostes governamentais acusar a presença de pessimismo e de derrotismo nos opositores. Na falta de bons argumentos para justificar o manejo ruim das políticas públicas, os governistas jogavam nas costas da oposição os principais fracassos colhidos nesses primeiros anos do mandato Sarney. Acima de tudo, de acordo com a fábula montada para legitimar o andamento do governo, seus insucessos se deviam não aos desastrosos esquemas montados para enfrentar os graves problemas do país, mas, aos insistentes rechaços por parte dos adversários às medidas tomadas. Nessa fabulação, o que causava as maiores dificuldades não era exatamente a ação oficial, e sim a postura pessimista e derrotista dos seus detratores. Confiança e positividade seriam os remédios mais eficazes para combater o desânimo e garantir o sucesso. Mas, onde encontrá-las?

Aqui e ali, os jornais forneciam alguns indicadores do quadro social desolador que imperava em grande parte do país. De longe, a região Nordeste se destacava como o maior polo de miséria e sofrimento, embora não estivesse sozinha nessa triste primazia. Em todas as regiões do imenso território brasileiro, periferias e favelas exibiam a vergonhosa desigualdade social que sempre caracterizou o padrão do desenvolvimento aqui imposto. Nas áreas rurais do sertão, os dados colhidos periodicamente pelas pesquisas eram mesmo de assustar: quase metade da população adulta era analfabeta; apenas um quarto das casas possuía acesso à energia elétrica; mais da metade das mulheres engravidava antes de completar 20 anos de vida; mais de 50% das crianças menores de três anos encontravam-se desnutridas; algo em torno de 10% dos trabalhadores rurais tinham menos de 13 anos de idade.

Como já observado, mesmo nas grandes cidades, e mesmo entre os 51 milhões de brasileiros economicamente ativos, apenas 8 milhões pagavam Imposto de Renda. Segundo dados do IBGE publicados nos jornais, nos idos de janeiro de 1987, somente 5% ganhavam um salário que ficava um pouco acima dos atuais R$ 5 mil, enquanto 7,5% recebiam alguma coisa entre R$ 2 mil e R$ 5 mil, em moeda de hoje. Mais de 70% dos trabalhadores assalariados do Brasil ganhavam menos de R$ 2 mil em dinheiro atual, sendo que, com esse tipo de remuneração, não conseguiam comprar coisa alguma além do trivial para se alimentar pobre e sofridamente e ainda morar de modo precário. O que se observa desses dados é que uma parcela imensa da classe trabalhadora do país vivia à margem do mercado consumidor, à exceção dos produtos da cesta básica que correspondiam ao essencial mínimo para sobreviver. Não à toa, o diretor do Dieese, Walter Barelli, bradava na imprensa que, com base em estudos preliminares que vinha realizando, os três últimos planos econômicos do governo federal haviam infligido "o maior confisco salarial da história do trabalhador brasileiro". Pelos seus cálculos, as perdas já teriam chegado a, pelo menos, 35%. Como se não bastasse o arrocho sobre os salários, havia também o desemprego galopante: apenas entre janeiro e maio de 1987, o IBGE apurou, em sua pesquisa mensal sobre o nível de ocupação da mão-de-obra no país, que cerca de um milhão de trabalhadores haviam perdido o emprego. Pelo que se publicou nos jornais, somente no mês de maio, 330 mil pessoas ficaram sem trabalho. O descontentamento dos assalariados com o governo Sarney, portanto, só fazia crescer.

Acrescente-se a esses números, já por demais incômodos, o fato de que a inflação voltara a escalar, sobretudo, com o fim do congelamento. Mais uma vez, era o Dieese que denunciava, em julho de 1987, que os alimentos da cesta básica custaram ao trabalhador de salário mínimo nada menos do que 85,5% do seu orçamento mensal. Não era raro que, mesmo trabalhando regularmente o mês inteiro, em jornadas muitas vezes extenuantes, os assalariados brasileiros chegassem mesmo a passar fome, a não ter o suficiente para pagar sua moradia deficiente e sua alimentação minguada. Estavam condenados a uma vida sem esperanças e sem futuro. E muitos achavam que eles "viviam de teimosos". Em outubro daquele ano, com toda pompa e circunstância, o presidente José Sarney lançou o Plano de Ação Governamental (PAG), destinado a "dar maior prioridade a projetos de combate à miséria", com metas estabelecidas até 1991. De acordo com o discurso oficial, o maior objetivo do programa era "modificar o perfil de distribuição de renda do país", com intuitos extraordinariamente ambiciosos: construção de casa própria para 35 milhões de brasileiros, assistência de creche para 7 milhões de crianças, apoio aos 4,5 milhões de boias-frias. Mais do que criticar o alcance pífio das finalidades almejadas, vale a pena se deter no diagnóstico elaborado para fundamentar esse plano arrojado.

Trata-se de uma das mais extensas constatações dos níveis de pobreza que assolavam o Brasil. De acordo com os dados compilados, havia 90 milhões de pessoas com déficit alimentar (fome), numa população total de 140,9 milhões (cerca de 64%), ou seja, mais da metade! Entre elas, encontravam-se o que se chamava na época de "menores carentes": 36 milhões de crianças abandonadas ou em graves condições de vida junto aos seus familiares. E ainda 24 milhões de analfabetos e 10 milhões de portadores de alguma deficiência física. Não bastassem esses números, o país ainda se debatia diante de um tremendo déficit carcerário, que corresponderia praticamente ao dobro das vagas existentes nos presídios. A capacidade das penitenciárias era quase igual ao número de presos à espera de vagas. Eram cifras impressionantes, mas sobrepujadas pela quantidade de mandados de prisão que não eram cumpridos, que já ultrapassavam os cem mil. Não havia água encanada em 9 milhões 700 mil domicílios, sendo que 14 milhões 500 mil não dispunham de instalações sanitárias e 5 milhões 700 mil não contavam com energia elétrica. Pelos cálculos do estudo, o déficit habitacional urbano andava na casa dos 9 milhões 300 mil residências, fazendo com que pelo menos 59 milhões 700 mil pessoas morassem em condições bastante precárias. No campo, a maior parcela das terras (66,8%) estava concentrada em poder de 3,74% proprietários latifundiários. Ao todo, cerca de 10 milhões de pessoas não possuíam terra para cultivar, ou a possuíam em quantidade insuficiente para sua sobrevivência. Uma média de 92 mil trabalhadores rurais sem-terra viviam acampados e 4 milhões 200 mil trabalhavam como boias-frias.

Do total de 24 milhões de analfabetos, quase 7 milhões estavam na faixa dos 7 aos 14 anos de idade, portanto, crianças fora da escola. Ao todo, a população não escolarizada alcançava a marca de 16 milhões 900 mil pessoas. No quesito saúde, os dados não eram mais animadores: nada menos do que 46 milhões de cidadãos não dispunham de nenhum acesso à assistência ambulatorial (consultas e exames), enquanto pelo menos 24 milhões ficavam sem internação hospitalar e 11 milhões 400 mil encontravam-se acometidos de doenças endêmicas. Entre os portadores de deficiência, havia 500 mil portadores de alguma deficiência mental, 1 milhão 900 mil portadores de problemas auditivos, 600 mil cegos, 2 milhões 600 mil com deficiência física e mais 1 milhão 300 mil com outras enfermidades, sendo que, para eles, o cuidado era muito precário. Os idosos, cujo número vinha crescendo nas últimas décadas, eram 8 milhões 900 mil, dos quais 47,5% eram analfabetos e 4 milhões 500 mil possuíam renda familiar inferior a dois salários-mínimos. Entre essa população idosa crescente, os dados indicavam que dois milhões não dispunham de qualquer tipo de renda. A existência de tantos idosos sem nenhuma renda só poderia ser atribuída a uma séria lacuna do sistema previdenciário. É pouco provável que pessoas pobres tenham vivido uma vida inteira, até chegar à velhice, sem trabalhar. No caso brasileiro, essa hipótese seria praticamente impossível. Levando-se em conta os outros dados desse levantamento, tais como analfabetismo e doenças, o mais plausível é que esses velhos tenham exercido funções e tarefas não regulamentadas, talvez, na informalidade, pelas quais receberam pagamentos ínfimos, minguados, e sem os direitos sociais correspondentes. Foi assim que viveram uma vida inteira de trabalho, sem conseguir, além do próprio sustento miserável, uma aposentadoria que lhes permitisse um justo descanso no outono da vida.

Esse diagnóstico apresentado pelo próprio governo federal em seu plano de combate à miséria era bastante realista, e correspondia às notícias esparsas que podiam ser colhidas na imprensa. Lamentavelmente, as metas propostas ficaram longe de serem atingidas, por conta de alegadas dificuldades orçamentárias e fiscais. É provável que, se essas medidas de enfrentamento à pobreza tivessem sido tomadas a tempo, grande parte dos problemas sociais do país estivessem, se não resolvidos, pelo menos, bem encaminhados. Deve-se sempre lembrar que coube à Constituição de 1988 pavimentar o caminho para que alguns desses graves dramas sociais começassem a ser enfrentados com alguma seriedade. Com destaque para o sistema de saúde pública.

Enquanto o governo apresentava o seu plano ambicioso de enfrentamento à miséria, a política salarial prosseguia atuando como um poderoso instrumento de concentração de renda, usando o eterno pretexto de que reduzir os ganhos dos trabalhadores era essencial para garantir o sucesso do combate à inflação. Já foi mencionado aqui esse risco tremendo que o Plano Cruzado trouxe, ao promover um corte radical nos salários, quando os congelou sem os reajustes necessários. A mera aceitação desse procedimento teria sido decisiva para os passos subsequentes, nos quais as diversas equipes econômicas se esmeraram em convencer o distinto público de que "qualquer ganho real dos salários provoca alta de preços e deve ser contido". Num encontro promovido pelo Clube de Engenharia, no Rio de Janeiro, no dia 10 de outubro, Walter Barelli, do Dieese, ressaltou a necessidade de se repensar todo o debate econômico sobre distribuição de renda no Brasil, a fim de eliminar a obsessão da maioria dos economistas pela ideia de que o arrocho salarial é fundamental para controlar a alta inflacionária. Isso tinha um tal peso que, segundo dados do Banco Mundial publicados pela mídia, numa amostragem de 50 países, o Brasil apresentava a pior distribuição de renda, na qual os 10% mais ricos detinham 50% da riqueza. Pelos cálculos trazidos por João Sabóia, da UFRJ, o piso salarial nacional daquele momento — outubro de 1987 — precisaria ser triplicado para alcançar o poder de compra do salário mínimo de 1940. As velhas concepções em defesa do arrocho salarial eram de tal forma arraigadas no país, que, segundo Paul Singer, do Cebrap, sempre que ocorreu qualquer espécie de redistribuição de renda por aqui, ela se deu dentro do âmbito dos próprios salários, quando os trabalhadores das faixas mais altas foram sacrificados em favor dos que ganhavam menos.

Para complementar as informações, os jornais seguiam publicando os números da injustiça social brasileira. O PIB era robusto, a atividade econômica se diversificava, o país ampliava as suas fronteiras agrícolas e industriais, além de expandir o setor de serviços, inclusive com o emprego de tecnologias de ponta. Não se tratava de uma economia acanhada, com poucos recursos naturais e humanos disponíveis, contando ainda com baixa qualificação da mão de obra. Longe disso. A conta era simples, na verdade. Podia-se tomar um indicador apenas: se, de 1940 até aquele momento histórico de 1987, o crescimento do PIB tivesse sido incorporado à renda *per capita* dos trabalhadores, o piso nacional dos salários estaria em aproximadamente Cz$ 38 mil (atuais R$ 9 mil). Nada mal. A realidade, porém, era outra: o salário mínimo da época correspondia a apenas 34,38% do salário mínimo de 1940. E, além disso, segundo o Dieese, a ração mínima necessária para a sobrevivência consumia 88,56% do seu valor.

Entre as medidas debatidas para vencer o grave déficit social do país, volta e meia vinha à baila a taxação das grandes fortunas. Num arroubo de coragem e destemor, algum governante ou membro de equipe econômica da hora lançava o mote de que era preciso aumentar a arrecadação e de que o melhor caminho para tanto seria taxar os mais ricos. Jogava-se ao vento a ideia, para esperar pouco tempo até que o balão de ensaio murchasse diante das críticas e das ameaças gritadas aos quatro ventos, sobretudo, por aqueles que se julgavam atingidos em seus sagrados direitos a privilégios e riquezas. Com

Sarney não foi diferente. Pouco antes do Natal de 1987, ele decidiu anunciar que havia desistido de criar um imposto sobre patrimônio líquido, que seria aplicado às faixas mais altas de renda. Disse que assim deliberou depois de conversar com ministros e outros técnicos, restando convencido de que seria "muito difícil o controle dessa cobrança", além da "receita escassa" que seria obtida com a tributação. Apesar disso, continuaria o governo a buscar novas fontes de receita. Era esperar para ver onde os recursos seriam encontrados.

Em compensação, o pacote fiscal acabou sendo lançado e com forte tributação sobre os salários mais altos. Salários! Não patrimônios, heranças, dividendos. Mas, salários! De acordo com as notícias dos jornais, só escapariam da mordida as faixas salariais até cinco salários-mínimos. No fim das contas, o governo tinha encontrado os meios para arrecadar. Uma vez mais, a redistribuição seria feita entre os próprios assalariados, como ressaltou Paul Singer. Nos bolsos dos ricos, ninguém mexe.

Foi bem no comecinho de fevereiro de 1987, menos de um ano após o lançamento triunfal do Plano Cruzado, portanto, que o governo anunciou o fim oficial do congelamento de preços e a sua substituição por um regime de controle dos reajustes conduzido pelo Conselho Interministerial de Preços (CIP), com tabelas redigidas periodicamente pela Sunab e promessa de cerrada vigilância das autoridades competentes para garantir o seu cumprimento. Em grande medida, essa mudança buscava atender à reivindicação dos empresários, que previram uma rápida normalização do abastecimento de mercadorias no país, tão logo estivesse suspenso o congelamento decretado no início do ano anterior. Ao mesmo tempo, já se tornavam inescapáveis as estimativas de uma alta inflacionária para os meses seguintes. Somente a elevação dos preços dos alimentos básicos, tais como ovos, feijão, laticínios, por exemplo, apontava para um impacto inflacionário de pelo menos 8%, levando-se em conta o peso desses produtos de consumo no cálculo do Índice Nacional de Preços ao Consumidor (INPC).

Todavia, a bem da verdade, transpirava de modo corriqueiro na imprensa o fato de que o congelamento só continuava existindo mesmo para quem não podia ou não queria pagar o ágio cobrado pelos comerciantes em todos os tipos de mercadorias. Segundo apuravam as reportagens, não havia falta real de produtos no mercado, mas, sim, "relutância dos distribuidores e fornecedores em entregá-los com os preços tabelados pelo governo". Era então pagando ágio e repassando-o a seus consumidores que restaurantes, lanchonetes, bares e pequenas casas comerciais conseguiam manter abertos os seus estabelecimentos e em plena atividade. Como um mercado paralelo de bens e serviços.

Conforme a previsão dos empresários, em poucos dias, os supermercados e demais centros de vendas já começavam a exibir as prateleiras cheias, inclusive de produtos que há muito viviam em falta. A fim de atender ao maior número de consumidores, porém, algumas lojas continuavam impondo certa forma de racionamento, vendendo poucas unidades por pessoa, enquanto os seus estoques ainda não estavam completos. Pelos jornais, ficava-se sabendo que "a alegria tinha voltado ao rosto das donas-de-casa", agora que não precisavam mais enfrentar as agruras de uma romaria cotidiana a vários pontos de venda em busca das suas necessidades mais elementares. Enquanto isso, outros setores seguiam com pressão em dose máxima sobre o governo, reclamando os imediatos reajustes dos seus artigos: entre eles, se destacava a indústria farmacêutica que ameaçava, inclusive, com o colapso no abastecimento de remédios, caso o governo não liberasse logo os seus preços. Os laboratórios advertiam que acabariam tendo de parar a produção de metade dos seus medicamentos se não pudessem reajustar os seus custos. Chamado eufemisticamente de "realinhamento de preços", esse novo arranjo incluiu uma tentativa de firmar um acordo entre trabalhadores, governo e empresários, tanto em torno do novo valor do salário mínimo quanto do percentual que iria determinar o aumento em cada setor da atividade econômica. As dificuldades que cercaram esse "pacto social" frustrado foram imensas. O maior risco enxergado pelos olhares mais atentos era o de uma explosão de greves e de insatisfações populares, cujas consequências não seriam nada favoráveis ao desenrolar dos acontecimentos.

Com uma velocidade espantosa, a política econômica foi girando decisivamente na direção de uma plena ortodoxia. O governo começou a fazer exatamente aquilo que dizia que não faria. Embora mantivesse a cantilena de que o país continuaria a crescer de modo robusto, com geração de empregos e muitas outras virtudes, acabou adotando medidas de contenção tradicionalmente recomendadas pelos principais organismos internacionais. Nas tarifas públicas, por exemplo, adotou um modelo "realista" como era sugerido pelo Banco Mundial, isto é, sem subsídios; cortes nos financiamentos foram drásticos, assim como a elevação dos impostos penalizou demais o contribuinte; a política monetária se restringiu com o aumento dos juros; e os produtos mais essenciais do consumo popular também passaram a oscilar de acordo com as regras do mercado. Nada que o FMI não recomendasse de bom grado. Segundo a imprensa, uma das principais expressões dessa nova tendência na política econômica foi a demissão do ministro do Planejamento, João Sayad — aos jornalistas ele teria explicado que a sua renúncia fora provocada pelo não aproveitamento do Plano de Estabilização Econômica que apresentara recentemente. Diziam as más línguas, porém, que Sayad havia sido o principal alvo das críticas dos credores internacionais, que o julgavam "esquerdista demais".

Não demorou muito para que os jornais começassem a ventilar uma crescente insatisfação dos empresários com o ministro da Fazenda, Dílson Funaro. Em convescotes programados em torno do Presidente da República, algumas das mais destacadas cabeças coroadas do empresariado nacional apontavam a necessidade urgente de o Brasil retomar a livre economia de mercado, as negociações com o FMI, a adoção de medidas firmes para evitar nova recessão e a contenção severa dos gastos públicos. Essa era a agenda que os principais capitalistas brasileiros apresentavam ao governo, ao mesmo tempo em que enxergavam no ministro Funaro um homem forte (o "czar da economia"), cujas ideias precisavam desacreditar. Em algumas semanas, ainda no mês de abril de 1987, as primeiras páginas dos jornais estampariam a notícia da demissão de Dílson Funaro. Houve uma queda de braço tremenda dentro do governo, porque se reportava que Sarney desejava trazer Tasso Jereissati, então governador do Ceará pelo PMDB, para o cargo de ministro da Fazenda, enquanto o grupo de Ulysses Guimarães, do PMDB de São Paulo, não desistiria de indicar o novo ocupante da pasta mais importante da Esplanada dos Ministérios, em Brasília. Embora não houvesse desmentidos contundentes a esse respeito, surgiram notinhas nos jornais indicando que a Constituição do Estado do Ceará não permitia que um governador em exercício se licenciasse para ocupar qualquer outro cargo na administração pública — e esse teria sido o fato que impedira a nomeação de Jereissati. Quem assumiu foi Luiz Carlos Bresser Pereira, um nome também de São Paulo.

Seja como for, a queda de Funaro foi alardeada na imprensa como o retumbante fracasso do Plano Cruzado. Com menos de dois anos na pasta, e depois de ter se tornado um dos ministros mais populares da História do Brasil, Funaro deixava o cargo em caráter irrevogável, segundo os noticiários, e com uma inflação de 14,4%, tão alta quanto aquela que encontrou ao assumir o Ministério da Fazenda — 14,2%. A verdade é que ele havia perdido o embate com os capitalistas brasileiros, ainda que ele próprio fosse um deles: dono de uma importante indústria de brinquedos e de materiais plásticos, a Trol. O combate à inflação idealizado por Funaro, alicerçado entre outras coisas sobre o congelamento dos preços, tarifas e salários, foi um foco de conflitos intermináveis com fabricantes e comerciantes, e com trabalhadores.

A agitação social subsequente a esses fatos foi intensa. Muitas greves e paralisações expressavam a tremenda insatisfação social diante dos aumentos de preços e do arrocho dos salários. A perda do poder aquisitivo foi realmente significativa para uma boa parte da população assalariada do Brasil. Já foi mencionado o apoio significativo que a população consagrava ao congelamento proposto pelo Plano Cruzado. Em diversas enquetes realizadas ao longo daquele período, e, sobretudo, na fase final de vigência do plano, a imprensa informava que os entrevistados tendiam a se manifestar favoráveis à continuidade do tabelamento dos preços. A inflação continuava a ser o grande fantasma a assombrar o orçamento das famílias brasileiras. Quem vivia de salário tinha clara noção daquilo que a escalada inflacionária representava no seu dia a dia. Enquanto isso, no plano político, estrito senso, ocorriam brigas e mais brigas pelos cargos e nomeações em todos os escalões da República. No curso desse clima de instabilidade geral, voltou à baila uma proposta de realização de eleições diretas para a Presidência da República, em 1988, logo após a promulgação da nova Constituição do país. Para incentivar a iniciativa, seriam programados novos comícios "pelas diretas", contando que a insatisfação popular com o desastre econômico viria a encher novamente as ruas e praças brasileiras. Nenhum deles, porém, jamais chegou perto do sucesso que tiveram os grandes comícios de 1984.

A sociedade civil dava mostras de espanto e preocupação. O episcopado brasileiro, por meio da CNBB, divulgou documento nomeado "Mensagem ao Povo Brasileiro", durante missa celebrada por ocasião da 25ª Assembleia Geral da instituição, em maio de 1987. No texto, os bispos demonstravam a sua inquietação diante das incertezas e perplexidades que "o imobilismo e as indefinições" da ação governamental estariam gerando no país. Não seria possível erguer uma nacionalidade sobre areia, era preciso fundamentar a construção do futuro em solo firme, "capaz de resistir às chuvas, enxurradas e ventos que ameaçam" a sua integridade. O quadro social que se manifestara nos momentos subsequentes à crise do Plano Cruzado, também referido na mensagem dos bispos, era de todo assustador: a enorme frustração da população com as últimas medidas econômicas (sobretudo, o fim do congelamento de preços); uma sucessão de escândalos de corrupção e a respectiva impunidade dos responsáveis; a miséria pavorosa que só fazia crescer em todo o território nacional; os salários mais baixos do mundo (numa clara referência ao salário mínimo equivalente, então, a 35 dólares); o aumento abusivo de preços e a inflação incontrolável; um desemprego em franco crescimento, sem perspectiva de melhora; a escalada de violência no campo, contra os sem-terra, lavradores, posseiros e indígenas; e uma repressão implacável contra greves e manifestações populares.

Entre as suas proposições, os bispos enumeravam a necessidade de um controle urgente sobre as taxas de juros e de lucros, a fim de promover uma distribuição mais justa da riqueza nacional. Da mesma forma, em sua visão, tornara-se premente a realização de uma auditoria da dívida externa, com uma correspondente mudança nas bases de sua negociação — pregavam que a relação entre os povos do mundo deveria se basear na solidariedade, e não na dominação de uns sobre outros. O direito à autodeterminação era um bem supremo, e todos os povos faziam jus a um governo legitimamente escolhido e democrático. Em pleno mês de maio, em que se comemorava tradicionalmente o Dia do Trabalho, os bispos manifestavam uma clara empatia com as lutas da classe trabalhadora brasileira. Nos jornais, enquanto isso, alardeava-se que a economia já tinha incorporado alguns ingredientes que sugeriam o risco da hiperinflação. Os preços disparavam e o governo ainda não apresentara concretamente os meios pelos quais pretendia enfrentar o dragão que ameaçava. Combustíveis e gás de cozinha lideravam a pauta de aumentos e pesavam sobre diversos outros custos e sobre o orçamento das famílias.

Associações empresariais iniciavam, nessa mesma época, uma pesada ofensiva sobre o Congresso Nacional, em defesa dos princípios que julgavam fundamentais para a melhor organização da economia no Brasil. Em síntese, esse credo empresarial era uma salvaguarda radical do liberalismo econômico. No curso dos debates havidos na Assembleia Nacional Constituinte, tal defesa de princípios assumiria a forma de uma agressiva iniciativa de combate, que lançaria sua mira principalmente contra o Estado e contra aquilo que acreditavam ser a sua proverbial intervenção nos domínios econômicos. Os jornais sugeriam que se acentuava clara tendência, dentro do empresariado brasileiro, de uma mudança de posições que antes aceitavam "a interferência do Estado em benefício da minha empresa" para uma postura radical de "nenhuma intervenção do Estado na economia". Dizia-se também que muitos empresários haviam se decepcionado com o regime militar, cuja instalação apoiaram francamente em 1964, em grande medida, por aquilo que consideravam uma excessiva presença do Estado na esfera econômica. Seu horror às empresas estatais, cuja "ineficiência" e cujos "custos exorbitantes" estariam levando o Estado nacional à bancarrota era um dos pilares dessa ojeriza generalizada que os levara a defender um liberalismo radical e uma urgência de privatizações. Estado mínimo era o projeto. Para consolidá-lo, atuariam pesadamente na Constituinte.

Bresser Pereira, o novo ministro da Fazenda, também não teria vida fácil junto ao empresariado brasileiro. Algumas de suas lideranças mais expressivas já tinham afirmado que não investiriam nenhum centavo até que os vários capítulos da Ordem Econômica estivessem devidamente votados na Assembleia Constituinte, e incorporando as principais demandas do setor empresarial. O ministro Bresser Pereira, no entanto, peregrinava, segundo notas dos jornais, em busca de diálogo com esses grupos, argumentando que, se não voltassem a investir, "seria muito difícil conter os gastos públicos". Sem a contenção dos gastos públicos, seria complicado baixar as taxas de juros (e reduzir, portanto, a dívida pública). Ao que parece, os empresários, de um modo geral, não se mostravam sensíveis a esse tipo de conversa oficial. E reclamavam das indefinições da política econômica, que seriam um forte desestímulo a qualquer retomada de crescimento. Por outro lado, ventilava-se na imprensa que o próprio presidente da República estaria insatisfeito com aquilo que julgava ser o "imobilismo do ministro da Fazenda", incapaz de reverter com a velocidade esperada o quadro de crise que se instalara no país. Viviam todos à espera de um milagre. Que não viria. Não aceitavam o fato de que seus pressupostos eram incompatíveis com o desenvolvimento esperado.

Milagres não aconteceram, de fato. Mas, um jeitinho aqui, outro ali, sempre se podia dar, porque ninguém era de ferro. Por meio de uma notinha muito discreta, saiu no jornal a informação sobre a adoção de uma medida, por parte do governo federal, destinada a ampliar os recursos para financiamento da dívida pública. Não se tratava de alguma forma de anistia fiscal, mas de garantia de anonimato para os aplicadores — com isso, o governo conseguiu atrair muitas empresas e pessoas físicas que não podiam explicar a origem do seu dinheiro. Por meio de fundos de curto prazo, ao portador, nos quais o investidor era apenas um número, uma senha, foi possível aumentar de maneira exponencial o volume de capital financeiro disponível para investimento em títulos da dívida pública. Sem maiores detalhes sobre as operações realizadas nesses termos, certamente, porque não seria do interesse de nenhum dos envolvidos, ficou apenas o registro na imprensa de que, àquela altura dos acontecimentos, a lavagem de dinheiro tinha sido oficialmente legalizada no Brasil! O patrimônio desses fundos, que haviam sido criados em novembro de 1986, com um montante de aproximadamente R$ 150 milhões atuais, já alcançava, em junho de 1987, menos de um ano depois, a cifra extraordinária de R$ 8 bilhões em dinheiro de hoje. Um crescimento impressionante.

Por mais surpreendente que possa parecer, o Brasil continuava mantendo a sua posição de país líder da América Latina. Nem a crise política que aparentava ser infindável, nem a ameaça de uma recessão que prometia ser inédita na História do país, configuravam um risco real à liderança brasileira exercida no continente, e que se mantinha já há muitos anos. Isso, porém, não era uma aspiração colhida entre políticos ou empresários brasileiros. Era o resultado de uma pesquisa feita com várias multinacionais estadunidenses que tinham negócios no Brasil, e realizada pelo Conselho das Américas, uma entidade que se dizia sem fins lucrativos e congregava cerca de 200 dessas grandes empresas estrangeiras. É difícil supor que uma associação que engloba tantas corporações multinacionais possa existir "sem fins lucrativos", mas isso agora não vem ao caso. O que interessa reter é que 62% das empresas entrevistadas pela pesquisa apontaram o Brasil como o país mais atrativo para o investimento externo. Ou seja, pouco importava a realidade socioeconômica marcada pela miséria, pelos baixos salários, pelo desemprego, pela inflação elevada; o indicador fundamental para justificar essa opinião era o lucro. Isso revelava também a relativa (e curiosa) independência existente entre o enriquecimento do topo e a flagrante penúria da base de uma pirâmide social que teimava em se manter inalterada. Ou melhor, uma coisa era diretamente proporcional à outra.

Em meados de junho de 1987, o presidente José Sarney anunciou um novo congelamento de preços, com duração prevista de 90 dias. Contavam-se seis meses depois da revelação do fracasso do Plano Cruzado, no qual a população havia depositado tantas esperanças, e novamente se prometia uma parada nos preços, salários e aluguéis, uma espécie de "trégua para salvar o país". Era mais uma tentativa de controlar a inflação e de reorganizar a economia — o Plano Bresser. Transmitido pelo presidente em cadeia nacional de rádio e televisão, foi apelidado de Novo Cruzado ou Cruzado Novo, e previa ainda a paralisação total de todas as obras públicas. Alguns dias depois, o ministro da Fazenda divulgou a Tabela de Deflação — também conhecida como tablita — que servia para retirar do valor das prestações a inflação previamente embutida em contratos firmados de janeiro a junho. Para aplicar a tablita, era necessário tomar o valor da prestação e dividi-lo pelo fator de deflação correspondente à data do vencimento. Os jornais publicavam uma tabela explicativa para ajudar os pobres contribuintes. As manchetes também alardeavam que a Polícia Federal ficaria encarregada de combater a desobediência dos comerciantes em relação ao congelamento dos preços. A justificativa para tanto era o reconhecimento de que a Sunab enfrentava insuficiência de fiscais em seus quadros de funcionários. Era um tremendo *déjà vu*. Estabelecer o controle de preços sem uma estrutura correspondente de vigilância era uma verdadeira temeridade. Não fazia muito tempo que o governo tinha vivido experiência semelhante, e devia ter aprendido o básico. Daí que a probabilidade de transformar esse novo pacote econômico em mais um fiasco coberto de ridículo era enorme.

No plano empresarial, as notícias anunciavam uma grande novidade — a criação do Pensamento Nacional das Bases Empresariais (PNBE). Tratava-se de um grupo de jovens empresários paulistas, com idade entre 30 e 40 anos, que portavam um discurso muito bem elaborado, com fortes cores políticas, e que estavam decididos a dar uma contribuição marcante para a mudança das relações capital-trabalho no Brasil, que eles consideravam estagnadas no século anterior. Dentre as suas principais propostas, destacavam-se o fim da contribuição sindical compulsória e a elevação real dos salários. Entre as várias sugestões que pretendiam levar à Assembleia Nacional Constituinte, estava ainda uma maior liberdade econômica, inclusive para o capital estrangeiro. Pelo amplo destaque que deram a essa nova entidade empresarial, os jornais demonstraram saudar com bastante entusiasmo o surgimento de lideranças jovens e comprometidas com o "aprimoramento do capitalismo brasileiro", ressaltando a ligação do grupo com um desenvolvimento econômico vinculado à justiça social e à preservação ambiental. Só a passagem do tempo indicaria o alcance ou a inépcia desse projeto.

Por sua vez, o empresariado tradicional, congregado em suas associações históricas, também buscava reafirmar o seu poder e a sua liderança, exercendo pressão sobre as estruturas políticas em prol de seus interesses e demandas. Mário Amato, presidente da Fiesp, proferiu longo discurso na Comissão de Sistematização da Constituinte, em defesa da "empresa brasileira de capital estrangeiro" e dos investimentos externos. Na sua visão, um país moderno deveria pressupor, necessariamente, a internacionalização da economia e a questão do capital estrangeiro deveria ser olhada "sem preconceitos e sem sentimentos xenófobos". Ao mesmo tempo, Amato insistiu na crítica à participação do Estado na economia, alertando para a ineficiência, de um lado, e para a concorrência à iniciativa privada, de outro. A audiência foi bastante reduzida, enquanto dois dos senadores mais importantes da República, ao serem indagados sobre o que acharam do discurso, disseram apenas que não tinham escutado nada, pois estavam conversando coisas urgentes. Em sua defesa intransigente da iniciativa privada, Amato lembrou que a industrialização brasileira foi marcada, desde o início, pela associação entre capital nacional e capital estrangeiro, beneficiando-se dos investimentos e da tecnologia que vieram de fora. Deve ter se esquecido, com certeza, da participação decisiva do Estado em todo esse processo.

Mário Amato apresentou-se à Assembleia Nacional Constituinte com o propósito de sensibilizar os parlamentares para a necessidade de manutenção e de fortalecimento da economia de mercado, de aperfeiçoamento do regime de livre empresa e de uma clara delimitação do papel do Estado na economia. A associação com o capital estrangeiro que pregava talvez fosse uma forma de tentar se emancipar frente ao Estado e às empresas estatais, que eram sempre enxergadas como concorrentes incômodas e inconvenientes. De fato, porém, o capital privado nacional jamais demonstrou capacidade efetiva de bancar grandes empreendimentos, assim como de promover investimentos de alta densidade em tecnologia e inovação, e sempre dependeu do Estado para realizar as principais etapas do processo de modernização do país. Não é de estranhar que os poucos congressistas presentes ao seu discurso tenham retribuído a fala com palmas discretas e quase nenhum interesse. Alguns até conversavam durante o pronunciamento.

Por seu lado, o empresariado mais jovem reunido no PNBE também se mobilizava para colocar em pauta aquilo que os capitalistas, em geral, consideravam uma urgente necessidade para o bem da economia brasileira: a rápida saída do Estado do domínio econômico, com a respectiva prioridade concedida à iniciativa privada em todos os campos. Esses jovens se apresentavam, segundo diziam os jornais, como "inimigos irreconciliáveis" do Estado-empresário, embora pudessem reconhecer, numa perspectiva histórica, que a participação estatal tenha tido segura relevância, em especial, entre as décadas de 1930 e 1970. Dali em diante, conforme defendiam, o mais recomendável seria a retirada progressiva dos agentes estatais das principais atividades econômicas, por meio de privatizações, e a entrega imediata dessas organizações (e das estruturas por elas montadas ao longo de décadas) às empresas privadas. Foi assim que se manifestaram em encontro realizado com o ministro da Fazenda, Bresser Pereira, quando esse defendeu o aumento de impostos para elevar a poupança do Estado brasileiro. Eles reclamavam, em seguidas oportunidades, que a "ineficiência" das empresas estatais era um peso exagerado que a economia brasileira não podia mais suportar. Aumentar impostos para financiar, entre outras coisas, tal tipo de ineficácia era considerado simplesmente inaceitável.

Os trabalhadores, por sua vez, também elevavam a voz para condenar a política de arrocho salarial que já tinha alcançado índices históricos. Mais uma vez, foi Walter Barelli quem vocalizou essa insatisfação generalizada entre os assalariados, ao declarar, durante palestra proferida no Rio de Janeiro, que a política salarial adotada pelo governo Sarney, além de historicamente inédita em seu aperto radical, era também inútil, posto que não tinha conseguido acabar com a inflação, ou sequer controlá-la, a fim de evitar que retomasse a sua escalada ascendente. Na opinião dele, o governo estaria empregando como único meio de enfrentamento à inflação o arrocho salarial, deixando de combater outros aspectos econômicos importantes. Para ilustrar a argumentação, lembrou que, de 1965 a 1983, no auge da ditadura, a perda geral dos salários teria ficado em torno de 28%. No entanto, só de março de 1986 a setembro de 1987, apenas em dezoito meses, a queda do poder aquisitivo dos assalariados já teria chegado ao patamar de 50%.

Sem dar a menor importância a esses números, os empresários brasileiros, por meio das suas principais associações, diziam-se apavorados com os novos direitos sociais que os trabalhadores organizados buscavam alcançar nas comissões da Constituinte. Entre eles, destacavam-se a emenda que proibia a demissão imotivada (o que propiciaria alguma estabilidade no emprego) e a emenda que obrigava os patrões ao pagamento em dobro das horas extras trabalhadas (uma das demandas mais antigas do proletariado). Seus representantes no Congresso contra-atacavam com ameaças de que, se essas exigências fossem aprovadas, o Brasil assistiria a "uma onda de automação e de desemprego", como se os empregadores estivessem dispostos a investir pesado em modernização tecnológica e inovação. Era o caso de se pagar para ver. Mas, acabava sendo difícil dissociar uma coisa da outra: o violento arrocho salarial imposto aos trabalhadores pelo modelo de política econômica que vinha sendo adotado no país, certamente, influenciava a busca de mitigação por parte dos seus deputados na Constituinte. De fato, era sobre os ombros dos assalariados que pesava mais forte o desarranjo econômico enfrentado.

Havia uma elite empresarial curiosa naquela época. Ela sempre esperava que os pobres e os trabalhadores fizessem todos os sacrifícios possíveis e imagináveis para que a economia funcionasse a contento. Eles podiam viver sem conforto, sem perspectiva, com baixos salários e raríssimos direitos, dando duro uma vida inteira para sequer se aposentar com alguma dignidade. Eles não apenas concediam o seu tempo de trabalho com parca remuneração pelo bem dos patrões e dos chefes, como ainda se esperava deles a mais elevada forma de espiritualidade, a capacidade extraordinária de relevar desaforos e injustiças, a generosidade de não reivindicar vantagens e benefícios, o dom do desprendimento e da resignação. Cabia a eles o desapego dos prazeres mundanos e das satisfações materiais, uma vida quase monacal, desprovida dos mínimos alentos, voltada exclusivamente para o cumprimento das obrigações e dos compromissos, pelos quais jamais seriam devidamente recompensados ou reconhecidos. Eram tratados como uma subespécie de humanos, com menos desejos, menos necessidades e miúdas esperanças. Aguentavam tudo, suportavam o sofrimento com estoicismo, enfrentavam as privações até com relativa grandeza, pareciam imperturbáveis em sua caminhada silenciosa e comedida. Era esse o retrato mal-acabado de uma população trabalhadora incansável, um retrato feito sem nenhum capricho pelos seus dirigentes, de forma tosca e desalinhada, sem proporções corretas e totalmente alienado. Preferiam não a enxergar em sua real grandeza, mantendo assim as condições seculares de desigualdade e de iniquidade, calcadas numa desumanização despudorada de sua gente.

Ao mesmo tempo em que olhava dessa forma torta para os trabalhadores, a elite empresarial buscava fortalecer os seus laços associativos de modo a enfrentar com coesão e firmeza os desafios que lhe eram impostos pela conjuntura econômica e política. Foi durante a posse do Conselho Consultivo da União Brasileira de Empresários (UBE), em novembro de 1987, à qual não compareceram nem representantes do governo nem parlamentares, que suas lideranças anunciaram um "brado de alerta" contra a inflação e as perspectivas cada dia mais claras de recessão e desemprego. Ao mesmo tempo, estendiam um convite urgente às chamadas "classes produtoras" para que realizassem uma "ação decisiva na defesa dos sadios princípios do capitalismo moderno, da economia de mercado, da livre iniciativa e da democracia social". A plateia composta por industriais, banqueiros e ruralistas de todos os cantos do Brasil aplaudiu com entusiasmo, segundo as notícias, o chamado à luta contra o marasmo do governo na área econômica e contra os riscos advindos de uma administração desastrada das negociações da dívida externa brasileira. Ambas as circunstâncias estariam colaborando, na visão desse grupo, para paralisar os investimentos e impedir o retorno da atividade produtiva.

O próximo passo seria a adoção de uma ação direta, sem intermediários, em defesa dos principais interesses junto à Assembleia Constituinte, o que representou, até certo ponto, renunciar ao apoio do governo federal às suas demandas mais importantes. Um apoio que julgavam cada vez mais titubeante, mais inconfiável. Em concorrida reunião na sede da CNI, formalizou-se a criação de "um grupo de mobilização pró-livre iniciativa", que atuaria de maneira incisiva, principalmente, dentro do Congresso Constituinte. Pelo que se lê nos jornais, o "ponto de referência" dessa nova modalidade de atuação empresarial seria o bloco formado por aproximadamente 300 deputados autointitulados moderados e conservadores, que acabou sendo apelidado de Centrão. Com tal número expressivo de constituintes ao seu lado, teriam plenas condições de obter votações expressivas e decisivas nos temas mais sensíveis que preconizavam. Aos empresários agrupados em associações representativas não escapou a necessidade de aportar grandes somas de dinheiro, para garantir o sucesso da ofensiva que pretendiam lançar contra os "riscos" oferecidos pelas esquerdas no debate constitucional. No jornal, um grande empresário que não foi identificado confessou que discordava da prática, mas sabia que a soma arrecadada já alcançara os 5 milhões de dólares. Essa compra de votos, esse famigerado "toma lá dá cá" que marcaria os anos subsequentes do Congresso Nacional estava sendo arquitetado justamente ali, naquele momento crucial em que o empresariado brasileiro optou por uma ação agressiva de combate às aspirações populares que desembocavam na Assembleia Constituinte.

Incômodas previsões sobre o futuro próximo da economia brasileira, contudo, continuavam a despontar nas páginas dos jornais. O Conselho Federal de Economia lançou a publicação *Perspectivas do Emprego Urbano no Brasil*, com estimativas bem desanimadoras acerca das condições reais para a criação de empregos no país, ainda que a economia voltasse a crescer de modo contínuo. O estudo realizado por Ivan Francisco Leitão, um de seus associados, advertia que o problema do subemprego continuaria a se agravar até o começo dos anos 2000, fazendo com que o número de subempregados chegasse à cifra de 22 milhões. Por sua vez, a baixíssima remuneração desse segmento da força de trabalho seria responsável por restringir o mercado interno e ainda reforçaria o clima de instabilidade social (Jornal do Commercio, 8 e 9/11/1987, p. 1 e 3). Como sugestões para o enfrentamento do desastre em curso, medidas de atuação governamental que viriam a se demonstrar extremamente eficazes: investimentos diversificados, programas sociais de emprego e renda, políticas públicas de saúde e educação e apoio à agricultura familiar. Nada de extraordinário, apenas projetos que dependiam de forma cabal daquilo que se chama de vontade política.

Em seus textos publicados periodicamente nos jornais, Leonel Brizola enfatizava o caráter dramático do quadro social brasileiro. Ao longo de 1987, vieram juntar-se aos dados deprimentes do infortúnio nacional o recrudescimento da inflação, a desvalorização da moeda e o aviltamento dos salários. A crise penalizava ainda mais as pequenas e médias empresas, e os pequenos produtores do campo. Embora constasse como oitava economia do mundo, o Brasil pagava aos seus trabalhadores salários vergonhosos, estando o salário-mínimo, naqueles tempos, entre 30 e 40 dólares. Segundo Brizola, não bastasse essa indignidade, cerca de 70% da população economicamente ativa ganhava até três salários mínimos no máximo, 100 dólares mensais. Em suas palavras, era "um sistema de exploração tão desumano quanto a escravatura", e precisava ser "derrogado como ela o foi". No topo dos responsáveis pela vergonha, "uma elite egoísta, autoritária, incompetente e pretensiosa", que moldava o país de acordo unicamente com as suas próprias conveniências. Essa minoria, ele completava, acumulava cada vez mais riqueza e poder, à custa da entrega das riquezas naturais do território e dos frutos do trabalho do povo brasileiro aos interesses de grupos internacionais. Agindo assim, colaborava para manter a população nas condições escandalosas de atraso, miséria e ignorância em que era obrigada a viver. Era com esses "tijolaços" que Brizola denunciava as injustiças.

Enquanto isso, os jornais anunciavam que a revista *Veja*, publicada semanalmente com grande tiragem em todo o país, trazia informações de que o dinheiro disponibilizado pelo empresariado brasileiro para influir diretamente nas votações de seu interesse, no plenário da Assembleia Nacional Constituinte, não era de 5 milhões de dólares como havia sido ventilado anteriormente. A cifra astronômica já tinha chegado a 35 milhões de dólares! Circulavam boatos na imprensa de que o preço do voto de um constituinte para as teses conservadoras estaria em torno de 1 milhão de cruzados (algo em torno de atuais R$ 200 mil). Os objetivos fundamentais eram derrubar a estabilidade no emprego, o pagamento em dobro das horas extras e qualquer medida de favorecimento à reforma agrária. Cada homem um voto, cada voto um milhão! Era o balcão de negócios montado no Congresso Nacional.

Naqueles dias de agitação política motivada pela Constituinte e pela mobilização das esquerdas em prol de conquistas trabalhistas, veio a público uma declaração singela de um dos principais coordenadores da UBE, que se pode considerar uma verdadeira revelação de como o poder econômico passou a enxergar a transição democrática no Brasil, inclusive com certo incômodo. Um homem de negócios poderoso e influente disse candidamente que se encontrava "sem jogo de cintura", sem experiência no jogo democrático, porque, "no regime anterior", bastava aos empresários conversar no máximo com quatro ou cinco pessoas, entre generais e demais autoridades. "E o decreto-lei resolvia o resto". Com o advento do que chamou de "jogo democrático", a interlocução acabou sendo compartilhada com o Congresso, o que dava mais trabalho e mais despesa também. Foi assim que a cúpula do empresariado se ajustou aos novos tempos: abrindo a carteira, um caminho mais fácil, embora dispendioso. O pavor dos que vinham de baixo era tão grande, que valia a pena gastar fortunas para impedir que eles alcançassem qualquer vitória de peso. Nessa disputa dos milhões, os assalariados tiveram muito menos chance de vencer. Por isso mesmo, as conquistas de 1988 merecem ser tão vivamente celebradas. Foram tributárias de imensa luta e de resistência incansável.

Com pouco mais de sete meses no cargo, após suceder o ministro Dílson Funaro — primeiro e único czar da economia —, Bresser Pereira pediu demissão do Ministério da Fazenda. Era dezembro de 1987, e o Brasil se arrastava num pântano de incertezas e instabilidades das quais a questão macroeconômica era apenas uma das mais inquietantes. Sarney aceitaria de pronto esse pedido de demissão, que Bresser Pereira atribuíra à não implantação de seu pacote fiscal de cortes no orçamento. Muito se disse nos jornais que o ministro demissionário havia sido imposto ao presidente José Sarney, que tinha declarada preferência pelo nome de Tasso Jereissati. Assumiu o cargo interinamente o secretário-geral do ministério Maílson da Nóbrega. Uma nova disputa acirrada se iniciaria em torno da escolha do substituto. Uma nova rodada de fofocas prometia encher as páginas dos jornais. E a população enfrentaria mais um sacolejo em sua rotina penosa.

Por sua vez, a saúde pública no Brasil era um tema espinhoso e sombrio. Enquanto os debates se aceleravam na Constituinte, a população brasileira sofria toda espécie de desventura para dispor de algum bem-estar ou energia vital. A mortalidade infantil disparava na década de 1980, ao mesmo tempo em que os casos de hanseníase escalavam sem real controle. A estrutura hospitalar, se é que se podia chamá-la assim, estava muito abaixo dos níveis necessários para o atendimento, sendo que a infecção hospitalar só era manejada de modo adequado em 10% dos estabelecimentos. Epidemias, como a dengue hemorrágica, não tinham enfrentamento satisfatório. A Aids, ainda relativamente desconhecida, e o sarampo, cuja vacinação era insuficiente em todos os Estados da federação, constituíam desafios graves para os agentes de saúde. Faltavam outras vacinas, doenças erradicadas pareciam voltar com força total, moléstias sexualmente transmissíveis se expandiam a índices muito elevados, enquanto a vigilância sanitária precisava lidar com a fabricação de bolsas de sangue inadequadas e de detergentes e desinfetantes hospitalares ineficazes no combate às bactérias. Esse estado desesperador da saúde pública no Brasil era traçado pela médica sanitarista Fabíola Aguiar Nunes, que dirigia a Secretaria Especial de Programas Especiais do Ministério da Saúde, e foi uma das maiores idealizadoras e defensoras do SUS (Jornal do Brasil, 25/01/1987, p. 1 e Caderno B Especial). Um exemplo de profissional. Fabíola fazia parte de um grupo de sanitaristas que defendeu e lutou pela mudança radical do sistema de saúde do Brasil, com a criação de um sistema único, concentrado num só ministério.

Em meio a esse caos desolador, a imprensa noticiava que o governo federal estava na expectativa de lançar o que chamou de "grande mutirão contra a pobreza", no qual o presidente sugeria estar preocupado com o crescimento demográfico brasileiro, cuja taxa de natalidade, na verdade, havia desacelerado 14% na última década. Houve de fato uma redução da fecundidade, pois, segundo dados colhidos pelas pesquisas, teria ocorrido um aumento da esperança de vida dos brasileiros, ao mesmo tempo em que as migrações internacionais não teriam sido alteradas naquele período, ou seja, o Brasil não teria sido destino de massas consideráveis de imigrantes. Mesmo assim, o governo prometia o lançamento de uma forte campanha baseada na distribuição de 3 milhões de cartilhas intituladas "Proteção à Saúde da Mulher", nas quais se pretendia incutir algum tipo de diminuição da taxa de natalidade, oferecendo informações sobre métodos naturais e artificiais para evitar uma gravidez indesejada. Diante dos números oficiais da saúde pública, e dos dados coletados pelas pesquisas sobre população, para os sanitaristas, o controle da natalidade seria mais uma "solução" ineficaz que muito pouco acrescentaria às políticas necessárias. E mais do que isso, era um disparate completo julgar que a redução da natalidade, *per se*, pudesse constituir uma ferramenta decisiva no combate à pobreza. Sem medidas claras de saúde pública, nada seria efetivo.

No bojo dos debates da Constituinte, sanitaristas como Sérgio Arouca, Fabíola de Aguiar Nunes, Luiz Felipe Moreira Lima, José Alberto Hermógenes de Souza e outros acharam uma brecha importante para levar adiante o seu projeto de constituir no país um sistema universal de saúde, que desse à população como um todo as condições elementares de uma existência saudável e fecunda. "Saúde é direito de todos e dever do Estado" foi o mote que eles criaram para divulgar sua campanha e sensibilizar tanto os cidadãos quanto os parlamentares. O núcleo difusor do projeto foi a Comissão Nacional de Reforma Sanitária, que reunia especialistas, lideranças políticas e sociais, técnicos e demais interessados em desenhar um modelo de saúde pública que atendesse às reais necessidades do povo brasileiro, pensado em seu conjunto e em sua diversidade. A grande frente de luta se deu na Assembleia Constituinte, que ajudou a organizar um novo sistema de saúde unificado, com atribuições divididas entre União, Estados e municípios, e ainda com a iniciativa de subordinar o setor privado à política nacional ditada pelo Ministério da Saúde. No Brasil, seria então criado o maior sistema de saúde do mundo.

É possível dimensionar a enorme importância desse feito que foi a criação do SUS, quando se remete às condições sanitárias que vigoravam no país até 1988. Numa longa reportagem sobre a produção e a ingestão de medicamentos, sem nenhum controle real, os jornais alardeavam que "o Brasil era um vasto sanatório com 70 milhões de doentes", para os quais a indústria farmacêutica fabricava 10 mil marcas de medicamentos. Sendo que, de acordo com as recomendações da Organização Mundial de Saúde (OMS), apenas 300 seriam mais do que suficientes. Diante da imensidão de remédios que a população engolia periodicamente, a conclusão dos jornais era de que a grande doença nacional era mesmo a hipocondria. Todavia, o problema talvez fosse um pouco mais complexo. Na falta de uma estrutura de saúde pública adequada, que atendesse aos cidadãos em seus momentos de necessidade, esses acabavam apelando para soluções individuais e rápidas de automedicação, quando não recorriam aos preparados do curandeirismo. Uma coisa levava à outra. Ou à farmácia de plantão ou ao curandeiro da hora. Fora isso, a publicidade de medicamentos e tratamentos divulgada pela mídia, em geral, favorecia grandemente a ingestão dessas drogas sem muito critério. Médicos e demais especialistas podiam condenar certas práticas desse tipo, mas os publicitários e os fabricantes defendiam com unhas e dentes o direito de expor os seus "produtos" nos principais canais de divulgação.

Acima de tudo, remédio era um grande negócio no Brasil. Apesar das queixas constantes da indústria farmacêutica contra o congelamento do Plano Cruzado, pelos dados da Associação Brasileira das Indústrias Farmacêuticas (Abifarma), publicados na imprensa, o faturamento global do setor no ano de 1986 teria sido de US$ 1bilhão 678 milhões. Para completar o quadro empresarial da área, os cinco maiores laboratórios farmacêuticos do país eram empresas multinacionais: Roche, Merck, Sharp & Dhome, Lepetit, Pfizer e Sidney Ross. E mais do que isso: das vinte maiores empresas do setor, 85% eram estrangeiras. Entre os argumentos empregados para defender a publicidade exagerada de remédios, os executivos dos grupos alegavam que "a apresentação diferente de um mesmo produto faz parte da democracia e da livre iniciativa", então, quem poderia ser contra isso? Era um momento de transição democrática, em que uma grande parte da população se mobilizava em defesa da democracia e da liberdade, e eles exploravam com astúcia e sagacidade essa propensão que dominava os espíritos.

No terreno dos antibióticos, o problema se tornava ainda mais perigoso, porque o uso indiscriminado desses medicamentos trazia riscos objetivos à saúde das pessoas. Foi o que denunciou o médico alemão, Dr. Franz Daschner, especialista em infecção hospitalar, um dos convidados de honra do Congresso Brasileiro de Medicina Tropical e de Infectologia, realizado em Curitiba, em fevereiro de 1987. Como chefe do departamento, dentro da OMS, que cuidava justamente do uso de antibióticos, o Dr. Daschner afirmou que as indústrias multinacionais vendiam, então, no Brasil, uma série de remédios absolutamente injustificados, que, inclusive, não podiam ser vendidos nos seus países de origem (Jornal do Brasil, 17/02/1987, p. 1 e 6). A gravidade da situação era tamanha porque a livre comercialização de antibióticos no país estaria, na opinião do especialista, vinculada ao alto índice de doenças infecciosas encontradas na população. De acordo com os dados disponíveis, o mercado brasileiro dispunha de quatro vezes mais antibióticos do que o recomendado pela OMS, sendo que os pacientes faziam um uso completamente desordenado desses medicamentos. Outra crítica do Dr. Daschner, segundo notícias dos jornais, foi dirigida às multinacionais fabricantes de desinfetantes hospitalares, que possuíam, no solo brasileiro, índices maiores de concentração do que os verificados nos países desenvolvidos. Sendo produtos altamente tóxicos, esses desinfetantes acabariam fazendo mal tanto aos pacientes dos hospitais quanto aos funcionários encarregados das atividades de desinfecção. Era um quadro calamitoso.

Quando a imprensa resolvia levantar os dados da saúde pública no Brasil era para dar um soco no estômago do distinto leitor. Não havia nada de muito edificante a dizer. Em alguns casos, no entanto, a realidade se mostrava em toda a sua crueza e infâmia, e beirava o horror e a degradação. Foi o relato do Sindicato dos Médicos de João Pessoa, na Paraíba, após a realização de uma inspeção na Colônia Juliano Moreira, do governo do Estado, destinada "ao tratamento de doentes mentais". Quatro mortos por semana em média, 80% dos internos permanentes vivendo nus, atingidos em alto índice pela desnutrição e anêmicos ao ponto de serem comuns as mortes por anemia aguda, causada, é claro, pela falta de alimentação. Diante desse lamentável cenário de pavor, os médicos acabaram fazendo uma comparação da colônia com os campos de concentração nazistas, classificando a entidade como a face mais vergonhosa de uma evidente política oficial de extermínio. A inspeção ali realizada foi resultado das várias denúncias de parentes dos internos, que se exasperavam pela total falta de cuidados dispensada aos doentes: mortes causadas por patologias perfeitamente tratáveis, como pneumonia, anemia, doenças infecciosas e até mesmo paradas cardiorrespiratórias, poderiam ter sido evitadas se houvesse sido dado o tratamento adequado no tempo certo. Não havia outra maneira de qualificar aquilo a não ser extermínio. Profissionais ouvidos pelas reportagens afirmaram que, no Brasil, "os doentes mentais sempre foram marginalizados pela sociedade como um todo, que prefere simplesmente interná-los, para afastá-los do seu convívio", quando as medidas mais indicadas para tratá-los seriam aquelas direcionadas à recuperação e à reintegração dos afetados. Na sua visão, a assistência psiquiátrica de rotina no país era perversa e sem solução no curto prazo. Os que dependiam das instituições públicas, em geral, eram ainda mais duramente atingidos pelas deficiências do atendimento.

Em meio a esse quadro dramático da saúde pública brasileira, os *lobbies* da indústria farmacêutica afiavam as garras para atuar sobre a Constituinte. Tanto os produtores de medicamentos, em geral, quanto de equipamentos médicos e cirúrgicos, assim como todo o "complexo médico-hospitalar privado", previam exercer uma pressão bastante incisiva sobre os parlamentares constituintes, a fim de impedir limitações àquilo que consideravam como sua legítima liberdade de iniciativa. Enquanto isso, o Ministério da Saúde dispunha somente de uma "tímida assessoria parlamentar" para enfrentar os gigantes do setor, numa luta que seria extremamente desigual. De acordo com o secretário-geral da pasta, José Alberto Hermógenes de Souza, essa luta desigual seria travada entre os ferrenhos defensores das multinacionais dos medicamentos e do setor hospitalar privado contra os profissionais engajados no "movimento sanitário" — aqueles que defendiam a saúde como "um direito de todos e um dever do Estado". Embora aparentemente inferiorizados, os sanitaristas se mostravam dispostos a lutar contra as forças poderosas que atuavam, dentro e fora do Congresso, para defender os interesses dos setores lucrativos da área da saúde. Foram a sua coragem e a sua determinação que garantiram algumas das vitórias mais importantes da saúde pública na Assembleia Nacional Constituinte.

Era um momento rico de indagações e de questionamentos que os diversos campos da atividade humana levantavam para os brasileiros. Indubitavelmente, a Assembleia Nacional Constituinte foi um elemento catalisador de toda essa efervescência cultural e intelectual que perpassava o debate sobre os graves problemas enfrentados pela sociedade brasileira, recém-saída de uma ditadura prolongada, cujo legado ainda estava por ser devidamente compreendido em toda a sua dimensão trágica. O quadro da saúde pública era um dos melhores indicadores da calamidade a ser confrontada. Não à toa, a imprensa sempre noticiava com certo alarde os infortúnios que afetavam a cidadania esmagada. Com relativa frequência, autoridades médicas vinham a público revelar que nunca houvera tanta gente doente no Brasil: era colite, úlcera e gastrite aos borbotões nos quatro cantos do país. Em todos eles, havia um traço em comum: eram criaturas dominadas pela insegurança, pelo medo e pela ansiedade. Era o estresse. O brasileiro estava estressado.

Motivos de sobra para o estresse abundavam no Brasil. Não somente evidenciados no dia a dia de qualquer um, como ainda estampados em letras garrafais nas páginas dos principais jornais do país. Talvez houvesse um desejo incontrolável de passar tudo a limpo mesmo, sem refresco. Ainda que isso trouxesse grande desconforto, era preciso exorcizar os fantasmas e vencer os desafios. Parecia ser assim que muitos encaravam o momento e, com isso, aprofundavam o debate sobre as mazelas espalhadas por todos os lados da sociedade. Em uma visita realizada ao presídio da Papuda, em Brasília, por exemplo, alguns integrantes da Subcomissão dos Negros, Populações Indígenas, Deficientes e Minorias saíram dizendo-se “perplexos, entristecidos e envergonhados”. A situação com a qual se depararam era de fato estarrecedora: cerca de 400 homens encurralados no pátio da instituição, sem ter o que fazer; outros presidiários em celas de castigo, baleados, feridos; tudo muito bem resumido na frase da deputada constituinte Benedita da Silva: “Isso é tortura”. Vigiados bem de pertinho pelo diretor interino do presídio, os deputados percorreram as dependências da Papuda e ouviram dos presos toda sorte de denúncias que iam desde espancamentos até o cerceamento do lazer e do trabalho. Quando indagado sobre as providências que deveria tomar para acabar com aquelas evidências de maus-tratos, o diretor do presídio informou que já havia determinação do juiz para tanto, mas, “por falta de acomodações”, os presos ainda não tinham sido removidos das celas de castigo. Negligência até na hora de obedecer a decisão judicial. Era impossível não relacionar esses fatos aos anos de arbítrio que haviam marcado a História recente do Brasil.

Enquanto prisioneiros viviam em condições desumanas e desprovidos de qualquer chance de uma recuperação adequada, trabalhadores viam-se acossados por um regime de superexploração que se intensificava a cada dia no país. Estudos correntes indicavam que a euforia inicialmente produzida pelo Plano Cruzado teria levado muitas indústrias a trabalharem a todo vapor, a fim de atender aquilo que se chamou de uma "irrefreável febre de consumo". Uma das consequências mais visíveis desse movimento febril nas diversas cadeias produtivas foi um aumento inconveniente dos acidentes de trabalho e das ditas doenças profissionais. Um dos cálculos levantados pelas pesquisas apontava que cerca de 800 mil operários tiveram suas mãos mutiladas no exercício de suas funções, durante o ano de 1986. Os especialistas da área de saúde do trabalho eram praticamente unânimes, segundo as notícias dos jornais, em responsabilizar o acelerado aquecimento econômico pelo salto extraordinário no número de acidentes verificado no período analisado. Uma das consequências mais imediatas desse frenesi de produção foi, com maior incidência na indústria, mas, não apenas, a elevação do ritmo de trabalho de forma desordenada, o que levou muitos trabalhadores a dobrar os seus turnos e a cumprir um cômputo maior de horas extras, com riscos visíveis para a sua saúde física e mental. Não à toa, uma das principais demandas da classe trabalhadora na Assembleia Constituinte seria justamente a de cobrar em dobro pelas horas extras trabalhadas.

Não só a fiscalização era precária, no caso das condições gerais de trabalho nas diversas cadeias produtivas e distributivas do Brasil, como a tabulação correta e completa de todos os dados referentes a essa situação também o era. Esse quadro complexo e dramático levou muitos especialistas a considerar que, se houvesse de fato o registro esmerado de tudo o que acontecia no país, o número de acidentes de trabalho alcançaria a casa de alguns milhões. Da mesma forma, os casos de doenças profissionais, ou seja, enfermidades motivadas pelo tipo de função exercida pelo trabalhador, também deveriam escalar os limites até então considerados. Em sua tese de mestrado, por exemplo, o médico David Humel, da Faculdade de Saúde Pública da Universidade de São Paulo, buscou a resposta para uma questão relevante: de que morrem os trabalhadores? De acordo com suas declarações à imprensa, tentou responder a isso cruzando dois dados fundamentais: a população economicamente ativa e o número de óbitos, na grande São Paulo. E chegou a uma conclusão ainda mais preocupante: não eram apenas as doenças profissionais e os acidentes de trabalho que causavam os maiores danos; a miséria, as más condições de vida davam uma enorme contribuição para esse quadro mórbido que afetava diretamente a classe trabalhadora em seu conjunto. No seu estudo, Humel abordou ainda os anos potenciais de vida perdidos e deduziu que, entre a população trabalhadora, o principal motivo do encurtamento da expectativa de vida era o homicídio, que produzia um enorme desperdício de vidas, sobretudo, de vidas jovens. Em segundo lugar, segundo a sua avaliação, vinham os acidentes de trânsito, que vitimavam milhares de pessoas todos os anos. E, em seguida, as doenças isquêmicas do coração. Os desocupados, por sua vez, representavam uma faixa populacional permanentemente doente. Não conseguiam reingressar no mercado de trabalho por se encontrarem enfermos, ou tinham sido expulsos de lá porque ficaram adoentados. Sem acesso à assistência médica, esse grupo acabaria ocupando uma estatística de altos índices de anos potenciais de vida perdidos (Jornal do Brasil, 17/05/1987, p. 26).

Ao mesmo tempo em que se discutiam os dramas da vida nos presídios e nas fábricas, veio do Senado Federal uma notícia de que a instituição fazia planos para construir um novo centro médico próprio, com equipamentos sofisticados de última geração, inclusive UTI, num prédio de três andares, com custo aproximado de atuais R$ 15 milhões, em valores da época. Havia muita pressão para dotar Brasília de modernos hospitais e clínicas, lembrando o chiste atribuído a um famoso político de Minas Gerais, que costumava dizer que os melhores hospitais da Capital eram os aviões da ponte-aérea para Rio de Janeiro e São Paulo! Segundo a notícia do jornal, o novo centro médico proposto pelos senadores seria de uso exclusivo seu, de seus familiares e dependentes, e dos funcionários do próprio Senado, sem atendimento aberto à população brasiliense. Havia referência também, no curso dos debates sobre o tema, a determinados episódios constrangedores que teriam acontecido no passado recente, como o sumiço de material do serviço odontológico da casa e as operações plásticas realizadas por conta do caixa do Senado Federal. Nesse meio tempo, por intermédio de uma pesquisa levantada pela Fiocruz, ficava-se sabendo que os casos de malária tinham aumentado em 900% no Brasil, entre 1970 e 1986, em grande medida por causa da demora no diagnóstico, do progressivo desmatamento e da ocupação desordenada da Amazônia. A devastação ambiental cada vez mais acelerada e descontrolada dava uma contribuição decisiva para a escalada de doenças epidêmicas, afetando a saúde dos brasileiros.

A escalada da violência urbana que se verificava no país também dava a sua cota de contribuições ao aumento dos casos de doença e mal-estar que só faziam crescer a cada dia. O governo do Estado do Rio de Janeiro, preocupado com os altos índices ostentados, convidou uma equipe da OMS, especializada no diagnóstico e no tratamento das doenças provocadas pela violência urbana, para oferecer palestras baseadas no levantamento dos recursos disponíveis para o combate à brutalidade crescente na região. Além da sistematização dos métodos de enfrentamento ao problema, os especialistas da OMS ainda ajudariam a treinar monitores para lidar com os sujeitos mais violentos dentro dos presídios, da polícia e dos hospitais. Como fecho de sua colaboração, a equipe internacional ainda promoveria a criação de programas de ajuda às vítimas de estupro, sequestro, assalto e ameaça de morte. O objetivo principal desse projeto era justamente o de minorar as graves sequelas mentais decorrentes do excesso de violência, que já atingiam um contingente expressivo da população do Rio de Janeiro. O evento ficou marcado para acontecer durante quinze dias, entre março e abril de 1988.

Outra fonte de enorme desconforto para os brasileiros era a dívida externa, que consumia uma quantidade extraordinária de recursos nacionais, enviada periodicamente ao exterior para pagamento de juros e amortizações. Março de 1987 era o prazo final concedido pelos principais bancos credores do Brasil para o reinício das negociações, com vistas à rolagem da maior parcela da dívida externa. Ao mesmo tempo em que determinavam o andamento dos entendimentos, os credores internacionais pressionavam para transformar o FMI no "supervisor" dos acordos, com capacidade para formular as regras e definir os prazos. Entre os membros da equipe econômica, sob comando do ministro Dílson Funaro, havia uma visão comum de que o FMI representaria uma ingerência indevida nos assuntos internos do país, colocando em risco a própria soberania nacional. Isso porque a "ida ao Fundo" significaria uma submissão imediata aos ditames ortodoxos da instituição, ou seja, às políticas de ajuste econômico fortemente baseadas em cortes e recessão. Assim sendo, resistiriam ao máximo para se curvar a esse propósito.

Paulo Nogueira Batista Jr., que trabalhou como assessor para assuntos de dívida externa na equipe do ministro Funaro, argumentou que, desde 1982, "os mercados financeiros internacionais estavam fechados para o Brasil", dadas a intransigência dos credores e a sua respectiva imposição de acordos draconianos, que acarretavam enormes transferências de recursos ao exterior (Batista Jr., 1997). Assim, tornara-se impossível para o programa liderado por Dílson Funaro financiar os desequilíbrios do balanço de pagamentos com capitais externos. O país encontrava-se num quadro de crise cambial aguda, que o incapacitava a continuar honrando os seus compromissos externos. Reservas cambiais baixíssimas, que andavam na casa dos US$ 2 a 3 bilhões de dólares, tornavam inviável o pagamento de US$ 800 milhões de juros ao mês, como era preciso fazer. Por conta disso, os jornais informavam que o presidente Sarney anunciaria no dia 20 de fevereiro, em cadeia nacional de rádio e televisão, a suspensão do pagamento dos juros da dívida externa, por tempo indeterminado.

Segundo as notícias, a decisão havia sido tomada em reunião no Palácio da Alvorada, entre o próprio presidente, o ministro Dílson Funaro, o presidente do Banco Central, Francisco Gros, e o embaixador brasileiro nos Estados Unidos, Marcílio Marques Moreira.

Em defesa dessa decisão, Paulo Nogueira Batista Jr. afirmou que a moratória unilateral decretada pelo governo brasileiro seria "a única resposta consistente com a defesa da independência do país". De fato, na sua percepção, a suspensão do pagamento dos juros tinha dois objetivos principais: primeiro, estancar a perda de reservas cambiais e permitir a sua recuperação gradual; segundo, pressionar os credores a renegociar em termos mais favoráveis para o país devedor. Paul Volcker, que presidia o Federal Reserve (banco central estadunidense), declarou à imprensa que a crise vivida pelo Brasil tendia a dificultar a obtenção de novos recursos junto aos bancos internacionais, e reforçou a tese de que o máximo que o governo brasileiro conseguiria arrancar em benefício próprio seria a concordância com a suspensão temporária do pagamento dos juros e amortizações. Poucos dias após a decretação da moratória unilateral pelo Brasil, em Nova York, 14 bancos que representavam o consórcio de credores externos comunicaram oficialmente que subordinariam a concessão de novos empréstimos e a renegociação dos já existentes à aprovação de um programa econômico a ser acertado com o FMI, medida que o governo Sarney vinha tentando evitar sistematicamente.

Os planos de tentar acordos com os bancos credores, sem a tutela do FMI, embora não tivessem recebido censura aberta das autoridades monetárias dos Estados Unidos e de outros países europeus, não contaram com nenhum tipo de simpatia do setor financeiro internacional. Ao contrário, tudo que as autoridades brasileiras ouviram do presidente do Federal Reserve e do secretário do Tesouro dos Estados Unidos foi que um acerto com o FMI "facilitaria" as negociações com os banqueiros e com o Clube de Paris (reunião de países credores da Europa). Não demorou muito para que o presidente José Sarney tomasse a decisão de voltar ao FMI, embora adotando algumas ressalvas que todos sabiam de antemão que jamais seriam cumpridas ou aceitas pelo fundo. Em novembro de 1987, após três meses de intensas negociações, o Brasil concluiu um acerto com os bancos credores que previa um acordo com o FMI e a suspensão da moratória unilateral que fora declarada. Aquilo que os textos oficiais consideraram uma "grande vitória brasileira", muitos círculos políticos de Brasília julgaram ser um resultado merecedor de fortes críticas. Não deixava de ser uma capitulação. Conforme a interpretação de Paulo Nogueira Batista Jr., "o equacionamento do problema só não foi mais rápido e mais favorável ao Brasil porque faltou ao governo capacidade e determinação para aproveitar plenamente a oportunidade de negociação propiciada pela suspensão dos pagamentos". Não demoraria tanto tempo assim para que, em 1989, o Brasil voltasse, "envergonhado e desmoralizado" a decretar uma nova fase de suspensão do pagamento da dívida externa. Talvez, se tivesse aproveitado mais intensamente a ocasião propícia criada anteriormente, não precisasse se expor ao vexame de reconhecer o próprio fracasso.

Esse é apenas um resumo da questão da dívida externa, que já foi tratada em toda a sua dimensão e devida profundidade por muitos especialistas no assunto, inclusive Paulo Nogueira Batista Jr., aqui mencionado (Batista Jr., 1988). O objetivo foi somente apresentar o tema, à luz do quadro mais amplo da transição democrática pela qual o país passava. Se fosse para acompanhar a histeria da imprensa, dava para escrever um livro inteiro sobre o tratamento dispensado pelo noticiário à "ousadia" do governo ao declarar a suspensão provisória do pagamento da dívida externa — ou seja, a moratória. Foram manchetes em letras garrafais nas primeiras páginas, editoriais quase diários, matérias de página inteira, duas páginas, três páginas; entrevistas com economistas e autoridades, declarações sistemáticas dos credores internacionais. Nem a fome, nem a saúde precária, nem a miséria que grassava em todas as regiões brasileiras mereceram, jamais, o mesmo estardalhaço causado pela trégua da dívida externa. É de se supor que isso representasse uma escolha de prioridades, isto é, que a intensidade da divulgação de um fato ou acontecimento fosse diretamente proporcional à sensibilidade que despertava nos meios de comunicação, quer dizer, nos seus principais dirigentes e anunciantes.

Novas crises de endividamento externo não ficariam fora do horizonte brasileiro. O fundamental, numa perspectiva histórica, é sempre recordar que os processos de crise, desequilíbrio e incerteza tendem a se acentuar todas as vezes em que se coloca a situação de forte dependência do dinheiro estrangeiro para financiar as "arrancadas" da economia.

No curso da crise que se prolongava, tanto na esfera econômica quanto política, sobressaiu-se um "racha" nas colunas outrora firmes do maior partido do país – o PMDB. Maior beneficiário do processo de transição democrática que se operava desde 1985, o PMDB colhera os frutos saborosos de uma vitória esmagadora no pleito de 1986, que elegera os governadores de Estado e os parlamentares que escreveriam a nova Constituição brasileira, formando uma maioria impressionante em todos os campos da luta política, de norte a sul. Pesquisas de opinião realizadas em seguida ao fim do Plano Cruzado indicavam, porém, que o presidente José Sarney tinha perdido um bocado de popularidade, enquanto o PMDB continuava sendo o preferido do eleitorado, apesar de um relativo declínio. 27% dos entrevistados diziam continuar apoiando a agremiação, enquanto já despontava em segundo lugar, com a preferência de 17% do público, o "perigoso PT", descrito assim pela reportagem. Entre os peemedebistas, assomava um sério descontentamento com a liderança de Ulysses Guimarães – mais de 80 deputados do partido decidiram assinar um manifesto, que seria lido na tribuna da Constituinte, no qual apresentaram uma série de críticas à condução da gestão partidária, afirmando que o velho cacique não interpretava mais "o sentimento geral" dos correligionários e, portanto, representava apenas "o reduzido grupo com o qual se reunia frequentemente", a fim de decidir os rumos da agremiação e do próprio governo Sarney.

Esse grupo descontente, que se autodenominava Centro Democrático, reclamava do que considerava "decisões fechadas" de Ulysses Guimarães, geralmente, tomadas em reuniões regadas a *poire* (licor de pera sofisticado, que era a bebida predileta do deputado "Senhor Diretas"). O velho cacique negou que atuasse com estilo autoritário e tomasse iniciativas sem consultar as bases partidárias. Seja como for, esses conflitos já pareciam transbordar para o humor do eleitorado, levando as pesquisas a apontarem como favoritos à disputa pela Presidência da República: Mário Covas, com 43% dos votos, e Leonel Brizola, com 36% das preferências. Mais uma vez, cumpre lembrar que as pesquisas de intenção de voto sempre representam retratos do momento; é surpreendente observar que, na eleição de 1989, nenhum dos dois figurasse entre os conduzidos ao segundo turno.

Na condição de maior partido político do Brasil, grande vitorioso do último pleito, e detentor de vários ministérios, cargos e demais fontes de poder no governo federal, era curioso que justamente o PMDB fosse a agremiação com maior turbulência interior. Já em meados de 1987, a imprensa começou a insinuar que o partido dava claros sinais de desagregação – de um lado, sob o que seria orientação do próprio Sarney, o líder do governo na Câmara iniciava entendimentos com os chamados moderados, a fim de organizar um bloco suprapartidário que livrasse o presidente da condição de "refém do partido"; de outro, a chamada esquerda peemedebista se movia para constituir o Movimento de Unidade Progressista (MUP), com pretensões de formalizar uma dissidência destinada a buscar nas ruas o apoio para a realização de eleição direta para a Presidência da República, em 1988, logo após a promulgação da nova Constituição brasileira. Era ventilada, ainda, uma intenção mantida com relativa discrição de promover uma saída em bloco desse grupo para a formação de um novo partido.

Enquanto isso, em saboroso jantar no Palácio da Alvorada, o grupo peemedebista intitulado Centro Democrático não se acanhava de apresentar ao presidente as suas reais pretensões: nada menos do que a demissão de quatro ministros (Previdência, Saúde, Reforma Agrária e Indústria e Comércio), com a respectiva indicação de novos ocupantes das pastas; maior participação na distribuição dos cargos de segundo e terceiro escalões; formação de um "colégio de vice-líderes" do governo na Câmara; controle pela bancada das nomeações na administração federal e da distribuição de verbas para os municípios; e, por fim, atuação no bloco suprapartidário que aprovaria a nova Constituição. Nada mal. Era uma senhora agenda, dessas que combinam visão estratégica com ação pragmática. No quadro de transformações que se operavam na esfera política do país, essa facção parece ter sabido aproveitar a oportunidade favorável, então surgida, para arrancar dos mandatários (governantes e empresários) todos os benefícios que pretendia obter e conservar em sua ação parlamentar. Uma das principais percepções do grupo foi a de que deveria atuar em bloco — unidos, poderiam se tornar imbatíveis.

Não era apenas o grupo militar que circundava o Palácio do Planalto, liderado pelos ministros das três armas e do SNI, que mais se posicionava contra a influência da esquerda nos destinos do país. Diversos adeptos da extrema-direita, inclusive, oriundos da chamada linha-dura da ditadura militar, também se mexiam na retaguarda política, organizando as suas associações e iniciando a sua escalada retórica para denunciar os perigos que enxergavam na provável "esquerdização" do Brasil. Um dos seus alvos prediletos era justamente a Assembleia Nacional Constituinte, na qual os partidos de esquerda, de fato, esgrimiam uma notável combatividade e conquistavam alguns objetivos fundamentais para os trabalhadores. Embora numericamente pequenos, a sua habilidade para negociar com os conservadores e para impedir os mais severos retrocessos no campo da proteção social lhes garantiu algumas vitórias muito importantes, que se consolidariam nos anos posteriores. Era contra isso que buscavam se erguer os biombos do extremismo.

Havia contribuições financeiras generosas para garantir a manutenção desses grupos voltados para combater a esquerda. O presidente de uma conhecida fabricante de roupas de malha de Santa Catarina, famosa no Brasil inteiro, admitiu à imprensa que doava regularmente, há mais de dois anos, uma quantia mensal para financiar as atividades de uma dessas entidades — mas, não soube precisar quanto. Perdeu a memória, subitamente. Ao mesmo tempo, assumiu que não estava sozinho nessa empreitada e que vários outros empresários de maior ou menor porte também contribuíam de modo pródigo para a ação desses grupos de direita e de extrema-direita. Mas, acometido de amnésia, não se lembrou também dos nomes desses magnânimos doadores. Apesar da imprecisão das informações prestadas — qual o montante de dinheiro fornecido, qual a origem dessas ofertas —, não deixa de ser relevante o registro de que havia um poderoso mecanismo de financiamento empresarial das diversas ações destinadas a intimidar e a criminalizar a atuação política das esquerdas brasileiras. Finda a ditadura, iniciara-se uma nova modalidade de repressão bancada por enormes montantes de recursos financeiros.

E não se pense que se tratava de uma ação tresloucada de saudosistas de um tempo perdido, de velhotes desocupados que buscavam um sentido para o seu próprio vazio — havia cérebros pensantes que articulavam com alguma proficiência os objetivos que pretendiam alcançar. Os jornais colheram algumas pérolas emanadas desses espíritos, nas reuniões que organizavam e começavam a se tornar rotineiras. Num desses encontros, pontificou um dos luminares da extrema-direita nacional, ex-ministro do STF durante a ditadura militar e um dos principais articuladores do golpe de 1964. Na sua fala, declarou que havia uma "ascensão preocupante das massas", que tinham estado "guardadas nos seus escaninhos" e despertaram após a Segunda Guerra Mundial. Naquele contexto, essas massas estavam ficando cada vez mais politizadas e, por isso mesmo, tornavam-se ainda mais exigentes. O fecho do seu raciocínio, a chave de ouro, foi a recomendação para que se fizesse a "preparação de homens de elite para ocupar os aparelhos do Estado", porque o que se vivia era uma democracia de massas e "as massas não escolhem homens de elite para governar". Era um fato consumado contra o qual pretendiam manejar suas armas.

A grande arena de combates, na qual a extrema-direita pretendia exibir os seus dotes políticos era realmente a Assembleia Nacional Constituinte. Ali, contudo, não estaria sozinha, e precisaria disputar os espaços com os chamados moderados e conservadores já reunidos no poderoso bloco parlamentar apelidado Centrão. Em muitas votações, acabariam juntando forças. Mas, o Centrão largou na frente, com enorme vantagem, dadas as condições favoráveis com que pôde fazer a sua preparação para os grandes embates que seriam travados na redação da nova carta constitucional brasileira. Entre as muitas regalias que recebera para agir, destacava-se o farto financiamento, que incluiu a montagem de uma miniestrutura empresarial dentro do Congresso, cujo quartel-general, instalado no gabinete de um dos mais destacados de seus deputados, dispunha de um poderoso computador e de uma central telefônica. Seis telefonistas foram contratadas exclusivamente para lembrar a todos os seus correligionários as datas dos pleitos, aos quais deveriam comparecer, incluindo chamadas às respectivas esposas, para que não os deixassem esquecer. A operação de "caça aos votos" dispôs ainda de dez aviões mono e bimotores, cedidos por parlamentares do grupo, para buscar onde quer que fosse os constituintes que, porventura, tivessem qualquer dificuldade para encontrar assentos nos voos comerciais regulares. Essa amarração bem estruturada dos mecanismos de atuação na Constituinte foi um dos principais trunfos do Centrão na batalha pelas votações. Era o que diziam os jornais.

Um dos primeiros testes em que tal estruturação foi colocada à prova deu-se por ocasião das mudanças propostas ao regimento da Assembleia Constituinte, que definiriam a possibilidade (ou não) de alterar decisões já consagradas nas comissões temáticas e na própria Comissão de Sistematização. Essa era uma exigência do poder econômico, que pretendia eliminar no texto final alguns capítulos inseridos em defesa dos direitos dos trabalhadores, dos indígenas e das minorias. Numa votação acachapante, o Centrão impôs aos progressistas uma derrota amarga, por 290 votos a apenas 16, aprovando as alterações no regimento interno da Constituinte, que passou a permitir mudanças nas regras para votação do texto final. Foi uma das sessões mais tensas e tumultuadas daquele período, em que deputados chegaram a trocar socos e pontapés, em que populares instalados nas galerias do Congresso Nacional cuspiram e jogaram dinheiro no plenário, e em que os parlamentares atingidos revidaram com xingamentos e gestos obscenos. Assim disseram os jornais. E trouxeram ainda várias declarações elogiosas das cabeças coroadas do meio empresarial brasileiro, que saudaram aquela vitória do Centrão como "fato extremamente positivo para o jogo democrático". Na sua visão, diante daquele resultado, a redação da nova Carta Constitucional deixaria de ser "privilégio de uma minoria", o que seria bom para todos. Nenhuma palavra sobre os milhões de dólares destinados a obter esse feito.

De todos que se sentiram amargamente atingidos pela manobra exitosa do Centrão, o mais abalado era o PMDB, cujas lideranças se diziam decididas a reagir aos parceiros que comandavam o Centrão. Era seu objetivo passar à ofensiva de modo imediato, a fim de tentar resgatar o partido para as velhas bandeiras que sempre o tinham caracterizado. No limite, caso não conseguissem alcançar esse propósito, pensavam em fundar uma nova sigla partidária, composta exclusivamente por políticos pertencentes ao PMDB histórico e com um programa assumidamente social-democrata. Muitos argumentavam que haveria "tremenda dificuldade" para recuperar o PMDB, que já se encontrava irremediavelmente tomado por parlamentares do Centrão, cujas bases e projetos eram predominantemente conservadores. Nessa visão, desde 1979, com a incorporação do Partido Progressista (PP) ao PMDB, o partido vinha dando uma guinada à direita, que acabou se aprofundando no processo de transição democrática. Para os descontentes, os ex-membros da Arena e do PDS, atraídos pela sigla de oposição graças à popularidade de Tancredo Neves e à sua virtual eleição para a Presidência da República, vinham ajudando a desfigurar o velho partido de oposição à ditadura e a impor severas derrotas aos líderes históricos nas disputas internas. Com isso, os mais conservadores acabaram obtendo o controle partidário e deslocaram a esquerda peemedebista para uma condição secundária, cingindo a unidade da agremiação.

No curso dos debates e das votações da Constituinte, a sociedade brasileira, por meio da imprensa e dos cientistas sociais, passou a conhecer melhor a composição das forças políticas que dominariam a cena no Congresso Nacional e nas demais estruturas de poder do país. Com foco na hegemonia do Centrão, percebia-se que os partidários do regime militar, com origem na Arena e no PDS — os partidos governistas durante a vigência da ditadura — representavam mais de 50% dos integrantes desse grupo. E mais: o Centrão não dispunha apenas de maioria no plenário da Constituinte, mas contava com a maior parte dos votos que, em 1986, elegeram os deputados federais. Pelo que se calculava na época, juntos, os 260 deputados que compunham o famoso grupo parlamentar representavam cerca de 14 milhões de eleitores, enquanto os seus opositores reuniam, aproximadamente, 12 milhões de votos. Talvez, tenha vindo daí a noção muito difundida nos meios políticos de que o eleitorado brasileiro seja predominantemente conservador. Em certo sentido, foi na configuração do sistema político pós-ditadura que se deu a predominância de homens públicos de direita, tanto na esfera parlamentar quanto no âmbito dos governos estaduais e municipais. Eles se "reinventaram" com uma nova roupagem democrática e seguiram ocupando os espaços de poder que sempre detiveram.

Os principais representantes do PMDB histórico chegaram ao final de 1987 com uma expectativa clara de antecipar a sucessão presidencial. Fernando Henrique Cardoso, José Richa, Franco Montoro, Mário Covas, Moreira Franco, entre outros, manifestavam a sua preocupação e o seu desconforto com o desgaste que o partido vinha sofrendo junto à opinião pública, em grande medida graças à crise econômica que Sarney não conseguia debelar. Esse desgaste tendia a comprometer todas as realizações futuras do grupo. Os jornais escreviam todos os dias, com grande destaque, sobre a crise brasileira, reforçando a intenção dos opositores de realizar eleições diretas para a Presidência da República ainda em 1988, logo após a promulgação da nova Constituição. Os progressistas do PMDB insistiam no rompimento imediato com o governo, mas não obtinham consenso dentro da legenda sobre o assunto. A saída de Bresser Pereira do ministério, sem conseguir avançar com as medidas de política econômica que havia proposto, aumentara ainda mais o incômodo dos peemedebistas históricos com os rumos do governo. Sarney rebateu as críticas dizendo que as medidas fiscais apresentadas pelo ex-ministro da Fazenda tinham uma evidente sinalização recessiva. E os cortes por ele sugeridos para as empresas estatais representavam "um engodo para o povo brasileiro", justificando assim o seu veto às proposições de Bresser Pereira.

A bem da verdade, Sarney resistiu e cumpriu os cinco anos de mandato que havia exigido. Não se instituiu o parlamentarismo no país, nem se reduziu o tempo de duração da transição democrática. Na Assembleia Constituinte, já estavam com os seus interesses garantidos os militares, os empresários, os banqueiros, os ruralistas e os financistas. Obra e graça do Centrão!

Formalmente, o autoritarismo teria terminado, com a eleição de Tancredo Neves no Colégio Eleitoral e o início de um novo ciclo de governos civis eleitos por maioria. O legado das décadas de regime autoritário, porém, mostrou-se duradouro e perpassou uma parte das instituições brasileiras. Isto é sempre o mais difícil no que se refere às ditaduras: tanto eliminar a mentalidade criada nas esferas de poder e de decisão quanto inibir a continuidade de certos métodos típicos de situações de exceção, como censura, tortura, intimidação, aparelhamento do Estado, violações de direitos humanos, entre outros. No processo de transição democrática que a sociedade brasileira experimentou, a partir de 1985, essa questão teve grande relevância para a consolidação do regime político baseado nas garantias constitucionais e na plenitude dos direitos civis. O mais complexo, nesse transcurso, foi justamente desativar pequenos e aparentemente inofensivos mecanismos pelos quais se perpetuava toda uma estrutura de exceção e de arbítrio.

Os caminhos para prosseguir nessa direção são conhecidos. Assim como são facilmente percebidos os meios pelos quais se mantiveram os mecanismos autoritários, mesmo no contexto em que se apregoava aos quatro cantos a bem-aventurada democracia brasileira recém conquistada. Em notícia da imprensa, por exemplo, ficou-se sabendo que o presidente do Banco Central mandara suspender a publicação de um texto redigido por alguns economistas do seu departamento em São Paulo — chamado "Carta de Conjuntura". O motivo da suspensão foi bem simples: o alto executivo não gostou das críticas feitas à política econômica do governo e, especialmente, ao aumento das taxas de juros. Embora se tratasse de um documento de divulgação interna, acabou sendo vazado para a imprensa, o que tornava de todo inútil a sua suspensão pelo presidente da instituição. Pelo que se lê nos jornais, o texto trazia algumas advertências cuidadosas e sérias aos gestores da política econômica, chamando a sua atenção para os compromissos assumidos no início da Nova República e para a necessidade de levar em conta não apenas os elementos de conjuntura, mas os fatores que condicionam a evolução no longo prazo também. Em tese, eram argumentos lógicos e sensatos, que poderiam muito bem ser debatidos em tom ameno e respeitoso, sem gerar maiores atritos ou desconfortos.

No entanto, no correr das matérias publicadas, fica evidente o que realmente despertou a ira da cúpula do Banco Central: a passagem em que os autores do texto acusam a instituição de se manter "submissa" ao sistema financeiro, aceitando sem discutir as taxas de juros determinadas pela banca nacional, sob o risco de contribuir para o retorno indesejável da "ciranda financeira", com graves prejuízos para a economia como um todo. Em lugar de promover uma captação de poupança para aumentar os investimentos, esse modelo financista assim consolidado acabou transformando o mercado financeiro em espaço privilegiado para "um circuito de valorização estéril do capital". Eis a conclusão dos economistas censurados. Embora interditados, não estavam sozinhos. Outros espaços acadêmicos e profissionais de economia também alertaram para os perigos implícitos na condução da política econômica, que tornavam cada vez mais remotas as possibilidades de honrar os compromissos com o desenvolvimento e a justiça social assumidos pelo governo da Nova República em seu início.

Nos meios de comunicação, a interferência direta do voluntarismo político era ainda mais escancarada. Tanto na radiodifusão privada, por meio das verbas oficiais destinadas a campanhas e publicidades, quanto na esfera pública, em que o governo controlava diretamente emissoras de rádio e televisão, o assédio governamental era feito sem peias. Conforme avançava a discussão sobre a duração do mandato do presidente José Sarney, esse garrote foi sendo cada vez mais apertado, pelo que se lê nos jornais. Jornalistas e apresentadores eram afastados ou removidos, segundo uma "nova política do Ministério da Educação", responsável na época pela gestão das televisões educativas do Brasil. Em todos os casos, uma única motivação: críticas ao governo. Nas redes privadas, tornou-se comum o cancelamento de entrevistas ou debates com políticos de oposição, em especial, daqueles que disputavam diretamente com o governo, pregando o mandato presidencial de quatro anos e a realização de eleições diretas em 1988, logo após a promulgação da nova Constituição. Entre eles, destacavam-se Leonel Brizola e Mário Covas.

O rescaldo do autoritarismo era mais resistente ainda no segmento que lidava diretamente com as forças de segurança, legítimas ou nem tanto. Pela imprensa, no alvorecer do ano de 1987, fica-se sabendo que, por determinação do ministro da Justiça, a Polícia Federal fora encarregada de fechar cerca de 600 empresas de vigilância e de transporte de valores, que estariam atuando de maneira clandestina e irregular, em maior número nas cidades mais importantes do país — Rio de Janeiro e São Paulo. Isso mesmo, 600 empresas. Entre as muitas irregularidades, constava frequentemente a ausência de apresentação de certidões negativas de antecedentes criminais, por parte dos dirigentes das empresas. Ou seja, elas podiam estar sendo comandadas por bandidos. Por outro lado, as autoridades apuraram também que o sistema de contratação dos vigilantes não obedecia aos critérios mínimos de cuidado na escolha e na preparação dos profissionais encarregados de tarefas delicadas e complexas como aquelas. Indivíduos despreparados e sem formação específica ficavam à mercê de eventualidades arriscadas e colocavam em perigo os companheiros e a população em geral. Pelas estimativas do levantamento feito pela Polícia Federal, o número de empregados no setor podia chegar a 200 mil. Ademais, havia a suspeita quanto à aquisição irregular (ou ilegal) das armas e munições utilizadas por essas empresas, cujos registros muitas vezes inexistentes deixavam em aberto a possibilidade de que estivessem sendo adquiridas por meio de contrabando ou mesmo furto. Quanto aos estatutos dessas entidades, a investigação havia apurado que nenhum deles explicava com clareza o tipo de atividade de vigilância e de transporte de valores exercida. Era um emaranhado de problemas. E o principal objetivo declarado pelas autoridades ligadas ao caso era o de promover um enxugamento na rede desses serviços.

Nas páginas dos jornais, apareciam com alguma frequência notícias de torturas e de espancamentos realizados dentro de supermercados, contra consumidores considerados suspeitos. Quem os julgava e determinava a suspeição eram justamente esses vigilantes privados contratados para fazer a "segurança" dos estabelecimentos. Numa dessas várias ocorrências registradas na imprensa, na cidade de São Paulo, o gerente de uma loja próxima ao supermercado acusado assumiu que não era a primeira vez que presenciava um caso daqueles, e que os fatos brutais, geralmente, se passavam "com pessoas humildes, que não tinham coragem de denunciar". O rapaz vitimado pela violência dos seguranças, naquele dia específico, era funcionário de uma lanchonete e costumava passear no supermercado antes de ir para casa, após o expediente. Lamentavelmente, terminou o "passeio" com um dos tímpanos estourado e com hematomas pelo corpo inteiro. Mas, teve coragem de falar.

Foi também graças a muita dose de coragem que o projeto "Brasil Nunca Mais", da Arquidiocese de São Paulo, acabou se tornando o mais completo levantamento sobre a repressão da ditadura militar brasileira, de 1964 a 1979. Para realizá-lo, foi fundamental que 35 pessoas de grande bravura conseguissem trabalhar, de forma clandestina, na cópia de mais de um milhão de páginas de documentos extraídos de vários processos em Brasília. Segundo relato da imprensa, esses dados tinham sido devidamente conservados pelos burocratas militares e mostravam que cerca de 40 mil pessoas estiveram diretamente envolvidas na repressão, utilizando uma base de 285 tipos diferentes de tortura. Naquele início de 1987, os idealizadores do projeto estavam empenhados em publicar a íntegra do levantamento feito, que seria distribuído por 12 volumes, num total de sete mil páginas. Era um compromisso que pretendia coroar o esforço dessa equipe valorosa de advogados e outros profissionais, que se arriscaram, durante cinco longos anos de trabalho, para fazer um registro o mais completo possível de tudo aquilo que se passou nos porões do regime e tantas marcas deixou nos corações e mentes dos atingidos.

Uma das impressões mais duradouras que teria ficado desse período sombrio foi justamente a descrença no direito e na justiça. Vez por outra, os jornais traziam enquetes em que o distinto público se pronunciava sobre o grau de confiança que depositava nas instituições que deveriam garantir a segurança e a liberdade do cidadão brasileiro. E as opiniões não costumavam ser nada favoráveis. Numa dessas pesquisas de opinião, quase metade dos cariocas afirmaram não confiar na justiça, sendo que 80% chegaram mesmo a dizer que era muito difícil para uma pessoa do povo ter os seus direitos reconhecidos e respeitados. Por outro lado, esses mesmos entrevistados julgaram que os ricos jamais pagavam por seus crimes e nunca iam parar na cadeia. Era o retrato de uma época. Era o contexto de fim de um regime de exceção, no qual a noção de direitos e garantias individuais tinha ficado, de fato, bastante devastada. Ao mesmo tempo, a consciência de que um determinado grupo da sociedade (os ricos) podia usufruir de regalias e privilégios que os demais desconheciam também se mostrava cada vez mais acentuada. É forçoso lembrar sempre que uma ditadura, seja ela qual for, tem por fundamento inelutível o favorecimento de um segmento ou classe em detrimento de todos os outros. As ditaduras jamais agem em benefício da maioria, nem tampouco conseguem contar com o apoio ou a simpatia geral. Por isso mesmo, implantam o terror. Para se sustentar como regime de força precisam estabelecer um domínio violento e cruel sobre a sociedade, a fim de conter o ímpeto dos opositores.

Em defesa dos indígenas, os sertanistas brasileiros enfrentavam tremendos desafios no alvorecer da Nova República. Membros de uma profissão tão ameaçada de extinção quanto as comunidades que tentavam proteger, eles se reuniram pela primeira vez, em Brasília, no I Encontro de Sertanistas da Fundação Nacional do Indígena (Funai), para realizar uma troca de experiências e elaborar mudanças de estratégia para continuar o seu árduo trabalho junto aos indígenas, cada vez mais brutalmente assediados pela ganância dos exploradores predatórios das riquezas naturais do país. Foi Sydney Possuelo, um dos coordenadores do evento, quem melhor definiu o modo pelo qual esse grupo intrépido de profissionais encarava a própria missão: para ele, o Brasil era um dos últimos lugares do mundo (senão, o último) no qual ainda existiam seres humanos que tinham permanecido completamente isolados de toda a transformação tecnológica ocorrida na face da Terra, nos últimos séculos de História. Essas criaturas, segundo o sertanista, ainda possuíam uma mentalidade comunitária característica de períodos que remontavam a mais de 8 mil anos passados. Arredios, sem ter estabelecido contatos com os homens brancos, estariam seriamente ameaçados em sua sobrevivência, cabendo ao Estado e à sociedade brasileira a obrigação de assegurar a sua preservação nos moldes em que tinham vivido até aquele momento. Possuelo considerava esses indígenas como um verdadeiro "patrimônio humano, cultural, social e histórico, não apenas de interesse do Brasil, mas de toda a humanidade". Pelas suas contas, seriam perto de 38 grupos que habitavam a região amazônica, que acabaram se tornando conhecidos (ou reconhecidos) a partir da construção da rodovia Transamazônica. Era urgente salvá-los da ruína.

De acordo com o documento redigido pelos sertanistas, estaria ocorrendo a invasão das terras habitadas pelos silvícolas, sem o consentimento deles, claro. Muitas vezes, a aproximação forçada pelos invasores levava à introdução de hábitos e necessidades totalmente desconhecidas daquelas populações e, na maior parte das vezes, contraditórias com o seu modo de vida tradicional. Em grande medida, esses novos costumes acabavam levando à maior desorganização de suas comunidades, lançando-os em um mundo diferente, diante do qual tinham poucos recursos de adaptação e de reação. Em certos casos, tais mudanças artificialmente causadas terminavam provocando a própria morte dos indígenas. O que os sertanistas vislumbravam como medida preventiva era, acima de tudo, a organização de um sistema de vigilância e de proteção desses grupos humanos, cada vez mais acossados pela ganância de fazendeiros, garimpeiros e mineradoras, cuja exploração predatória da terra não aceitava limites e acabaria destruindo por completo os seus modos de vida tradicionais. Mais do que um evento de avaliação e de projeção dos rumos profissionais, o que aqueles homens estavam propondo era um grito de alerta em defesa dos povos indígenas do Brasil.

Por mais espantoso que possa parecer, era de dentro da própria Funai, onde se reuniram os sertanistas para debater a proteção aos indígenas isolados, que vinham algumas das ameaças mais devastadoras para aquelas coletividades. Pelos jornais, foi possível tomar conhecimento de que o senhor Aureliano Chaves, ministro de Minas e Energia do governo José Sarney, convocara a imprensa para fazer um comunicado solene – mandara cancelar todos os alvarás concedidos para pesquisa mineral em terras indígenas (Jornal do Commercio, 11/07/1987, p. 9.). Na coletiva, o ministro disse ter sido surpreendido por uma portaria assinada, em sigilo, pela Funai e pelo Departamento Nacional de Produção Mineral (DNPM), a qual promovera a abertura de terras indígenas à exploração pelas mineradoras. Deu a entender que não teve conhecimento da medida. Em resposta à decisão do ministro, Romero Jucá, presidente da Funai, suspendeu a portaria assinada com o DNPM, mas, segundo notícia da imprensa, alegou que a decisão antes tomada poderia representar "um grande avanço para aquelas comunidades", que se beneficiariam enormemente com os royalties que viriam a receber com a eventual extração de minérios de suas terras. Era a lógica mercantil que privilegia os ganhos materiais acima de todas as outras coisas, da qual os sertanistas reclamaram em seu encontro. Para muitos gestores da administração pública, assim como para os exploradores dos recursos naturais, o que mais importava era extrair benefícios e lucros da empreitada. Em compensação a essa racionalidade baseada estritamente na ganância e no imediatismo, diziam acreditar que os indígenas também tirariam grande proveito do que estava por acontecer.

Havia mesmo uma suposição recorrente de que os silvícolas da Amazônia partilhariam os valores e a mentalidade dos capitalistas predadores da natureza, que rondavam a imensa região em busca das riquezas ali abundantes. Como seria possível um ser humano que não considerasse o lucro como o bem supremo da existência? Ainda que se precisasse disfarçar um pouco essa avidez com algumas pérolas de falsa consciência, como falar em nome de: "o interesse do país", "a autonomia dos indígenas", "o avanço legal" diante das normas reguladoras vigentes. Tudo seria feito dentro da mais completa lisura e normalidade, para benefício de todos os envolvidos — era o que tentavam nos asseverar. Assim sendo, não demorou muito para que as vozes dos interessados bradassem os seus lamentos contra a suspensão da famigerada portaria da Funai que pretendia abrir as terras indígenas para a exploração mineral. Alguns alegaram que a autorização cancelada poderia ter sido um "grande avanço" em relação aos documentos oficiais existentes, justamente por permitir às comunidades indígenas "manifestarem-se livremente sobre a exploração ou não de minerais em suas áreas". Era sempre essa a argumentação que equiparava o pensamento e os valores dos indígenas aos dos exploradores. Mas, ainda foram além, dizendo acreditar que a portaria suspensa teria contrariado "fortes interesses ilegítimos", que sempre evitaram conceder "autonomia" aos indígenas, a fim de mantê-los eternamente submissos e de utilizá-los como "massa de manobra" contra "os legítimos interesses do país", favorecendo o contrabando e os desvios. Ou seja, havia os aproveitadores bonzinhos e havia os falsos benfeitores, que só queriam tirar proveito do isolamento das comunidades da Amazônia. Qualquer coisa fora disso era descartada como tentativa de mascarar a realidade.

Não era só de minérios que a cobiça pela região amazônica se alimentava. Havia também uma riqueza imensa em madeiras nobres e extraordinárias que atiçava a sanha avassaladora dos madeireiros. Vez por outra, notícias de jornal davam conta da tremenda devastação promovida pela extração ilegal de madeiras, inclusive nas terras indígenas. Mais uma vez, foi a Funai que comandou a realização de um contrato com uma empresa extrativista na região do Vale do Guaporé, em Rondônia, autorizando a extração de 12 mil metros cúbicos de mogno, cedro e cerejeira, dando em troca aos indígenas ocupantes da área um jipe, dois tratores e ainda a promessa de construção de três escolas e um posto de enfermagem. O coordenador nacional da União das Nações Indígenas (UNI), Ailton Krenak, disse ter estranhado o contrato de permuta assinado entre a Funai e a madeireira, dispensado de licitação pública, e o considerou totalmente lesivo às populações. Segundo Krenak, a Funai estaria se omitindo de sua função precípua — de dar assistência às comunidades indígenas — para assumir o papel de intermediário mercantil na exploração do seu patrimônio (Jornal do Brasil, 11/11/1987, p. 5.). Dentro desse acordo, a Funai autorizou ainda, por meio de outro contrato, a transformação dos silvícolas em trabalhadores assalariados nas atividades extrativistas, com ganho de um salário mínimo vigente. Estava fechado o círculo: não só a riqueza natural dessas áreas estava totalmente à disposição dos exploradores, como também a mão de obra barata e farta de indivíduos que conheciam, como ninguém, todas as características e especificidades do meio ambiente ao redor.

Em todo o período abordado aqui, a Amazônia figurou com enorme frequência nas páginas dos jornais, na maioria das vezes, como objeto da ação predatória de uma gama variada de aventureiros e exploradores. Todavia, o controle de fato sobre a imensidão do território amazônico parecia estar nas mãos de poucas empresas mineradoras, que detinham o direito de exploração sobre cerca de um milhão de quilômetros quadrados — extensão equivalente a toda a região Sudeste brasileira (Estados de São Paulo, Minas Gerais, Rio de Janeiro e Espírito Santo). Segundo estudo realizado sobre dados do próprio Departamento Nacional de Produção Mineral (DNPM), essa gigantesca área territorial espalhada pela região amazônica, de forma descontínua, pertencia aos domínios de grandes grupos mineradores — nacionais, estrangeiros e estatais. O modelo de apropriação e de exploração realizado por esses proprietários, baseado na legislação brasileira instituída por decreto, em 1967, determinava que nada poderia ser feito nessas terras sem a autorização expressa dos seus donos. Com isso, segundo o estudo citado na imprensa, apenas 1% das fantásticas reservas minerais da região era efetivamente tomado. Os conflitos entre garimpeiros e mineradoras, tendo essa questão como pano de fundo, só tendiam a se agravar com a passagem do tempo. E o debate sobre o controle do subsolo brasileiro acabaria parando na Assembleia Nacional Constituinte — os *lobbies* poderosos que atuavam em favor dos maiores interesses econômicos tentariam jogar as questões mais cruciais para a legislação ordinária, a qual consideravam mais dinâmica e mais fácil de influenciar. Era fundamental, para eles, evitar que certos temas viessem a se tornar cláusulas ou artigos da Constituição, cujas alterações implicariam um esforço muito maior e mais penoso no Congresso Nacional.

Em meio a sucessivas crises e tormentas, o ministro da Reforma Agrária, Dante de Oliveira, dizendo atender a um pedido do próprio presidente José Sarney, pediu demissão e deixou o cargo. O motivo: não poderia continuar na equipe ao mesmo tempo em que divergia do chefe do executivo quanto à duração do seu mandato. Dante, como parte importante do PMDB (partido ao qual pertencia), defendia quatro anos para José Sarney, enquanto esse lutava por uma presidência de, pelo menos, cinco anos no total. Alguns relatos na imprensa disseram que se tratava de uma "saída honrosa", tendo em vista o retumbante fracasso da reforma agrária. O que se lia nas entrelinhas era a insinuação de que o governo Sarney jamais pretendera de fato fazer uma reforma agrária, que ajudasse a democratizar o acesso à terra no Brasil. Tinha se especializado em "jogos de cena", com eventos simbólicos e discursos emocionados, apenas para esconder a verdade de que não pretendia confrontar os latifundiários e mudar a forma de apropriação do solo no país.

Enquanto a dança das cadeiras seguia em frente, os debates na Constituinte também acirravam os ânimos em torno da questão agrária. Os jornais noticiavam que uma deputada do PMDB, que se elegera pelo Amapá, recebeu diversos telefonemas com ameaças de morte, caso não mudasse o seu voto no tema da reforma agrária.

Os artigos que mais incomodavam os ruralistas eram justamente os que previam a desapropriação dos latifúndios improdutivos e os que garantiam a apropriação imediata das áreas desapropriadas, para fins de reforma agrária. Além dos telefonemas ameaçadores, a deputada teria recebido ainda telegramas e telex com advertências para os riscos que corriam os seus filhos e demais membros de sua família. Não era a primeira, e não seria a única. O ministro anterior da pasta também passara pelos mesmos infortúnios. De certo modo, parecia que parte do território do país continuava sendo mantido e dirigido com base nas prerrogativas do mando local, característico do período colonial, em que o poder dos donos das terras era a mediação fundamental entre todos os habitantes e a autoridade máxima do território — no período colonial, a metrópole portuguesa; no período atual, o Estado brasileiro. Com seus arroubos de violência, intimidação e autoritarismo, esses senhores mostravam que não pretendiam aceitar a supressão de seu domínio secular.

Em 04 de junho de 1987, ao dar posse ao novo ministro da Reforma Agrária, Marcos Freire (uma das estrelas do PMDB pernambucano), o presidente José Sarney pronunciou um arremedo de autocrítica sobre o modelo de distribuição de terras do Brasil e disse que esse não se alterava "de acordo com a nossa vontade". Embora reconhecesse as injustiças evidentes da posse de terras no país, Sarney culpou a burocracia jurídica existente pela seguida procrastinação das reformas. Entraves difíceis de remover esbarravam em legislação desatualizada que prejudicava os esforços de mudança: eis a conclusão do presidente. Por sua vez, o novo ministro que acabava de tomar posse, homenageou em seu discurso as vítimas da violência no campo, entre as quais citou um ex-aluno seu (na Universidade Federal de Pernambuco), advogado do Sindicato dos Trabalhadores Rurais de Surubim (PE), que tombara assassinado naqueles dias. Pouco tempo depois, outro advogado de posseiros, dessa vez no Pará, também morreu com três tiros disparados por pistoleiros, num posto de gasolina a oito quilômetros de Belém. O próprio secretário de Justiça admitiu que o crime podia ter sido encomendado por latifundiários, cujo tipo de ação já era bastante conhecido. Militantes da causa agrária acusaram um fazendeiro da região, que era coronel reformado do Exército, segundo o relato da imprensa. Lamentavelmente, não foi possível conhecer a gestão de Marcos Freire à frente de um ministério tão sensível. Ele morreu em um desastre aéreo, em setembro de 1987, apenas três meses após ter sido nomeado ministro da Reforma Agrária do governo de José Sarney.

Conforme avançavam os debates na Assembleia Constituinte, aumentava também a mobilização dos defensores da reforma agrária. No início de julho de 1987, foi realizada uma grande romaria em favor de uma distribuição mais justa da terra, na cidade de Lapa, a cerca de 60 quilômetros de Curitiba, no Paraná, conduzida pela Comissão Pastoral da Terra. O ato conseguiu reunir mais de 25 mil lavradores de todas as regiões do Estado, que assistiram a um culto ecumênico em louvor à justiça social. Dias depois, a UDR respondeu com uma marcha que juntou cerca de 30 mil pessoas, em Brasília, para mostrar a força descomunal de que dispunha para enfrentar aqueles que resolvessem confrontar os ruralistas. Segundo os jornais, o Exército, com seis mil soldados e oito carros blindados, garantiu total segurança à manifestação dos fazendeiros. Nenhum parlamentar participou dessa marcha ruralista. Em compensação, um conhecido torturador dos porões da ditadura fez questão de aparecer por lá. Ao ser reconhecido pela reportagem presente, alegou que estaria ali prestando solidariedade a um tio que andava com a saúde muito debilitada e era ligado à UDR paranaense. Por esse ato, seria punido ao entrar para a reserva, sem galgar o posto de general. Notícias dos jornais davam conta de que a marcha dos fazendeiros tinha sido "abrilhantada" pela presença de 250 cavaleiros montados a caráter, boiadeiros soprando berrantes, seresteiros dedilhando suas violas e um trio elétrico que bradava músicas "cívicas".

Essa direita extremista fazia barulho, mas esbarrava em sólidas barreiras de contenção. Havia muita gente engajada na preservação do processo de transição democrática pelo qual o Brasil passava. Eram partidos políticos, sindicatos, entidades profissionais, comunidades de base, associações de moradores, lideranças religiosas, movimentos sociais, um sem-número de pessoas dedicadas a salvaguardar os direitos humanos e políticos que vinham sendo lentamente recuperados, e até certo ponto expandidos, no curso dessa transformação. Os embates com os extremistas da direita ganhariam contornos cada vez mais agudos, conforme aumentava o alcance das conquistas obtidas por todos aqueles que defendiam as mudanças. Tanto na esfera do parlamento, com a elaboração da nova Carta Constitucional brasileira, quanto no plano das ações políticas concretas, com a demanda por medidas socioeconômicas destinadas ao enfrentamento da grave crise que assolava o país, as disputas seriam muito acirradas e exigiriam de todos um grande esforço de resistência. Não haveria trégua prolongada para quem lutava pelas reformas sociais e políticas há muito esperadas pela população. Portanto, "era preciso estar atento e forte", não apenas para galgar novos degraus em direção aos objetivos, mas, também, para impedir retrocessos.

No curso desses embates, em meados de maio de 1987, estourou um dos escândalos mais rumorosos da República — por meio de denúncia publicada no jornal *Folha de S. Paulo*, o povo ficou sabendo que um "conluio entre as empreiteiras" acabaria obrigando o governo a anular a concorrência então realizada para construção da Ferrovia Norte-Sul, que ligaria Brasília ao Maranhão. Segundo a reportagem, ficara devidamente provado que os resultados da concorrência, antes mesmo de ser aberta, já tinham sido conhecidos com antecedência. O presidente da Valec Engenharia, Construções e Ferrovias S/A, empresa pública responsável pelos editais, afastou qualquer possibilidade de que as 18 empreiteiras acusadas de conluio pela reportagem viessem a ser excluídas de novas licitações. E por uma razão muito simples: sem elas, não havia a condição de realizar nenhuma obra de peso no território brasileiro. Era com elas, portanto, que o governo podia contar para levar adiante os seus projetos de infraestrutura.

O ruidoso escândalo denunciado na concorrência da Ferrovia Norte-Sul ocupou as principais páginas dos jornais durante vários dias. Apesar da anulação da primeira licitação, conforme já adiantara o presidente da Valec, nenhuma das empreiteiras envolvidas foi impedida de participar de um novo edital. Isso não ocorreria apenas porque o resultado do inquérito não seria conhecido antes da realização de um novo pregão, mas, porque as grandes empresas de construção formavam um cartel e eram as únicas do país capazes de empreender obras de grande porte. Da parte do poder público, a única arma disponível era justamente o cancelamento da concorrência fraudada. Segundo a imprensa, fontes ligadas ao Ministério dos Transportes — ao qual estava subordinada a Valec — teriam afirmado que o conluio só fora desbaratado por causa da denúncia no jornal. Se, por acaso, esse tivesse sido constatado por técnicos do ministério ou da própria Valec, as pressões que iriam sofrer seriam tão descomunais que eles não teriam condições de cancelar a licitação alegando procedimentos antiéticos. Segundo a Valec, não havia nenhum tipo de punição previsto em lei para esse tipo de conduta das empreiteiras. Além disso, o próprio mercado restrito para grandes empreendimentos acabava criando um ambiente favorável à realização dos acordos entre as maiores empresas do setor.

O presidente José Sarney ordenou a abertura de um inquérito pela Polícia Federal, destinado a levantar os principais aspectos do problema. O Senado Federal também recolheu as assinaturas necessárias para a instalação de uma CPI para analisar, além das denúncias apresentadas no jornal, a viabilidade socioeconômica do empreendimento. Enquanto isso, o Sindicato Nacional da Indústria da Construção de Estradas, Pontes, Portos, Aeroportos, Barragens e Pavimentação (SINICON) publicou na primeira página de todos os jornais consultados uma “nota de esclarecimento” sobre a denúncia de fraude na licitação para construção da Ferrovia Norte-Sul, assinada por seu presidente. O texto alegava que o processo de concorrência da referida estrada de ferro teria cumprido todos os procedimentos usuais nesse tipo de atividade, detalhando os principais pontos do imbróglio. Para finalizar, fez uma breve consideração sobre a natureza dos empreendimentos envolvidos: “A presidência do Sinicon lamenta que esses fatos estejam sendo utilizados para tentar enfraquecer um setor genuinamente brasileiro da economia nacional, que tem procurado arduamente ampliar sua participação no mercado internacional e que responde por, pelo menos, 1,5 milhão de empregos no país”.

Em apoio a essa posição do SINICON, um deputado federal pelo PMDB de São Paulo pronunciou contundente discurso, na Câmara dos Deputados, em defesa da postura assumida pelo setor da construção pesada no Brasil. Tal qual a nota de esclarecimento postada pelo sindicato do grupo, esse pronunciamento também repercutiu em todos os jornais aqui consultados. Segundo o deputado, o enorme volume de recursos que seria disponibilizado pelo Banco Mundial, para a realização de grandes obras brasileiras, teria despertado o interesse (e a cobiça) de várias empresas multinacionais. Em sua visão, firmas estrangeiras do setor jamais tiveram chance no mercado brasileiro, porque as construtoras nacionais estavam absolutamente bem-preparadas para atender a todas as necessidades do país, ocupando os principais espaços com sua competência. Havia denúncias de que um grupo de empresas estadunidenses, italianas e coreanas teria contratado lobistas para pressionar pela sua entrada no promissor mercado brasileiro. Portanto, para concretizar os seus objetivos, elas buscariam motivar uma campanha de desmoralização das concorrentes nacionais e, assim, desalojá-las das funções. O apelo final é para o nacionalismo: tratava-se de grupos genuinamente brasileiros, que estavam sob ataque de competidores estrangeiros e eram responsáveis por 1,5 milhão de empregos de qualidade. Ademais, graças à extraordinária capacidade desenvolvida, essas empresas estariam competindo com sucesso inclusive no mercado exterior, contribuindo de modo efetivo para o esforço brasileiro de aumento das exportações. Era preciso, em vista disso, que a imprensa ficasse atenta para não servir a interesses estrangeiros.

Estranhamente, surgiu numa pequena nota de coluna social a informação de que já se tornara conhecido o nome das empresas estadunidenses dispostas a bancar a obra da Ferrovia Norte-Sul: uma era a General Electric, que se propunha a distribuir o serviço entre as 18 empreiteiras brasileiras, desde que as suas próprias locomotivas rodassem nos trilhos da estrada de ferro; a outra era a *Fluor Corporation*, uma conhecida empresa de engenharia e construção, sediada no Texas (Jornal do Brasil, 28/05/1987, Caderno B, p. 3). Não foi possível encontrar nenhuma outra referência a esse informe, em qualquer edição dos jornais consultados. Mesmo nas matérias que trataram do assunto, esse dado jamais voltou a ser mencionado.

Não demorou muito (cerca de um mês apenas), porém, para que a comissão de sindicância do Ministério dos Transportes, destinada a esquadrinhar a denúncia de irregularidades na licitação da Ferrovia Norte-Sul, declarasse não ter conseguido constatar nenhum ato sequer que pudesse ser considerado um ilícito penal. O que ocorreu, de acordo com o relatório noticiado na imprensa, foi uma deficiência na forma do processo de licitação, que permitiu a cada empreiteira disputar apenas o lote que mais lhe interessasse. A solução, portanto, seria aperfeiçoar o modelo de concorrência adotado pelo governo, sem prejuízo para as concorrentes. Dias depois, a Polícia Federal anunciou ter concluído o inquérito pedido pelo presidente, chegando à conclusão de que ninguém havia praticado nenhum ilícito penal (os termos empregados foram idênticos), nem o presidente da Valec, nem as empreiteiras acusadas de cartel. O fato era o seguinte: não foram encontrados indícios de malfeitos. Todavia, se tivessem sido achados esses sinais de corrupção na forma de um conluio entre as empreiteiras, nada poderia ser feito, porque simplesmente não existiam, na legislação vigente, tipificações desse tipo de delito. E foi encerrado o assunto.

Em parte, talvez, como rescaldo desse novo escândalo que abalara a República, em parte como consequência da instalação da Assembleia Nacional Constituinte, a imprensa voltou a noticiar a intensa atividade dos lobistas em Brasília. Diversas matérias e entrevistas tentavam dar conta desse universo meio escandaloso, meio folclórico, que sempre marcara a vida na Capital Federal, desde a sua inauguração. Entre os inúmeros profissionais dedicados a esse ofício (se é que se pode chamá-lo assim), os jornais apontaram um curioso especialista que possuía um arquivo praticamente completo com informações detalhadas sobre a vida de muitas autoridades e de todos os constituintes, que seriam os alvos meio óbvios da pressão dos interessados. Tudo isso muito antes da existência da internet! Sem citar o nome dele, a imprensa observou que ficara rico graças ao ótimo relacionamento que soube construir com os poderosos. Com a ajuda de uma equipe de cerca de 100 pessoas, ele guardava um mundo de informações preciosas sobre os seus objetos de interesse, tais como: problemas de saúde, situação financeira, relação com esposas, namoradas e amantes. Uma das principais conclusões das reportagens foi a de que ele atuava, sobretudo, com base na exploração das fraquezas dos altos escalões da República. Quem tivesse vantagens a obter nesses meios, certamente, iria procurá-lo.

De acordo com as notícias, foram as grandes empresas que mais fomentaram o gigantesco crescimento dos investimentos na formação e na expansão dos *lobbies* de Brasília. Entre os principais brindes e vantagens distribuídos, encontravam-se desde meras caixinhas de bombons até aparelhos eletrônicos de último tipo e quadros de arte valiosos. É claro que tudo dependia do personagem que se buscava agradar. Da portaria aos gabinetes mais suntuosos, havia muitas portas a serem abertas. Igualmente, além dos escritórios chiques que mantinham formalmente, os grandes lobistas alugavam também mansões no Lago Sul (região muito valorizada na Capital), para promover coquetéis, festas, jantares e reuniões com políticos e autoridades importantes. O cerco dos lobistas era tão insidioso que demandava muitos cuidados. Uma das reportagens, por exemplo, mencionou que o deputado relator da subcomissão do sistema financeiro solicitara à Câmara dos Deputados três técnicos para o auxiliarem na redação final de seu texto. Ao ler detalhadamente o rascunho do relatório preparado, foi surpreendido com o fato de que tinham sido colocadas no papel apenas as propostas dos banqueiros, exatamente o oposto do que ele tencionava fazer. Diante disso, foi obrigado a afastar os três servidores que lhe haviam sido emprestados e redigiu um novo documento com as próprias conclusões. Funcionários de diversos escalões não se acanhavam de suplementar seus rendimentos com as ofertas generosas dos lobistas que atuavam em todos os setores da administração federal. As ofertas variavam segundo a lógica de importância do cargo ocupado.

O curioso é que a imprensa tratava disso com a maior desenvoltura. Não havia o menor constrangimento na explanação dessas condutas tão pouco éticas, digamos assim. Os ministros eram apontados como os alvos mais delicados, e os que mereciam os mimos mais dispendiosos. Mas, as secretárias também desfrutavam de uma posição bastante confortável nessa escala de favores, porque eram vistas como detentoras de uma poderosa influência sobre seus chefes, e de um manancial nada desprezível de informações. Por isso mesmo, as senhoras secretárias ocupavam um lugar de destaque nos esquemas de *lobby*, em Brasília. Uma delas, ao ser entrevistada pela reportagem, disse que as festas eram "finíssimas" e que os presentes que recebia tinham "excelente qualidade". Num comentário em que revelou todo o seu comprometimento com a causa, afirmou que fazia questão de ligar para os escritórios dos lobistas, a fim de não deixar que a esquecessem. Esses processos sempre têm de contar com muitas pessoas envolvidas para dar certo. Assim como os servidores de diversos escalões e secretárias, as galerias de arte (do país inteiro) e os hotéis de Brasília também se beneficiaram grandemente da generosidade com que os lobistas agraciavam os principais alvos de seus interesses. Ao mesmo tempo em que teciam suas redes de influência, aumentavam o cômputo de indivíduos e entidades comprometidos com a continuação das suas atividades.

Para todos os efeitos, não começava ali, nem se encerrava, portanto, essa longa trajetória de domínio dos interesses privados sobre a coisa pública. A bem da verdade, segundo se lê nos jornais, a prática de alugar mansões em Brasília para promover os encontros entre autoridades e negociantes de todos os tipos começara lá nos idos de 1969, com as grandes empreiteiras. Diz-se que elas teriam promovido "festas memoráveis" na Capital, durante o regime militar, trazendo muitos dos seus convidados, inclusive, em modernos jatinhos particulares. Tinham muito a oferecer. E mais ainda a ganhar. Só para se ter uma ideia, as notícias diziam que a manutenção de um escritório de *lobby*, em Brasília, naquele ano de 1987, custava algo em torno de atuais R$ 150 mil mensais. Se era possível gastar esse montante apenas com a rotina das atividades, sem incluir os presentes, brindes, agrados, eventos e comemorações, pode-se supor que o ganho obtido fosse ainda maior, muito maior.

Para compensar, o governo federal prometia iniciar uma "guerra total à corrupção", em mais uma tentativa (malograda) de apresentar satisfações à opinião pública. O mais dramático em toda essa parafernália declaratória, de que haveria muito rigor contra os malfeitos, era a afirmação do ministro encarregado de anunciar o propósito: o governo estava disposto a não esperar o surgimento de provas para expulsar os desonestos do serviço público. Em defesa dos seus argumentos, lembrou que o povo sabia que os corruptos eram espertos e "não deixavam provas dos atos ilegais e das fraudes que praticavam". Por isso mesmo, a fim de garantir o mais rápido afastamento desses funcionários prevaricadores, bastaria a existência de "elementos de convicção", sendo desnecessárias as comprovações dos ilícitos. Na presença das provas, então, além da demissão sumária, o servidor teria ainda de ser enquadrado nas penas da lei. Esse era o "brilhante" caminho traçado pelas autoridades competentes para solucionar o gravíssimo problema da corrupção dentro do Estado. Era mais uma faceta do autoritarismo que perpassava a mentalidade dos brasileiros. E que estava presente em praticamente todas as instituições estatais e públicas, talvez, como uma das heranças mais pesadas dos anos de ditadura. A seguir esses propósitos, acabariam sendo ignorados preceitos básicos como direito de defesa, ônus da prova e presunção de inocência.

Nas mesmas edições dos jornais em que se liam esses absurdos, também se ficava sabendo que, naquele Natal caloroso de 1987, os quatro mil clientes da Construtora Odebrecht receberiam um presente inesquecível: uma biografia de Tom Jobim, escrita por Sérgio Cabral, e um álbum duplo com 24 composições do grande maestro, formando uma antologia de clássicos escolhidos pelo próprio autor. Coisa para ninguém reclamar!

Greves e conflitos trabalhistas foram constantes nesse período. O arrocho salarial já mencionado tantas vezes, antes, além do desemprego e da inflação assustadora criavam um clima geral de grande instabilidade para a classe trabalhadora, e para os assalariados, em geral. A repressão também era vigorosa, lançando mão, várias vezes, inclusive, do peso das Forças Armadas — em mais uma referência desconcertante à continuidade de práticas da ditadura que se consideravam (ou desejavam) superadas. Logo no começo de março de 1987, foi noticiado um dos eventos mais marcantes desses embates: a greve dos marítimos, que colocava em xeque todo o comércio exterior brasileiro, um dos únicos setores que continuavam crescendo. Pela imprensa, ficava-se sabendo que 150 navios estariam retidos nos portos brasileiros, além de outros 16, que se encontravam paralisados em portos estrangeiros. Os marítimos tinham deflagrado a sua greve em plena sexta-feira de carnaval, numa assembleia que reunira 14 sindicatos da categoria. Embora já estivesse agendada uma reunião entre o comando de greve e o ministro do Trabalho, Almir Pazzianotto, esse mesmo já havia reconhecido o estado de greve, que era o primeiro passo para considerá-la ilegal. A título de esclarecimento, as notícias cuidavam de informar que os sindicatos que lideravam o movimento grevista eram vinculados ao PT. Em todos os jornais, na primeira página, foi publicado um box do Syndarma (Sindicato Nacional das Empresas de Navegação Marítima), acusando a greve dos marítimos de ser "ilegal, irracional e impatriótica", e de apresentar reivindicações "absurdas", mostrando que não pretendiam negociar nada, mas, apenas promover o confronto.

Imediatamente, pelo que disseram os jornais, o Ministério da Marinha se ofereceu para ceder o seu pessoal, a fim de permitir que os navios rebocadores dos portos do Rio de Janeiro e de Santos pudessem operar minimamente. Para tanto, bastaria uma solicitação formal do Ministério dos Transportes. Ao mesmo tempo, havia a previsão de que a greve tendia a se ampliar, com a adesão dos marítimos que trabalhavam nos navios que prestavam apoio às plataformas de petróleo, da bacia de Campos. Como, na época, cerca de 60% da produção nacional de petróleo vinha do mar, os prejuízos para a economia poderiam ser muito grandes. A Petrobrás, segundo a imprensa, já começara a providenciar o aumento do estoque de mantimentos nas plataformas, preparando-se para uma greve prolongada. E os empresários do setor, extremamente irritados com as demandas dos trabalhadores e com a greve deflagrada, mostravam-se dispostos a medir forças, sem recuar. Os custos da paralisação de cada navio eram estimados em US$ 10 mil. Por sua vez, as lideranças sindicais alegavam que a sua defasagem salarial se tornara insuportável, e buscavam conseguir aumentos na faixa de 180% a 300%. Era uma baita defasagem mesmo.

Em dois dias, e por unanimidade, o Tribunal Superior do Trabalho julgou ilegal a greve dos 40 mil marítimos brasileiros, mas o relator da matéria não acatou o pedido de aplicação de multa no valor de

Cz$ 800 mil (algo próximo a R$ 480 mil) contra os sindicatos da categoria, que fora solicitado pelo procurador-geral da justiça do trabalho. Com a decisão, os técnicos do governo acreditaram que o movimento ficaria totalmente esvaziado. E os empresários do setor apostaram numa nova convocação ao trabalho, com a respectiva demissão daqueles que não atendessem ao chamado. A posição da categoria, no entanto, era a de resistir às pressões, procurando se organizar para enviar alimentos aos colegas embarcados, cujos suprimentos haviam sido cortados pelos empregadores. Nos dias que se seguiram, com a elevação do clima de tensão, chegaram notícias de que os marítimos dos portos de Rio Grande, Salvador e Paranaguá estariam sendo mantidos presos em seus navios, enquanto oficiais da Marinha brasileira tentavam manobrar as embarcações, sem sequer possuírem carteira de habilitação para tal. Os sindicalistas alertavam sobre os riscos existentes nessa decisão, pois as companhias internacionais de seguros dificilmente se responsabilizariam por avarias ocorridas nesse tipo de situação. Mesmo assim, uma base de 400 fuzileiros navais já começava a ocupar os portos fluminenses de Rio de Janeiro, Sepetiba, Niterói e Angra dos Reis, com a firme disposição de entrar nos navios e tomar o lugar dos marítimos paralisados, caso a greve continuasse. Igualmente, os portos da Bahia já começavam a ser tomados pela Marinha brasileira.

Não faltaram acusações veiculadas pela imprensa de que os sindicatos marítimos estariam "agindo politicamente". Era uma forma bastante clara de despertar antipatias na população e de isolar os grevistas, porque esse tipo de argumento costumava ser eficiente na busca de apoio. Todavia, a simples leitura das notícias diárias sobre a crise econômica, o arrocho salarial, o desemprego e a escalada inflacionária que atormentavam grande parte dos assalariados brasileiros seria suficiente para considerar ou supor que os grevistas poderiam, sim, estar apresentando reivindicações justas. Da mesma forma, sindicatos atuantes e categorias unidas e firmes costumavam incomodar sobremaneira todos aqueles que manejavam as estruturas de comando da política e da economia do país. Por isso mesmo, fazia-se um grande alarde em torno das ações políticas e trabalhistas que empreendiam, sempre considerando-as um ultraje inaceitável.

Nos dias que se seguiram à greve dos marítimos, o Exército ocupou com suas tropas todas as refinarias de petróleo do país. De acordo com o governo federal, era apenas uma "ação preventiva", em meio ao impasse que se criara nas negociações iniciadas entre dirigentes sindicais e diretores da Petrobrás, sobre o aumento de salário reivindicado pelos petroleiros. Em nota oficial, o Exército argumentou que a ação buscava atingir três objetivos principais: preservar o patrimônio da empresa; assegurar o direito dos que desejavam trabalhar; e evitar qualquer constrangimento à diretoria. Poucos dias depois, por solicitação do próprio presidente José Sarney, os soldados deixaram uma parte das refinarias da estatal, permanecendo nas outras que o presidente da companhia julgava mais vulneráveis à ação dos trabalhadores. Alegando que as lideranças sindicais estariam atuando apenas politicamente, sem levar em conta os "interesses da classe", o executivo estabeleceu três exigências para que o funcionamento voltasse "à normalidade": cessar as ameaças de paralisação, assegurar a rotina industrial e retornar à mesa de negociação. Do contrário, a intervenção militar seria prolongada. Enquanto isso, nos mesmos jornais, era possível ler que a luz já custava mais caro e que o arroz subiria no dia seguinte. Mas, para os dirigentes e empresários, os trabalhadores só queriam mesmo era fazer arruaça. Contra eles, seria sempre possível contar com os préstimos das Forças Armadas.

Fora do ambiente de trabalho, a população brasileira também enfrentava inúmeras adversidades, que tornavam o seu dia a dia cada vez mais intragável. Numa noite qualquer da semana de trabalho, a Central do Brasil, principal estação ferroviária da cidade do Rio de Janeiro, da qual partem os trens em direção aos subúrbios, viveu momentos de terror e fúria, cujo saldo seria um morto e 40 feridos.

O fato se deu com a multidão enfurecida a depredar as instalações da estação, revoltada com a paralisação dos trens — os maquinistas haviam se recusado a continuar operando os comboios, alegando falta de segurança. Os incidentes se precipitaram assim que os trens começaram a parar, e os passageiros iniciaram uma correria desordenada, quebrando tudo que encontravam pela frente e, assim, impedindo que os guardas da Rede Ferroviária Federal (RFFSA) atuassem com a mínima prudência. Eles, então, segundo as notícias, completamente desnorteados, passaram a atirar em todas as direções, ferindo dezenas e matando ao menos um dos passageiros. Isso fez com que a revolta aumentasse ainda mais e se estendesse pelos arredores da estação, com o apedrejamento de ônibus e táxis, além do incêndio de um veículo estacionado. O tumulto só foi controlado no início da manhã, com a atuação de tropas da Polícia Militar e, claro, do Exército, que ocuparam todas as estações de trem do Rio e da Baixada Fluminense. Após dois dias de suspensão, e sem que as condições de solidez dos comboios tivessem sido alteradas, os maquinistas voltaram ao trabalho com o triunfo de um acordo salarial em mãos.

O que jamais ficava para depois era a ação do Exército contra qualquer ameaça de greve ou paralisação nas empresas estatais. A Usina Hidrelétrica de Itaipu seria o próximo palco da intervenção militar destinada a frustrar os intentos grevistas de seus funcionários. Era maio de 1987 e, em assembleia realizada na sede do sindicato da categoria, tinham decidido decretar uma greve em defesa de melhores salários. Pelo que se lê nos jornais, "serviços de inteligência oficiais" teriam obtido informações de que os empregados da binacional pretendiam investir contra os equipamentos da usina, a fim de suspender a produção de energia e forçar o alcance dos seus objetivos. Embora isso tenha sido peremptoriamente negado pelas lideranças sindicais, a ingerência militar foi mantida, sob a justificativa de que era necessário garantir o patrimônio (valioso) da empresa e coibir a ação de piquetes, a fim de assegurar o fornecimento regular de energia, inclusive ao Paraguai, que era sócio do empreendimento. Meses depois, mais exatamente em outubro daquele ano, os empregados da Itaipu Binacional voltariam a ser manchetes dos jornais, como vítimas do uso de baionetas por soldados do Exército, deslocados para reprimir uma greve dos barrageiros da usina. Cinco operários ficaram gravemente feridos, ao que o serviço de comunicação militar informou que as Forças Armadas não estariam preparadas para esse tipo de atuação, sendo obrigadas, então, a utilizar os equipamentos disponíveis em seus arsenais. Mesmo que fossem baionetas!

Um dos feridos contou à reportagem que já passava da meia-noite quando o Exército chegou com suas metralhadoras, tanques e homens armados de baionetas. Ao tentar escapar da violência militar, ele caiu numa vala e foi atingido por uma pancada forte nas costas — ao se dar conta do ocorrido, percebeu que estava empapado em sangue e tinha sido furado por uma espécie de faca. Era um ajudante de construção civil que reivindicava melhores condições salariais. Não era um bandido, nem um combatente inimigo. Mas, conforme avisou o comandante da operação, "quem fica na frente de uma baioneta corre o risco de ser furado". Além das armas portáteis, os soldados também avançaram com os seus carros de combate Urutu e Cascavel, que levam o nome de duas das cobras mais venenosas da fauna brasileira, algo muito simbólico. A sua finalidade, ali, era a de imprimir "apoio psicológico" à operação, segundo informação oficial. Talvez, para dar aos soldados a impressão de que eram muito mais fortes e poderosos. Como ressaltou a comunicação militar formal, eles não estavam propriamente capacitados para ações desse tipo. Mas, apesar disso, eram sempre convocados para tal. E não deixa de ser curioso pensar que foi justamente o governo da chamada transição democrática que inaugurou essa modalidade de relação repressiva com movimentos grevistas e sindicais, fora de uma ditadura.

No plano internacional, o ano de 1987 seria sacudido por alguns eventos que teriam forte repercussão dentro do território brasileiro.

O mais grave deles foi a "crise militar" na Argentina, que colocou em risco o governo democraticamente eleito de Raul Alfonsín, o primeiro a suceder a ditadura dos militares que ensanguentara o país. O estopim teria sido detonado por um major do exército, que se aquartelara junto com outros seis oficiais e mais alguns guardas, num regimento de Córdoba, cidade localizada a cerca de 700 quilômetros da capital, Buenos Aires. O tal major se rebelou por ter sido destituído das funções, ao se negar a comparecer a um tribunal civil, onde estava sendo processado por torturas e assassinatos ocorridos durante a chamada "guerra suja" — o período mais violento de perseguições, desparecimentos forçados, brutalidade indiscriminada contra opositores do regime militar argentino. O Ministério da Defesa solicitara a captura do major, mas esse decidira resistir num gesto extremado de enfrentamento aos seus superiores. O que os jornais destacaram foi a presença de mais de 200 mil pessoas na Praça do Congresso, em Buenos Aires, em apoio ao presidente Alfonsín e em defesa da democracia recentemente reconquistada. No plenário do parlamento, o presidente argentino garantiu em discurso que não cederia às exigências dos rebeldes, nem atacaria o quartel de Córdoba, que fora totalmente isolado por tropas leais ao governante. Em nota, os insurgentes haviam exigido a anistia plena para os militares envolvidos na repressão à oposição, durante o regime militar, e o afastamento imediato do chefe do Estado-Maior do Exército, general Rios Ereñu. O clima era de forte tensão em todo o país.

Apesar de ter conseguido controlar a rebelião em Córdoba, o presidente Alfonsín começou a enfrentar um novo foco de rebelião, dessa vez na vila militar em Buenos Aires, que precisou ser cercada por contingentes leais ao governo. Mais uma vez, como ficou registrado na imprensa, a população civil demonstrou integral apoio ao processo de redemocratização do país, quando cerca de 500 manifestantes desarmados tentaram entrar na vila militar aos gritos de "Viva a democracia!". Nem mesmo quando um tanque dos rebeldes virou o seu canhão contra os manifestantes eles recuaram de sua confrontação. O novo motim era liderado por um coronel do exército, que fazia exigências idênticas às determinadas em Córdoba. O fato é que nos dias que se seguiram, seriam iniciados os julgamentos públicos do I Exército e da Escola de Mecânica da Marinha, dois conhecidos centros de tortura do regime militar. O presidente Raul Alfonsín continuava recebendo inúmeras manifestações de apoio, tanto interno quanto externo, mantendo a sua posição em busca de uma solução negociada. Enquanto isso, milhares de cidadãos permaneciam em vigília cívica diante da Casa Rosada, sede do governo argentino.

A atmosfera turbulenta da chamada "crise militar" ainda duraria alguns dias, até que fosse finalmente debelada. Apesar de declarar categoricamente que não faria nenhum tipo de acordo com os militares, Alfonsín acabaria cedendo, com a passagem do general Ereñu para a reserva, no mesmo dia em que foi anunciada a rendição dos amotinados. É curioso observar que esse mesmo general citado seria, anos depois, condenado à prisão perpétua, por crimes de lesa-humanidade cometidos durante a ditadura. Enquanto os revoltosos o queriam fora do comando do exército, os defensores dos direitos humanos iriam lutar pela sua condenação nos tribunais, recorrendo a um severo aprofundamento das investigações dos fatos ocorridos no regime de exceção comandado pelos militares. Em seu apoteótico discurso proferido na sacada da Casa Rosada, diante de calculadas 400 mil pessoas, o presidente Raul Alfonsín prestou solene homenagem ao povo argentino, principal responsável e protagonista vitorioso da luta pela democracia no país. A imprensa ressaltou a unanimidade que caracterizou a grandiosa manifestação popular, capaz de reunir ali grupos, os mais variados de opiniões e posições políticas, em torno de um único objetivo: salvar o regime democrático recentemente reconquistado. Para os jornais, aquela demonstração tinha superado, tanto em tamanho quanto em emoção, as grandes festas que paralisaram Buenos Aires no ano anterior, quando a Argentina ganhara a Copa do Mundo. Desde os primeiros momentos da crise, os populares se mobilizaram para defender as conquistas democráticas recentes, e deixaram muito claro o seu repúdio a qualquer tentativa de vilipendiar as instituições. Por isso mesmo, não foi exagero dos jornais afirmarem que "o povo derrotara as armas".

Em Veneza, os chefes de governo e de estado dos sete países mais ricos do planeta concluíam a sua 13ª conferência de cúpula afirmando que o mundo "estava bem" e que, com algumas pequenas correções aqui e ali, poderia ficar ainda melhor. Problemas graves como o endividamento asfixiante dos "países em desenvolvimento" e o regime cruel de discriminação racial da África do Sul mereceram somente breves referências, em frases "cheias de prudência", como salientaram as reportagens. A ocasião não lhes parecera propícia para esse tipo de consideração. Embora países como Brasil, Argentina e Uruguai tivessem apresentado seus apelos para que os grandes líderes mundiais examinassem com seriedade a sua situação econômica instável e debilitante, nada disso foi feito. Havia enorme preocupação com os riscos oferecidos à estabilidade democrática das três nações latino-americanas que, apenas recentemente, haviam conseguido recuperar a soberania popular pela via do Estado de Direito. No entanto, tudo que puderam ouvir foram promessas vagas de que os sete grandes trabalhariam para "sustentar o crescimento e expandir o comércio", sem maiores detalhamentos das medidas a serem adotadas para tanto. Quanto ao apartheid na África do Sul, somente o Canadá teria proposto a adoção de iniciativas duras contra o regime racista, mas acabaria isolado no encontro. Era um mundo em franco desequilíbrio. Todavia, como disseram os jornais, o resultado dos "três dias de banquetes, diálogos, reuniões e poses para os fotógrafos" foi absolutamente ineficaz para os grandes problemas mundiais. Há momentos, na História, como naquele junho de 1987, em que as lideranças em exercício não se mostram capazes de apresentar as soluções necessárias ao enfrentamento dos maiores desafios impostos pelas sociedades.

Enquanto os poderosos se fartavam em Veneza, o presidente argentino, Raul Alfonsín, discursava para cerca de dois mil delegados de 150 países da Organização Internacional do Trabalho (OIT), criticando os países industrializados (as grandes potências capitalistas) por adotarem medidas comerciais francamente protecionistas e comparando as condições de pagamento da dívida externa dos países em desenvolvimento "a um médico que tira sangue do paciente que está com hemorragia". Eram duas vertentes de um mesmo problema: por um lado, os devedores não conseguiam obter divisas suficientes para honrar os seus compromissos externos, porque os principais mercados do mundo se encontravam fechados para os seus produtos; por outro, quanto mais recursos eram obrigados a remeter ao exterior, sem as necessárias contrapartidas, mais dificuldades continuariam a ter para atender as necessidades de sua própria população, posto que não disporiam dos recursos mínimos para fazer investimentos e promover o crescimento de suas economias. Na medida em que fossem mantidas aquelas mesmas condições gerais, seria muito difícil para qualquer um deles escapar daquele círculo vicioso de restrições e de empobrecimento. O G-7, contudo, parecia surdo a essas advertências.

Grande parte dos dirigentes das principais economias do mundo permaneceria surda aos apelos não apenas dos países em desenvolvimento, com suas dificuldades seculares, mas, também, às observações que começavam a surgir quanto aos riscos de uma iminente mudança climática que elevaria significativamente a temperatura do planeta. Os jornais noticiavam a existência de um relatório reservado da Academia de Ciências dos Estados Unidos, encaminhado ao Senado do país, com severas indicações de que as ameaças eram reais e cada vez mais próximas. Entre as consequências previstas pelos cientistas, estavam o degelo dos polos, com inundações das regiões costeiras, tempestades incontroláveis e danos gravíssimos à agricultura (trazendo o perigo de fomes prolongadas). Segundo a advertência do estudo, essas mudanças seriam provocadas pelo fenômeno do efeito-estufa, resultante da poluição da atmosfera, capaz de destruir a camada de ozônio que protege a Terra dos efeitos dos raios ultravioletas do Sol. De acordo com as notícias, o relatório chamava a atenção para o fato de que essas alterações indesejáveis do clima deveriam ocorrer nas décadas seguintes, afetando com maior rigor os chamados países em desenvolvimento. Era mais uma conta pesada a ser paga pelos mais pobres.

Embora tenha sido eleito para um mandato de seis anos, tendo em vista a vigência da Constituição elaborada pelo regime militar, José Sarney enfrentou uma prolongada turbulência no debate em torno da duração de seu período na presidência. Fazia parte do grande acordo nacional da transição democrática o estabelecimento do prazo para a realização da eleição direta para presidente. Grupos políticos dentro e fora do PMDB defendiam propostas tão díspares quanto a aprovação do pleito já para 1988, logo após a promulgação da nova Constituição brasileira, ou a sua prorrogação para 1990, quando os novos governadores já teriam concluído os seus prazos nos cargos e poderiam, portanto, disputar a próxima rodada eleitoral. Tudo isso contribuía para manter a indefinição em relação ao governo Sarney, ajudando a aprofundar a crise geral que assolava o país.

Num ambiente de instabilidade, em que abundavam suspeitas, boatos, insinuações de golpe, enfim, todo tipo de intriga destinado a causar mais insegurança, o presidente Sarney tomou a decisão peremptória de estabelecer o seu mandato em cinco anos, sem abrir qualquer espécie de negociação com o Congresso ou com os partidos. Segundo afirmou em sua declaração oficial, era seu objetivo dissipar a crise política, com um gesto que ele próprio classificou como "exemplo de desambição". Afinal, seu mandato tinha o prazo de seis anos, pela Constituição em vigor, mas ele estava renunciando a um ano, em favor de uma solução adequada aos problemas do país. Antes de tomar a decisão, é claro, de acordo com relatos da imprensa, o presidente obteve o aval dos chefes militares, com os quais sempre pôde contar durante toda a duração do seu governo. Um dos principais argumentos que utilizou em defesa da decisão tomada foi o de que era "essencial demonstrar que o poder civil tinha plenas condições de governar" — algo que os ministros militares consideravam de suma importância para a consolidação do regime democrático brasileiro. Os civis precisariam demonstrar, por meio de atos e palavras, que eram capazes de conduzir os destinos do país. Caso contrário, acabariam devolvendo o poder aos militares. Essa foi uma ameaça que perpassou todo o processo de restabelecimento da normalidade democrática no Brasil. Os governantes deveriam passar no teste, senão estariam eliminados.

Apesar dos arroubos, a questão ainda estava longe de ser pacificada. Enquanto Sarney ignorava a Constituinte e fixava o próprio mandato em cinco anos, Mário Covas, líder do PMDB no Senado, ignorava Sarney e insistia para que a Constituinte marcasse as eleições diretas para a presidência em 1988. No plenário, a bancada do PMDB decidiu, por 128 votos a 88, que tinha direito de opinar sobre a duração do mandato em questão. A queda de braço ainda duraria alguns meses. Leonel Brizola, ao analisar os últimos acontecimentos, considerou a fala de Sarney muito "arrogante". Disse que o presidente teria tido o seu "dia do Fico", sem que o povo jamais tivesse pedido para ele ficar. O jurista Raymundo Faoro também se declarou perplexo com o discurso presidencial, que teria "atropelado" a Constituinte, "afrontado" a soberania nacional e buscado o confronto com o Congresso e com os partidos. Segundo os jornais, Faoro considerou que Sarney estaria recorrendo a uma Constituição "moribunda", que jamais poderia se sobrepor a uma Assembleia Nacional Constituinte, que é livre e soberana. Em sua defesa, o presidente se apressou a dizer que havia esperado mais de cinco meses por uma definição, e tinha se cansado.

Cansado ou não, o presidente José Sarney optou por jogar pesado na defesa de seu mandato de cinco anos. Sempre apertados pelo déficit orçamentário cada vez mais grave, governadores e prefeitos seriam alvos de uma busca desenfreada por apoio, recebendo (ou não) recursos para solucionar seus problemas de acordo com a maior ou menor boa vontade demonstrada em relação à decisão do mandato presidencial de cinco anos. Pelos jornais, ficava-se sabendo que esse combate não seria restrito à distribuição dos recursos, mas se estenderia também ao loteamento dos cargos federais. Havia rumores, segundo as notícias, de que circulava um memorando pessoal e reservado a todos os ministros, determinando que nenhuma nomeação ou substituição deveria ser feita sem o conhecimento prévio do mandatário. Além disso, comentava-se que o governo já havia comprometido Cz$ 183 bilhões (algo em torno de R$ 65 bilhões atuais) em contratos de financiamentos para obras, com governadores que se dispusessem a apoiar a decisão de fixar o mandato presidencial em cinco anos. Era o "toma lá dá cá" institucionalizado. Todavia, quando questionado sobre a utilização de métodos fisiológicos para consolidar a duração de seu governo, José Sarney simplesmente negou.

Os militares, que se mantinham atentos a todos os movimentos políticos realizados no país, declararam o seu apoio integral ao mandato de cinco anos para Sarney. O que a imprensa dizia sobre isso era que os altos escalões das Forças Armadas viviam um "estado de expectativa" em relação à forma pela qual os civis comprovariam a sua capacidade de governar. Embora aqui e ali transpirassem insinuações de que os militares preferiam alongar o período de transição, para garantir a estabilidade do novo regime, havia o receio raras vezes admitido por eles de que "um esquerdista qualquer" chegasse finalmente à Presidência da República. Os cinco anos poderiam consolidar a direita no poder e garantir a eleição de um legítimo representante da classe dominante no próximo pleito. Para tanto, era necessário que o governo civil em exercício fosse capaz de mostrar toda a sua competência para negociar e executar os acordos necessários ao equilíbrio de poder. O fracasso desse período de transição tendia a colocar em perigo todo o arranjo que fora elaborado para transferir os domínios para mãos civis, sem alterar de modo significativo as estruturas de mando que caracterizavam a sociedade brasileira. Era isso que precisava ser mantido, na visão daqueles que ocupavam as principais esferas de poder no país.

Algumas vezes, a imprensa deu espaço para breves manifestações dos políticos de oposição, cujas proposições costumavam ser tratadas com críticas e seguida depreciação por militares e autoridades ligadas ao governo. Parlamentares constituintes sugeriram que esses fossem ao plenário para debater com os congressistas os vários temas que diziam respeito à sociedade brasileira, sem preconceitos e com abertura ao diálogo. Na sua visão, o Brasil enfrentava questões muito graves, que mereciam ser resolvidas por meio de um debate arrazoado entre as forças representativas da nação. Insinuações, ameaças e recados jogados ao vento de nada serviriam a uma causa tão urgente e tão fundamental.

Num quadro de tensões e disputas, em visita ao Rio de Janeiro para cumprir uma agenda cultural que incluiu passagens pela Academia Brasileira de Letras e pelo Paço Imperial, o presidente Sarney acabou sendo surpreendido por duas manifestações de protesto contra a sua ilustre presença na cidade. A primeira reuniu, principalmente, sindicalistas e servidores públicos que exibiam faixas e cartazes com críticas e reivindicações, além dos gritos sonoros de "Diretas Já". A segunda atraiu mais de cinco mil pessoas, que reagiram de forma mais contundente, com apitos, vaias e gritos contra a comitiva presidencial. Lamentavelmente, falhas na segurança do presidente, reconhecidas formalmente pelo seu porta-voz, acabaram causando um grave incidente no qual um homem teria quebrado, a golpes de picareta, a janela do ônibus junto ao banco em que Sarney estava sentado. Foi por pouco. Rigorosa investigação sobre o fato foi prometida, além de um imediato reforço na segurança pessoal do presidente. Quanto aos envolvidos, o destino era o mais certo: enquadramento sumário na Lei de Segurança Nacional.

Recuperado do susto no Rio de Janeiro, o presidente Sarney se dispôs a enfrentar mais um embate com as forças políticas reunidas no Congresso Nacional. Não apenas a duração do seu mandato continuava em disputa, como também se lançava a proposta de mudar o sistema de governo para o parlamentarismo. Como costumava acontecer nos momentos da maior gravidade, quem falou primeiro a respeito do tema foi o ministro do Exército, chamando o anteprojeto de Constituição que estava sendo elaborado pela Comissão de Sistematização de "simplesmente inaceitável". É claro que o ministro se referia principalmente aos aspectos concernentes às Forças Armadas, que não admitiam perder as funções de garantia da lei e da ordem, que a nova carta constitucional pretendia rever. Para ele, o anteprojeto refletiria o pensamento de "minorias organizadas" e não poderia se impor ao conjunto da sociedade brasileira. Com essa declaração, demonstrou o seu apoio ao presidente, "com todo o peso da sua farda", conforme alegou uma autoridade do Palácio do Planalto. A isso, retrucou o vice-presidente do Senado, perguntando quem era aquele general e quantos votos ele teria tido na última eleição.

O fato é que o ministro estava falando em nome do presidente e a pedido dele, como o porta-voz informal de um poder executivo que se mostrava cada vez mais fraco. Um governante que se escorava quase o tempo todo no biombo proporcionado pelas Forças Armadas, e que recorria a elas com incômoda frequência para confrontar as demais forças políticas, dificilmente poderia enfrentar os desafios que se lhe eram colocados pelas circunstâncias. No caso específico do parlamentarismo, os interesses do presidente e dos militares convergiam perfeitamente. Segundo o professor Fausto Castilho, já citado aqui anteriormente, o Brasil seria o único país do mundo que saiu de uma ditadura para um período de transição, sem que os militares tivessem perdido um posto sequer do seu poder, mantendo ainda intacto o seu aparelho de repressão. A presença militar no Estado brasileiro, naquele momento histórico, era exorbitante: ministérios de primeiro escalão, controle do aparato policial, cargos altos nas empresas estatais, comando da indústria nacional de armamentos. Com todas essas prerrogativas, os militares tinham imensa capacidade de intervir nos assuntos internos do país, e demonstravam uma vontade ferrenha de mantê-las asseguradas. Para tanto, o regime presidencialista era mesmo fundamental. Não à toa, renomados colunistas políticos brasileiros chamavam as Forças Armadas de "base de sustentação" do governo Sarney. Seu apoio verdadeiro não estava nem no Congresso nem nos eleitores, mas, nos quartéis.

Em seu contra-ataque ao projeto de parlamentarismo defendido pela Comissão de Sistematização da Constituinte, o governo divulgou os resultados de uma pesquisa de opinião, em que os entrevistados nas regiões metropolitanas das duas maiores cidades do país — Rio de Janeiro e São Paulo — se mostraram francamente favoráveis ao regime do presidencialismo. Foram 42,6% presidencialistas contra 13,1% parlamentaristas. Ao mesmo tempo, o presidente José Sarney declarou a deputados federais recebidos em audiências no Palácio do Planalto que o sistema parlamentarista de governo só beneficiaria dois únicos Estados da federação — Minas Gerais e São Paulo. Detentores dos dois maiores colégios eleitorais do país e das duas maiores bancadas federais, portanto, eles poderiam fazer e desfazer gabinetes ao seu inteiro bel-prazer. Assim sendo, haveria mais desvantagens do que vantagens para o conjunto da sociedade brasileira na adoção dessa mudança de sistema político. Embora o executivo trabalhasse arduamente nos bastidores para manter o presidencialismo na nova Constituição, o anteprojeto definitivo do relator adotou o parlamentarismo clássico a partir de março de 1988, fixando em seis anos o mandato do presidente Sarney. De fato, o poder ficaria nas mãos do primeiro-ministro, que poderia baixar decretos, nomear gabinetes, criar cargos, fazer o programa de governo e firmar acordos internacionais. No plenário, seria derrotado.

A verdade é que a presidência, com toda a sua entourage, trabalhou com afinco para derrubar essa proposta no plenário da Assembleia Constituinte. E conseguiu. Nos jornais, apareceram algumas avaliações acerca dos métodos empregados pelos governistas para alcançar esse objetivo, inclusive de dirigentes de entidades empresariais, preocupados com o quadro geral de instabilidade que caracterizava o momento do país. Embora considerassem esses métodos como "um caso típico de fisiologismo brasileiro", admitiam o acerto do governo ao buscar a vitória em tema tão decisivo para o futuro. Na verdade, alguns desses entrevistados alegavam que o constrangedor mesmo era a divulgação pública, pelo próprio presidente, da exigência de apoio político em troca de benefícios em cargos e recursos oficiais. Então, esse seria "um caso típico da hipocrisia brasileira". O que provocaria o choque junto à sociedade não seria o fato em si, mas, a sua exposição. Expedientes baseados em chantagens, da mesma forma que compromissos espúrios e envolvimentos eticamente duvidosos podem ser tolerados, desde que sejam disfarçados, escondidos. Embaraçoso mesmo é vê-los assumidos em público, à luz do dia. Nessa visão, trata-se de concessões que um governante precisa fazer, quando não tem maioria nas assembleias legislativas: sintomas de um sistema político atrasado, carente de uma cultura enraizada em princípios consistentes. Tudo perfeitamente aceitável, desde que sigiloso.

Apesar dos apelos pela discrição, nem o governo, nem a imprensa se importavam em declarar abertamente os seus propósitos. Os jornais noticiavam que o presidente Sarney consideraria rompidos com ele pessoalmente e com o governo todos que votassem contra os cinco anos de mandato pretendidos por ele. Ao mesmo tempo, publicavam notinhas informando que dois parlamentaristas, antes convictos, tinham se convertido ao presidencialismo, numa mesma semana, logo após receberem generosos favores da presidência. Um deputado do PMDB-SP teria obtido a concessão de um canal de TV para operar em Ribeirão Preto, e um deputado do PFL-AL teria recebido a prerrogativa de nomear o gerente-geral da Caixa Econômica Federal no Estado de Alagoas. Enquanto isso, o presidente Sarney apregoava aos quatro ventos que acataria todas as decisões da Assembleia Constituinte, e não se envolveria na sucessão presidencial com a escolha de candidato. O fato é que Sarney continuou e cumpriu o mandato desejado de cinco anos, ultrapassando todas as crises e os obstáculos que se antepuseram ao seu caminho. Ameaças de golpe e de intervenção militar eram constantes na imprensa, levando alguns a supor que fossem plantadas pelo próprio Palácio do Planalto, a fim de intimidar os seus opositores mais aguerridos e evitar derrotas acachapantes nas votações do Congresso. Os métodos adotados, por mais que pudessem causar "embaraços" a alguns espíritos mais sensíveis, por assim dizer, propiciaram a acomodação necessária para que se concluísse o processo de transição democrática, nos moldes em que esse fora elaborado pelas elites, um acordo pelo alto, sem participação popular direta.

Estados e municípios em todos os quadrantes da nação brasileira exibiam uma situação generalizada de crise nas suas estruturas administrativas, chegando algumas vezes a declararem-se completamente falidos. Os prefeitos das capitais decidiram fazer uma paralisação geral das atividades em suas cidades, no dia 6 de fevereiro de 1987 — apelidado de Dia Nacional de Mobilização. O objetivo era sensibilizar o governo federal, a população e os constituintes para a situação calamitosa de falência em que se encontravam os municípios do país. A fim de garantir a pompa necessária para um evento dessa envergadura, combinaram a realização de um comício em Recife, na véspera, e o encaminhamento de um documento com várias propostas destinadas a solucionar o grave problema financeiro que abalava a gestão municipal brasileira. Além disso, programaram também a preparação de um *lobby* competente e profissionalizado, para atuar junto à Assembleia Nacional Constituinte, em favor das principais demandas dos gestores municipais, para tornar perene a saúde financeira das suas cidades. Era uma iniciativa ousada, que se coadunava com as perspectivas de transformação trazidas pela elaboração de uma nova carta constitucional brasileira.

Os jornais alardeavam o chamado "estado de insolvência" dos entes federativos, chamando a atenção para o fato de que o déficit público de Estados e municípios teria superado o déficit público da União, segundo estimativas para o ano anterior, 1986. Sem um crescimento econômico contínuo e acelerado, que tivesse duração prolongada e estável, seria praticamente impossível promover o saneamento das finanças públicas nacionais, com graves riscos para o desenvolvimento do país. Era uma promessa que não parecia estar no horizonte próximo. De fato, pelo que se lia na imprensa, economistas de várias linhas de pensamento alertavam para os riscos de uma recessão a caminho. Ao mesmo tempo, era comum aparecer nos jornais o alerta de que tanto Estados quanto municípios estariam gastando mais do que podiam, de forma até irresponsável, sendo que o maior percentual de suas receitas estaria comprometido com o pagamento de pessoal, sem contar com outros custeios e investimentos imprescindíveis. Máquinas burocráticas inchadas eram costumeiramente apresentadas como a principal causa dos problemas nacionais. Difícil mesmo era pensar, com alguma profundidade a mais, que as chamadas oligarquias regionais controlavam os seus redutos eleitorais também pela capacidade de manipular a contratação de funcionários nos diversos cargos de nomeação discricionária do governante. A ocupação negociada de postos e funções na administração pública nunca foi exclusividade de Brasília, sede do governo federal.

Os novos governadores que assumiram seus postos em março de 1987 estavam cientes de que encontrariam enormes dificuldades para administrar seus Estados, em especial, com relação ao pagamento do funcionalismo. Nas regiões Norte e Nordeste, segundo dados apresentados pela imprensa, a situação tendia a se agravar mais ainda, porque as folhas de pagamento, em alguns casos, chegavam a equivaler a 130% da arrecadação obtida, produzindo déficits constantes (e crescentes). Ao lado disso, as notícias já davam conta de que o "flagelo da seca" enchera de preocupação os governadores recentemente eleitos, que assumiriam os seus cargos elevando como prioridade maior justamente o combate aos efeitos deletérios das prolongadas faltas de chuva, que afetavam de forma dramática Ceará, Alagoas, Bahia e Minas Gerais. No semiárido baiano, por exemplo, no início de 1987, já não chovia há cerca de seis meses ininterruptos, atingindo 150 municípios, muitos dos quais com o estado de emergência decretado. Os prejuízos causados à agricultura pela estiagem demorada eram tidos como incalculáveis, levando à perda de toda a safra de feijão daquela área. Enquanto sofriam o drama da seca, por sua vez, os habitantes do Ceará diziam-se firmes na crença de que se chovesse no dia 19 de março — dia de São José, padroeiro do Estado — seria sinal de que a chuva viria abundante e a seca estaria vencida. Apesar da fé inquebrantável do povo, as expectativas de perda na agricultura e na pecuária eram imensas. Os técnicos dos serviços responsáveis pela questão consideravam a perspectiva bastante desanimadora.

Os jornais, em geral, batiam na mesma tecla das máquinas inchadas nas burocracias municipais e estaduais, acusando o processo eleitoral de ser a principal causa desse desalinho. E sugeriam que contratações de última hora e folhas de pagamento cheias de suspeições merecessem ser revistas pelos novos ocupantes do executivo local e regional — apenas nos casos em que os eleitos não tenham sido, eles mesmos, os responsáveis pelos descalabros, é claro. Havia um círculo vicioso que colocava parte da população na dependência dessas lideranças políticas regionais, que usavam cargos e benefícios para controlar os eleitores em seus redutos eleitorais. Um caso curioso relatado nos jornais, por exemplo, aconteceu na Assembleia Legislativa do Mato Grosso do Sul. A decisão de obrigar os 2.800 funcionários da dita assembleia a baterem o cartão de ponto diariamente, em busca dos servidores fantasmas, acabou provocando um verdadeiro congestionamento nos corredores e nos gabinetes dos deputados. Simplesmente, não havia lugar para abrigar esse enorme contingente de funcionários, mesmo depois de terem sido aumentados para três os turnos de serviço no local. Todos os espaços ficavam cheios de gente e muitos, sem ter o que fazer, ocupavam as suas quatro horas de expediente diário lendo jornais, batendo papo e fazendo tricô!

Só na diretoria de saúde daquela instituição, cujas instalações não passavam de 30 metros quadrados, nove médicos, oito dentistas e 87 funcionários disputavam os poucos espaços disponíveis com móveis e demais equipamentos. Na assessoria de imprensa, por sua vez, localizada num cômodo de igual dimensão, estavam instalados 34 servidores, dos quais apenas um único era jornalista — contratado havia dois anos, aparecera para trabalhar apenas na semana em que fora determinado o controle do ponto. No jornal, havia o registro de que os parlamentares da oposição estariam furiosos com o atual presidente da assembleia legislativa estadual, acusando-o de estar promovendo uma ação meramente eleitoreira, pois pretendia concorrer à prefeitura da capital, no ano seguinte, com a fama de combate ao empreguismo e à corrupção. No fim das contas, apregoavam, ele se daria mal, porque cada funcionário da casa tinha o "seu dono" — e esse iria dar um jeito na situação. Era pagar para ver.

A imprensa alternava esses relatos pitorescos, um tanto acríticos, com chamadas mais retumbantes para os efeitos deletérios que o sistema político brasileiro, como um todo, apresentava no momento que deveria ser auspicioso, de saída de uma longa ditadura e de instauração de um processo de transição democrática, que, no entanto, se mostrava significativamente problemático. Não dava para, simplesmente, eliminar os traços de uma formação social cujas raízes se fundavam na escravidão, na exclusão, na apropriação violenta da riqueza e do poder, por meio de um modelo político que consagrava o domínio de poucos sobre o amplo conjunto da maioria. Não seria naquele movimento organizado de cima para baixo, com uma eleição indireta no Congresso Nacional e com a manutenção do controle político nas mãos das oligarquias regionais de sempre, que os elementos de autoritarismo, patrimonialismo, patriarcalismo, exclusivismo, seriam finalmente superados para dar lugar a uma sociedade mais livre e menos desigual.

Enquanto os governos estaduais e municipais se deparavam com toda sorte de dificuldades para montar suas equipes de trabalho e arranjar os recursos para levar adiante as obras e os investimentos necessários, o governo federal, apesar das adversidades que o acometiam, podia sempre contar com o apoio incondicional das Forças Armadas. Nos jornais, corriam notícias de que, por exemplo, antes de anunciar ao mundo a decisão de decretar moratória, um assessor da inteira confiança do presidente José Sarney "teria checado um a um todos os ministros militares", a fim de saber se estariam de acordo com a medida a ser tomada. Somente depois de obter a confirmação de que todos se mostravam seguros do total apoio ao presidente da República, a comunicação oficial foi feita. Como especulavam os jornais, na cúpula governamental havia certo receio de que pudesse ocorrer o tensionamento da área militar, diante do quadro de instabilidade econômica vivida pelo Brasil. A consequência mais preocupante desse risco seria o reforço à tese de antecipação das eleições presidenciais para novembro daquele mesmo ano, algo que o presidente Sarney buscava impedir a todo custo. Tanto Ernesto Geisel quanto Golbery do Couto e Silva, dois expoentes do comando militar mais influente da ditadura, fizeram questão de se manifestar publicamente em favor de Sarney e da continuidade da transição democrática que estava em curso. Foi um voto de confiança claramente bem-vindo, num momento de gravidade excepcional, que deu ao mandatário um respiro há muito almejado. Era de conhecimento público que os representantes da chamada "linha-dura" do regime militar jamais aceitaram a entrega do poder aos civis, aproveitando toda e qualquer oportunidade para reivindicar a supremacia dos militares na chefia do país. O apoio declarado de duas figuras tão importantes quanto Geisel e Golbery, de acordo com as notícias, teria sido decisivo para garantir a institucionalidade vigente, revelando que a ala alinhada à liderança de ambos exercia uma predominância efetiva junto às tropas.

Como seguro morreu de velho, lideranças políticas importantes continuavam fazendo gestões junto aos militares para medir a temperatura ambiente nos quartéis. O deputado Ulysses Guimarães, que comandava o maior partido da época e presidia ainda os trabalhos da Constituinte, reuniu os ministros militares para um almoço em sua casa, cujo cardápio foi exatamente a insistência dos rumores de golpe que não davam descanso ao espírito vigente no Congresso Nacional. Os ministros presentes reafirmaram o seu decantado compromisso com a continuidade do processo de transição democrática e com o fortalecimento do poder civil no comando da República. Num outro evento que reuniu militares influentes, os porta-vozes da caserna tornaram a dizer aos repórteres que os boatos que circulavam a respeito de golpe não passavam de fantasias e que a própria imprensa tinha a sua dose de responsabilidade na divulgação das mentiras. Nos quartéis, eles asseguraram, ninguém fala em golpe, a situação é absolutamente tranquila. No meio militar, não existiria nenhum movimento em curso para desestabilizar o poder civil.

De todo modo, os militares que estavam em posição de comando não deixaram de atuar com firmeza para impor a sua vontade no texto da nova Constituição. O principal debate girava em torno da questão da defesa da lei e da ordem, uma atribuição da qual não pretendiam ser privados, enquanto a oposição, em especial, de esquerda, desejava restringir a atuação das Forças Armadas exclusivamente à defesa da soberania nacional e, portanto, à ação externa. Os constituintes conservadores julgavam impossível impedir a intervenção militar na ordem interna apenas por meio de um artigo constitucional. Deputados como José Genoíno (PT-SP), no entanto, diziam ser fundamental colocar no texto da nova Constituição um dispositivo semântico que determinasse aos militares uma posição "mais profissional" diante das crises nacionais. Ele considerava essencial a desmilitarização do Brasil, para acabar com qualquer tipo de intervenção fardada, aberta ou camuflada. O respeito à lei deveria ser um atributo de todos, sem exceção.

No essencial, os militares colheram os êxitos esperados. Entre os muitos *lobbies* instalados junto à Assembleia Nacional Constituinte, o dos militares foi um dos mais bem-sucedidos, inequivocamente. O alto escalão das Forças Armadas acompanhava de perto o andamento dos trabalhos no Congresso e se mostrava bastante satisfeito com o que as subcomissões e comissões vinham apresentando em suas propostas. A tendência, entre os constituintes, era considerada francamente favorável à demanda dos quartéis, e o alto comando julgava que isso se devia, em grande parte, às informações adequadas que vinham sendo transmitidas aos congressistas pelos assessores dos militares. Os ministros das três armas dialogavam incansavelmente para dissipar os temores difundidos quanto à possibilidade de novos golpes militares em futuro próximo. Enquanto alguns deputados discursavam na tribuna da Câmara alertando para esses riscos sempre presentes na realidade brasileira, os ministros respondiam que jamais foram "intrusos" na História do Brasil, mas, sim, responderam ao chamado da "vontade nacional" todas as vezes em que essa se manifestou. O único senão que vislumbravam com grande preocupação era a criação de um Ministério da Defesa, que substituiria os três ministérios então existentes, que passariam a ser simplesmente comandos especializados.

Em meio a essas turbulências fardadas, os jornais noticiaram uma novidade bastante curiosa: a participação de Luiz Inácio Lula da Silva num painel de debates realizado na Escola Superior de Guerra (ESG), em junho de 1987, para debater um tema intitulado "partidos políticos". Segundo as reportagens, desde 1978, quando despontou como principal liderança sindical do país, Lula reivindicava o direito de os trabalhadores se apresentarem na ESG. Em suas próprias palavras, ele argumentou que a entidade só ouvia governadores, ministros, deputados e outras autoridades. Por que não parava para escutar os trabalhadores? Ele pretendia passar para os presentes ao evento uma visão do que considerava o "Brasil real", "o Brasil sentido na carne e na pele dos trabalhadores". Vinha dessa expectativa a sua ansiedade em falar para aquele tipo de plateia. Todo o seu discurso foi em defesa dos direitos dos trabalhadores: salários dignos, sindicatos legítimos e legislação protetiva. De acordo com as notícias de jornais, foi o mais aplaudido entre os demais convidados: Mário Covas (PMDB-SP), Sandra Cavalcanti (PFL-RJ) e Roberto Campos (PDS-MT).

Como um decidido esforço de afirmação, o Exército dava mostras de estar pronto para exercer um papel cada vez mais importante na configuração do novo regime político que se consolidava no país. Embora um governo militar não estivesse propriamente na agenda oficial daquele momento histórico, a participação enérgica das Forças Armadas na defesa da ordem interna jamais seria afastada pelas suas principais lideranças. Uma das expressões mais contundentes desse empenho determinado foi a adoção de uma prática até então inédita, pelo ministro do Exército, que decidiu falar à nação por meio de uma cadeia nacional de emissoras de rádio e televisão. Em mensagem alusiva às comemorações da Semana do Exército, os cinco minutos seriam utilizados pelo ministro para defender o tema da modernização das Forças Armadas. Todavia, sem esquecer de mencionar, em duas oportunidades ao longo do breve discurso, a necessidade de jamais ignorar a importância das tropas brasileiras, tanto na questão da segurança externa quanto na questão da segurança interna. Isso era ponto pacífico para o alto comando. Para fortalecer o ânimo afirmativo dos oficiais, os militares promoveram aquele que foi considerado o maior desfile do Dia do Soldado de todos os tempos. Além dos cinco mil homens vestidos em seus uniformes de campanha, se apresentaram também soldados do sertão nordestino, com sua roupa de couro alaranjado e chapéu de cangaceiro. A brigada de selva, sediada em Manaus, compareceu com um grupo acompanhado de uma bela onça pintada. Enquanto uma companhia de montanhistas de Minas Gerais desfilava com seus equipamentos de escalada e a boina cinza tradicional. Além disso, o cortejo festivo contou ainda com muita pirotecnia, helicópteros, motocicletas, cavalos enfeitados e uma grande exibição de força e poder.

Poucos dias depois desse evento fantástico, em agosto de 1987, destinado a ostentar as virtudes técnicas das Forças Armadas brasileiras, os jornais noticiavam sem grande alarde que um dos maiores atacadistas do tráfico de cocaína do país, responsável pelo abastecimento dos principais pontos de venda nos morros e periferias das cidades, era simplesmente um almirante reformado. Um oficial de Marinha que havia se destacado na famigerada equipe de torturadores do regime militar. Nas entrelinhas, os jornais insinuavam que o almirante não podia estar agindo sozinho, dada a magnitude dos negócios empreendidos. Somente a existência de outros grupos de traficantes de farda poderia explicar, de modo plausível, a imensa quantidade de armamentos de uso exclusivo das Forças Armadas nos arsenais dos traficantes mais temidos e dos assaltantes de banco que atemorizavam a população.

Nos tribunais, os militares cassados pelo golpe de 1964 continuavam lutando pela recuperação dos seus direitos, que a anistia assinada pelo presidente Figueiredo, em 1979, apenas considerava de forma parcial — por meio dela, os oficiais cassados receberam o direito de ficar na reserva remunerada, no posto que ocupavam na data da sua exclusão. Foi com grande expectativa, portanto, que a mídia recebeu a notícia de que, pela primeira vez, um oficial reformado da Aeronáutica conseguira no Tribunal Federal de Recursos um mandado de segurança que lhe garantia promoção ao posto de tenente-brigadeiro, o mais alto da ativa, e o recebimento do soldo correspondente. O ministério da Aeronáutica imediatamente avisou que iria recorrer, com base no argumento em geral utilizado para esses casos: qualquer promoção de oficiais cassados seria injusta, porque a motivação justificada era sempre a indisciplina. O advogado de defesa do agraciado redarguiu que ele fora cassado por manter-se fiel à Constituição: o presidente da República era João Goulart, também comandante supremo das Forças Armadas, reconhecido pela carta constitucional. Ter ficado ao lado da lei resultara na condenação de seu cliente. Essa disputa ainda seria longa: os militares punidos em 1964 reivindicavam o direito à sua promoção ao posto que alcançariam, se tivessem permanecido no serviço ativo das armas.

Em outro lance surpreendente, que talvez pudesse ser compreendido nos termos da nova conjuntura política do país, o Tribunal Federal de Recursos também anistiou um ex-cabo do Exército que foi expulso, em 1964, porque se recusou a atirar contra manifestantes, na cidade de Porto Alegre. Segundo relatos da imprensa, ele teria rejeitado o cumprimento da ordem de abrir fogo contra a multidão, que se aglomerava diante da Prefeitura de Porto Alegre, convocada para um protesto por várias lideranças políticas. Do ponto de vista do regulamento da Forças Armadas, era um caso claro de indisciplina, totalmente corroborado pelos ministros militares. Outros, porém, talvez achassem que se tratava de mais um exemplo de soldado que deveria ser considerado herói, e não malfeitor. O que ele fez, ao não atirar contra uma população desarmada, foi um ato de profunda humanidade. Deve ter vivido com a consciência tranquila.

Todavia, conflitos viriam a surgir dentro das próprias fileiras fardadas. Corria o mês de outubro de 1987, quando os noticiários informaram com preocupação que um capitão do Exército lotado na cidade de Apucarana, a 350 quilômetros de Curitiba (PR), com 50 homens armados de fuzis e metralhadoras invadiu a prefeitura municipal para protestar contra a remuneração e a assistência médica que recebiam seus comandados. Pela insubordinação intolerável, se encontrava preso e incomunicável. A maior preocupação era descobrir se o rebelado agira sozinho ou se haveria outros atos de indisciplina espalhados pelo país. Mário Soares, primeiro-ministro de Portugal, teria ligado para José Sarney externando a sua enorme inquietação com o fato ocorrido e pedindo notícias. A fim de tranquilizar o amigo, o presidente teria dito, segundo relatos da imprensa, que os militares eram parte essencial do processo de transição democrática do Brasil. O levante na cidade de Apucarana seria um caso isolado, provocado pelos baixos salários das tropas, questão que estava sendo solucionada com um reajuste salarial em breve concedido. Quem não dispunha de armas para reivindicar aumentos salariais com mais contundência, acabaria tendo de se contentar com a miséria progressiva.

Não demorou muito para que estourasse outra bomba nos noticiários. O Centro de Comunicação Social do Exército anunciava que a Escola Superior de Aperfeiçoamento de Oficiais (Esao), no Rio de Janeiro, estaria se preparando para apurar as denúncias da revista *Veja* de que um grupo de oficiais daquela instituição pretendia explodir bombas em diversas unidades do Exército, caso o aumento para os militares fosse inferior a 60%. O nome do plano era bastante sugestivo: "Beco sem saída". O principal objetivo era o de assustar o ministro e mostrar ao presidente Sarney que o chefe do Exército não exercia nenhum tipo de controle sobre a tropa. Da conversa de duas horas com a reportagem da revista, participaram o capitão Jair Bolsonaro, punido por ter sido autor de um artigo publicado na mesma revista, no mês anterior, protestando contra os soldos baixos, e mais um oficial que se identificou como Xerife. No dia seguinte, o Comando Militar do Leste distribuiu uma nota com os depoimentos dos capitães Fábio e Bolsonaro, negando terem prestado declarações à revista *Veja* sobre um plano de reação de oficiais do Exército contra a política salarial do governo, que incluiria a explosão de bombas nos quartéis. O ministro do Exército, por sua vez, desafiou qualquer um a fazer um teste para duvidar de seu comando sobre as tropas.

Numa despedida na base aérea de Brasília, de onde partiria para uma viagem oficial, o ministro do Exército recebeu a manifestação de apoio de 50 generais e de 400 oficiais que vieram homenageá-lo, dizendo "estamos com o senhor". Um dos presentes declarou que estavam ali para mostrar unidade e coesão, quando o comandante máximo havia sido injustiçado e criticado, em campanha evidente destinada a dividir a força. Houve quem achasse que uma encenação como aquela revelaria a delicadeza da situação, com vários atos de insubordinação e uma visível inquietude entre os oficiais de patentes mais baixas. Tudo isso colaborava para colocar em xeque a gestão da política econômica brasileira e a continuidade do modelo político vigente, sobre o qual os militares exerciam uma inegável tutela. Era de certo modo plausível que, ao se imiscuir tão correntemente nos assuntos de governo, os militares acabassem sendo arrastados para uma crise desse tipo e precisassem realizar esforços muito grandes para mostrar unidade e firmeza, para dentro e para fora. Tornara-se urgente aparentar harmonia e solidariedade entre os comandos, a fim de convencer tanto a sociedade quanto as tropas de que os chefes das três armas estavam em completa concordância e tinham pleno domínio de seus postos.

A revista *Veja* continuou insistindo na sua versão publicada. Numa nova edição, apresentou mais duas testemunhas que presenciaram o encontro entre a repórter e os dois oficiais: o fotógrafo e o motorista da publicação teriam ouvido toda a conversa. Ainda como provas documentais da veracidade de sua matéria, a revista mostrou dois croquis desenhados pelo capitão Bolsonaro, em que apareciam as tubulações de uma adutora que também poderia ser detonada por explosivos. Os jornais levantavam a hipótese de que o ministro do Exército estaria enfrentando, principalmente, a oposição dos militares da linha-dura, que pregavam o endurecimento imediato do regime, por considerar que a democracia estaria sendo ameaçada pela esquerda. Não deixa de ser curioso defender a democracia propondo uma ditadura. De qualquer modo, para todos os representantes da extrema-direita, militar ou não, a democracia sempre traria riscos de ascensão da esquerda ao poder. Isso porque, pelo voto, a população tenderia a escolher plataformas políticas e candidatos que levam em conta os legítimos interesses populares. Pesquisas da própria ESG apontaram para isso. Essa tendência de apelar aos militares para "salvar a pátria", diante de qualquer crise política de maior gravidade ou intensidade, foi característica de políticos que ficaram conhecidos como "vivandeiras dos quartéis". No processo de transição democrática, contudo, eles acabaram perdendo ímpeto, porque as próprias Forças Armadas se viram obrigadas a buscar novos caminhos para influenciar governos e parlamentares, em parte porque o desgaste dos 21 anos de ditadura teria forçado essa mudança.

Ameaças de golpe, promessas de endurecimento do regime, intimidações e outros constrangimentos aos políticos eleitos pelo voto direto ficaram restritos a um pequeno núcleo de extremistas de direita que, por um bom tempo, estariam reduzidos a uma esfera quase folclórica da cena política brasileira. Levaria ainda muito tempo para que eles se reagrupassem com maior arroubo e voltassem a dar as cartas em outros momentos de tensão e de desequilíbrio, fossem essas crises reais ou pressentidas. Sem que muitos tivessem percebido sua movimentação, eles revelariam imensa vitalidade e imporiam ao Brasil uma nova onda de medo e infâmia que custaria anos para ser vencida. Naquele final de 1987, no entanto, quando se discutiu o rumo da estabilização política do país, os radicais da direita foram devidamente contidos e o regime democrático seguiu a sua trilha pautado pelos novos preceitos constitucionais.

JORNAL DO

Rio de Janeiro — Sexta-feira, 4 de dezembro de 1987

'Centrão' arrasa es

Tempo

io Rio e em Niterói, claro a ublado, instabilizando-se om chuvas e trovoadas. Visi- ilidade boa. Temperatura es- vel; máxima e mínima de tem: 35° em Santa Cruz e 22° Alto da Boa Vista. Foto do télite e tempo no mundo, gina 10.

oto

ve apostadores acertaram lezenas 11, 24, 29, 35 e 53 no curso 474, recebendo cada CZ$ 5.707.198,25.

ssacre no Haiti

tares haitianos assassina- a tiros e golpes de baione- civis — homens e mulhe- - dentro de uma cela da o militar de Porto Princi- denúncia é de uma de nulheres que escaparam ssacre. (Página 7)

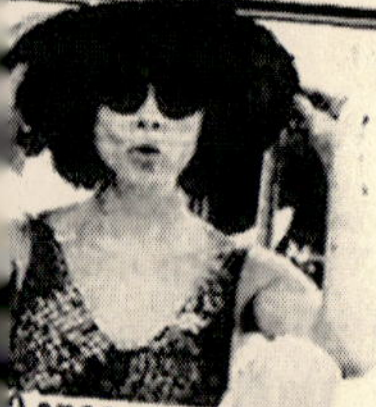

0 anos, com "20 de es- um corpinho de 17", z, Rita Lee (foto) can- excursões como a que orrer meio Brasil e a anhã ao Maracanãzi- ora só quer a vida os **shows** em teatro e publicar um livro e r de filmes.

Divulgação

evem estar loucos

e do sul-africano stá sendo lançado ete selado. Com to muito inteli- nicamente mui- o mito da Caixa uma fábula eco-

Eufóricos, parlamentares do Centrão festejam a vitória: vota

Gasolina e álcool

O governo autorizou novo reajuste no preço dos combustíveis — o segundo em menos de um mês. Com isso, desde zero hora de hoje o litro da gasolina custa CZ$ 41,40 (mais 16,10%) e o do álcool CZ$ 27 (mais 16,88%). O litro de óleo diesel custa agora CZ$ 17,40 (mais 17,56%). O botijão de 13 quilos de gás de cozinha passou a CZ$ 200 (mais 17,64%).

Com o reajuste (17% na média), *o preço do litro de álcool voltou a* ficar no limite de 65% do preço da gasolina. Apesar de ser o nono aumento do ano, o consumidor deve esperar mais um até o final do mês. A Secretaria Especial de Abastecimento e Preços já anunciou que os preços continuam defasados e que a diferença, estimada em 4,5%, será recuperada em dezembro, janeiro e fevereiro.

Agora, para encher de gasolina um tanque da linha Opala/Caravan (84 litros) gasta-se CZ$ 3.477,60 — soma quase igual ao Piso Salarial *Nacional (CZ$ 3.600). Consumindo* álcool, o mesmo tanque custa CZ$ 2.268 ou quase um salário mínimo de

CAPÍTULO 6

A Assembleia Nacional Constituinte

"Todos os mecanismos foram adotados para que a nova constituição se transforme numa conciliação de cúpulas."

[RAYMUNDO FAORO]

1987. Democracia, economia de mercado, alinhamento ao Ocidente, fim do protecionismo e da reserva de mercado foram alguns dos temas que os representantes do governo dos Estados Unidos trouxeram na bagagem para montar o seu poderoso *lobby* destinado a influenciar os rumos da Constituinte brasileira. A coordenação dos lobistas, de acordo com informações veiculadas na imprensa, ficaria a cargo da embaixada estadunidense, sediada em Brasília, e a proposta com a qual essa pretendia atuar resultara de um longo trabalho de análise da situação geopolítica do Brasil e da consulta a alguns dos mais renomados brasilianistas estadunidenses. Segundo algumas notas da imprensa, o Itamaraty reagiu a essa informação dizendo acreditar que outros países (sobretudo, da Europa) poderiam imitar essa estratégia e instalar nas suas respectivas representações diplomáticas *lobbies* políticos com o mesmo fim. Parecia coisa bastante evidente que a posição do Brasil no cenário mundial era tema que interessava sobejamente às grandes potências capitalistas.

Enquanto os diplomatas dos Estados Unidos atuavam para manter o Brasil filiado aos ditames do sistema hegemônico controlado por eles, diversas forças internas também se empenhavam em garantir um espaço no debate constitucional que se inaugurava em fevereiro de 1987, fosse para obter ou para conservar privilégios e interesses. Entre essas forças, os jornais mencionaram os censores federais que, antes mesmo da instalação propriamente dita do Congresso Constituinte, já tinham conseguido organizar o seu *lobby*, cujo principal objetivo era manter a Divisão de Censura subordinada ao Departamento de Polícia Federal. Sequer cogitavam a hipótese de que a censura pudesse ser extinta no bojo da atividade constitucional, e tratavam de evitar que fossem transferidos para o Ministério da Justiça, onde temiam sofrer a perda de vantagens financeiras decorrente de uma nova situação funcional. Numa outra ponta, a Igreja Católica buscava fortalecer o seu *lobby* no Congresso Nacional, por meio de uma comissão voltada para a garantia de "critérios e valores éticos" na nova Constituição. Dentre os principais propósitos defendidos na ação coordenada pela CNBB, estavam o de barrar o aborto provocado, de defender a primazia do trabalho sobre o capital, de dar prioridade às questões sociais e de assegurar a reforma agrária. Além disso, a Igreja buscou salvaguardar o direito à "educação plena", na qual deveria ser respeitada a liberdade de escolha de pais e alunos para que a educação fosse dada conforme os seus princípios éticos, religiosos e culturais — ou seja, a preservação das escolas confessionais, com plena autonomia de sua orientação pedagógica.

No desenrolar dos trabalhos da Assembleia Constituinte, porém, nada se verificaria tão eficaz quanto o *lobby* dos ruralistas — de longe, o mais forte, com cerca de 60 deputados e senadores eleitos com apoio da UDR e de cooperativas e entidades ligadas ao patronato da área rural. Pelos cálculos apresentados nos jornais, se fossem levados em conta os parlamentares proprietários de terras, por exemplo, sendo eles mesmos ruralistas, esse número de constituintes ligados à terra deveria ser multiplicado por quatro. Entre os estados da federação com o maior contingente de representantes da UDR estavam Goiás, Mato Grosso, Mato Grosso do Sul e Paraná. E o seu objetivo primordial, do qual não faziam segredo algum, era justamente o de barrar qualquer iniciativa constitucional voltada para a realização da reforma agrária no Brasil — uma das promessas de campanha alardeada pela Aliança Democrática, que vencera o pleito no Colégio Eleitoral. Tudo fariam para que a nova Constituição ficasse livre de qualquer proposta de distribuição de terras e de restrição aos latifúndios, sabendo, de antemão, que ambas seriam algumas das causas maiores defendidas pelos constituintes progressistas.

Com a derrota da proposta de uma constituinte exclusiva, que funcionaria apenas para debater e redigir o novo texto constitucional, a Assembleia Nacional Constituinte acabou sendo instalada como uma constituinte congressual, isto é, que funcionaria juntamente com o andamento dos trabalhos normais do Congresso Nacional, dividindo o seu tempo entre as sessões destinadas ao debate constitucional e as sessões voltadas para a votação dos temas ordinários da atividade parlamentar. Alguns autores tenderam a considerar que essa "preferência" teria resultado de manobras dos conservadores para impedir que os progressistas ganhassem maior espaço político dentro do processo constitucional, e assumissem o protagonismo. A sessão inaugural marcada para o dia 1º de fevereiro de 1987 foi considerada "motivo de festa" pelos jornais, em grande medida. Alguns deles chegaram a falar numa "porta para a esperança" que acabava de ser aberta, num país que começava a se repensar com muita seriedade e expectativa. Duas mil pessoas convidadas encheriam o plenário e as galerias da Câmara dos Deputados para presenciar aquele momento "esplendoroso", enquanto o restante da população poderia acompanhar todo o evento pela televisão. Nos meses seguintes, os temas relacionados à Constituinte ocupariam com significativa insistência as páginas dos principais jornais do Brasil, disputando a atenção do distinto público com os escândalos da hora, os desacertos da política econômica e os capítulos das novelas (Pilatti, 2020)[4].

Poucos dias após a sua sessão inaugural, a Assembleia Nacional Constituinte já passava a dispor de um regimento interno que determinaria as regras fundamentais do seu funcionamento. Numa votação rápida, que durou apenas 30 minutos, de acordo com as notícias dos jornais, ficou decidido que haveria sessões ordinárias de segunda a sexta-feira, das 14 às 18 horas, podendo ainda ocorrer a convocação de sessões extraordinárias, sempre que houvesse necessidade. Pelas regras adotadas, não existiria voto de liderança e cada constituinte teria o direito de votar em cada um dos temas discutidos e elaborados. O presidente da assembleia seria o deputado Ulysses Guimarães, que acumularia o cargo com a presidência da Câmara e do PMDB, maior partido do Congresso Nacional.

Pelo regimento da Constituinte, seriam criadas oito comissões temáticas, compostas de subcomissões e encarregadas de elaborar o projeto de constituição a ser votado em plenário. Cada uma delas seria formada por 63 membros, além de um número igual de suplentes. Por sua vez, a Comissão de Sistematização, incumbida da redação do texto final da constituição, teria ao todo 49 membros e mais os presidentes e relatores das respectivas comissões temáticas. Pelas contas da imprensa, tal composição totalizaria 559 participantes, o que significava a participação integral de todos os congressistas existentes. Foram as seguintes as comissões e as subcomissões instaladas no Congresso:

---

4. O professor Adriano Pilatti escreveu um trabalho primoroso sobre a Constituinte, reconhecido por sua abrangência, acurácia e profundidade. Torna-se, portanto, consulta obrigatória para qualquer um que queira conhecer de perto esse que foi um dos eventos mais importantes da história recente do Brasil.

1. Comissão da Soberania e dos Direitos e Garantias do Homem e da Mulher [Subcomissões: Nacionalidade, Soberania e Relações Internacionais; Direitos e Garantias Coletivos e Direitos e Garantias Individuais];
2. Comissão de Organização do Estado [Subcomissões: União, Distrito Federal e Territórios; Estados; Municípios e Regiões];
3. Comissão de Organização dos Poderes e Sistema de Governo [Subcomissões: Poder Legislativo; Poder Executivo; Poder Judiciário e Ministério Público];
4. Comissão de Organização Eleitoral, Partidária e Garantia das Instituições [Subcomissões: Sistema Eleitoral e Partidos Políticos; Defesa do Estado, da Sociedade e de sua segurança; Garantia da Constituição, Reformas e Emendas];
5. Comissão do Sistema Tributário, Orçamento e Finanças [Subcomissões: Tributos, participação e distribuição de receitas; Orçamento e Fiscalização Financeira; Sistema Financeiro];
6. Comissão da Ordem Econômica [Subcomissões: Princípios Gerais, Intervenção do Estado, Regime de Propriedade do Subsolo e Atividade Econômica; Questão Urbana e Transporte; Política Agrícola e Fundiária e de Reforma Agrária];
7. Comissão da Ordem Social [Subcomissões: Direitos dos Trabalhadores e Servidores Públicos; Saúde, Seguridade e Meio Ambiente; Negros, Populações Indígenas, Deficientes e Minorias];
8. Comissão da Família, Educação, Cultura, Esporte, Comunicação, Ciência e Tecnologia [Subcomissões: Educação, Cultura e Esportes; Ciência e Tecnologia e Comunicação; Família, Menor e Idoso].

A Comissão de Sistematização receberia os anteprojetos dos oito grupos temáticos e redigiria o texto final da nova Constituição do Brasil.

Enquanto as comissões eram instaladas oficialmente e dava-se início aos intensos trabalhos que marcariam o andamento da assembleia, os *lobbies* setoriais continuavam atuando de modo incisivo em seu intento de sensibilizar (ou de pressionar) os membros da Constituinte a elaborar artigos e parágrafos condizentes com as expectativas e os interesses dos seus grupos. Já foi mencionado o poderoso *lobby* da indústria farmacêutica, dos fabricantes de equipamentos médicos e cirúrgicos e do complexo médico-hospitalar privado, incluindo aí os planos de saúde. Ao mesmo tempo, pelo que se lê na imprensa, quase todos os participantes da comissão temática que deveria propor um novo perfil para o sistema de comunicação social do país eram representantes, direta ou indiretamente, de veículos de radiodifusão. O próprio relator dessa comissão, assim como o seu vice-presidente, era pessoa ligada às Organizações Globo, a entidade mais poderosa do setor. Embora tivessem pedido demissão de seus cargos para exercer o papel constituinte, nada poderia garantir que os vínculos estivessem cortados e que o julgamento e a decisão a ser tomada sobre os temas estivessem a salvo da influência patronal anterior. Da mesma forma, a discussão sobre a participação estatal na economia brasileira seria o alvo maior das articulações empresariais que tentavam interferir nas decisões da Constituinte. Um ponto comum às propostas das diversas agremiações empresariais era o de restringir o peso da ação governamental ao mínimo indispensável, eliminando todas as demais espécies de intervenção. Embora esse fosse um ponto pacífico no discurso dos empresários, um analista político consultado pela imprensa revelou as sérias contradições presentes nesse tipo de argumento, ao destacar que a maioria dos políticos brasileiros, embora pertencente às camadas empresariais, não havia formado a sua riqueza por meio da acumulação capitalista clássica, mas, através de privilégios concedidos pelo Estado.

E era exatamente essa mesma perspectiva que condicionava a demanda cada vez mais radical do empresariado brasileiro por uma ampla privatização das empresas estatais — era o desejo de se apropriar de uma riqueza já construída pelo Estado, com recursos provenientes do distinto público. Estavam ali os grandes empreendimentos em energia, petróleo, gás, telefonia, infraestrutura portuária, aeroportuária, ferroviária, que haviam custado grandes somas de dinheiro investido e o trabalho incansável de milhares de profissionais de todos os tipos e qualificações. Era só apanhá-los e fazê-los continuar a funcionar, principalmente, se isso representasse a não obrigatoriedade de respeitar alguma função social nos negócios. Tudo deveria ser subordinado à regra simples do mercado, sem qualquer forma de regulação que destinasse alguma vantagem — pequena que fosse — ao consumidor ou ao trabalhador. O fator decisivo da organização da economia seria um só: o lucro. Era esse o senhor de todas as coisas.

Os progressistas, por sua vez, também se mostrariam incansáveis na batalha pela preservação de alguns ganhos objetivos para os trabalhadores, em geral. E de tal maneira que os jornais, grosso modo, alardeavam que a "disputa ideológica" entre a direita e a esquerda seria o pano de fundo das principais discussões a ver entre os constituintes lotados nas subcomissões temáticas da Comissão da Ordem Econômica. De fato, a maioria dos textos dos jornais tendia a preferir a utilização do termo "conservadores" para qualificar os parlamentares da direita — parecia existir certo receio de assumir posições nitidamente direitistas num país que saía lentamente, e com grandes dificuldades, de um regime de exceção que durou duas décadas. Já em relação à esquerda, não se economizava nem um pouquinho na exacerbação da qualificação pejorativa — algumas vezes, dava a impressão de que aquilo era quase uma ofensa, um xingamento, como acusar alguém de esquerdista ou um movimento, de "esquerdização". O tom era sempre carregado de desaprovação. Seja como for, o fato é que o reduzido grupo da corrente mais progressista na Assembleia Nacional Constituinte, formado pelos pequenos partidos como PT, PDT, PCdoB, PCB, PSB e parte do PMDB, logo tratou de conduzir as suas articulações para fazer frente à organização maciça dos partidos de direita, que visava exercer a mais forte pressão possível sobre os trabalhos constitucionais. O relator da Comissão da Ordem Econômica, senador Severo Gomes (PMDB-SP) — um conhecido empresário brasileiro com posições nacionalistas —, dizia acreditar que a nova Constituição deveria refletir os sentimentos e desejos da maioria da população do Brasil. Em sua visão, a assembleia seria pressionada pela opinião pública, que aguardava a redação de uma carta progressista, capaz de atender aos interesses sociais de todos os habitantes do território nacional. Sem dúvida, como princípio, isso era o correto. Do ponto de vista político, no entanto, e de fato, o que se viu foi a captura de grande parte do texto a ser promulgado pelos representantes dos maiores grupos econômicos e financeiros, de dentro e de fora do país.

O debate extrapolava os limites restritos do Congresso Nacional e das sessões da Assembleia Nacional Constituinte, provocando reações em inúmeras entidades e setores representativos do conjunto da sociedade. Pelos jornais, circularam notícias de que a Ordem dos Advogados do Brasil (OAB) prometia o envio às comissões e subcomissões da Constituinte de um estudo elaborado com todos os temas debatidos pela Comissão de Estudos Constitucionais da OAB, seção Rio de Janeiro. O presidente da dita comissão, jurista Evandro Lins e Silva, informou que a intenção era apresentar aos congressistas uma declaração de princípios, na qual o ponto focal seria a necessidade de uma reforma estrutural do Poder Judiciário. No seu entender, tal reforma deveria abranger, sobretudo, a primeira instância básica da Justiça, porque, até aquele momento, as preocupações haviam se concentrado na cúpula, quando a crise fundamental se encontrava de fato na base do sistema, e não no topo. Ele considerou ainda que o judiciário era fechado e quase inexistente para os mais pobres, devendo-se modificar aquela estrutura "arcaica", para que atendesse às necessidades de toda a população. Como já foi ressaltado, havia uma imensa demanda por justiça social, que tinha sido duramente reprimida durante os anos da ditadura militar e, no curso dos debates constitucionais, faria emergir em inúmeros segmentos da sociedade a busca pela real transformação das condições socioeconômicas predominantes no país.

Márcio Thomaz Bastos, presidente nacional da OAB, expôs na Subcomissão de Defesa do Estado, da Sociedade e da Sua Segurança o apoio à extinção do Conselho de Segurança Nacional (CSN), uma das mais incômodas sobrevivências do regime militar, embora admitindo que as Forças Armadas pudessem intervir na ordem interna, apenas em casos excepcionais definidos no texto constitucional. No mesmo discurso, Bastos condenou a proposta da ESG em favor da criação de um Estado de Exceção Econômica, pelo qual o Presidente da República receberia plenos poderes para, em graves situações, reduzir a jornada de trabalho e os salários, além de suspender o direito de greve, entre outras medidas de exceção. Na sua visão, o que essa proposta estaria sugerindo era exatamente o fortalecimento da "doutrina da segurança nacional", como se não bastassem as já existentes medidas de emergência, estado de emergência e estado de sítio. Por meio dessa doutrina, argumentou, era operada uma clara anulação dos valores democráticos e uma ampla qualificação dos adversários como inimigos, o que não contribuiria em nada para a consolidação da transição democrática pela qual o Brasil passava. Criava-se ali o risco de um retrocesso preocupante para o futuro da democracia.

Ao mesmo tempo em que os debates se alargavam e se aprofundavam, as reações contrárias ao avanço das demandas sociais no Congresso também se intensificavam. Em alguns momentos, chegaram a atingir o ponto da brutalidade. Um desses foi o atentado a bomba perpetrado contra a residência de um deputado constituinte pelo PMDB de Minas Gerais, durante uma madrugada, destruindo parcialmente o portão da casa. De acordo com o depoimento dos vizinhos, registrado pela imprensa, a bomba de fabricação caseira tinha sido jogada por indivíduos que ocupavam dois automóveis reconhecidos: uma Brasília branca e um Opala preto. O artefato teria explodido assim que os carros se evadiram do local. Ao tomar conhecimento do fato, o presidente da Assembleia Nacional Constituinte, deputado Ulysses Guimarães, acionou o governador de Minas Gerais e o ministro da Justiça, para que tomassem todas as providências cabíveis. O deputado vitimado pelo ataque covarde e ameaçador denunciou a existência de "uma nova escalada de terrorismo de direita no país", e classificou o acontecimento como um fato político inquestionável. Para ele, era fundamental colocar as coisas no seu devido lugar, porque se tornara urgente enfrentar a ação predatória dos grupos de interesse que desejavam impedir o avanço das conquistas sociais e trabalhistas no curso da Constituinte. Os deputados Moema São Tiago (PDT), Aldo Arantes (PCdoB) e José Genoíno (PT) também acusaram o aumento da violência política da direita, que passou pela explosão de bombas em Porto Alegre e no Rio de Janeiro, pela agressão a constituintes em Brasília, e por esse atentado a bomba contra a casa de um congressista mineiro. Todos reclamaram a urgência de medidas de contenção a esses ataques, em benefício da democracia brasileira.

Quem estivesse disposto a lutar por direitos e garantias constitucionais não podia se amedrontar com ameaças e riscos. Era preciso sempre denunciá-los, além de exigir providências das autoridades responsáveis. Mas, não era possível retroceder. A disputa entre progressistas e conservadores, ou melhor dizendo, entre esquerda e direita, teria alguns lances dignos de enredos de suspense e ação. Um dos pontos altos dessa contenda foi a presença inédita de um representante do grupo denominado Triângulo Rosa, que defendia os direitos dos homossexuais, para falar de sua luta árdua e longa contra o preconceito e a segregação, na Subcomissão de Negros, Populações Indígenas, Deficientes e Minorias. A primeira reivindicação apresentada pelos homossexuais era garantir na nova Constituição a proibição à discriminação por orientação sexual. Ao mesmo tempo, eles também requeriam o fim da chamada "legítima defesa da honra", muitas vezes invocada para justificar os crimes praticados contra homossexuais. Além disso, pediam um debate mais minucioso acerca da questão do chamado "atentado ao pudor", sempre alegado para punir os homossexuais por suas manifestações pessoais de afeto. E uma análise mais ampla e detalhada sobre a exploração da homossexualidade para fins de comicidade, em espetáculos de diversões, teatros, cinema e rádio, imprensa e televisão, cujo resultado tendia a ser o de reforçar os estereótipos preconceituosos. Foi um ponto alto, entre outras coisas, porque colocou em debate um tema que se identificaria, ao longo das décadas, com o próprio sentido de civilização. Aos poucos, tornar-se-ia inseparável da noção de democracia o direito das minorias a uma existência digna e respeitosa, em todo o território brasileiro.

Da parte de alguns parlamentares conservadores, ouviu-se todo tipo de ofensa e de recriminação. Entre os impropérios dirigidos aos homossexuais, citavam em especial a sua identificação como doença ou como depravação. Um dos deputados evangélicos mais fundamentalistas chegou a dizer, a esse respeito, que "Deus se apiedasse desta nação, que está se degenerando". E outras coisas que não vale a pena repetir. Mas, havia muito apoio também. Ao todo, o representante do Triângulo Rosa afirmou à imprensa que esperava contar com os votos de 33 constituintes, entre deputados e senadores, que lhe prometeram sustentar em plenário as principais reivindicações apresentadas pelo grupo. Entre eles, citou Fernando Lyra (PMDB-PE), Cristina Tavares (PMDB-PE), Roberto Freire (PCB-PE), Luiz Inácio Lula da Silva (PT-SP), Wladimir Palmeira (PT-RJ), Benedita da Silva (PT-RJ) e Florestan Fernandes (PT-SP). O senador Mário Covas (PMDB-SP) recebeu o Triângulo Rosa em seu gabinete e prometeu apoiar as suas demandas. Não seria uma batalha fácil. Mas, olhando em retrospectiva, pode-se observar que muito foi feito.

Numa outra seara, emergiam as propostas de legalização do jogo no Brasil, com a abertura de cassinos em várias regiões. A fim de garantir uma sustentação mais firme das proposições levantadas, surgiu a ideia de promover um plebiscito em cada Estado da federação, para permitir a reabertura das casas de jogos, fechadas no país desde 1946. Os defensores do plano afirmavam que a medida traria grandes investimentos e abriria milhares de postos de trabalho para os brasileiros, contrapondo-se ainda à contravenção que dominava a exploração dos jogos de azar. No bojo do projeto que pretendiam mostrar à Constituinte, havia a sugestão de que os cassinos fossem abertos nas regiões turísticas, ligados a grandes hotéis de alto padrão, com relevância especial para o Nordeste, o Pantanal mato-grossense, a Amazônia e a ilha de Fernando de Noronha. Essas áreas eram consideradas como as de maior potencial turístico no Brasil, oferecendo perspectivas para investimentos lucrativos que poderiam durar muitas décadas. Contrários a isso, padres e pastores consultados pelos jornais advertiam que o fato de o jogo de azar gerar emprego e renda não justificaria a sua legalização. Como afirmaram, outras atividades como roubo e tráfico de drogas também empregavam bastante gente e geravam gordas receitas, mas nem por isso podiam ser permitidos. Além disso, os religiosos alegavam que o governo acabaria gastando muito mais com o cuidado dispensado aos dependentes e viciados no jogo, do que arrecadaria com impostos decorrentes do funcionamento dos cassinos. Eram argumentos de fácil compreensão pela população em geral. Não à toa, o funcionamento livre das casas de jogos foi novamente recusado no Brasil.

Pressões assomavam de todos os lados, dando razão àqueles que sugeriam que o Brasil tornava a se repensar olhando para o futuro. Eram inúmeras as questões com as quais os constituintes se defrontavam, ainda que as comissões temáticas e suas respectivas subcomissões buscassem delimitar corretamente a abrangência da nova carta. Demandas as mais variadas chegavam diariamente aos gabinetes dos parlamentares, além dos projetos enviados por entidades e instituições da sociedade civil que ofereciam os seus esboços técnicos nos campos específicos em que atuavam. Parecia que o país acordava de um longo sono e se dava conta dos inúmeros problemas que precisava enfrentar. De modo pouco surpreendente, um dos temas que mais despertava a mobilização das pessoas e, ao mesmo tempo, mais controvérsias causava, era o da reforma agrária. A fim de corroborar inúmeras teses defendidas pelos constituintes em favor da democratização do acesso à terra no Brasil, o próprio ministro da pasta, Dante de Oliveira, apresentou aos membros da Assembleia Constituinte um estudo realizado pelo Instituto Nacional de Colonização e Reforma Agrária (Incra) que serviu para revelar a enorme concentração de terras existente no país. Pelos dados colhidos, o maior latifúndio brasileiro à época era pertencente a uma empresa madeireira localizada no Estado do Amazonas, com cerca de 4 milhões de hectares. Isso correspondia a quase duas vezes a extensão do Estado de Sergipe, e superava o tamanho da Holanda, cuja população era estimada em 14 milhões de habitantes. As informações constavam do cadastro do próprio Incra, mas é possível supor que houvesse certo grau de subnotificação a respeito dos grandes latifúndios.

Os jornais também noticiavam que o documento preliminar elaborado pelo relator da Subcomissão da Política Agrária e Fundiária e da Reforma Agrária propunha um limite máximo de 100 módulos para a extensão das propriedades rurais no Brasil. O módulo era uma medida utilizada pelo Incra para determinar a extensão das propriedades rurais e podia variar de Estado para Estado; o mais extenso de todos esses módulos era o do Amazonas, que correspondia a 120 hectares. Se a regra passasse a ser aplicada, o maior latifúndio permitido corresponderia a 12 mil hectares, algo muito abaixo dos 4 milhões detectados na enorme concentração fundiária em posse de uma empresa madeireira na região amazônica. Só por esse dado simples pode-se avaliar a fúria com que os ruralistas brasileiros procuraram deter qualquer tentativa de alterar os privilégios que cercavam a posse da terra no país. O movimento sindical dos trabalhadores rurais foi mais além: defendeu junto à Constituinte que a maior propriedade rural deveria ter no máximo 60 módulos de extensão. E conseguiu fazer com que os adversários da reforma agrária se colocassem imediatamente contra essa proposta. O relator da subcomissão era ninguém menos do que Oswaldo Lima Filho, o ex-ministro da Agricultura do governo João Goulart — sobre cujos ombros recaíram todos os impropérios e acusações possíveis. No seu passado político, tentaram buscar elementos que pudessem incriminá-lo e depreciá-lo, a fim de enfraquecer a proposta final constante do relatório. Apesar dos ataques sofridos, ele acabou recebendo nota 10 pelo seu desempenho impecável como parlamentar constituinte, concedida pelo Departamento Intersindical de Assessoria Parlamentar (DIAP). Não venceu a disputa que enfrentou contra forças tão poderosas, quando seu parecer terminou sendo substituído pelo projeto elaborado paralelamente por outro membro da comissão, com o apoio dos ruralistas. Todavia, deixou uma mostra de que a virtude muitas vezes não se encontra no resultado, mas no percurso.

Houve registros na imprensa de ataques furiosos desferidos contra parlamentares dispostos a referendar o relatório de Oswaldo Lima Filho. Uma deputada federal pelo Amapá recebeu diversos telefonemas, com ameaças de morte, caso não mudasse o seu voto favorável ao tema da democratização do acesso à terra. Entre os diversos pontos do texto que mais incomodavam os ruralistas estavam os que previam a desapropriação de latifúndios improdutivos e também os que garantiam a apropriação imediata das áreas desapropriadas para fins de reforma agrária. Além dos telefonemas, a deputada recebeu ainda telegramas e telex com ameaças à sua vida e à vida de seus filhos, para não apoiar o parecer de Lima Filho. No dia da votação do relatório, pelo que se lê nos jornais, a vistoria realizada nas pessoas que se dirigiam às galerias para acompanhar o andamento dos trabalhos constituintes apreendeu um total de 22 armas de fogo. Além de vaias e palavrões dirigidos contra os parlamentares, foram lançados sobre o plenário diversos objetos que chegaram a causar ferimentos em alguns presentes. O saldo final da sessão foi a aprovação do relatório de um deputado conservador, em consonância com a vontade dos grandes proprietários de terras, mas com um placar apertado de 13 votos a 12.

Apenas a título de esclarecimento formal, no final de maio de 1987, estavam concluídos os trabalhos das diversas subcomissões da Assembleia Nacional Constituinte, de acordo com matérias dos jornais. A etapa seguinte seria de elaboração dos relatórios, por parte das Comissões Temáticas, a partir dos anteprojetos encaminhados por cada uma das três respectivas subcomissões. O relator encarregado de conduzir esse processo de incorporação das sugestões oferecidas pelos subgrupos abriria espaço para a coleta de emendas e distribuiria os textos para novos estudos e discussões pertinentes. Ao fim de mais essa fase, seria então redigido um relatório final a ser votado e aprovado em cada uma das oito comissões. Se o primeiro ciclo de debates e contendas já tinha sido por demais complexo e tenso, o segundo seria ainda mais movimentado e turbulento, pois representaria a definição dos principais temas e questões abordados nas discussões, e a consolidação de um conjunto de normas e princípios de longa duração.

Na Comissão da Ordem Econômica, por exemplo, ocorreu uma das disputas mais acirradas entre os dois grupos que mais fortemente se bateram em todo o processo da Constituinte: progressistas x conservadores. Na imprensa, ficaram caracterizados assim os dois principais contendores: o senador Severo Gomes, relator da comissão temática e nacionalista assumido, e o senador Roberto Campos, principal defensor das ideias liberais. Os progressistas se diziam preocupados com a distribuição social da riqueza e com a soberania do país. Já os adeptos do liberalismo alegavam preferir a economia de mercado, a privatização, a desregulamentação e a total ausência de intervencionismo estatal. No limite, afirmavam que os "de esquerda" eram "xiitas" e pretendiam se isolar do mundo (quando clamavam pela soberania nacional) e nivelar a todos na pobreza (quando reivindicavam uma justa distribuição da riqueza entre os cidadãos). Não é preciso lembrar que nem soberania é isolamento, nem justiça social é pobreza compartilhada. Há muitas nuances nesses dois conceitos, assim como nas suas correspondentes experiências históricas. Países desenvolvidos demonstravam que era possível ser soberano e participar, ao mesmo tempo, do sistema mundial de trocas e de investimentos. Da mesma forma, as diversas realizações do Estado de bem-estar social comprovavam, sobejamente, que os países detentores de maiores direitos sociais promoviam um desenvolvimento muito mais equilibrado e duradouro.

Embora os parlamentares que participavam dessa comissão acreditassem que o senador Roberto Campos tinha sido o grande vitorioso na produção do relatório final da subcomissão de Princípios Gerais, da Ordem Econômica, ele próprio se dizia insatisfeito, pois queria muito mais. Na sua visão, teria sido ainda melhor se tivesse conseguido elaborar um documento muito mais privatista e muito mais inibidor da presença do Estado no domínio econômico. Contra isso, bateu-se o tempo inteiro o senador Severo Gomes. No quesito de definição de empresa nacional, por exemplo, os "liberais" julgaram que bastava a empresa estar instalada no país e obedecer à legislação local para ser considerada nacional e usufruir das benesses dessa condição. O grupo dos progressistas, por sua vez, defendia como critérios para adotar essa classificação o capital majoritário ser brasileiro e o centro decisório da empresa estar implantado no Brasil. Na questão do acesso às riquezas do subsolo, os "liberais" pretendiam deixar a regulamentação para os Estados da federação, alegando que, logo, haveria uma real competitividade entre os vários entes, deixando que escolhessem entre "ficar pobre e preservar uma bela paisagem com indígenas correndo nus pelas matas" ou escolher a "transformação do seu cadáver geológico em riqueza". Outro argumento que apresentaram a favor da maior e mais rápida exploração dos recursos minerais brasileiros era o de que a tecnologia vinha avançando com muita rapidez e reduzia cada vez mais o consumo dessas matérias-primas, das quais o Brasil possuía imensas reservas. Então, se quiséssemos obter algum ganho com isso, era melhor fazê-lo o mais rapidamente possível, pois, em pouco tempo, previam que ninguém mais se interessaria pelos nossos minérios. Esse ponto de vista era, no mínimo, contraditório com a presença ostensiva dos olheiros estadunidenses ("espiões minerais", como ficaram conhecidos), que viviam perscrutando as grandes riquezas brasileiras. Se fossem assim tão pouco importantes para a economia global, certamente, o governo dos Estados Unidos não financiaria grupos especializados de profissionais dedicados ao levantamento rigoroso de todas as possibilidades existentes nesse campo.

Em oposição a essa visão, moviam-se não apenas os progressistas da Constituinte, mas todo um conjunto de profissionais diretamente envolvidos com a questão da riqueza do subsolo brasileiro. O presidente da Associação Profissional dos Geólogos do Estado do Rio de Janeiro, em declarações à imprensa, alertou que quase 40% da área concedida e autorizada para exploração estaria nas mãos de empresas multinacionais — uma situação que poderia se agravar ainda mais se as propostas em discussão nas comissões temáticas viessem a restringir a capacidade de intervenção do Estado na economia, e ao mesmo tempo consagrar a redefinição de empresa nacional e a permissão de mineração em áreas indígenas. No cômputo do setor, as estrangeiras controlariam 38,1% das áreas concedidas para exploração, as empresas privadas brasileiras disporiam de 35%, e as estatais nacionais teriam o controle de 26,9%. Na perspectiva do geólogo em questão, os parlamentares com orientação progressista teriam se concentrado nas comissões de ordem social, deixando que os "conservadores e entreguistas" tivessem total domínio sobre os temas concernentes à ordem econômica em geral. Mas, não foi bem assim. Os embates havidos durante as discussões sobre os princípios econômicos a serem definidos na nova Constituição brasileira foram suficientemente acirrados e calorosos para impedir esse tipo de crítica. E o peso do dinheiro e da força foi ademais tragicamente ostensivo. A compra de votos e a sedução de vantagens e benefícios oriundos do cofre foram espantosas.

Também se manifestou à imprensa o presidente da Associação Nacional dos Engenheiros da Petrobrás (Aepet), preocupado com as fortes pressões que vinham sendo feitas sobre a comissão de Ordem Econômica da Assembleia Nacional Constituinte, no intuito de acabar com o monopólio estatal do petróleo no Brasil. Além de citar os nomes dos principais deputados que estariam à frente dessa proposta, o engenheiro denunciou que o grupo elaborara uma estratégia de dividir entre si as tarefas destinadas a esse fim, apresentando emendas em vários tópicos diferentes, com um mesmo propósito geral: abrir toda a economia à participação de empresas estrangeiras, retirando assim da Petrobrás o monopólio de refino, importação, exportação e transporte de petróleo. Na sua visão, grandes corporações internacionais estariam por trás dessa atuação parlamentar, porque no Brasil não existiam empresas nacionais com porte ou domínio tecnológico capaz de competir com a estatal. Além disso, enfatizou que o petróleo brasileiro sempre teve inimigos muito poderosos, que aproveitariam qualquer oportunidade surgida para golpear em definitivo a indústria petrolífera nacional. A redefinição de inúmeros aspectos da ordem econômica, no processo constitucional, portanto, seria mais uma ocasião bastante propícia a uma nova tentativa nesse sentido.

Falando em nome de um setor que brigava muito para sobreviver às mudanças, o presidente da Associação dos Armadores Brasileiros de Longo Curso expôs aos jornais uma visão sobre a importância da marinha mercante, defendendo que o controle acionário das empresas nacionais de navegação marítima fosse privativo dos brasileiros natos. A sugestão da entidade já teria sido enviada à Assembleia Constituinte, num esforço claro para tentar impedir que um setor tão dinâmico quanto aquele também acabasse tomado por fortes grupos estrangeiros. Na base dessas disputas, pode-se observar que a economia do Brasil era objeto de severas hostilidades entre aqueles que pretendiam consolidar um mínimo de autonomia e de soberania na definição dos seus princípios gerais, e aqueles que preconizavam o acesso mais desembaraçado e desimpedido possível a toda e qualquer empresa estrangeira que assim o desejasse.

No início de junho de 1987, os jornais anunciavam que as oito comissões temáticas da Assembleia Nacional Constituinte já estavam recebendo os pareceres elaborados pelos respectivos relatores, com base nas discussões havidas durante os meses de preparação. Todos esses seriam então encaminhados à Comissão de Sistematização, a cargo do deputado Bernardo Cabral (PMDB-AM), incumbido de redigir a versão final da nova carta constitucional brasileira. Em seus primeiros pronunciamentos à imprensa, Cabral reconheceu que a Constituinte caminhava muito bem até aquele momento, oferecendo "avanços significativos nas propostas para a área social", ainda que o tema da reforma agrária não tivesse sido abordado de acordo com as expectativas positivas criadas. Ao mesmo tempo, ele se disse um tanto preocupado com o número de proposições que seriam enviadas à Comissão de Sistematização, receando que a nova carta pudesse ficar longa demais, com algo em torno de 500 artigos no total. Esse número, ao seu ver, seria absolutamente inconveniente. De qualquer maneira, comprometeu-se a acolher todas as sugestões, sem mutilar o trabalho já feito até aquela data.

A partir desse mesmo momento, a Câmara dos Deputados passaria a publicar o *Jornal da Constituinte*, com edições semanais de junho de 1987 a outubro de 1988, buscando cobrir os principais temas abordados nos debates constitucionais e defendendo o trabalho realizado pelos parlamentares, que recebiam muitas críticas de diversos setores descontentes com o andamento de todo o processo — quer por divergências políticas e ideológicas, quer por simples inquietação quanto à demora na conclusão do texto final[5].

De acordo com a imprensa, o anteprojeto preliminar do senador Severo Gomes, relator da Comissão da Ordem Econômica, teria conseguido a proeza de desagradar tanto aos progressistas quanto aos conservadores. Tendo isso em vista, aumentaram muito as especulações de que os debates seguintes poderiam se tornar ainda mais intensos, com uma preocupação acentuada de que terminassem em

---

5. Todas as edições do *Jornal da Constituinte* publicadas pela Câmara dos Deputados encontram-se disponíveis no seguinte endereço virtual: https://www2.camara.leg.br/atividade-legislativa/legislacao/Constituicoes_Brasileiras/constituicao-cidada/publicacoes/Jornal%20da%20Constituinte.

verdadeiro confronto. Um dos líderes do "grupo dos privatizantes" teria afirmado aos jornalistas que o anteprojeto era um verdadeiro culto ao Estado, uma rematada "estadolatria". Em vez de atenuar a intromissão do Estado no domínio econômico, conforme preconizavam os conservadores, o relatório, de fato, teria aumentado ainda mais a ação estatal em diversos aspectos. Ao resumir assim a apresentação do relatório da Ordem Econômica, o *Jornal da Constituinte* reiterou que: "A luta entre os estatizantes e os defensores da livre iniciativa para definir o espaço a ser ocupado pelo Estado na economia, além do que será caracterizado como empresa nacional, vai ocupar o centro dos debates e as preocupações do relator, senador Severo Gomes (PMDB-SP)". Por sua vez, os progressistas lamentavam que a proposta apresentada significasse um "golpe de morte na reforma agrária", ao não contemplar a fixação de um limite máximo para os imóveis rurais, ou seja, ao não enfrentar o latifúndio. Por sua vez, a publicação parlamentar apontou a incômoda indefinição sobre esse ponto, um dos mais sensíveis no curso dos debates constitucionais: "Matéria não resolvida na subcomissão, tendo sido aprovado anteprojeto com apenas dois artigos, a Reforma Agrária tem, potencialmente, possibilidades maiores de, num universo ampliado de constituintes, encontrar um caminho de convergência das diversas posições" (Jornal da Constituinte, 1º a 7/06/1987, nº 1, p. 6).

Os jornais alardeavam que os constituintes de esquerda estariam mais propensos a radicalizar a sua posição contra o que consideravam a timidez do relatório apresentado por Severo Gomes, e já preparavam um substitutivo que assegurava as suas principais reivindicações: fixação de um limite para os latifúndios, imissão imediata da União na posse do imóvel rural desapropriado, empresa nacional com capital e poder decisório nas mãos de brasileiros, limitação para os investimentos estrangeiros no país, reserva de mercado para as indústrias de ponta e monopólio estatal do petróleo e de minerais nucleares. Diziam que, sem esses pontos assegurados, votariam contra o relatório final. E não se intimidariam com a provável derrota. Era uma questão de marcar posição, de mostrar um alinhamento sólido com os princípios que regiam o pensamento de esquerda naquele momento histórico. Em outras ocasiões, os parlamentares progressistas também optaram por votar apenas para manter as suas convicções, independentemente da vitória.

Numa outra esfera dos debates constitucionais, as assim chamadas "minorias" incomodavam sobremaneira os conservadores mais renhidos. Em sua cruzada incansável contra o aborto, por exemplo, os congressistas evangélicos recebiam especial atenção da imprensa, mas, não se restringiam a um único tema. Contrários ao teor do relatório oferecido pelo senador José Paulo Bisol (PMDB-RS), da Comissão de Soberania e dos Direitos e Garantias do Homem e da Mulher, brandiam os seus exemplares da Bíblia nos debates e no plenário, para se insurgir contra o aborto e o confisco das propriedades improdutivas. Ao mesmo tempo, usavam o discurso de cunho religioso para se mostrar a favor da censura ao rádio e à televisão, além de advogar a prisão perpétua para os crimes ditos hediondos. Reunidos em total sintonia, tinham como principal objetivo derrotar o relatório do senador Bisol, considerado por eles "socialista demais" para o povo brasileiro. No entanto, nenhum outro tema era capaz de transtorná-los com tamanha força quanto a inclusão do termo "orientação sexual" no texto constitucional, em que ficava previsto o direito de que ninguém seria discriminado por sexo, religião, orientação sexual. Numa de suas falas, o senador Bisol chegou a pedir aos parlamentares evangélicos que tivessem mais amor aos homossexuais, e aceitassem o seu reconhecimento como pessoas portadoras de direitos resguardados pela Constituição. A discussão, segundo os jornais, teria se iniciado quando um dos deputados evangélicos disse que considerava uma aberração constitucional a pretensão dos homossexuais ao direito de se beijarem em público e de realizarem casamentos em cartório. E não estavam sozinhos nessa campanha. Numa outra notícia, os jornais deram conta de que um grupo de representantes religiosos tanto católicos quanto evangélicos tinha circulado pelos corredores do Congresso Nacional condenando o aborto, a pornografia e o divórcio, que, segundo afirmaram, estariam sendo defendidos ali por "forças malignas e ideologias extremistas e exóticas". Nem sempre foi o dinheiro que mais carreou apoio às propostas reacionárias. A ignorância e o preconceito deram uma grande dose de colaboração ao avanço dos *lobbies* da Constituinte, sobretudo, entre os ditos conservadores.

Com a entrega dos relatórios das comissões temáticas, em junho de 1987, entrava em discussão a redação do texto final da nova Constituição brasileira. O grau de mobilização popular foi bastante significativo, pelo que se depreende dos noticiários acerca do tema. Por um lado, diversos grupos de pessoas vindas de todos os cantos do país chegavam a Brasília para acompanhar a votação dos pareceres no plenário do Congresso Nacional, lotando as galerias com certo alvoroço e expectativa. Sua heterogeneidade abarcava desde militares cassados até empresários, empregadas domésticas, ruralistas, feministas e sindicalistas — todos possuindo em comum o desejo (ou a preocupação) de ver atendidos os principais objetivos de uma luta que peleavam há algumas décadas. Por outro, houve o acolhimento às chamadas emendas populares, pela Assembleia Constituinte, por meio das quais a população organizada podia apresentar diretamente aos congressistas as suas próprias propostas, desde que fossem atendidas algumas exigências básicas. No prazo de 17 de julho a 18 de agosto, cada emenda popular submetida à discussão deveria estar embasada por 30 mil assinaturas de eleitores devidamente cadastrados, e com seus dados identificadores completos. Além disso, era obrigatório que tratasse de um único assunto e passasse pelo mesmo tipo de tramitação que todas as demais. Se não recebesse parecer favorável da respectiva comissão à qual se vincularia, era automaticamente arquivada. Numa demonstração eloquente de força mobilizadora, a CNBB apresentou quatro emendas populares à nova Constituição, sustentadas pelas assinaturas de quase dois milhões de fiéis, tratando respectivamente de Educação, Ordem Econômica,

Liberdade Religiosa e Família (Jornal da Constituinte. Brasília, 03 a 09/08/1987, nº 10, p. 7). Nem é preciso fazer um grande esforço para perceber que o artigo especial sobre a ordem econômica dificilmente seria aprovado pela maioria, começando com essa proposição: "Toda a organização da Ordem Econômica deve fundamentar-se no reconhecimento da primazia do trabalho sobre o capital". E menos ainda quando fosse preciso decidir sobre a seguinte questão: "Ao direito de propriedade de imóvel rural corresponde uma obrigação social".

De fato, a comissão da Ordem Econômica passaria por grandes turbulências durante o processo de votação de seu relatório final, elaborado sob comando do senador Severo Gomes. Os constituintes ligados ao bloco conservador optaram por redigir três emendas substitutivas destinadas a desfigurar quase que integralmente o anteprojeto original, e ainda conseguiram colocá-las em votação antes do próprio texto do relator. A aprovação dessas emendas acabou por inviabilizar completamente o relatório inicial, que não foi nem votado na sessão plenária da comissão. Nas três emendas substitutivas, a empresa nacional não teria obrigação de pertencer a brasileiros — bastaria que fossem pessoas físicas ou jurídicas com domicílio no país. Ao mesmo tempo, não foram estabelecidos limites para a extensão das propriedades rurais, como desejavam os ruralistas. Assim como não haveria imissão imediata das terras desapropriadas por qualquer motivo. Por outro lado, foi preservado o monopólio estatal do petróleo e dos minerais estratégicos. Em protesto contra essas manobras realizadas pelos conservadores, os constituintes da ala progressista se retiraram indignados da sessão, não sem antes se envolverem em bate-bocas e pancadaria com os adversários. De acordo com as notícias dos jornais, as agressões só não se reproduziram nas galerias, onde se concentravam representantes dos fazendeiros e dos trabalhadores rurais, porque a segurança da Câmara dos Deputados atuou com muita eficiência. Caso contrário, o clima teria ficado ainda mais pesado.

Apesar de tantos ganhos na redação final da Constituição, a imprensa ainda se referia aos empresários como um grupo que teria sido "contrariado" durante os debates, devido à existência de uma série de propostas restritivas a determinadas formas da atividade econômica e a uma garantia maior de direitos para os trabalhadores. É curioso observar o emprego de termos como "xenofobia", para se referir, por exemplo, às restrições que muitos congressistas desejavam impor às empresas estrangeiras no Brasil. Ou ainda a usual qualificação como "inadmissíveis" de certas concessões obtidas pelos trabalhadores nas batalhas da Constituinte. Grande espaço era concedido nas páginas dos jornais à apreensão com que a indústria farmacêutica assistia à apresentação de propostas para uma participação mais abrangente do Estado no setor, ao mesmo tempo em que o capital externo enfrentava alarmado algumas dificuldades na área de mineração e de utilização do solo. No campo da informática, por sua vez, havia fortes pretensões de registrar no texto constitucional a reserva de mercado para a indústria brasileira, enquanto a produção de fumo se via surpreendida com a propositura de proibição da publicidade de cigarros. Era demais para os agentes econômicos acostumados a operar com total desembaraço em todas as esferas da vida brasileira. Na Comissão de Sistematização, na qual os conservadores eram 36 contra 32 progressistas, produzindo-se votações bastante apertadas, caberia ao "grupo de centro" a responsabilidade de definir alguns dos temas mais espinhosos de todo o processo de renovação constitucional. O Centrão se fortalecia.

O PT era qualificado como uma "grata surpresa" nos jornais, ao se apresentar "sem baderna ou radicalismos", como temia vê-lo boa parte da imprensa brasileira. As matérias revelavam enorme espanto com um comportamento aberto ao diálogo e uma assiduidade impecável demonstrada pelos parlamentares petistas. E chegavam a dizer que aqueles que esperavam uma atuação barulhenta e baderneira se admiravam com a polidez dos seus constituintes. Eles eram imaginados como criaturas mal-educadas e belicosas, daí o assombro. Já os que apostavam na proverbial coragem dos membros da bancada do PT afirmavam que o partido estaria indo muito além das expectativas. Era gente de luta, sem titubeios. O próprio presidente da agremiação, Luiz Inácio Lula da Silva, teria descartado uma atuação agressiva: como ficou registrado nas notícias, em várias oportunidades, manifestou seu desejo de dialogar com todas as forças parlamentares, sem discriminar ninguém, para fazer avançar as causas da classe trabalhadora. Plínio de Arruda Sampaio, um dos integrantes da bancada, reconhecia que Lula tinha sido o grande responsável pela forma de trabalhar assumida pelo partido dentro da Assembleia Constituinte. A competência e a firmeza do pequeno grupo parlamentar petista ajudavam a destacar o partido como uma força de esquerda em ascensão.

Os militares, por sua vez, continuavam exercendo todo o poder de pressão que possuíam para moldar os termos da nova Constituição nos temas que lhes diziam respeito. Além da questão de atuar na ordem interna, da qual simplesmente não abririam mão, eles ainda tentavam impedir que fosse aprovado um artigo que concedesse anistia para os militares punidos por motivação política. O perdão pretendido pelos constituintes deveria incluir todos os punidos com base em atos de exceção, mas as Forças Armadas disseram que não aceitariam a reintegração dos oficiais excluídos "por crimes de desonestidade e/ou por comportamentos contrários à moral castrense". Segundo argumentavam, os que haviam sido castigados por motivação política já teriam recebido a devida reparação, inclusive com as promoções a que teriam direito. Era uma temática bastante sensível, que despertava muita exasperação nos interessados. E, a todo momento, a cúpula militar se referia a esses embates como tentativas de revanchismo, daí a repulsa que manifestava.

Dentro do PMDB, maior partido do país, o ambiente era cada vez mais atribulado, em razão, sobretudo, das divergências acerca da duração do mandato do presidente José Sarney. Como já foi observado, pela Constituição que estava em vigor, o governante poderia permanecer no cargo por seis anos corridos. Sarney já tinha se comprometido a abrir mão de doze meses, exercendo a presidência durante cinco anos. Mas, ainda assim, desencadeou-se uma disputa acirrada entre os defensores de datas distintas para encerrar o governo Sarney. A convenção do partido realizada durante o período da Constituinte acabou se transformando numa verdadeira "praça de guerra" por causa disso. Mário Covas sustentava a tese de que o mandato de Sarney deveria se concluir junto com a promulgação da nova Constituição brasileira — essa simbolizaria o final da transição democrática. Pela lógica defendida pelo senador paulista, o tamanho do mandato presidencial em curso deveria coincidir com a própria extensão da transição. De fato, na sua visão, ao ser promulgada uma nova Carta Constitucional no país, estaria consagrada a superação definitiva da ditadura e a instauração verdadeira da democracia, com base na plena vigência do Estado Democrático de Direito. Um governo eleito de forma indireta não poderia arrogar-se a prerrogativa de estabelecer a duração do próprio mandato. Era fundamental reconhecer a primazia do voto popular e da soberania constitucional.

Emendas populares com grande número de assinaturas continuavam chegando ao Congresso Nacional, até a data limite estipulada para que fossem recebidas. Milhões de eleitores de todos os cantos do Brasil foram mobilizados para dar o seu quinhão de contribuição à elaboração da nova Carta Constitucional — pelos milhões de assinantes das propostas, os jornais calculavam que chegaram a 25% de todo o eleitorado do país. Era um número impressionante. Embora dois temas principais alcançassem a dianteira das manifestações da população junto à Constituinte — reforma agrária e pena de morte —, as proposituras oferecidas pelo eleitorado versavam sobre os mais diversos assuntos. Na educação, dispunham sobre a destinação dos recursos governamentais para as escolas públicas e privadas; no aborto, opunham-se opiniões contrárias e favoráveis; nos direitos dos trabalhadores, sobressaíam-se a estabilidade no emprego e a participação no lucro das empresas; na previdência, sugeriam aposentadoria para as donas de casa e a equiparação dos vencimentos de ativos e aposentados/pensionistas; na questão indígena, defendiam o estabelecimento de direitos especiais para as populações originárias do Brasil, como terras inalienáveis, demarcação de territórios e exclusividade na exploração dos recursos ali existentes; a criação de novos Estados da federação também despertou muita reação entre os eleitores, na maior parte dos casos, favorável.

Demandas fundadas na espiritualidade e na fé igualmente aportaram na mesa da Assembleia Constituinte. Entre os muitos relatos colhidos na imprensa, é possível destacar uma proposta enviada por cidadãos de entidades que se diziam espíritas: a reivindicação de amparo constitucional para a mediunidade. Por meio de uma emenda popular que cumpriu todas as exigências determinadas pelo Congresso Constituinte, e contando com 60 mil 458 assinaturas, eles propuseram um artigo com o seguinte teor: "É garantido o direito de exercício e prática da mediunidade com finalidade de assistência espiritual e recurso auxiliar no tratamento de enfermidades psíquicas, espirituais e físicas, inclusive através de passes, desde que exercida gratuitamente e sem constituir-se em causa de danos". De acordo com informações do *Jornal da Constituinte*, umbandistas também encaminharam a sua emenda popular, com 53 mil 216 assinaturas, lembrando que a própria Organização Mundial de Saúde, da ONU, havia chegado à conclusão de que práticas de cura que utilizavam meios não ortodoxos deveriam ser incentivadas, em especial, nos países do chamado Terceiro Mundo (Jornal da Constituinte, 24 a 30/08/1987, nº 13, p. 6).

A partir do momento em que a Comissão de Sistematização começou a organizar o seu relatório final, as críticas e os debates passaram a ficar cada vez mais acirrados. Um dos artigos que mais mereceram repúdio da ala conservadora foi o que incumbiu o Estado de dar preferência à capacitação científica, cultural e tecnológica do país como critério para a concessão de incentivos, compras e acesso ao mercado brasileiro. Ou seja, caberia ao governo federal usar a sua atribuição como órgão definidor de políticas públicas no sentido de favorecer empresas e/ou produtos e serviços que beneficiassem a melhor qualificação dos realizadores nacionais. Dessa forma, estaria fomentando os dois lados do processo criativo: os que produziam e os que consumiam. Todavia, um deputado do campo conservador considerou a proposta um verdadeiro "ataque de xenofobia histérica". E usou como argumento para ilustrar a sua crítica o risco de que uma obra de Picasso pudesse ficar impedida de entrar no Brasil, porque o Estado brasileiro deveria privilegiar o pintor nacional — o que não passava de uma explicação anômala, resultante de burrice ou má fé. Não era disso que se tratava, mas de permitir aos formuladores de políticas públicas o incentivo à incorporação de inovações científicas, culturais e tecnológicas nas inúmeras atividades econômicas e sociais desenvolvidas no país. Uma leitura apressada do texto tendeu a levar ao erro de interpretação da proposta, que não representava uma recusa das contribuições estrangeiras, mas, sim, procurava adequá-las às expectativas de aprimoramento das condições gerais de desempenho da economia brasileira nos seus mais variados campos de atuação. O objetivo era obter benefícios e não rechaçá-los.

Em termos oficiais, as declarações também elevavam a estridência. Dois dias antes da divulgação do anteprojeto preparado pela Comissão de Sistematização, que reunia em seu bojo as contribuições das oito comissões temáticas elaboradas na etapa inicial do processo constitucional, os jornais anunciavam que o ministro do Exército, falando em nome do presidente José Sarney e a pedido dele próprio, afirmara em alto e bom som que o relatório preliminar até então preparado para servir de base à nova Constituição brasileira era "inaceitável" e refletia o pensamento de "minorias organizadas". Um dos ministros lotado no Palácio do Planalto teria advertido a imprensa de que o general em questão era muito afinado com o presidente, lembrando ainda "o peso da sua farda". Ao que retrucou o vice-presidente do Senado, também ouvido pelas reportagens: quem é esse general, afinal, e quantos votos ele teve? Todos sabiam que o foco de inquietação do governo era a preferência pelo parlamentarismo no texto final da sistematização. Tanto o sistema de governo quanto a duração do mandato presidencial em curso eram dois pontos considerados inegociáveis por José Sarney e seu entorno.

As declarações do general pegaram muito mal nos círculos políticos brasileiros. Mesmo entre os conservadores, a ideia de militares interferindo o tempo inteiro nos assuntos do país era bastante incômoda. Afinal de contas, a direita se julgava pronta e preparada para assumir o comando definitivo da administração pública, e não pretendia se desviar do propósito consolidado com a eleição de um civil para a Presidência da República, ainda que pela via indireta do Colégio Eleitoral. Ulysses Guimarães, que presidia a Câmara dos Deputados e a Assembleia Nacional Constituinte, foi logo convidado para uma conversa no Palácio da Alvorada, residência oficial do presidente. Ao sair do encontro, disse aos repórteres que "a Constituinte é independente e não será intimidada nem subjugada por nenhuma força". E completou afirmando que Sarney não teria feito qualquer pressão para mudar o substitutivo do deputado Bernardo Cabral, que dirigia os trabalhos da Comissão de Sistematização. Pela leitura dos jornais, não fica difícil compreender que Sarney acabou optando por uma ação mais incisiva junto aos próprios parlamentares, jogando toda a sua capacidade de pressionar sobre o plenário da Câmara dos Deputados, onde seriam resolvidos os grandes embates da Constituinte.

Os militares alegavam à imprensa que não pretendiam pressionar ou intimidar os parlamentares, mas, consideravam ter o direito de manifestar as suas posições a respeito dos temas que lhes eram concernentes. Apesar disso, seguiam fazendo severas críticas ao trabalho da Comissão de Sistematização, acusando-a de estar sendo manobrada por um "pequeno grupo de esquerda radical", que não representaria o "desejo democrático da nação". Não obstante as ressalvas que faziam quanto à intenção de influenciar de forma ameaçadora os assuntos constitucionais, continuavam atuando como se fossem os únicos capazes de interpretar o verdadeiro sentimento nacional, enquanto os demais ficavam no papel de agitadores inconfiáveis ou de pobres criaturas manipuladas. Em contrapartida, uma emenda patrocinada pela UNE, pela Confederação Nacional das Associações de Moradores e pela União da Juventude Socialista, contendo a assinatura de 31.885 eleitores, buscou definir constitucionalmente as Forças Armadas como apartidárias e profissionais, destinadas à defesa da Pátria contra agressões externas, sem poder intervir na política interna do país. Desse modo, não lhes caberia em nenhuma circunstância contestar, afrontar ou desestabilizar governos constitucionais, nem interferir nas greves e nos demais movimentos de cunho democrático. Era esse o debate.

Entre os assuntos mais cotados na esfera das emendas populares, a pena de morte acabou sendo derrotada na votação da Comissão de Sistematização, por 84 votos a cinco e uma abstenção. Pela proposta encaminhada, a pena capital seria aplicada nos casos de assalto, roubo, sequestro e estupro seguidos de morte. Na mesma sessão, foi rejeitado por 83 votos o pedido de destaque de um parlamentar de São Paulo, que pretendia remeter a questão aos Estados da federação, para que pudessem ou não adotar a penalidade nas suas respectivas assembleias constituintes. Os parlamentares que defendiam a pena de morte alegavam que o seu objetivo principal era diminuir o alto índice de criminalidade então existente no Brasil. Os que se posicionavam contra afirmavam que a questão da segurança não se resumia à eliminação dos criminosos, lembrando que os exemplos conhecidos de países em que a pena de morte era aplicada demonstravam claramente que ela não inibe a criminalidade *per se*. Mesmo os apelos endereçados aos congressistas por parentes de vítimas de crimes violentos foram recusados, com base na ideia de que o desejo de vingança não poderia presidir uma decisão assim tão importante como aquela. Alguns deputados se disseram convencidos de que era possível a recuperação de um ser humano e de que haveria de prevalecer a superioridade do bem sobre o mal (Jornal da Constituinte, 05 a 11/10/1987, nº 19, p. 7).

Muito se discutiu na imprensa da época o fato de que os progressistas da Assembleia Constituinte tivessem obtido alguns êxitos muito importantes, durante as votações na Comissão de Sistematização. Resumidamente, segundo o noticiário dos jornais, as principais lideranças da direita teriam buscado imprimir em suas emendas um perfil economicamente liberal em sentido pleno: total liberdade de ação para o capital estrangeiro, primazia da livre iniciativa, aversão radical a qualquer espécie de monopólio estatal e nenhum tipo de apego à tecnologia nacional. Tudo aquilo que perderiam na Comissão de Sistematização, na qual a esquerda organizada conseguiu aprovar muitos projetos que contrariavam frontalmente esses pressupostos citados, os constituintes da direita decidiram recuperar em plenário, por meio de mudanças no regimento da própria Assembleia Constituinte, que permitissem a introdução de substitutivos ao texto do relatório final. Alguns colunistas argumentaram que os líderes da direita tinham sido vitoriosos em todas as votações nas comissões temáticas e, por causa disso, acabaram relaxando na Comissão de Sistematização, permitindo que os progressistas vencessem diversos embates. Diante das derrotas sofridas, buscaram se reorganizar para recuperar o tempo perdido e restaurar os seus principais projetos no texto definitivo da nova carta constitucional brasileira. Para tanto, precisariam de pelo menos 280 votos em plenário.

As disputas extrapolaram os limites do Congresso Nacional e atingiram a sociedade em seu conjunto. Inúmeras entidades e agremiações se uniram para levar ao presidente da Assembleia Nacional Constituinte o apoio ao andamento dos trabalhos e a repulsa às "investidas dos setores retrógrados como a UBE e a UDR" contra os avanços promovidos pelo processo de elaboração da nova Constituição brasileira. Um grupo de representantes da sociedade civil levou a Ulysses Guimarães uma mensagem em que manifestava apreensão frente à campanha ostensiva do grande *lobby* empresarial, contra as conquistas sociais garantidas pela nova carta em preparação. E prometeu ainda redigir um documento para registrar os sentimentos e as vontades do povo brasileiro em relação à Constituinte, repudiando as ameaças ao bom transcurso das atividades parlamentares. Esse movimento era integrado pelas seguintes associações: Plenário Pró-Participação na Constituinte/RJ; DIAP; Associação Nacional de Docentes do Ensino Superior (ANDES); Federação Nacional dos Arquitetos; CNBB; Instituto de Arquitetos do Brasil (IAB); Federação Nacional dos Jornalistas (Fenaj); Confederação Nacional dos Trabalhadores na Agricultura (Contag); Comitê Pró-Autonomia do DF; Central Única dos Trabalhadores (CUT); Confederação dos Professores do Brasil; Diretório Nacional do PT; Plenário Pró-Participação Popular/SP, entre outras. Sem dúvida, tratava-se de um conjunto bastante representativo, o que demonstrava o amplo reconhecimento da população à atuação dos parlamentares na elaboração da nova Constituição. Sem esse respaldo, possivelmente, os progressistas não teriam tido força e estímulo suficientes para desafiar a sua reconhecida desvantagem numérica frente aos conservadores.

Em meados de novembro de 1987, quando os congressistas se preparavam para a votação do texto final enviado pela Comissão de Sistematização, a Mesa da Assembleia Nacional Constituinte apresentou o substitutivo que alterava o seu regimento interno, oferecido por um grupo formado por 319 parlamentares. Ali estavam propostas mudanças regimentais que permitiriam a proposição de emendas a todos os dispositivos constantes do projeto de Constituição votado pela Comissão de Sistematização. Caberia ao plenário apreciar o substitutivo e aprová-lo ou não. Pelos critérios em vigor, o relatório apresentado pela etapa conclusiva da Constituinte seria levado a plenário para votação, sem passar por novas discussões e emendas. Era amplamente reconhecido, inclusive pela própria imprensa, que o verdadeiro intuito dessa manobra regimental era derrotar todas as teses defendidas pelos progressistas e consagradas no documento aprovado na Comissão de Sistematização. Entre elas, destacavam-se o parlamentarismo como sistema de governo, a defesa da empresa nacional, a organização sindical e o direito de greve, a estabilidade no emprego, o monopólio estatal do petróleo, a reforma agrária, a reforma tributária e as regras para a aposentadoria. Eram justamente os temas julgados polêmicos nas comissões da Ordem Econômica e da Ordem Social que tornariam a ser novamente "discutidos", para garantir à maioria parlamentar a capacidade de moldar, em definitivo, o teor fundamental da Constituição brasileira.

O processo político dentro da Comissão de Sistematização foi muito bem definido pelo texto do professor Adriano Pilatti: "Entre 26 de junho, data de entrega do Anteprojeto de Constituição pelo relator da Comissão de Sistematização, e 18 de novembro, data de encerramento das votações daquela Comissão, a Constituinte viveu uma longa fase de agonia. Todas as expectativas foram convulsionadas, todos os cronogramas foram desrespeitados, todos os conflitos recrudesceram. O cenário decisório foi marcado pelo agravamento das tensões sociais, políticas e econômicas. Houve uma potente mobilização do 'partido da ordem' dentro e fora do Parlamento. O governo Sarney e seu braço militar (ou o governo militar e seu braço civil?) entraram em rota de colisão com a proeminência progressista na Assembleia Nacional Constituinte. O PMDB quase implodiu na divisão entre conservadores e governistas, de um lado, e progressistas e oposicionistas, de outro. A convenção nacional do partido tergiversou sobre a realização das eleições diretas para a Presidência da República, a legenda foi contaminada pelo desgaste do governo, e seus dois principais líderes na Constituinte, Ulysses e Covas, baixaram hospital. Os progressistas obtiveram importantes vitórias. Parlamentares conservadores, governo, patronato e patriciado se rearticularam. A expressão popular explodiu em quebra-quebras e vaias, brilhou na apresentação de emendas coletivas e aplacou-se em desmobilização. O empresariado conspirou, o governo aliciou, a mídia esculachou, a transição tremeu, a Constituinte atolou. Quando dezembro chegou, nada mais era como antes" (Pilatti, op.cit, p. 147-148).

Os meses seguintes seriam de grande turbulência. Tanto pela ação desencadeada nos bastidores do poder quanto pelas manifestações ostensivas de forças em confronto, o ambiente político do país ficaria quase irrespirável, voltando a experimentar promessas de golpes, ameaças de ruptura institucional, quebras de confiança. Embora o órgão oficial da Constituinte pregasse a busca do entendimento, a redação de uma Carta de consenso e a defesa das instituições democráticas, não era bem isso o que se vislumbrava no cenário do Congresso Nacional. Críticas cada vez mais ácidas chegavam aos parlamentares, por diversos meios, elevando o tom do descontentamento que parecia se generalizar. Numa aparente tentativa de responder a esses anseios, ao receber o projeto de Constituição redigido pela Comissão de Sistematização, o deputado Ulysses Guimarães, presidente da Assembleia Nacional Constituinte, disse o seguinte: "É um documento de alta qualidade e representa, pelo menos, 80% de consenso. Eu o assinaria" (Jornal da Constituinte. Brasília, 30/11 a 06/12/1987, nº 27, p. 15). Essa entrega foi realizada em ato solene, com a presença de diversas autoridades parlamentares, cujos discursos tenderam a reforçar a expectativa de um movimento de conciliação que garantisse a aprovação do texto final em plenário. Mas, o que se ouvia pelos cantos era uma imprensa a desqualificar a proposta e os boatos de que estaria em andamento um projeto paralelo, engendrado com a participação do próprio presidente da República.

Quem resumiu com perspicácia e fina precisão esse quadro de instabilidades e de inconsistências que marcou o momento de encontro do Congresso Nacional com o resultado dos meses de trabalhos constituintes foi o professor Adriano Pilatti: "A extensão do texto, alguns pecadilhos de forma e outros conteúdos polêmicos, porém, despertaram apreensões, descontentamentos e críticas no campo conservador. Ao presidente Sarney, não obstante a decisão pelos cinco anos [de mandato], ratificada na Comissão IV e mantida no Anteprojeto, desagradava a restrição dos poderes presidenciais decorrente do sistema parlamentarista então adotado e agora mantido. Aos ministros militares irritava a extensão da anistia concedida a opositores civis e militares punidos durante a ditadura. O patronato amargava as rasas concessões aos progressistas nas matérias privilegiadas neste trabalho, bem como o alargamento de direitos dos trabalhadores. Tudo isso somado, o Anteprojeto foi recebido com uma saraivada de críticas, logo amplificadas pela imprensa, e rapidamente apelidado de *Frankenstein*" (Pilatti, op. cit., p. 151).

Não obstante o peso amargo das desaprovações cada vez mais contundentes, havia vozes que se erguiam para manifestar apreço e respeito pelos trabalhos da Constituinte, intercedendo em favor de sua defesa. Uma vez mais, o presidente da OAB, Márcio Thomaz Bastos, denunciou aos jornais o que considerou uma clara tentativa de desestabilização e de desmoralização da Assembleia Nacional Constituinte. Embora reconhecendo esse ambiente de agitação artificialmente criado por forças reacionárias, advertiu que todos aqueles que sonhavam com a democracia, no Brasil, deveriam salvaguardar o poder do Congresso Constituinte. Na sua percepção, o país não suportava mais conviver com o processo de transição em curso, pois o seguido prolongamento da situação oferecia riscos de ressurgimento de aventuras golpistas, das quais os brasileiros desejavam manter uma distância salutar. A real necessidade da sociedade brasileira era a de "uma democracia econômica e social, não apenas para um terço da população". Para se chegar a isso, não havia milagres ou surpresas: era preciso extinguir os mecanismos concentradores da riqueza e fomentadores da miséria. De certo modo, o que a nova Constituição prometia fazer era exatamente isso.

Como a voz de comando da atividade constitucional, Ulysses Guimarães redigiu um chamado aos congressistas, para que acelerassem o passo na nova etapa de trabalhos. Abrindo a edição de um novo número do *Jornal da Constituinte*, o deputado apelou aos parlamentares para que atendessem com presteza aos anseios da população e votassem em tempo hábil a Constituição que todos aguardavam com esperança e ansiedade:

"Esta é a Constituinte dinâmica: move-se para a frente e para o alto. Não será a Constituinte caranguejo: para trás e para baixo.

A Constituinte tem de andar. As instituições são como as pessoas: quem não anda, desanda.

Tem de andar e depressa. Quem tem fome precisa comer; quem está doente precisa sarar; quem é ignorante precisa aprender; quem está desabrigado precisa morar; quem trabalha precisa ter ganho decente; quem tem empresa precisa empreender e não especular.

O livro de definições para a sociedade é a Constituição. É claro que a Constituição não é um pátio de milagres. Mas é indiscutível que só através dela e da legislação subsequente os problemas serão enfrentados e resolvidos.

O povo nos elegeu para sermos solução e não problemas. A demora é um problema. Já diziam os latinos: dá duas vezes quem dá logo.

A indefinição é perigosa para o indivíduo, a empresa e, principalmente, para a Nação. Pior do que o que erra e pode corrigir é o indeciso. Enquanto não for promulgada a Constituição, a perplexidade invade a Nação.

A Constituinte atinge agora a etapa do Plenário.

Peço aos companheiros que continuem assíduos para o quórum, participativos para a qualidade do trabalho, não dispersivos com intervenções inúteis e procrastinadoras. Não cooperar, inclusive pela diligência, é compactuar com a Carta castrense que aí está, e com a coorte de leis autoritárias que ainda vegetam sob sua tutela nefasta" (Jornal da Constituinte, 07 a 13 /12/1987, nº 28, p. 1).

O fato é que uma verdadeira ofensiva estava sendo articulada pelos parlamentares ligados ao chamado Centrão, com o objetivo declarado de modificar diversos artigos do texto constitucional, que haviam sido aprovados durante os debates na Comissão de Sistematização. Era isso que prometia retardar os trabalhos da Assembleia Constituinte, para muito além do tempo estimado no momento da sua instalação. O deputado Ulysses Guimarães se desdobrava em intensas negociações destinadas a dar andamento célere aos trabalhos finais, mas alguns de seus aliados mais próximos já deixavam claro para as reportagens que predominava, no Congresso Nacional, um visível ceticismo em relação à possibilidade de cumprir os prazos estipulados a princípio. Embora muito se alardeasse a respeito das seguidas vitórias da esquerda nos debates conclusivos do processo constitucional, os cálculos publicados pelo jornalista Franklin Martins (Jornal do Brasil, 30/11/1987, p. 4.) demonstraram, cabalmente, que essa tese podia ser facilmente desmentida apenas com as estatísticas. Segundo seus dados, os partidos de esquerda teriam aprovado apenas 24% das emendas que submeteram a voto na Comissão de Sistematização, contra 50% do PMDB e 47% dos partidos conservadores – num levantamento que cobria 480 votações realizadas entre 29 de outubro e 18 de novembro de 1987, abrangendo praticamente todo o funcionamento da referida comissão.

Era uma questão de percepção, e de manipulação. Tanto as forças reacionárias quanto a própria imprensa, em geral, trataram de realçar a ideia de que os esquerdistas tinham conseguido estabelecer o seu domínio sobre a Comissão de Sistematização. Com isso, esperavam criar um receio generalizado nos círculos políticos e na população, com o intuito de angariar simpatias para as muitas tentativas que seriam feitas no sentido de alterar o relatório final, em especial, nos principais temas referentes aos direitos sociais e econômicos. O que importava, nessa estratégia, não era tanto o volume real das vitórias obtidas pela esquerda nas votações, mas, o seu significado simbólico. Pelos números apresentados por Franklin Martins, a posição dos congressistas de esquerda era a mais fraca de todas no plenário. Todavia, para efeitos de derrotá-los nas votações definitivas, era taticamente útil atribuir-lhes um tamanho e uma potência bem maiores do que de fato possuíam. Isso ajudaria a camuflar os verdadeiros interesses que estavam em jogo. E ainda sensibilizaria a opinião pública.

Curiosamente, no mesmo jornal em que foi apresentado o relatório estatístico de Franklin Martins, surgiu uma notícia informando que as indústrias produtoras de armas do Rio Grande do Sul pareciam estar apostando bem alto num acirramento cada vez maior da repressão, em futuro próximo. Tal suposição da imprensa teria partido da constatação de que, no último número da revista *Verde Oliva*, publicada pelo Centro de Comunicação Social do Exército, os principais fabricantes de armamentos do Brasil anunciaram em duas páginas inteiras os seus mais "novos e revolucionários" equipamentos de combate às manifestações de rua (Jornal do Brasil, 30/11/1987, Caderno B, p. 3). Com efeito, esse tipo de artefato bélico parecia ter um destino e um uso praticamente únicos — conter multidões em ações de protesto em locais públicos. Até prova em contrário, não teriam outra utilidade reconhecida. Pode-se pressupor, assim, que tanto a publicidade dos novos armamentos quanto o empenho dos conservadores na Constituinte visavam barrar os ganhos obtidos pelos progressistas no campo dos direitos sociais e econômicos. Tais gestos pareciam indicar uma disposição cada vez mais determinada por parte do poder constituído de suprimir as vantagens alcançadas nas comissões temáticas pelos seus principais opositores.

Qualquer alteração no texto da Comissão de Sistematização precisaria passar pela reforma do regimento da Constituinte, no qual essa prerrogativa não estava assegurada. Por isso mesmo, o grupo do chamado Centrão optou por levar à votação em plenário uma proposta que garantisse essa mudança, demonstrando uma grande força ao vencer a disputa por 290 votos a 16. Houve um tumulto violento nesse dia, quando deputados trocaram socos e pontapés, populares nas galerias cuspiram e jogaram dinheiro no plenário, fazendo coro com diversos palavrões. A isso, os parlamentares do Centrão teriam respondido com outros xingamentos e gestos obscenos, transformando o interior do Congresso Nacional num palco de vergonha e desonra. Embora os noticiários da imprensa reconhecessem o vexame daquelas cenas protagonizadas pelos parlamentares, acabaram dando destaque à saudação otimista do empresariado, que enxergou a vitória do Centrão como "um fato extremamente positivo para o jogo democrático". Para os ilustres representantes do poder econômico nacional, prevalecera o entendimento de que a elaboração da nova Constituição brasileira "deixara de ser privilégio de uma minoria", o que seria bom para todos. Enquanto isso acontecia, a imprensa noticiava que, acompanhado do seu ministro das Comunicações, o presidente José Sarney chegava de surpresa ao Rio de Janeiro, indo diretamente para a mansão do senhor Roberto Marinho, no Cosme Velho, a fim de cumprimentá-lo pela passagem de mais um aniversário. Proprietário das Organizações Globo, maior rede privada de mídia do país, o ilustre aniversariante era tratado com toda deferência pelo Presidente da República.

No dia seguinte àquela tumultuada sessão que definira as mudanças no regimento da Constituinte, a fim de promover as alterações desejadas pelos conservadores no texto final da Constituição, os jornais noticiavam um acordão celebrado entre o PMDB e o Centrão, por meio do qual o novo regimento já estaria publicado e, portanto, aberto à disposição dos constituintes que desejassem apresentar emendas. Tanto o PT quanto o PDT disseram não concordar com o esquema montado e prometeram preparar uma série de emendas destinadas a modificar o novo regimento. Diante das manobras conduzidas pelos grupos da direita, Leonel Brizola declarou que a verdadeira face da Constituinte havia se mostrado conservadora e oligárquica. Para completar o quadro de perplexidade oferecido pelas circunstâncias, um dos principais líderes dos conservadores revelou à imprensa que pelo menos metade dos constituintes estava armada dentro do plenário, durante o tumulto ocorrido com a votação do projeto que modificara o regimento interno da Constituinte. O detalhe é que os protocolos do Congresso Nacional proíbem que qualquer pessoa ande armada dentro de sua sede, mesmo sendo parlamentar ou membro da equipe de segurança.

Com o passar dos dias, foi-se tornando cada vez mais evidente que as alterações no regimento interno da Constituinte visavam permitir modificações no texto da Comissão de Sistematização exatamente nas prioridades definidas pelo Centrão (em atendimento às principais demandas dos empresários). Foram temas como a estabilidade no emprego para o trabalhador, a jornada de 44 horas, a garantia contra demissão imotivada sem justa causa e o pagamento das horas extras em dobro, aprovados na Comissão de Sistematização, que levaram o grupo conservador a subverter o processo constitucional em curso.

O acerto entre empresários e parlamentares fora feito em torno das medidas que diziam respeito, principalmente, à questão trabalhista. Assim sendo, não haveria estabilidade no emprego, seria restabelecida a jornada de 48 horas semanais, acabaria a imprescritibilidade das causas trabalhistas e seria permitida a penhora de imóveis rurais até 25 hectares. Ademais, deveria ser enviado para a legislação ordinária tudo aquilo referente à reforma agrária e à reserva de mercado para a informática. Por esmagadora maioria — 434 votos a favor, 48 votos contra e duas abstenções — o plenário da Assembleia Nacional Constituinte aprovou a alteração do regimento interno, com base na proposta do chamado Centrão.

Não era apenas a presença efetiva do Estado na economia que os membros do Centrão pretendiam alijar, mas, a própria existência de leis, normas e regulamentos que impedissem ou limitassem a ação, muitas vezes predatória, da iniciativa privada e dos negócios. Com esse propósito, acabaram comprando briga também com os ecologistas, que haviam conseguido introduzir no texto da Comissão de Sistematização uma série de exigências para liberar a realização de obras e de interferências físicas, a fim de proteger minimamente o meio-ambiente. Tudo que pudesse representar alguma forma de controle, fiscalização ou planejamento da atividade econômica pelo Estado estava na mira do Centrão, que preparava substitutivos para ganhar em plenário. Na realidade, os pontos fundamentais em que esse grupo pretendeu atuar dentro da Assembleia Constituinte foram justamente aqueles que mais preocupavam setores do empresariado brasileiro. Não se deve esquecer as inúmeras denúncias veiculadas pelos noticiários, quanto ao fato de que os empresários haviam formado uma "caixinha" generosa, com a qual regaram o terreno fértil da composição política formada pelo Centrão. Embora os jornais tivessem mencionado esse fato no início das discussões constitucionais, nunca mais voltaram a tocar no assunto e ficou parecendo que os parlamentares ditos conservadores agiam por conta própria, formulando propostas alternativas cuja convergência com os interesses dos empresários seria apenas mera coincidência.

Quem não tomou conhecimento dessa aliança no começo, ou quem a leu de forma desatenta, pode ter perdido esse fio da meada que condicionou toda a evolução seguinte da Assembleia Nacional Constituinte, desde que o texto final produzido pela Comissão de Sistematização ficou pronto e foi apresentado ao distinto público. Daí em diante, o poder econômico procurou conduzir todo o debate que cercou os principais temas ligados ao papel do Estado como instituição reguladora e indutora do desenvolvimento brasileiro, e buscou delimitar os limites de sua intervenção, modificando o texto-base em pontos verdadeiramente cruciais. Talvez por isso mesmo, pelo que se lê nos jornais, o grupo do chamado Centrão tivesse recusado a inclusão de um preceito básico na Constituição, o de que seria dever do Estado erradicar a pobreza — e com o argumento de que a pobreza era uma "condição transitória" e não precisava constar do texto constitucional. Deve ser lembrado também que a noção de intervenção do Estado não se restringia apenas à mera existência de empresas estatais ou autarquias, cuja presença ou atuação costumava ser considerada, em si mesma, uma usurpação do "direito natural" da iniciativa privada. Para todos os efeitos, a ação do setor público em qualquer ramo de atividade era pensada como um impedimento intencional ao livre exercício do empreendimento privado. Em sentido mais amplo, o que o empresariado brasileiro pareceu defender durante o processo de elaboração da nova Constituição do país, por intermédio das posições assumidas pelos parlamentares que falavam e agiam em seu nome, foi a radical eliminação dos diversos mecanismos e dispositivos estatais disponíveis para regular a atividade econômica em todas as suas etapas e esferas de participação. O objetivo era ambicioso e abrangente, e visava enfraquecer o poder do Estado para delimitar a extensão da autonomia com que pretendiam atuar os principais agentes do capital, indiferentes aos aspectos sociais, ambientais e trabalhistas, que as lideranças do campo progressista desejavam deixar registrados na nova Constituição. Essa era a grande disputa em curso.

da Co

Brasília, 9 a 15 de maio de 1988

Nacional Constituinte

Reform Agrári a grand polêmic

A questão da reforma agrária, num pa de km², e com aproximadamente de 60 a 70 tantes morando nas cidades, é tema de suficie para merecer longos debates na Assembléia tuinte. Nações que seguem diferentes mod — como Estados Unidos e China, por exemp e realizaram projetos racionais de ocupaçã sem perder de vista outros aspectos do dese

O Brasil precisa, também, encontrar o na-se imperativo não apenas conter o êxod tê-lo. É necessário que a terra produza alin para garantir trabalho, mas, igualmente, pa ções mais dignas de vida à população, t a urbana. Os constituintes levaram a sem tindo os conceitos de função social da terr vidade. Nesta semana, poder-se-á chegar a (**Página 3**).

CAPÍTULO 7

Retrato sem retoques de um país desigual

"Navegar é preciso. Viver é impreciso."

[MILLÔR FERNANDES]

1988. O balanço do ano de 1987, considerado um "ano trágico para o Brasil" pelos jornais consultados, foi pontuado principalmente por incertezas e indecisões no campo político, atribuídas, em grande medida, aos intensos embates travados na Assembleia Nacional Constituinte, prolongando assim o prazo para a finalização dos seus trabalhos. Muito se argumentava que a situação do país só voltaria a uma relativa "normalidade" com a nova Constituição promulgada e com os conflitos superados. Tal demora se refletia de modo imediato na exacerbação de uma instabilidade econômica já suscitada pelos seguidos desarranjos provocados por decisões da equipe econômica da vez. O fracasso do Plano Cruzado, o descontrole do déficit público, as pressões sobre a dívida externa, a subida da inflação eram os aspectos mais visíveis de uma crise cujos maiores prejudicados, mais uma vez, foram os trabalhadores assalariados, ameaçados pelo desemprego e pelo arrocho salarial mais agressivo de que se teve notícia na História brasileira. Segundo os registros dos jornais, aquele Natal teria sido o mais pobre de todos, em muitas décadas. Saiu o ministro da Fazenda Dílson Funaro e entrou Luiz Carlos Bresser Pereira em seu lugar, para permanecer apenas poucos meses no cargo. Durante aquele ano adverso, também houve muitas denúncias de devastação e de desrespeito ao meio ambiente, com especial destaque para a floresta amazônica, afetada pelo desmatamento e pelas queimadas, cuja fumaça chegou mesmo a dificultar o tráfego de aviões na região. O pior acidente natural, contudo, teria ocorrido na cidade de Goiânia, com uma cápsula de Césio 137, altamente radioativo, que contaminou cerca de 40 pessoas, das quais pelo menos cinco já tinham morrido[6]. Uma novidade dramática que se tornara bastante frequente em todas as rodas de conversa e nas páginas dos jornais e das revistas brasileiras, forçando mudanças radicais no comportamento sexual da maioria da população, foi a Aids, considerada por muitos como a "peste do século".

Se o balanço era desalentador, a perspectiva não era alvissareira, por assim dizer. A começar pelos baixíssimos índices das vendas natalinas verificados em dezembro de 1987, a expectativa era de uma "quebradeira geral" no comércio e na indústria, com um significativo aumento das taxas de desemprego no primeiro trimestre do ano. Para uma massa trabalhadora já sacrificada pelos baixos salários e pela perda de poder aquisitivo daí consequente, o desemprego era uma contingência ainda mais assustadora. O novo ministro da Fazenda, Maílson da Nóbrega, assumira o cargo recebendo dos serviços de informações do governo as piores notícias sobre o quadro que o aguardava na pasta. De tudo o que se dizia a respeito, o mais importante, do ponto de vista das autoridades instaladas no Palácio do Planalto, era impedir a "sangrenta explosão social" que lhes parecia praticamente inevitável. Era preciso segurar as pontas de alguma forma. O novo ministro, aparentando calma e buscando infundir tranquilidade

6. O descarte descuidado dessa cápsula de um componente altamente radioativo, por um laboratório de Goiânia, permitiu que populares curiosos manuseassem o objeto sem as precauções necessárias, causando grave condição de contaminação em muitos deles. Foi um episódio traumático para a sociedade da época.

no distinto público, prometia atuar com "ideias novas, sim, mas nada de aventuras com a economia do país". Ele garantiu a todos que o seu comportamento seria norteado por uma ortodoxia moderada, evitando jogar os brasileiros em novas "aventuras da heterodoxia". Todavia, que não se esperasse dele um conformismo acomodado, e nem qualquer espécie de aversão às novas ideias. Sob o seu comando, a administração da economia brasileira seguiria a fórmula do "feijão com arroz", sem milagres ou soluções heroicas, buscando remédios para a crise econômica sem produzir sobressaltos desnecessários. Ele tentaria resolver o grave problema da dívida externa com "pragmatismo e profissionalismo", conforme declarou, embora sem detalhar melhor esse propósito, e se empenharia para combater a inflação galopante usando como principal instrumento o controle do déficit público. Para chegar a esse resultado, prometia o cumprimento rigoroso do orçamento da União e das medidas de aperfeiçoamento da gestão dos gastos públicos.

De sua parte, a Fiesp apresentava uma estimativa bastante desanimadora sobre o mercado de trabalho paulista, nos primeiros meses de 88: o número de desempregados na indústria deveria aumentar em cerca de 50%, em decorrência do péssimo desempenho do setor nos últimos meses de 87, o que se observava no baixo índice das vendas e no acúmulo dos estoques. Uma situação idêntica se verificava também no comércio. Como principal polo industrial do país, São Paulo funcionava claramente como um termômetro importante da atividade econômica nacional e servia de baliza para as decisões relevantes da equipe encarregada de gerir o ministério. Por seu lado, o comércio varejista vivenciara em 87 uma de suas crises mais agudas. Segundo estimativas do Clube dos Diretores Lojistas, a queda das vendas no acumulado de janeiro a novembro tinha sido de 28,3%. E as perspectivas para o começo do novo ano não eram nada animadoras. Mesmo reconhecendo as dificuldades estruturais para vencer o quadro inflacionário que recrudescia, Maílson da Nóbrega continuava pregando otimismo em relação ao futuro da economia brasileira. A previsão de que a taxa de inflação em 88 ficaria nos 236% já se inviabilizara totalmente, elevando esse patamar para 308,4%. Ainda que admitisse a persistência de certo "clima de pessimismo" entre os principais agentes econômicos, o ministro advertia que alguns eventos importantes que estavam por acontecer promoveriam uma radical reversão do cenário. Entre esses eventos, dava especial destaque à votação da nova Constituição brasileira, que traria "um clima de tranquilidade para o empresariado brasileiro" e eliminaria as incertezas reinantes. Além disso, a assinatura de um novo acordo com o FMI e com os bancos credores ajudaria a abrir espaço para futuros empréstimos e financiamentos externos, que seriam utilizados nos "grandes investimentos" em infraestrutura necessários ao desenvolvimento econômico do país.

Logo em meados de fevereiro, porém, uma missão técnica do FMI visitaria o Brasil, a fim de recolher informações sobre o desempenho da economia brasileira em 88. O ministro da Fazenda insistiu em afirmar que não se tratava de uma retomada das negociações com vistas a novo acordo com a instituição, mas, sim, de uma "visita de rotina", o que causou grande estranhamento nas colunas de economia dos jornais. Em meio aos acertos para obter um novo trato com os credores da dívida externa brasileira, era muito difícil acreditar numa visita de mera cortesia de técnicos do FMI. Já havia sido ventilada na imprensa a hipótese de que o ministério pretendia fazer negociações sigilosas com os credores, a fim de obter resultados mais satisfatórios. Em meio às especulações sobre o tema, e seguindo em busca da maior confiança dos principais investidores do país, assim como tinha feito com o empresariado de São Paulo, Maílson da Nóbrega viajou ao Rio de Janeiro para debater as suas propostas e obter o apoio para sua gestão à frente do Ministério da Fazenda. E foi bem recebido na Federação das Indústrias do Rio de Janeiro (Firjan), na Confederação Nacional do Comércio e nas sedes dos jornais *O Globo* e *Jornal do Brasil*. Não houve indicações nas notícias de qualquer visita ou entendimento com sindicatos ou associações de trabalhadores.

Quando se quiser falar de poder, no Brasil, como se pode observar, a lista a ser consultada é pequena.

Na divulgação de seus dados conjunturais, o IBGE registraria a pior queda já observada na produção industrial brasileira, desde julho de 1983: em janeiro de 1988, a indústria apresentou um declínio de 8,6%, dado que serviria para acender o alerta em todo o setor e ainda na equipe ministerial. O agravamento da situação econômica do país, com inflação, desemprego, déficit público, dívida externa e arrocho salarial cada vez mais acentuados começava a exasperar a população, de quem os governantes esperavam apenas paciência e resignação. Esse descolamento evidente entre as aspirações populares e os propósitos governamentais se tornava praticamente insustentável, e somente com muita repressão e brutalidade foi possível conter os protestos. Os jornais registraram que uma visita de José Sarney à cidade de João Pessoa, na Paraíba, em março de 88, por exemplo, deixara a capital completamente sitiada. Cerca de três mil homens do Exército, da Aeronáutica e das Polícias Militar, Federal e estadual ocuparam todas as áreas estratégicas para impedir manifestações de uma população indignada com os rumos do país. No caminho que ligava o aeroporto à cidade, "foram estacionados caminhões de guerra, além de quatro blindados Osório e Urutu, guarnecidos por soldados em traje de campanha". Armamentos de combate foram postados à frente de moradores desarmados, que pretendiam expressar o seu justo descontentamento com a situação exasperante que viviam na época. Antes mesmo do desembarque do presidente, de acordo com os noticiários, as manifestações que estavam sendo preparadas pela população local, foram dispersadas com extrema violência pela polícia, resultando na prisão de 30 pessoas. As reportagens descreveram ainda a forma minuciosa com que os policiais revistaram todos os veículos que se dirigiam ao aeroporto, inclusive os seus passageiros. Voos de chegada e de partida foram todos atrasados. Na praia, banhistas se assustaram com a presença de agentes fortemente armados, enquanto as lanchas da Capitania dos Portos vasculhavam o mar. Não se tratava de um país comunista qualquer, como gostava de alardear a imprensa, que sempre se acusava de exibir esses espetáculos dantescos de força e de contenção. Era o Brasil do governo Sarney.

Todos os dias, os jornais apresentavam uma lista dos preços e tarifas que seriam majorados com autorização governamental: pão, açúcar, energia elétrica, telefone, correio e transportes interurbanos figuravam com regularidade na relação de itens cujos aumentos tinham sido autorizados pelo CIP. As passagens dos ônibus municipais, que conduziam a maior parte da população trabalhadora em suas idas e vindas de casa ao trabalho e vice-versa, não ficavam de fora. No "rolo compressor" das altas quase diárias só faltavam mesmo os salários dos brasileiros. Corrigidos pela Unidade de Referência de Preços (URP), desde a implantação do Plano Bresser, em 12/06/87, os rendimentos dos trabalhadores assalariados só recebiam a reposição da inflação a cada três meses, com base numa taxa fixa determinada pela variação média mensal do Índice de Preços ao Consumidor (IPC) dos três meses anteriores. Com esse congelamento curto, cuja duração era de 90 dias, o governo tentava domar o dragão inflacionário que atormentava há anos o sono da população brasileira. Sem muito êxito. Com índices mensais de dois dígitos, a subida de preços ameaçava chegar a patamares nunca antes experimentados, colocando o Brasil entre os países do mundo que mais sofriam com o descontrole de seus principais indicadores econômicos. As trocas de ministros e as sucessivas mudanças de equipe econômica pouco tinham contribuído para deter a escalada inflacionária que ameaçava de ruptura as instituições da República.

Quem vivia de salário ou trabalhava no seu pequeno negócio enfrentava as maiores dificuldades. Os jornais dedicavam atenção toda especial aos segmentos da classe média, cuja queda de poder aquisitivo já provocava sensíveis mudanças de hábitos e costumes, que incluíam até mesmo a necessidade de dar o bichinho de estimação a algum amigo ou familiar que tivesse condições de criá-lo.

Aquela cervejinha com os colegas na saída do trabalho, especialmente às sextas-feiras, também se tornara cada vez mais esporádica, até desaparecer por completo da rotina das pessoas. Iogurtes, queijos e embutidos há muito haviam deixado de ocupar as prateleiras das geladeiras de inúmeras famílias brasileiras. Do lazer, restavam apenas vagas lembranças, que antes podiam incluir idas ao cinema e ao teatro, jogos de futebol, parques de diversões e até viagens de fim de semana. Além de "apertar o cinto" para enfrentar a brutal redução de seus rendimentos, o distinto público se via ainda na contingência de buscar algum complemento para garantir o próprio sustento: havia notícias de funcionários públicos que vendiam de um tudo nas repartições, a fim de conseguir um dinheirinho extra para as próprias despesas. Segundo consta, nem mesmo as funerárias escaparam dos cortes — o mercado já vinha percebendo um declínio significativo (de 50%) na venda dos "caixões de primeira", pois os clientes passaram a buscar cada vez mais os féretros mais baratos. Embora as soluções mais imediatas fossem mesmo essas de restringir o consumo e os gastos, havia também quem buscasse decisões mais arrojadas, como a de sair do Brasil. Pelas notícias, ficava-se sabendo que a Embaixada da Austrália, por exemplo, recebia em média cerca de 80 telefonemas por dia, de pessoas que buscavam informações sobre a possibilidade de mudarem-se para "o outro lado do mundo". A Embaixada do Canadá, por sua vez, reportava a presença de milhares de cidadãos brasileiros que estariam vivendo de modo irregular naquele país. Embora o destino preferencial dos emigrantes nativos continuasse sendo os Estados Unidos, Portugal já começava a figurar como uma das melhores opções para os que desejavam partir em busca de uma vida melhor.

O tempo corria e a inflação não dava mostras de estar controlada, apesar de todas as medidas governamentais que se sucediam na busca de uma solução adequada. Em meados de 88, o próprio ministro da Fazenda veio a público para admitir que o Brasil caminhava "sobre o fio da navalha", embora negasse, ao mesmo tempo, que estaria ocorrendo um total descontrole de preços. Em junho, os órgãos oficiais haviam apurado um índice de 22,28% para o IPC, e isso provocou um verdadeiro "Deus nos acuda". As bolsas de valores do Rio de Janeiro e de São Paulo registraram quedas elevadas em seus volumes de operações, sendo que, na capital paulista, os negócios teriam caído 46%, sem que as ações mais valorizadas tivessem conseguido segurar a derrubada. Apesar das declarações tranquilizadoras do ministro, que tinha de fato a confiança do empresariado, em grande medida, acendera-se um claro sinal de alerta para o conjunto da atividade econômica brasileira. Não obstante os fatores ocasionais e conjunturais que estariam influenciando a formação dos preços correntes — como a quebra de safras agrícolas e as entressafras —, era evidente que a escalada inflacionária que se vislumbrava trazia sérios riscos para a economia como um todo. "Não devemos entrar em pânico", alardeava o ministro da Fazenda, querendo fazer-se ouvir nos quatro cantos do país. A ideia de um novo pacto social, capaz de costurar um grande acordo nacional que envolvesse governo, trabalhadores e empresários, num esforço coletivo e ousado de combate à inflação, voltava a ganhar corpo e a conquistar um número cada vez maior de adeptos entre os representantes do poder econômico. Jair Meneguelli, presidente da CUT, teria criticado a incoerência dessa proposta: para ele, soava como um contrassenso que os empresários chamassem os trabalhadores para discutir inflação, ao mesmo tempo em que se entrincheiravam para retirar desses mesmos trabalhadores as pequenas conquistas que lutavam para obter nas votações da Constituinte. Os assalariados não pareciam nem um pouco dispostos a pagar a conta mais uma vez. Restava saber quais as armas que podiam utilizar para se defender dessa nova onda de perdas que se erguia no horizonte.

Pois o mês de julho chegou trazendo más notícias para os assalariados. A taxa de inflação alcançara 24,04%, sendo que a URP que iria reajustar os salários naquele mês ficara em 17,68% — tendo em vista a base de cálculo referida ao IPC dos três meses anteriores.

Assim sendo, inflação e URP se distanciaram de modo significativo, criando uma defasagem que logo se faria sentir no bolso dos trabalhadores, mobilizando ainda mais o esforço de luta dos setores mais organizados. Notícias veiculadas pela imprensa (e sempre com uma carga indisfarçável de desconfiança) mostravam que a CUT reuniria toda a sua direção nacional no Centro de Estudos Cajamar, durante um fim de semana, para ouvir o seu assessor de economia — Aloísio Mercadante — a respeito das propostas que empresários e governo pretendiam apresentar para debelar o dragão[7]. Entre os pontos a serem debatidos estariam o congelamento parcial de produtos agrícolas (cesta básica) e também alguma forma de redução dos salários, coisa que os trabalhadores não estariam dispostos a aceitar de forma alguma. A inflação era, indiscutivelmente, um tema que preocupava sobremaneira os trabalhadores, mas estava longe de ser o único tópico por excelência ao qual eles dedicavam toda a sua energia, haja vista a enormidade de pressões que sofriam para reduzir os pequenos ganhos que haviam alcançado nas votações da Assembleia Nacional Constituinte. O assédio que Centrão e empresários exerciam no Congresso sobre os parlamentares que representavam ou buscavam defender os interesses dos assalariados era incansável. As frentes de luta, portanto, recrudesciam sem trégua.

Atribuiu-se na imprensa ao Sindicato dos Bancários uma iniciativa voltada para a desmoralização de parlamentares vinculados ao chamado Centrão, cujas votações na Assembleia Nacional Constituinte afrontariam diretamente os direitos dos trabalhadores. Foram espalhados por diversas cidades do Brasil, com destaque para o Rio de

---

7. O Instituto Cajamar, situado no município de Cajamar, a aproximadamente 50 quilômetros da capital paulista, está na origem da formação de alguns dos movimentos sociais brasileiros mais importantes. O local funcionou como polo de cursos e de eventos, nos anos 1980 e 1990, período intenso de reorganização dos sindicatos e dos movimentos populares. Disponível em: https://www.redebrasilatual.com.br/trabalho/2021/08/instituto-cajamar-formacao-movimentos-sociais.

Janeiro e Brasília, cartazes com as fotos de parlamentares adjetivados como "traidores do povo", com seus respectivos nomes e números de telefone, expondo, assim, como denunciaram as reportagens, a privacidade dos mesmos e colocando em risco a sua segurança. Com base no que chamou de "constrangimento ilegal" e "lesão à dignidade dos constituintes", o próprio Ulysses Guimarães entrou com uma representação junto à Procuradoria-Geral da República, solicitando providências legais para a imediata retirada e apreensão dos cartazes fixados ou armazenados em várias cidades brasileiras, contendo insultos aos constituintes que votavam contra as reivindicações dos trabalhadores. Era preciso buscar outras formas de combate. Todavia, o que se observava de fato era que, por meios ditos "convencionais", o poder de dissuasão jamais fora vantajoso para os assalariados. Por outro lado, iniciativas com esse tipo de ousadia, como se percebeu, costumavam ser rapidamente neutralizadas e reprimidas, inibindo sua continuidade e/ou repetição. Os empresários, que financiavam o Centrão, declaravam publicamente a sua preocupação com a aprovação, pela Constituinte, de medidas que atendiam aos direitos sociais da população trabalhadora, entre as quais se destacavam a licença paternidade de oito dias e a licença maternidade de 120 dias. A gritaria dos patrões era generalizada, em todos os setores da atividade econômica, e merecia grande repercussão na imprensa. O "melhor" que diziam era que, se esses direitos fossem aprovados, o país seria levado a cair na mais completa informalidade, posto que "as empresas não suportariam o peso desses novos encargos". Todavia, ao mesmo tempo em que os jornais alardeavam as ameaças empresariais, publicavam notas aqui e ali para mostrar estudos do Dieese afirmando que o salário mínimo então em vigor representaria apenas 20% do que deveria ser, de fato.

À medida que sindicalistas e lideranças trabalhistas procuravam seus métodos de ação, de modo a contrapor a iniciativa avassaladora do empresariado na Constituinte, o chamado Centrão se destacava cada vez mais como a grande força do capital no debate constitucional.

Eram rotineiras as menções, na imprensa, aos arranjos e compromissos firmados pelo grupo em torno dos capítulos e títulos que mais interessavam aos setores empresariais do país, no texto da nova Constituição. Quando indagados sobre a legitimidade desse tipo de atuação, os empresários costumavam negar peremptoriamente a sua interferência no andamento da atividade parlamentar. Os próprios constituintes, por sua vez, se esmeravam em demonstrar que agiam por convicções pessoais e recusavam qualquer insinuação de que trabalhavam para interesses de terceiros. Mas, informações de bastidores que, vez por outra, circulavam nos jornais, davam conta de que havia mesmo uma atividade intensa e febril nos corredores do Congresso e fora dele, destinada a sedimentar o caminho seguro para a aprovação dos tópicos que mais concerniam ao poder econômico. Um desses exemplos foi a notícia de um jantar oferecido, em abril de 88, por um deputado do PFL do Amazonas a cerca de 130 integrantes do Centrão, ministros de Estado e o próprio presidente José Sarney, para inaugurar a sua "cinematográfica mansão no Lago Sul" (área mais nobre de Brasília). O anfitrião foi retratado como empresário e industrial de sucesso no setor da construção civil amazonense, homem pródigo e atencioso com os seus convivas, que teriam se regalado com a abundância do "puro malte escocês" e com iguarias como bobó de camarão e peixes da Amazônia. No cardápio das conversas, como não poderia deixar de ser, os temas tratados, segundo confirmação da própria reportagem, foram a festejada rearticulação do grupo parlamentar, com total apoio dos principais setores do empresariado industrial, comercial, rural e financeiro, e a sua atuação decisiva no segundo turno de votação da nova carta constitucional brasileira. Centrão e poder econômico selavam cordial e festivamente os seus grandes acordos.

Entre os convivas presentes ao lauto jantar no Lago Sul, encontravam-se lideranças de conhecidos grupos e entidades empresariais — UDR, CNI, Associação Comercial do Rio de Janeiro, Confederação Nacional do Comércio, Sociedade Rural Brasileira, Grupo Ipiranga,

Shell, Esso, Câmara de Comércio Brasil-Estados Unidos, Banco de Crédito Nacional, entre outros. Nos textos das reportagens, o que se lê em geral é que o grande empresariado que atuava no Brasil mostrava-se completamente intransigente na defesa das "propostas do Centrão" acerca dos principais temas de matéria econômica, tais como a definição de empresa nacional, a reforma agrária, a exploração mineral, a participação do capital estrangeiro, o papel do Estado, além dos direitos trabalhistas e sociais. Tratava-se com a maior naturalidade essas propostas como se fossem dos parlamentares do Centrão, e não do empresariado que o apoiava sem qualquer inibição. Ocasiões festivas, como jantares, coquetéis e recepções eram situações ideais para transmitir informes e posições sem despertar maiores dúvidas ou constrangimentos. Todos estavam ali para confraternizar ou comemorar alguma coisa, jamais admitiam confabular ou conspirar em proveito de sórdidos interesses. Os magnatas faziam chegar aos ouvidos dos constituintes "atenciosos" as suas maiores preocupações e, assim, conseguiam reunir os votos em número suficiente para a aprovação de cada tópico. Foi uma estratégia para dar certo. O capítulo da Ordem Econômica ficaria à imagem e semelhança de seus próceres.

Um dos pontos mais polêmicos da nova Constituição brasileira, pelo qual os grupos progressistas mais se bateram ao longo de todo a discussão, foi justamente o que selou a definição de terra produtiva para fins de desapropriação. Numa de suas sessões mais tumultuadas e tensas, a Constituinte acabou decidindo que as terras produtivas, mesmo que não cumpram nenhuma função social, não poderão ser desapropriadas para fins de reforma agrária. A liderança do PMDB, aglutinando as principais forças progressistas, queria a seguinte redação para o artigo que trata do tema: "A lei garantirá tratamento especial à propriedade produtiva e fixará normas para o cumprimento dos requisitos relativos à sua função social, cuja inobservância permitirá sua desapropriação". Como o Centrão propôs a redação que acabou sendo aprovada: "A lei garantirá tratamento especial à propriedade produtiva e fixará normas para o cumprimento dos requisitos relativos à sua função social". Na real, a astúcia do texto estava em qualificar toda propriedade como produtiva, haja vista que toda terra fértil é, em princípio, produtiva, além de retirar a menção à desapropriação. Com esse artifício semântico, permitiram deixar os latifúndios de fora da reforma agrária, tal qual desejavam os ruralistas. A situação secular de injustiça na apropriação da terra, no Brasil, ficaria assim consagrada no texto constitucional, contribuindo ainda para a manutenção e até para o agravamento dos conflitos pela posse da terra no imenso território do país. Para as forças de esquerda que atuaram na Constituinte, foi uma das maiores derrotas e decepções.

Às vésperas da promulgação da nova Constituição brasileira, mais exatamente em setembro de 88, a Anistia Internacional, organização não-governamental dedicada aos direitos humanos e sediada em Londres, divulgou um relatório em várias capitais do mundo intitulado "Brasil: Violência Autorizada em Áreas Rurais", no qual denunciava que, desde 1980, mais de mil pessoas haviam sido assassinadas por questões ligadas à terra, principalmente, nos Estados do Pará, do Maranhão e de Goiás, áreas conhecidas de expansão das fronteiras agrícolas do Brasil. No texto, a organização acusou as autoridades brasileiras e o sistema judicial do país de conivência para manter a impunidade tanto dos mandantes quanto dos pistoleiros responsáveis por esses crimes. No mesmo documento, a entidade propôs o lançamento de uma campanha internacional para que as pessoas escrevessem cartas endereçadas às autoridades brasileiras, "em protesto contra as atrocidades cometidas no campo" e com a exigência de uma "solução adequada para essa grave calamidade social". O parecer da Anistia Internacional se baseara nos relatórios prévios elaborados pelas duas missões que enviara ao Brasil, em 1986 e 1987, além dos documentos produzidos por outras instituições, como CNBB e OAB. A exposição de motivos da OAB, por exemplo, fora elaborada após o assassinato do padre Josimo, em Imperatriz, no Maranhão, e buscara avaliar a situação da Justiça na região do Bico do Papagaio, onde se encontravam as divisas dos Estados de Pará, Maranhão e Goiás, e onde havia sérios conflitos pela posse da terra que já duravam décadas. No relato, a entidade nacional dos advogados admitia que o Poder Judiciário, "sem qualquer sombra de dúvida", estaria completamente falido, sendo assim "impossibilitado de cumprir a sua missão constitucional". Para corroborar a afirmação, enumerou diversos exemplos de como os responsáveis pelos assassinatos brutais no campo conseguiam escapar das garras da lei. Como ficou registrado, era "um verdadeiro manual de burlas e artifícios para desrespeitar a legislação", em muitos casos, com a cumplicidade das instâncias superiores do próprio judiciário. Essas burlas iam desde a ausência de registro do crime, da não abertura do inquérito, da não realização da autópsia, da liberação dos suspeitos, até a transferência de policiais ou juízes que tentassem levar as investigações adiante.

Ou seja, eram práticas mais do que sabidas e reconhecidas por parte do sistema de justiça, que jamais receberam o devido tratamento responsável e íntegro. Crimes hediondos ficavam sem solução, sinalizando para os criminosos que a impunidade estaria garantida. Como os mandantes, em geral, não eram mesmo os próprios autores da barbárie encomendada, praticada por pistoleiros e jagunços contratados a preço de banana nas vilas e feiras do interior do Brasil, sempre escaparam do encontro com a lei graças ao poder que possuíam como grandes latifundiários e/ou grileiros. Enquanto isso, policiais e juízes comprometidos com a Justiça eram punidos, transferidos e silenciados.

Pelos jornais, fica-se sabendo que não houve manifestação do Poder Judiciário sobre o relatório. Apenas o presidente José Sarney declarou, por intermédio do seu porta-voz, que não aceitava a acusação de conivência do governo brasileiro com o assassinato de trabalhadores rurais, conforme o documento da Anistia Internacional. Mas admitiu que era muito difícil fazer justiça no campo. "Em face das dimensões do país e do avanço das fronteiras agrícolas, poderia haver alguma dificuldade de penetração da justiça em algumas áreas". Os governantes, porém, jamais teriam sido coniventes com os crimes.

No Congresso Nacional, o tema não teria ficado indiferente aos parlamentares que debatiam o texto da nova carta constitucional do Brasil. Num de seus artigos, seria decretado que a tortura, as penas cruéis e o tratamento desumano ou degradante seriam considerados crimes inafiançáveis, sem direito a perdão ou anistia, assim como o tráfico de drogas, os crimes hediondos e o terrorismo. E receberiam as penas mais severas contidas na legislação brasileira. Na própria imprensa, apareceram comentários irônicos afirmando que, ao entrar em vigor, o novo texto constitucional colocaria em xeque "uma boa parte dos hábitos rotineiros que a polícia utiliza há muitos anos" no país, "levando os policiais para a cadeia e soltando os prisioneiros". Isso porque, se tomado o artigo em questão ao pé da letra, a maior parte da população carcerária que se encontrava espremida nos cubículos e celas em que predominavam o calor sufocante, a fome e a sede, vítima de maus tratos, abusos e violências, poderia ser considerada objeto de tratamento desumano e degradante, merecendo, portanto, o acolhimento da lei. Ao mesmo tempo, os autores dessas práticas abusivas que ignoravam e menosprezavam categoricamente as noções mais elementares de direitos humanos, também acabariam sendo alcançados pelo braço da legislação que buscava disciplinar minimamente a execução penal brasileira. Daí a ironia contida nas reportagens, que apontavam também a indiferença da população diante da coação física amplamente utilizada pela polícia na sua atividade de vigilância como uma decorrência da repressão "necessária" aos marginais. A explosão da violência urbana no Brasil levou muitas pessoas a considerar que graves violações de direitos humanos, por policiais, seriam meros efeitos colaterais inevitáveis de uma batalha implacável contra a bandidagem. A atuação dos esquadrões da morte e as péssimas condições nas delegacias e nos presídios do país, além dos assassinatos regulares praticados pela polícia ano a ano, sequer entravam nessas considerações. Eram vistos como um mal inexorável.

Como de praxe, o governo dos Estados Unidos, por meio do seu Departamento de Estado, lançou em fevereiro de 88 mais um relatório sobre as condições gerais dos direitos humanos em 169 países, no qual elogiou, pela primeira vez, a União Soviética, pelos esforços que vinha demonstrando para corrigir os seus "excessos". Em relação ao Brasil, contudo, em lugar dos elogios, vieram críticas severas. Embora pudesse reconhecer que os direitos políticos se encontravam então protegidos no país, insistia na persistência de gravíssimas violações de direitos humanos, especialmente, contra agricultores sem-terra, presos comuns e indígenas. Embora o Ministério da Justiça não tivesse disponibilizado os dados referentes ao ano de 1987, o relatório estimou que o número de mortes em conflitos pela posse da terra teria superado os 200 casos registrados no ano anterior (1986). Desse total estimado, ainda de acordo com o documento, apenas 10% seriam de proprietários de terras, sendo a imensa maioria de vítimas fatais composta de camponeses pobres, servidores públicos, funcionários e membros dos sindicatos rurais, advogados e religiosos que defendiam os direitos dos pequenos lavradores. Além disso, o relatório também mencionou uma lista preparada pela Comissão Pastoral da Terra, da Igreja Católica, com os nomes de 125 defensores da reforma agrária ameaçados de morte por sua militância, entre os quais figuravam bispos, padres, freiras e dois deputados do Pará. Não só do campo vinham as notícias mais graves: no texto, surgiam denúncias de que no Rio de Janeiro, e em outros centros urbanos brasileiros, os esquadrões da morte continuavam atuando com grande desenvoltura, realizando seguidas execuções com características claras de sevícia e brutalidade. Ao mesmo tempo, embora as organizações de direitos civis pudessem assegurar que a tortura por motivação política caíra em desuso, presos comuns continuavam sendo torturados de forma disseminada nas delegacias de todo o território nacional. Em meio às principais vítimas de toda sorte de abuso, emergiam os cerca de 300 mil indígenas do Brasil, que sofriam as consequências tanto da negligência do governo, em relação às suas necessidades de proteção e cuidado, quanto do impacto do contato com não-indígenas, dada a crescente extensão das fronteiras agrícolas do país.

Era um quadro devastador de sofrimento e miséria que assolava uma parcela significativa da população brasileira, e para o qual os governantes não conseguiam apresentar uma, ou mais de uma, solução minimamente alentadora.

Nos jornais, todos os dias e com todos os requintes, crimes bárbaros, assaltos, sequestros, estupros, assassinatos dos mais variados tipos eram estampados com alarde. A violência brutal não poupava nem as crianças. Com periodicidade inquietante, ficava-se sabendo da adoção ilegal de centenas de bebês brasileiros no exterior, intermediada por padres, advogados e médicos, regiamente reembolsados em dólares. E tudo em nome da caridade e da boa vontade. A venda de seres humanos tornara-se também um grande negócio. Esse desprezo pela vida dos vulneráveis sempre foi uma das características mais desesperadoras da História brasileira. E estava de tal forma disseminada que nem chegava a causar indignação em larga escala, como deveria acontecer, tal a magnitude dos eventos produzidos por essa brutalidade desmedida. Exemplos pinçados nas páginas dos jornais podiam dar a dimensão da tragédia, mas não serviam para mais do que isso. As mudanças que fariam realmente algum efeito sobre esse quadro lamentável, calamitoso, de ausência de direitos que vitimava tantos brasileiros, eram profundas e abrangentes demais para caber numa coletânea de casos esparsamente relatados.

Ainda assim, os jornais seguiam fazendo registros. Em agosto de 88, faltando poucos dias para a promulgação da nova Constituição do Brasil, que muitos julgavam e esperavam que fosse uma verdadeira redenção, uma virada de página para o início de nova etapa de desenvolvimento alvissareiro, um português de 61 anos foi denunciado pela prática da escravidão em sua fazenda, no município de Paragominas, no Pará, e preso pela Polícia Federal. Aos agentes, o fazendeiro confessou a execução de vários trabalhadores rurais por pistoleiros que agiam a seu serviço. Ele admitiu que mantinha como escravizados cerca de 80 lavradores que tinham sido recrutados no interior do Maranhão, os quais, além de não receberem nenhum pagamento, eram assassinados brutalmente sempre que tentavam fugir. Os detalhes foram os habituais: jornadas longas e extenuantes, pouca água potável para beber, comida de má qualidade, alojamentos sem nenhum conforto, onde os lavradores dormiam acorrentados, e muita truculência dos vigias, que chegavam a açoitar os agricultores. Os fatos só chegaram ao conhecimento das autoridades porque dois lavradores extremamente corajosos conseguiram fugir e caminharam durante dois dias inteiros pela mata, até encontrar um posto da polícia onde puderam contar a sua história. No curso das investigações, foram descobertos vários corpos enterrados pelos campos. Segundo as notícias da imprensa, o proprietário tinha ainda mais duas fazendas, que iriam receber uma visita imediata das equipes policiais.

Era comum, no Brasil "punir exemplarmente" todos aqueles que tentassem pelejar contra as injustiças e as arbitrariedades que cercavam a exploração do trabalho. E isso ocorria desde os tempos da escravidão, escusado dizer. A construção de princípios morais de natureza despótica, que conferia aos detentores de terras e de escravizados todo o poder de vida e de morte sobre as pessoas, transpassou a abolição da escravatura e a fundação da República, legando ao país uma formação social marcada indelevelmente pelo imperativo dos opressores. Cem anos depois de promulgada a Lei Áurea, era possível encontrar nas profundezas do território brasileiro um sem número de casos bárbaros de maus tratos, sevícias, abusos e assassinatos de trabalhadores indefesos, que, além de serem submetidos às formas mais degradantes de exploração e de castigo, ainda eram impedidos de buscar a própria libertação. As denúncias registradas nos incontáveis relatórios preparados pelas organizações de defesa dos direitos humanos, nacionais e estrangeiras, eram a prova mais cabal desse lastro de iniquidades que nos fora legado pela História.

"Cem Anos de Abolição" foi o tema de diversas reportagens e de longas matérias ilustrativas nos jornais consultados, por ocasião do centenário da Lei Áurea, festejado com grande pompa oficial em 13 de maio de 1988. Para o pesquisador do Departamento de Comunicação da UnB, Edson Lopes Cardoso, entretanto, o 13 de maio acabara se transformando uma oportunidade de ouro para a afirmação do mito da democracia racial brasileira, isto é, uma doação de liberdade feita pelos brancos aos negros escravizados, que apenas reafirmaria a supremacia branca. Como personagem símbolo destinada a fortalecer o mito, a Princesa Isabel seria perfeita. Os negros, contudo, seguiam lutando pelo direito à terra e pelo reconhecimento de suas prerrogativas sociais e culturais. Como exemplo de uma luta racial dramática que se travava no Brasil, o pesquisador citou o dado de que, entre as 900 pessoas mortas na Baixada Fluminense, de janeiro a maio daquele ano "festivo", 700 eram negras. Ou seja, a efeméride considerada a mais importante para a população de negros brasileiros era marcada por estatísticas macabras, vergonhosas, de uma desigualdade infame que servia para infligir a eles um imperecível sofrimento amargo.

Em seu discurso comemorativo pela passagem do primeiro centenário da abolição, o presidente José Sarney anunciou a criação da Fundação Cultural Palmares, cujo objetivo primordial era o de "promover a preservação dos valores culturais, sociais e econômicos decorrentes da influência negra na formação da sociedade brasileira"[8]. Em seu pronunciamento oficial, Sarney afirmou que a fundação realizaria "a segunda revolução de resgate da dívida que a nação tem para com os negros, pela sua participação na formação do país". No artigo 2º, o texto da lei determinava que caberia à entidade então criada "promover e apoiar eventos relacionados com os seus objetivos, inclusive visando à interação cultural, social, econômica e política do negro no contexto social do país", devendo, para isso, atuar em todo o território nacional e estabelecer convênios com Estados e municípios, quando assim aprouver. Seria também atribuição da

---

8. Presidência da República. Casa Civil. Subchefia para Assuntos Jurídicos. Lei nº 7.668 de 22 de agosto de 1988. Autoriza o Poder Executivo a constituir a Fundação Cultural Palmares (FCP) e dá outras providências.

fundação "promover e apoiar o intercâmbio com outros países e com entidades internacionais, através do Ministério das Relações Exteriores, para a realização de pesquisas, estudos e eventos relativos à história e à cultura dos povos negros". E, ainda, de "realizar a identificação dos remanescentes das comunidades dos quilombos, proceder ao reconhecimento, à delimitação e à demarcação das terras por eles ocupadas e conferir-lhes a correspondente titulação". Eram seguramente propósitos ambiciosos. Um marco das comemorações pelo centenário da abolição da escravatura, que revelava a imensa defasagem existente entre a decretação da liberdade dos escravizados e a inserção cidadã dos negros na sociedade brasileira que evoluiria junto com a República.

Em mais um ato de celebração pela data festiva, o presidente José Sarney também anunciou o tombamento da Serra da Barriga, no Estado de Alagoas, onde foi fundado o Quilombo dos Palmares, um conjunto de povoações que congregou mais de 30 mil pessoas, entre negros, brancos e indígenas, que fugiam da sanha escravagista dos senhores de engenho que "colonizavam" o Brasil. No local, estava prometida a construção de um monumento destinado a perpetuar a memória da resistência negra contra a opressão — o Parque Memorial Quilombo dos Palmares — em homenagem ao seu maior líder, Zumbi, que morreu em 1695 lutando contra as forças esmagadoras do escravismo.

Numa contradição espantosa com esse propósito governamental de celebrar a data centenária da abolição com a promoção de eventos magnânimos, o Comando Militar do Leste, com sede no palácio Duque de Caxias, no centro do Rio de Janeiro, lançou um comunicado oficial afirmando que não toleraria qualquer iniciativa de desrespeito às suas instalações, onde estavam depositados os restos mortais de seu glorioso patrono (o próprio Duque de Caxias). O comunicado era uma advertência aos organizadores da Marcha dos Negros contra a Farsa da Abolição, marcada para o dia 13 de maio, cujo trajeto percorreria a Avenida Presidente Vargas, da Candelária até o monumento em homenagem a Zumbi, situado nas proximidades da sede do Exército. Ainda que o presidente do Instituto de Pesquisa da Cultura Negra, um dos organizadores da passeata, declarasse que não havia sido sequer mencionado o nome de Caxias nas reuniões preparatórias de seu evento comemorativo, foi montado o que os jornais consideraram "o maior aparato repressivo já visto na Presidente Vargas, desde o começo do regime civil, em 1985", contando com cerca de 600 soldados. Por isso, a marcha de protesto só pôde percorrer uma pista lateral esquerda da grande avenida. Era impressionante a rapidez com que os dispositivos de repressão se arrumavam diante da menor manifestação popular de afirmação política ou cultural. No caso dos negros, então, essa velocidade era ainda mais enérgica e intensiva. Não havia nenhum indicativo de que o movimento representaria um risco para as instalações militares da região. Mesmo assim, populares desarmados foram recebidos com cerco e intimidação, apenas porque se opunham à hipocrisia reinante.

Na capital paulista, de acordo com a imprensa, também ocorreram divergências entre os movimentos negros e o governo do Estado, acerca das festas comemorativas pelos cem anos da abolição da escravatura. A causa principal das discordâncias tinha uma mesma natureza: os representantes da Secretaria de Relações Sociais, promotora do evento, teriam se envolvido em violentas discussões com os militantes do Movimento Negro Unificado, porque esses pretendiam fazer um protesto contra a condição geral dos negros no Brasil, ao passo que os burocratas queriam que o evento representasse uma homenagem aos cem anos de assinatura da Lei Áurea, pela Princesa Isabel. Para os militantes do Movimento Negro Unificado entrevistados pelas reportagens, a princesa nada mais seria do que a expressão de uma "falsa libertação", pois o referencial histórico da emancipação dos negros, para o grupo, era o 20 de novembro, dia da morte de Zumbi, o líder negro que chefiou o maior quilombo da História brasileira — Palmares. Ou seja, a liberdade efetiva precisou ser conquistada por meio de luta, e não outorgada por um ato de generosidade ou de magnanimidade que só daria grandeza a quem o faz. Nesse caso, os negros pareciam estar lutando pelo próprio direito de expressar a sua compreensão dos eventos históricos que lhes diziam respeito mais de perto. Não queriam ser meros figurantes ou coadjuvantes num festejo comemorativo que lhes era destinado.

Numa direção que se pretendia menos conflituosa, a Biblioteca Nacional inaugurou uma exposição comemorativa aos cem anos da abolição intitulada "Para uma história do negro no Brasil". Contando com 140 peças do seu acervo, entre documentos, jornais, livros, manuscritos, estampas e fotos, a exibição mostrou o cotidiano da população negra no país, desde o século XVI até a data da celebração. A diretora da instituição disse acreditar que aquela era possivelmente uma das exposições mais completas sobre o tema. E acrescentou que os pesquisadores interessados encontrariam ali ampla documentação com os registros da resistência épica empreendida pelos negros contra a opressão e da consciência formada contra a tirania das forças reacionárias e exploradoras do trabalho humano. Dividida em quatro grandes temas — A escravidão no Brasil; O fim do tráfico negreiro; O movimento abolicionista; Em busca da cidadania — a mostra apresentava fatos inéditos dessa história, tais como as plantas baixas originais de diversos quilombos nas Minas Gerais do século XVIII. Havia também as fotos inéditas da Frente Negra Brasileira, entidade criada em 1931, em São Paulo, cujo objetivo era organizar e conscientizar a população negra sobre suas origens e seus direitos. Com um contingente estimado de aproximadamente 100 mil pessoas em todo o Brasil, esse grupo, cuja atuação foi bastante vigorosa contra o racismo e a desigualdade social, acabou se transformando num partido político, que foi dissolvido em 1937, pelo Estado Novo. Além da exposição, a Biblioteca Nacional havia programado um ciclo de palestras sobre o tema dos negros e da escravidão no Brasil, acerca do qual não se viu maiores detalhes na imprensa.

Por fim, mas não menos importante, o Congresso Nacional também realizou a sua manifestação comemorativa dos cem anos da abolição da escravatura, com uma sessão solene das mais longas de sua história, com sete oradores. No Salão Negro da instituição, seguiu-se um festival de música e de comida afro-brasileiras, contando com a presença do ministro da Cultura da Nigéria e do primeiro africano ganhador do Prêmio Nobel da Paz (1986), o professor nigeriano Wole Soyinka. Apesar do momento festivo, o que se pode observar nos relatos dos jornais é que os eventos que cercaram o centenário da abolição foram também oportunidades para a manifestação do descontentamento das organizações e associações de militantes negros, com relação às severas dificuldades que enfrentavam para conquistar posições numa sociedade excludente e racista como a brasileira. As práticas cotidianas de racismo eram variadas e, muitas vezes, escamoteadas pelos seus executores, sob a benevolência das autoridades constituídas, que tendiam a minimizar os seus efeitos e até mesmo a sua intencionalidade. Algumas vezes, porém, esses atos eram tão descarados que acabavam obrigando os responsáveis a tomar atitude punitiva condizente. Foi o que se deu com o pedido do ministro da Justiça do governo Sarney, para que se abrissem medidas judiciais contra uma empresa multinacional especializada em contratação de mão de obra, na cidade de Belo Horizonte. O motivo: a acusada havia publicado, no início de março, um anúncio em jornal oferecendo emprego para técnico em mineração, "de cor branca". Quem alertou o ministro para o caso grave de discriminação racial foram os deputados Nélton Friedrich (PMDB-PR), Benedita da Silva (PT-RJ) e Paulo Paim (PT-RS), por meio de ofício enviado. Conforme indicado na reclamação dos parlamentares, o texto do anúncio continha infração flagrante das normas legais vigentes, que proíbem o racismo no Brasil, por dizer o seguinte: "Precisa-se de técnico em mineração, dinâmico, boa aparência e de cor branca." De acordo com o ministro da Justiça, isso consistiria em total violação à Constituição, à Lei Afonso Arinos e à Lei de Imprensa. Era um caso para os tribunais.

Não foi possível acompanhar o desenrolar do processo, porque as notícias tendiam a descontinuar com muita frequência os eventos inicialmente apresentados, em algumas situações com grande sensacionalismo. Ainda assim, o centenário da abolição serviu para abrir espaço na mídia ao debate sobre o racismo e sobre a condição do negro em geral, no Brasil. Foi um momento importante de conscientização e de organização. Um dos maiores símbolos negros do país também mereceu destaque na imprensa, sendo objeto de longas entrevistas de página inteira, nas quais buscava-se conhecer as suas opiniões sobre as principais questões envolvidas no tema. "Sou negro e me orgulho disso", falou Pelé. Ao ser perguntado se jamais havia sido alvo de racismo, no Brasil ou em outro país, Pelé respondeu que, "graças a Deus", isso nunca tinha acontecido com ele. E se considerava um negro que valorizava a raça por toda parte, julgando-se um bom exemplo, o que também contribuía para enaltecer os negros, de um modo geral (Jornal do Brasil, 13/05/1988, p. 4.). Numa clara demonstração de aversão aos conflitos, declarou que deveriam ser comemorados tanto o 13 de maio quanto o 20 de novembro, sem que uma data excluísse a outra como motivo de satisfação. Para ele, os negros sempre teriam um caminho duro a enfrentar. Como os pobres. Por serem pobres em sua imensa maioria, os negros tenderiam a sofrer duplamente. Para Pelé, os negros e os pobres ficavam em desvantagem porque nada lhes era oferecido para que pudessem se preparar a fim de enfrentar a vida.

Essa avaliação ficou bem demonstrada nos dados apurados pelo IBGE e publicados nos jornais. Pelo que se dizia oficialmente, no Brasil não existia "preconceito de cor". No entanto, os indicadores socioeconômicos mostravam uma realidade que levava a se pensar. Das 10 milhões de famílias que viviam com a renda mais baixa entre todas, pelo menos 6 milhões eram negras. Mesmo entre os que tinham formação superior, os rendimentos de um médico negro eram 22% mais baixos do que os de um médico branco. Nos níveis de qualificação menor, o problema continuava sendo o mesmo: um pedreiro branco ganhava em média 11% a mais do que um pedreiro negro. Na Constituinte, entre os 559 deputados e senadores, havia dois ou três negros somente. No alto comando das Forças Armadas, nenhum. No Ministério, nenhum. Na poderosa Fiesp "negro não entra nem para servir cafezinho", era o que diziam os jornais. De mais a mais, a expectativa de vida de um branco era de 63 anos, enquanto a de um negro era de apenas 50 anos. Na educação primária, os negros só alcançavam cerca de 50% da formação obtida pelos brancos; na educação secundária, algo em torno de 34%, sendo que na educação superior esse patamar caía para somente 17%. No âmbito da remuneração profissional, o quadro era sempre desfavorável aos negros, que tendiam a receber menos em todas as situações. Era o que diziam os dados colhidos no Censo Demográfico do IBGE, publicados na imprensa. E que levaram o deputado Carlos Alberto de Oliveira (PDT-RJ), o Caó, a dizer de forma categórica: "Vivemos uma situação de morte civil, em que a cidadania nos é negada a todo momento".

O mais chocante era perceber que o racismo persistia, mesmo nas condições em que podia ocorrer uma ascensão social. Coube à deputada Benedita da Silva (PT-RJ) oferecer os relatos que deram forma a esse preconceito velado, que sempre se tentou negar na sociedade brasileira. Começou com o episódio em que o carro, no qual viajava com outros dois companheiros, foi parado, aos gritos, por uma patrulha da Polícia Militar nas ruas do Rio de Janeiro. Os três ocupantes foram obrigados a descer com as mãos na cabeça, simplesmente porque despertaram a desconfiança dos policiais, por serem negros dentro de um carro oficial. Nada poderia ser mais suspeito. "Macaca chita, teu lugar é aqui", foi a frase que, acompanhada do sugestivo desenho de um fogão, ilustrava uma das inúmeras cartas que Benedita costumava receber todos os meses, desde que iniciara o seu mandato como deputada federal na Assembleia Nacional Constituinte. Com frequência, ela recebia a recomendação de usar as entradas de serviço dos prédios que visitava. Não era jamais vista como moradora ou visitante, apenas como serviçal. Um dos exemplos mais embaraçosos disso ela viveu com um motorista do Congresso que foi buscá-la no apartamento funcional em Brasília e, ao vê-la na porta, pediu-lhe que "avisasse à patroa" que ele já tinha chegado. Ao contrário do que se costumava dizer no Brasil, que o preconceito era social, e não racial, Benedita buscava provar que a sua experiência demonstrava justamente o contrário. Os seus cheques, por exemplo, eram sempre olhados com desconfiança, objetos de vários tipos de confirmação e checagem. Certa vez, passou pelo constrangimento de ter a sua bolsa revistada num supermercado em Madureira. O mais desanimador, contudo, era o fato de que nenhum ataque racista desferido em solo brasileiro tivesse sido punido exemplarmente na forma da lei. Era disso que se tratava na comemoração do centenário da abolição. Havia um longo caminho a percorrer. E foi isso que a Campanha da Fraternidade de 1988 (Ouvi o Clamor deste Povo) pretendeu mostrar: como disse Dom Paulo Evaristo Arns: "A marginalização do negro começou na abolição da escravatura, pois ele não ganhou terra, casa, dinheiro, nem instrução e formação. Esta campanha é uma luta para a reintegração do negro na sociedade, e ele mesmo vai nos mostrar o caminho para tanto".

A sorte dos indígenas não era melhor. Acossados pela cobiça de invasores que buscavam as riquezas contidas em suas terras — como minérios, madeiras, peixes e outros animais silvestres e aves — eles ainda sofriam o descaso e o descuido dos órgãos governamentais destinados a protegê-los e a cuidar dos seus interesses, como já foi observado. Entre esses órgãos, destacou-se sobejamente a Funai, no período aqui tratado. Não foram raras as denúncias contra desmandos e abusos praticados por funcionários da entidade, como a que foi registrada por membros da tribo Krahô, junto ao governo de Goiás, dizendo que os encarregados da distribuição de alimentos enviados pelo governo estadual para os habitantes da aldeia simplesmente utilizaram os produtos como pagamento pelo uso da mão-de-obra dos indígenas, quando solicitada. Ou seja, os alimentos que eles deveriam receber como doação governamental para minorar a sua situação de penúria foram empregados como moeda de troca, para forçá-los a trabalhar. Uma espécie de exploração velada, de subtração de um direito, então convertido em obrigação a ser prestada. Esse era um tipo de abuso “leve”, por assim dizer. Diante das arbitrariedades e das violências praticadas contra eles, quase cotidianamente, surrupiar seu carregamento de alimentos acabava sendo descrito como mero desvio, coisa de somenos importância. Já os assassinatos não poderiam ter o mesmo destino. De uma forma ou de outra, acabavam repercutindo na imprensa nacional e estrangeira, forçando as autoridades a darem uma resposta convincente aos desmandos brutais que vitimavam os indígenas.

Em abril de 88, os jornais fizeram algum alarde em razão de um conflito na zona próxima de Benjamin Constant, no Alto Solimões, em plena região Amazônica, quando um madeireiro conhecido na área foi preso sob a acusação de, ajudado por capangas, ter realizado um duro ataque contra indígenas ticunas, no qual teria matado quatro e ferido gravemente pelo menos outros 25. Além desses, havia ainda dez membros da tribo desaparecidos, que se supôs também estarem mortos. Os silvícolas acusaram o velho madeireiro de retirar ilegalmente a madeira de suas terras, que haviam sido devidamente demarcadas pela própria Funai, em 1986. Ao ser preso, ele afirmou que contestava judicialmente a demarcação realizada, por considerar que parte do território lhe pertencia por direito. Poucos dias depois disso, os jornais voltavam a mencionar outro caso de violência brutal contra os indígenas, dessa vez atingindo uma tribo pataxó ha-ha-hae, na região de Pau Brasil, interior da Bahia. Um jovem da tribo, de apenas 22 anos, acabara sendo encontrado morto pela PF, e com graves marcas de tortura, oito dias após o seu desaparecimento. Segundo o relato, ele teve as unhas e o couro cabeludo arrancados, e os órgãos sexuais cortados. Não era um filme de terror, não era ficção. Lamentavelmente, era a triste realidade da luta pela terra no Brasil. O desaparecimento do jovem Djalma teria ocorrido logo após um novo conflito entre fazendeiros, posseiros e indígenas pataxós, que havia resultado em dezenas de pessoas feridas a tiros. O motivo (se é que se pode falar em motivo, no caso de uma ação bárbara como essa) era o mesmo de sempre: os indígenas tinham conseguido, por meio da justiça federal, retomar o controle de 1.300 hectares de suas terras, que se encontravam em poder de fazendeiros da região. Desde 1982, quando ganharam a vasta área de volta, os conflitos brutais se tornaram cada vez mais agudos e rotineiros, com a tentativa dos fazendeiros de recuperar o controle dos terrenos.

Não à toa, volta e meia, os indígenas faziam pressão sobre as autoridades em Brasília, para que demitissem o então presidente da Funai. Naquele mês de abril de 88, sob a liderança do respeitado cacique Raoni, foram os indígenas txucarramãe que se dirigiram à Capital Federal para fazer o mesmo pedido.

A resposta não tardou. Dias depois, o presidente da Funai assinaria uma portaria para lá de duvidosa, na qual buscava estabelecer os critérios destinados a determinar o "grau de aculturação" dos indígenas. Com que pretexto? O de reduzir significativamente os territórios demarcados. Segundo a referida portaria, pelo que foi publicado nos jornais, o grau de aculturação dos indígenas brasileiros seria definido pelos seguintes elementos: domínio da língua portuguesa; extensão da dependência em relação aos bens e serviços supridos pela "sociedade nacional"; domínio de uma profissão; capacidade de desenvolver atividades produtivas; condições de operação de processos de acumulação; capacidade de compreensão dos mecanismos da economia de troca; capacidade de absorção de uma assistência prestada a não-indígenas. Tudo isso com o intuito de regulamentar a diferença proposta em decreto anterior, que distinguia "silvícolas não-aculturados" de "silvícolas aculturados" ou em processo adiantado de aculturação. Quanto maior fosse a dimensão da aculturação, menor seria a probabilidade de um sujeito ser considerado, de fato, um indígena. Se isso fosse estendido a tribos e aldeias, a extensão das terras pertencentes aos indígenas brasileiros tenderia a encolher de modo dramático.

Por meio desses artifícios, o Estado brasileiro buscava restringir a posse de direitos especificamente destinados aos grupos étnico-culturais denominados indígenas. No limite, o principal direito que estava em jogo era justamente o da propriedade das terras que, originariamente, pertenciam aos povos nativos do Brasil (terras de posse imemorial). Em certa medida, a portaria da Funai sobre aculturação tentou se antecipar ao debate travado no âmbito da Assembleia Nacional Constituinte, que tinha nesse problema um dos seus temas principais. De acordo com o que fora proposto, a aculturação ou a integração progressiva dessas populações ao meio social não-indígena propriamente dito acabaria resultando na interdição dessa reivindicação de direitos sobre a terra. Os indígenas ditos aculturados não poderiam ser, pela lógica, impedidos de possuir e ocupar as terras legitimamente pertencentes aos seus ancestrais. O fato de terem obtido educação formal, profissionalização ou capacidade técnica e produtiva não deveria obstar o seu genuíno direito de usufruir dos territórios legados pelos antepassados, nem determinar que deixassem de ser indígenas, uma condição da qual jamais poderiam escapar. Estava claro que esse artifício pretensamente legal, exarado pela portaria, serviria a uma rápida expropriação de vastas áreas demarcadas, com uma riqueza fabulosa guardada em seu solo e em seu subsolo. Era disso que se tratava.

Derrotada na Assembleia Constituinte, essa proposta saiu do debate, mas não logrou eliminar a sanha dos aventureiros que avançavam sobre os territórios indígenas de forma alucinada em busca da fortuna. Pela nova Constituição, não haveria distinção entre indígenas aculturados e não-aculturados, ficando estabelecido que a eles seriam assegurados “os direitos originários sobre as terras que ocupam, cabendo à União demarcá-las, proteger e fazer respeitar todos os seus bens”. O artigo 268, pelo que foi publicado nos jornais, previa também o reconhecimento da organização social, dos usos, costumes, crenças e línguas dos povos indígenas do Brasil. Aquele dispositivo que causara a maior polêmica entre todos os defensores das causas indígenas — e que determinava a diferenciação entre aculturados e não-aculturados — saiu definitivamente do novo texto constitucional. Pelo menos na Carta Magna brasileira, o respeito aos direitos e às necessidades elementares dos povos indígenas ficaria consagrado. No entanto, dentro da própria Funai, os desmandos já habituais continuavam sendo repetidos de modo incessante. Pois foi um juiz federal que, a pedido do Ministério Público Federal, determinou a suspensão imediata da retirada de madeiras nas reservas indígenas do Mato Grosso e de Rondônia, autorizada por ordem da própria instituição responsável pela proteção aos indígenas. Fato noticiado pela imprensa, na mesma época em que a Constituinte sagrava a legitimidade dos direitos dos nativos.

Em outra votação que mobilizou sensivelmente os representantes da causa indígena, ficariam mantidas entre os bens da União todas as terras pertencentes aos povos originários. Isso era fundamental para lhes garantir a devida proteção. Um flagrante da imprensa pegou a declaração de um deputado constituinte do PFL do Ceará ao se deparar com um grupo de caciques em pleno interior do Congresso Nacional: cheio de mesuras, afirmou a sua total simpatia à causa indígena, alegando, inclusive, que sua bisavó "era índia". Depois dos apertos de mãos e dos sorrisos distribuídos, ele se afastou e comentou bem longe dos interlocutores: "Eles até podem ter direito às terras, mas, fedem pra burro".

Outra frente de luta seria aberta pelas mulheres em busca da ampliação dos seus direitos na nova Constituição. Houve um grande esforço no sentido da igualdade social entre homens e mulheres, erguido contra as tendências conservadoras e até reacionárias que prevaleciam em amplos setores da sociedade brasileira da época. Por meio do Conselho Nacional dos Direitos da Mulher, criado em 1985 e vinculado ao Ministério da Justiça, diversas organizações que representavam a luta das mulheres pela ampliação dos seus direitos passaram a atuar com maior ênfase na implantação das reformas legais que assegurariam a elas a eliminação de todas as formas de discriminação. É interessante observar esse esforço coletivo de "colocar tudo" que fosse possível na nova Constituição, como uma espécie de salvaguarda contra as iniciativas que buscariam eliminar ou impedir direitos e prerrogativas reivindicados pelos mais variados grupos sociais. O momento propício de realização dos debates constitucionais, com ampla divulgação nos meios de comunicação e com relativa mobilização popular, estimulava os setores organizados da sociedade a intensificar os seus esforços no sentido de garantir o maior número cabível de conquistas. Com uma atuação incisiva e presente nos corredores do Congresso Nacional, as mulheres cerraram fileiras em defesa das pequenas vitórias obtidas em cada votação, conversando com os parlamentares e distribuindo panfletos com esclarecimentos a respeito das principais reivindicações que representavam. Queriam direitos no âmbito da família, assim como liberdade para empreender no mundo dos negócios e para se desenvolver cultural e profissionalmente. De forma irônica, foram apelidadas de "*lobby* do batom" e passaram a ser encaradas como uma força aguerrida e obstinada, que muito incomodava aos machistas de plantão, dentro e fora do Congresso Nacional.

Um exemplo vergonhoso dos padrões éticos e morais contra os quais as mulheres precisariam lutar arduamente veio de um empresário que comparou a nova Constituição que estava sendo elaborada pelos parlamentares com uma mulher nova e bonita, porém, contaminada pela Aids. Ninguém menos do que um dos altos dirigentes da Confederação Nacional do Comércio soltou essa pérola aos repórteres que perguntavam sobre os novos direitos trabalhistas incorporados ao texto. Embora tal comparação fosse totalmente estúpida e sem sentido, ele seguiu explicando o significado de sua analogia infeliz: "Com uma mulher velha a gente pode até transar e formar uma família, mas com a nova não dá, ela está com Aids e, com ela, você vai emagrecer, ficar fraco, empobrecer e acabar morrendo". A mulher velha seria a Constituição existente; a mulher nova seria a Constituição em preparo? Era essa a comparação? Tudo parecia indicar que foi isso que o ilustre sujeito pretendeu dizer. Coisas como o direito de greve, a redução da jornada, o capital estrangeiro sob controle, enfim, medidas que constariam do novo texto constitucional e que, na visão do eminente entrevistado, levariam o Brasil à bancarrota, eram similares à Aids. Uma decretação de morte. E tudo baseado na configuração feminina: a velha e a nova, a boa e a má, uma que constrói e outra que aniquila. Uma demonstração constrangedora e grosseira de misoginia.

A pauta de costumes ocupava incessantemente as páginas dos jornais e as sessões de discussão da Assembleia Nacional Constituinte, e nelas a condição da mulher recebia um destaque todo especial. Um dos temas que maior realce alcançou foi o do divórcio — embora já estivesse aprovado em lei, no Brasil, desde 1977, havia a restrição de permitir apenas um novo casamento após a separação legal do casal. Nos debates constitucionais, assim, foram apresentadas propostas no sentido de abolir essa limitação, permitindo-se às pessoas que se casassem e descasassem quantas vezes desejassem. Desse modo, seria possível se casar e se divorciar mais de uma vez, ou muitas vezes, o que despertou a ira de alguns representantes religiosos. Um deputado evangélico do Rio Grande do Sul, por exemplo, declarou ser casado com a mesma mulher há vinte anos, experimentando um constante aumento de seu bem querer à esposa e aos filhos. Com esse argumento, ele levantou objeções à nova iniciativa dos parlamentares constituintes, que buscavam suprimir todo e qualquer limite ao divórcio no país — e afirmou que, antes de mais nada, era "preciso ter temor a Deus para não cair nas tentações diárias" que colocavam em risco a fidelidade dos casais e a longevidade de sua vida conjugal. "Desejos havia, oportunidades também. O negócio era resistir a eles e seguir em frente". Com base na sua visão particular sobre o casamento, o deputado se preparava para "bombardear" no plenário as pretensões dos colegas que queriam aproveitar o ambiente de amplas discussões para liberar o divórcio de todas as restrições[9]. Embora não fosse uma voz solitária no Congresso Nacional, não logrou muito

---

9. Foi a Lei nº 7.841, de 17/10/1989, que revogou o artigo 38 da Lei do Divórcio de 1977 e eliminou a restrição aos divórcios sucessivos.

êxito em sua cruzada moralizadora em defesa do comedimento divorcista. Sobretudo, para as mulheres, essa expansão de direitos seria muito compensadora.

Mulher desquitada, "largada", separada sempre foi objeto de desconfiança e de censura da parcela conservadora da sociedade brasileira. A possibilidade de se divorciar e de constituir uma nova união, legalmente, conforme decidido pela Lei do Divórcio, representou um avanço extraordinário para a emancipação feminina. A liberação do número de divórcios, então, foi ainda mais favorável à busca da realização pessoal e amorosa de inúmeras pessoas que enfrentam frustrações e infelicidades em sua vivência conjugal. Mas, não era exatamente o que a pregação de alguns religiosos tentava impor na configuração normativa dos laços matrimoniais. Foram os constituintes evangélicos, segundo notícias dos jornais, que apresentaram as emendas que limitavam o número de divórcios, por pessoa, no texto da nova Constituição. Em suas enquetes com populares a respeito do assunto, a imprensa colhia opiniões majoritariamente partidárias da liberação total do número de divórcios para os brasileiros. Os católicos reprovavam qualquer forma de separação, por princípio. Os evangélicos tentavam limitar o seu número. No entanto, a maioria das pessoas consultadas não dava a menor importância para o total de vezes que alguém podia romper um casamento. A bem da verdade, uma parcela significativa da população brasileira já vivia informalmente a sua relação conjugal — eram os amigados, amancebados, amasiados, como se quisesse chamá-los. Não ligavam a mínima para essas formalidades que cercavam o tema. Assim como se juntavam, depois se separavam se viesse a acontecer. Pouco a pouco, a legislação foi incorporando esses hábitos e essas condutas mais liberais dos brasileiros, até chegar ao ponto de criar normas seguras para proteger a chamada União Estável, que, sem ser propriamente um casamento, resguarda inúmeros direitos ao casal e aos seus filhos.

No Congresso Nacional, o Grupo Evangélico da Câmara dos Deputados ganhava cada vez mais espaço e ampliava o seu raio de ação no debate constitucional. O porte robusto de sua composição pôde ser confirmado na ocasião do culto que organizou para comemorar os seus quatro anos de existência, em maio de 88. Ocupando o auditório Nereu Ramos, o culto iniciado ao meio-dia conseguiu reunir mais de 400 fiéis — entre funcionários da Câmara e dos Ministérios, além de representantes das igrejas evangélicas de Brasília — e chamou a atenção de todos que por ali passaram, em sua hora e meia de duração. A laicidade do Estado e das casas legislativas, por conseguinte, ficava em mero segundo plano. Esse grupo já havia consagrado a hora do almoço de todas as quartas-feiras para as orações e a promoção de cultos dentro das dependências do Congresso Nacional. Sem que houvesse qualquer tipo de crítica ou de censura a uma prática que não se coadunava com o ambiente parlamentar, e que deveria ser exercida e respeitada em locais apropriados, como templos e igrejas. Da mesma forma que acordos, alianças, disputas e confrontos de cunho político-partidário jamais deveriam pertencer ao ambiente religioso, por excelência. No entanto, o que se via era uma intensificação da presença dos evangélicos em diversas esferas da vida social brasileira, munidos dessa espécie de "missão" que diziam possuir, no sentido de converter o maior número possível de criaturas às suas crenças. Os jornais mencionavam a existência de um contingente aproximado de 1 milhão e 500 mil fiéis pertencentes às seitas pentecostais que cresciam rapidamente no país. No Rio de Janeiro, eles estavam distribuídos em quatro mil templos de diversas "denominações" (dissidências) e possuíam seis representantes na Assembleia Constituinte. Em Nilópolis, na Baixada Fluminense, para uma população então estimada em 160 mil habitantes, existiam 100 igrejas evangélicas e quatro católicas. Os pastores evangélicos, na avaliação das notícias, usavam de "muita psicologia" e também de avançadas técnicas de marketing para resolver desde problemas de emprego e renda até o exorcismo de "possessões demoníacas".

Eram uma força quase irresistível. Volta e meia, os jornais abriam as páginas para noticiar o avanço dessas congregações em todo o território nacional. De norte a sul, de leste a oeste, a expansão das igrejas evangélicas pentecostais, em sua maioria importadas dos Estados Unidos, conseguia mobilizar milhares e milhares de fiéis, impondo desafios até mesmo às crenças e festas mais tradicionais da população, oriundas de séculos de domínio do catolicismo. Inovando nos seus métodos de catequese, com pastores jovens e "bem apessoados", podiam manipular multidões com promessa de curas milagrosas. Não foram raros os casos de acusação de charlatanismo contra esses pregadores. Nem foram discretos os pedidos de oferta, como a de um pastor do Rio de Janeiro, que conclamou os seus seguidores a depositarem as doações "preferencialmente em dólares", para que sua igreja pudesse adquirir dez emissoras de rádio em todo o Brasil. Nas reportagens, os órgãos de imprensa costumavam indagar aos membros da Igreja Católica o que tinham a dizer sobre esses fatos, que representariam, antes de qualquer outra coisa, uma perda significativa de católicos praticantes. Integrantes da CNBB costumavam atribuir o crescimento dessas seitas à situação grave de crise em que a sociedade brasileira estava mergulhada, com ênfase no fenômeno da migração interna. Oriundos principalmente do meio rural, muitos migrantes instalados nas periferias das grandes cidades sentiam imensa dificuldade de adaptação ao novo ambiente e buscavam nas pequenas comunidades evangélicas o acolhimento e o conforto de que tanto necessitavam. Era um diagnóstico sensível, sem dúvida. Embora não fosse suficiente para abarcar toda a complexidade desse fenômeno, podia ser um ponto de partida. A necessidade de pertencimento, a acolhida por um grupo homogêneo, assim como a possibilidade de um convívio social constante e seguro, proporcionado pelos cultos e demais eventos religiosos, podem ter sido condicionantes relevantes para a criação de verdadeiras legiões de adeptos. Por outro lado, a Igreja Católica alegava que jamais teve o objetivo de alcançar a "hegemonia da fé", liberando as almas virtuosas para que encontrassem o seu próprio caminho, inclusive em outras religiões. E eximia-se da responsabilidade pelo crescimento neopentecostal.

Na prática, o sincretismo predominava. Sem citar nomes, o babalaô José Paiva de Oliveira, figura eminente das entidades de umbanda e candomblé do Brasil, com terreiro na cidade de Luziânia, a 60 quilômetros de Brasília, explicou à reportagem que um boi doado por ilustre ministro de Estado do Brasil seria sacrificado em obrigação para Xangô, o orixá da Justiça. A oferenda do ministro era "em intenção do sucesso dos trabalhos da Constituinte, e de que as transformações políticas no país se processassem sem qualquer ruptura traumática". Além dos acordos de bastidores, das trocas de favores, dos acertos financeiros, era bom ademais apelar ao sobrenatural também, não custava garantir alguma proteção do divino, afinal, ninguém ali era de ferro! Em matéria do dia seguinte, o jornal informava que um boi, quatro carneiros e oito galinhas d'angola haviam sido doados por políticos e autoridades do governo federal para sacrifício em honra de Xangô. Embora não tivessem comparecido à cerimônia de consagração ao orixá, os distintos senhores se fizeram presentes na forma dos animais ofertados e esperavam, com isso, que fossem atendidas as suas súplicas mundanas. Era no mínimo curioso que os detentores do poder apelassem assim para práticas transcendentais nos momentos de crise ou na presença de adversidades. Isso, por um lado, servia para humanizá-los, por assim dizer, mostrando a consciência da própria finitude e da pequenez de sua existência. Por outro, contribuía para realçar a imensa hipocrisia que os caracterizava, quando escondiam seus nomes e não compareciam aos eventos subsidiados. Talvez por isso mesmo a Conferência Nacional dos Bispos do Brasil, em documento síntese de sua 26ª Conferência, tenha declarado que "o tratamento que as classes dirigentes vêm dando à República atenta contra o bem comum, de modo que ela parece mais uma fonte de benefícios, de privilégios pessoais, do que uma busca do bem de todos e, especialmente, dos mais necessitados".

O cerco aos padres progressistas prosseguiria com bastante fôlego. Uma das frentes de luta travada nos idos de 88 foi justamente a da fragmentação da diocese de São Paulo, por decisão direta do Vaticano, que muitos enxergaram como um golpe fatal contra a liderança incontestável de Dom Paulo Evaristo Arns, um dos maiores nomes do catolicismo brasileiro. Até os comunistas prometiam engrossar o coro pela manutenção da configuração territorial da diocese paulista. Apesar da grande mobilização organizada nesse sentido, em 1989, ela foi finalmente reduzida, com a criação das novas dioceses de Osasco, Campo Limpo, São Miguel Paulista e Santo Amaro, o que acabou restringindo significativamente a influência de Dom Paulo sobre os católicos da imensa e populosa região. Se era o objetivo final de todo o processo, isso jamais foi admitido pelo Vaticano, cuja justificativa ficou centrada na questão administrativa e na alegação de que o mesmo desmembramento estava programado para a diocese de Nova York, e por razão idêntica. Lideranças religiosas, porém, rebatiam tais alegações denunciando que havia, na Europa, arquidioceses muito maiores do que São Paulo e Nova York, que nem por isso estavam sendo retalhadas. Voltavam à tona as suspeitas de que estaria em curso uma disputa política pelo controle da Igreja Católica na América Latina, com um claro cerco aos ditos progressistas. Entre os elementos apontados para fundamentar essa hipótese, apareciam sempre a condenação de Leonardo Boff pelo Vaticano e a transferência de Dom Luciano Mendes de Almeida de São Paulo para Mariana (MG). Dom Luciano era bispo auxiliar de Dom Paulo Evaristo Arns e representava um apoio indiscutível para a permanência da trajetória humanista e combativa do clero católico.

Em meados de 88, o governo brasileiro solicitou as credenciais para a imensa comitiva que pretendia levar ao Vaticano, para a solenidade de consagração dos novos cardeais da Igreja Católica, entre os quais estavam os nomes de Dom Lucas Moreira Neves, arcebispo de Salvador, e Dom José Freire Falcão, arcebispo de Brasília. Em pequenas notinhas publicadas nos jornais, transpirou a informação de que Dom Luciano Mendes de Almeida teria sido preterido na lista do papa, embora fosse um dos mais cotados para assumir a posição de cardeal. Embora não houvesse confirmação dessa hipótese, ela não era de todo improvável, por todas as razões já mencionadas. Para corroborar tal suposição, teria sido publicado em Paris um documento confidencial e inédito, contendo propostas do CSN que visavam à criação de "mecanismos apropriados" para garantir o controle das atividades de organizações religiosas no Brasil, incluindo "a participação de padres estrangeiros e o ingresso de recursos financeiros destinados a campanhas da Igreja Católica". Segundo as matérias de jornal, esse documento do CSN, datado de junho de 1986, afirmava que a "minoritária corrente progressista" possuía grande influência sobre a orientação das ações pastorais da Igreja, "ocupando todos os altos postos de direção da hierarquia religiosa". Esse grupo, segundo o texto, atuava basicamente de acordo com os ditames da Teologia da Libertação, fazendo com que o seu trabalho repousasse sobre os problemas sociais e econômicos do Brasil, "e não sobre a espiritualidade dos fiéis". Como se uma coisa excluísse a outra. Cuidar dos dramas da pobreza e do sofrimento que assolavam imensas parcelas da população não era algo contrário à prática religiosa. Para muitos, era mesmo a sua própria razão de ser.

Nessa mesma época, a imprensa também noticiou que, no Nordeste, os bispos progressistas estavam sendo gradativamente substituídos pelos conservadores. À frente dessas mudanças, destacava-se o bispo de Olinda e Recife que, ao longo dos últimos três anos, vinha desmontando todo o trabalho traçado e executado com grande sucesso pelo seu antecessor — Dom Hélder Câmara. As reportagens não se esquivavam de dizer que o que se passava era justamente a substituição dos adeptos da Teologia da Libertação, que ajudaram a criar as Comunidades Eclesiais de Base e formaram com elas um bloco de resistência à ditadura militar. Nas entrelinhas, ficava muito claro que todas as mudanças de orientação da Igreja Católica estavam sendo diretamente estimuladas pelo Vaticano. Dizia-se que o papa atuava francamente para repetir o que a linha dura do catolicismo já havia feito na Holanda, na Espanha e no Peru — onde o movimento ultraconservador Opus Dei expelira os progressistas da Conferência

Episcopal. No Brasil, a ordem seria bem clara: cada progressista que morresse ou se aposentasse viria a ser substituído por um conservador promovido. Apesar desse movimento da alta hierarquia, e em contraste com essa determinação superior, os bispos latino-americanos reunidos em Lima, no Peru, reafirmaram suas preocupações sinceras com os problemas da fome, do abismo entre ricos e pobres, da violência, do tráfico de drogas e da persistência de regimes autoritários na região, no II Encontro Pastoral Social. Com representantes de Argentina, Bolívia, Brasil, Colômbia, Costa Rica, Chile, Equador, El Salvador, Guatemala, Honduras, México, Paraguai, Peru, República Dominicana e Uruguai, eles lamentaram ainda a paternidade irresponsável, o abandono das crianças, a falta de habitação e a violação dos direitos fundamentais. Tratava-se de uma reafirmação dos princípios que sempre caracterizaram a ação do clero progressista latino-americano.

Uma última nota desse confronto veio da recusa de Dom Pedro Casaldáliga, bispo de São Félix do Araguaia, a acatar as ordens expressas num documento da Nunciatura Apostólica, que lhe fora enviado pelo correio, com poucas linhas e sem nenhuma assinatura, proibindo-o de dar entrevistas, de publicar textos sem uma censura prévia, de fazer conferências sem autorização superior e de viajar à América Central, em particular à Nicarágua. Dom Pedro Casaldáliga anunciou que não considerava o documento válido, pela ausência de timbre e de assinatura. Apócrifo? Em resposta, um comunicado oficial lido pelo porta-voz da Santa Sé, em 25/09/88, negou informações segundo as quais Dom Pedro Casaldáliga teria sido forçado pelo Vaticano a ficar em silêncio, sem viajar e sem publicar seus textos em livros e artigos. Ficou o dito pelo não dito. Mas a perseguição aos católicos ditos progressistas, a partir das instâncias superiores da própria Igreja, ficara ainda mais claramente demonstrada. O cerco aos simpatizantes das causas populares, dentro e fora do âmbito hierárquico do catolicismo, se transformava numa realidade cada vez mais concreta no cenário político brasileiro e latino-americano.

Tornara-se praticamente impossível dissociar o avanço das seitas neopentecostais ao declínio da influência católica sobre a população do Brasil, haja vista essa ação persecutória desencadeada dentro da própria hierarquia religiosa. O bispo responsável por ecumenismo e diálogo religioso da CNBB, numa entrevista concedida à imprensa, admitiu que ocorria de fato uma perda evidente para os católicos nesse processo. Embora reconhecesse que sua entidade buscava uma aproximação com os evangélicos, baseada no diálogo, considerou que algumas lideranças estariam dominadas por "impulsos verdadeiramente fanáticos", os quais interditariam qualquer forma de conversa e de entendimento. Ao mesmo tempo, ele afirmou que determinadas denominações seriam "manipuladas pelo imperialismo". Não era a primeira vez que uma assertiva desse tipo aparecia na fala dos padres — durante as discussões havidas sobre a questão da reforma agrária, por exemplo, houve a denúncia de outro membro do mesmo setor ecumênico da CNBB acerca do financiamento a grupos religiosos neopentecostais proveniente dos Estados Unidos. Ainda que não fossem mostradas provas desse engajamento, e ainda que as (poucas) matérias de jornal não aprofundassem o debate sobre o tema, o fato é que as incriminações eram ventiladas com alguma periodicidade na própria imprensa. Tais insinuações acabariam criando uma convicção, ou uma desconfiança, de que o fenômeno de intromissão das seitas evangélicas no meio religioso brasileiro não tinha sido exatamente espontâneo e desinteressado, simples manifestação de fé e de espiritualidade de vastas camadas do povo.

Havia suspeitas não infundadas de que isso tinha sido utilizado para cumprir certos desígnios políticos, que visavam afastar por completo os congregados da influência dos padres progressistas, cujo papel relevante no combate à ditadura era inegável. A década de 1980 seria, assim, pródiga em ações destinadas a punir e execrar padres e bispos que professavam, com sincero arrebatamento, tanto a Teologia da Libertação quanto a opção preferencial pelos pobres como sendo o verdadeiro coração do Evangelho, como o cerne da vida cristã. Ignorar a atuação do Vaticano e das demais instituições do poder religioso e político, em franca oposição ao clero progressista, é desconhecer parte importante desse processo histórico que resultou tanto na diminuição do rebanho católico quanto no crescimento dos seguidores neopentecostais. Na base de tal sequência de fatos e ações, pode-se identificar a histeria anticomunista que sempre caracterizou o pensamento conservador, sobretudo, no contexto geopolítico de plena vigência da Guerra Fria.

Na atuação parlamentar, de outra feita, os constituintes evangélicos eram apontados pela imprensa como um grupo que havia transformado a tarefa de redigir uma nova Constituição para o Brasil num “grande e lucrativo comércio”, negociando os seus votos em troca tanto de vantagens para suas igrejas quanto para si próprios. Havia denúncias, por exemplo, de que o deputado evangélico que tinha apresentado a emenda do mandato de cinco anos para o presidente José Sarney ganhara uma concessão de rádio para a sua igreja, mas acabara registrando-a em nome do próprio filho. Verbas federais jorravam para as demandas dos parlamentares que colaboravam de perto com os interesses do grupo governista. O fisiologismo praticado em nome de Deus constrangia os verdadeiros fiéis, como o era o deputado Lysâneas Maciel (PDT-RJ), que lamentou o “terrível embaraço” causado pelo envolvimento de evangélicos em diversos escândalos. O mais recente desses estardalhaços vergonhosos veio com a incriminação do coordenador da Fundação Educar da Bahia, membro orgulhoso da bancada evangélica, que concedera uma verba milionária à igreja Assembleia de Deus de Salvador. Dinheiro da educação para o bolso de pastores.

A Fundação Educar foi criada por meio do Decreto nº 92.374, de 06/02/86, em substituição ao antigo Movimento Brasileiro de Alfabetização (Mobral), instituído em março de 1968, e extinto na mesma oportunidade do novo decreto. Seus principais objetivos eram a promoção de programas para a Educação de Jovens e Adultos (EJA) que não tiveram chance de frequentar uma escola na infância, e também o apoio a instituições governamentais e não-governamentais dedicadas à educação básica desses mesmos grupos. A Fundação Educar realizou um projeto muito importante nesse sentido, na Baixada Fluminense, por meio de parcerias com diversas entidades representantes dos movimentos populares, de fevereiro de 1986 a março de 1990. Por essa experiência bem-sucedida, recebeu da UNESCO, em 1988, o Prêmio Nadeja Kroupshkaia, considerada a melhor entre várias concorrentes na área da educação de jovens e adultos, que atuaram com forte participação comunitária (juntamente com outros órgãos federais, a fundação foi extinta por Fernando Collor, em 1990. No curso desse desmonte, perderam-se inúmeros documentos importantes acerca da trajetória e da atuação da instituição).

A educação brasileira pedia socorro, como em tantos outros momentos passados e futuros isso veio a acontecer. Por essa razão, tornava-se ainda mais escandaloso que os recursos a ela destinados pudessem ser subtraídos desse modo tão abjeto, como tantas vezes se viu. Lobistas, aproveitadores, parasitas e picaretas de todos os tipos se lançavam sobre as verbas da educação para usurpá-las, deixando à míngua crianças e jovens que dependiam diretamente da escola pública para receber instrução. Nos jornais, manchetes gritavam que a rede escolar do Distrito Federal estava falida. Para atender à demanda de uma população infantil em crescimento, no mínimo 300 novas salas de aula deveriam ter sido construídas no ano anterior (87), mas a carência de fundos alegada pelo governo impedira qualquer tentativa de solução do problema. Enquanto isso, nos corredores do poder de Brasília, fartas negociatas eram planejadas. Nesse meio tempo, o ministro da Fazenda aconselhava os pais a trocarem seus filhos de escola, caso não estivessem conseguindo arcar com os preços das mensalidades. Isso porque o seu ministério tinha acabado de autorizar novos reajustes. Ainda que pudesse admitir certo exagero nos aumentos praticados pelas escolas particulares do país, o nobre ministro ainda afirmou que não haveria interferência, porque a decisão do governo era a de "livrar a economia do controle estatal". Ou seja, a ideia que ele fazia de não-intervenção do Estado na economia incluía também todas as formas de regulação e de controle que cabiam, de fato, ao Estado fazer! Para completar, numa aula rasa do que seria uma real economia de mercado, ele argumentou que, se os alunos procurassem escolas mais baratas, as que estivessem cobrando mensalidades mais caras seriam obrigadas a reduzi-las, ao perderem clientes. Lei de oferta e procura, concorrência perfeita. Escola, mercadoria, livre jogo das forças de mercado. Eram essas as concepções que prevaleciam. Tratar a educação como simples produto de consumo era o ápice da degradação moral de um governo sem o mínimo compromisso com o desenvolvimento econômico e com a justiça social. Mas, não demorou para que o ministro viesse a público dizer que as suas palavras tinham sido distorcidas e mal interpretadas, tiradas de contexto. Culpa da imprensa.

Autoridades não estavam sozinhas nesse descaso com a educação brasileira. Entre os próprios profissionais da área era possível encontrar uma mentalidade verdadeiramente anacrônica, produto de uma evolução histórica marcada pela concepção prevalecente de que a educação era uma questão menor, tornando-se a docência uma profissão temporária para inúmeros de seus adeptos. Durante muito tempo, foi bastante comum ouvir-se a declaração de que o magistério era um sacerdócio. Isso posto, gerou-se a convicção de que os professores não trabalhavam pelo salário, mas pela vocação "sacerdotal". Daí, entre outros fatores, pode-se ter criado uma suposição de que não precisavam ganhar bem pelo que faziam, pois agiam de acordo com a sua índole generosa e desinteressada. A cristalização dessa mentalidade acabaria levando a uma progressiva desvalorização da profissão, a ponto de desencorajar jovens qualificados e de depreciar expectativas ambiciosas em relação ao futuro da educação brasileira. Profissionais mal remunerados, além de sucessivos financiamentos subvalorizados da atividade educacional, tornaram-se condições recorrentes no quadro geral do sistema escolar do país. Estabelecendo uma relação de mútua influência, ambos fatores colaboraram para manter a área pedagógica num estado permanente de carência e de inferioridade. Educadores ganhavam mal, escolas em geral eram deficientes tanto em oferta de condições materiais quanto em eficiência didática, governantes subvalorizavam os financiamentos para o setor. Um círculo vicioso dramático.

Não restam dúvidas quanto à complexidade do tema da educação no Brasil, cujos desdobramentos vão muito além dos pontos aqui levantados. O propósito seguido é o de registrar os modos pelos quais o tema surgiu na imprensa do período abordado, com especial destaque para a emergência do debate encorajado pela Assembleia Constituinte em torno da questão educacional. Em grande medida, as principais disputas no plenário do Congresso se deram a respeito do financiamento da educação e da destinação dos recursos da União para o sistema escolar brasileiro. A gratuidade do ensino público e a garantia de verbas para o seu pleno funcionamento foram duas das maiores batalhas travadas pelos defensores do direito à educação para todos os brasileiros, num momento em que o país ainda exibia alguns índices verdadeiramente vergonhosos, como, por exemplo, os 30 milhões de analfabetos e os 87% de crianças que não chegavam a concluir o primeiro grau de escolaridade, segundo notícias de jornal. Além disso, houve também a luta pela elaboração de um plano de carreira para o magistério público e de um piso salarial profissional, duas das demandas mais antigas da categoria. A questão, como ficou amplamente demonstrado no processo constitucional, mobilizava os parlamentares e a opinião pública como sendo talvez a única saída real para o gravíssimo problema da desigualdade social no país. Num relatório reservado do Banco Mundial ventilado pela imprensa em junho de 88, o panorama da educação no Brasil vinha pintado com as cores tristes dos países mais atrasados da região, como Suriname, El Salvador e Nicarágua. Na conclusão do texto, explicações já bastante conhecidas para o quadro deplorável que se vislumbrava: permanência reduzida dos alunos na escola; formação dos professores deficiente; falta de materiais e de incentivos no processo de ensino-aprendizagem; fortes apelos para o ingresso dos estudantes no mercado de trabalho.

Educar ia muito mais longe do que uma escola e uma sala de aula podiam alcançar. E isso ficou bem claro no episódio da "farra do boi", que voltaria a assombrar as almas sensíveis no Brasil de 1988. Embora proibido pelo governo estadual, o suplício cruel dos animais continuava acontecendo em Santa Catarina, em "festejos" tradicionais ocorridos entre o Carnaval e a Semana Santa. Notícias de jornal informavam que o sadismo deplorável fora registrado no município de Porto Belo, a 50 quilômetros da capital do estado, em meados de março, com a participação de mais de 500 pessoas. Autoridades estaduais, apoiadas na legislação local, asseguravam às reportagens que os espetáculos atrozes, nos quais os animais eram barbaramente torturados e espancados até a morte — depois disso fazia-se um churrasco — seriam substituídos por uma "festa do boi", na qual ficariam terminantemente proibidas as crueldades contra os animais, os danos materiais e até os acidentes que já haviam matado várias pessoas. Para tanto, a polícia exerceria uma vigilância severa. O que os jornais reclamavam era que em Porto Belo não houve nenhuma fiscalização e a barbárie fora instalada. As delegacias locais alegavam falta de pessoal suficiente para repressão às "farras do boi", nos diversos municípios catarinenses. As entidades de defesa dos animais, cansadas da inoperância, seguiam apelando a forças internacionais para que ajudassem a eliminar a selvageria do país, posto que, até aquele momento, nenhuma autoridade nacional ou regional tivesse sido capaz de enfrentar com rigor o problema. Brigitte Bardot escreveu uma carta ao ministro da Justiça brasileira, na qual afirmou: "O que se passa é atroz e indigno de um país que se diz civilizado".

Pela descrição da imprensa, o que se via eram centenas de pessoas, entre crianças, adultos e velhos, perseguindo o boi por vários quilômetros, atirando-lhe pedras e paus e tentando irritá-lo ao máximo. Tendo passado a noite toda sem água nem comida, o pobre animal não tinha muitas forças para reagir. Todavia, sempre que alguém se aproximava demais, ele se enfurecia e corria desabaladamente, invadindo casas, passando por cima do que estivesse pela frente e causando até mortes. Ao cabo de quilômetros de correria, o boi era encurralado e submetido a terríveis torturas, a depender da imaginação dos "farristas". Os chifres podiam ser quebrados, o rabo cortado, as pernas serradas, os olhos vazados. Podiam até queimá-lo vivo. Ao final, saboreariam um delicioso churrasco. Era esse o espetáculo deprimente que tinham a oferecer. Segundo os relatos da imprensa, a "farra do boi" tinha sido trazida ao Brasil por piratas espanhóis dedicados ao tráfico de africanos escravizados, como uma adaptação das corridas de touros de seu país de origem. Era o jeitinho que encontraram de matar as saudades de casa. Embora negassem qualquer autorização para a continuidade desses eventos, e reclamando do sensacionalismo da imprensa na cobertura dos fatos, as autoridades catarinenses pediram honestidade aos repórteres e informaram que as "farras" consistiriam tão somente em atos para irritar o boi com panos vermelhos e correr dele. Os protestos realizados no Rio de Janeiro e em São Paulo contra essa prática bestial foram chamados pelo governador de uma "campanha de fundo político e econômico para difamar Santa Catarina". Ainda assim, notícias mostraram que cerca de 2 mil pessoas receberam a pedradas os 200 Policiais Militares que impediram a realização de uma farra do boi no município de Governador Celso Ramos (SC) e esses revidaram o ataque com tiros de festim e bombas de gás lacrimogêneo. E foi também anunciado que duas redes de TV importantes, uma do Japão e outra dos Estados Unidos, estavam se mobilizando para realizar grandes reportagens sobre a atrocidade perpetrada contra os animais em solo catarinense. Ruim para a imagem do país no estrangeiro.

No balanço da atuação da diplomacia brasileira, as realizações eram consideradas pela imprensa mais positivas do que negativas, com base no que foi considerado como a consolidação da presença do Brasil na América Latina, tanto pela afirmação do processo de integração com Argentina e Uruguai quanto pelo apoio à reintegração de Cuba aos órgãos consultivos e deliberativos da região. Além disso, o país tendia a se posicionar sempre favorável às negociações de paz na América Central, assim como no Oriente Médio, intercedendo em favor da participação dos palestinos nos acordos. Por isso mesmo, eventos como a "farra do boi" costumavam entrar em visível desacordo com os esforços do Itamaraty para manter uma posição favorável no exterior às ambições diplomáticas do Brasil, entre as quais se destacava o assento no Conselho de Segurança da ONU, por exemplo. Além de buscar a confirmação de sua liderança no continente latino-americano, o corpo diplomático brasileiro também se mantinha atento aos novos parceiros que emergiam no cenário internacional, entre os quais se destacava sobejamente a China. O movimento de aproximação com o "gigante oriental" era algo que já vinha sendo cuidadosamente executado, desde os anos finais do regime militar. As similaridades, assim como as afinidades entre os dois grandes países emergentes — Brasil e China — não escapavam aos olhares atentos dos formuladores de suas respectivas políticas públicas, e colaboravam para sedimentar uma proximidade que se tornava cada vez mais inequívoca no plano do comércio bilateral.

Os jornais mencionavam o papel da China como a principal alternativa para o incremento do comércio exterior do Brasil, em especial, naquela conjuntura de tensões em que os Estados Unidos, que sempre foram o maior parceiro, ameaçavam as exportações brasileiras por meio de uma série de retaliações e sanções. O governo chinês, por seu lado, empreendia um enorme esforço para recuperar o atraso industrial do país e para dinamizar o seu processo de substituição de importações. O projeto era crescer muito, mas, acima de tudo, evitando as dificuldades que países como México e Brasil tiveram de enfrentar no curso de seu desenvolvimento. Naquela fase de expansão, o mercado chinês vinha se tornando um imenso escoadouro para máquinas e equipamentos, tecnologias de ponta, construção civil e matérias-primas das mais variadas. Segmentos empresariais brasileiros se esmeravam para aproveitar todo esse potencial, e contavam com o apoio qualificado do Itamaraty no estreitamento dessas relações.

Um dos momentos mais significativos desse processo ocorreu justamente por ocasião da assinatura de um convênio entre os governos do Brasil e da China para a construção de dois satélites de sensoriamento remoto. O presidente José Sarney estava sendo aguardado com imensa expectativa pelas autoridades chinesas, em visita oficial que deveria resultar em diversos acordos importantes destinados a consolidar os laços cada vez mais próximos entre os dois países, realizada em julho de 88. Esse convênio de cooperação para construção de satélites estaria desagradando imensamente tanto a França quanto os Estados Unidos, que ameaçavam impor severas retaliações à venda de tecnologias de ponta. Brasil e China seguiam no firme propósito de estreitar as suas relações comerciais, além de fortalecer as parcerias em diversos setores de produção e de serviços, como fármacos, energia, transportes e recursos minerais. Nesse percurso, esbarrariam nos interesses consolidados das potências capitalistas e precisariam arcar com os custos de bloqueios, intimidações e perdas. Houve momentos, porém, em que o espírito afirmativo tomou a frente, como a recepção oferecida a José Sarney diante do palácio do povo, na Praça da Paz Celestial, onde os governantes chineses o saudaram com toda a pompa das honras militares. Justamente ali, onde os chineses comemoravam todas as suas datas históricas importantes. Uma cerimônia cheia de símbolos.

Nos jornais brasileiros, a visita de Sarney à China mereceu ampla cobertura e muita análise sobre as perspectivas do estreitamento de relações entre os dois países. O futuro das nações emergentes era uma preocupação sempre presente nas reportagens e nas colunas de opinião, sobretudo, naquela quadra especial em que a economia brasileira enfrentava uma de suas piores crises. O fracasso sucessivo dos planos econômicos destinados a tirar o país do sufoco inflacionário e do déficit público incontrolável era um fantasma que assombrava sem tréguas tanto os responsáveis pela gestão macroeconômica quanto os seus críticos e analistas. De modo que a perspectiva de acordos com o gigante asiático em forte expansão era um sopro de esperança para os setores envolvidos com a questão. No curso de sua estada em Pequim, Sarney foi recebido por Deng Xiaoping, líder máximo daquele país, com quem conversou por mais de uma hora e de quem recebeu um tratamento amistoso e afável. Numa cerimônia no grande Salão do Povo, Deng teria afirmado que "o desenvolvimento do Terceiro Mundo é uma garantia importante para a paz mundial", pois, somente com sua capacidade de vencer o atraso e a pobreza esses imensos contingentes populacionais poderiam viver em harmonia e buscar a união. Além disso, ele ainda disse que China e Brasil precisavam aprender, "um com o outro", a promover o desenvolvimento comum. Para ele, a visita do presidente brasileiro e a assinatura de diversos acordos e convênios eram uma demonstração da confiança mútua e da vontade férrea que ambos demonstravam de alcançar esses "nobres objetivos". Entre todos os documentos assinados, o mais relevante foi o que estabeleceu a parceria para lançamento de dois satélites, respectivamente em 1992 e 1994. Até aquele momento, os serviços de mapeamento e de levantamento de recursos naturais por meio de satélite só eram feitos por Estados Unidos, União Soviética e França. Sem dúvida, foi um grande passo. Uma pequena fenda no monopólio das grandes potências.

O presidente José Sarney e sua comitiva ainda visitaram a Muralha da China e os túmulos Ming, obras de arte importantes da cultura chinesa milenar. Foram também à cidade de Xian, onde puderam apreciar o espetacular exército subterrâneo de 6 mil soldados esculpidos em terracota; e à cidade de Xangai, onde conheceram a grande usina siderúrgica de Baoshan. Outros acordos de cooperação nas áreas de transportes, medicina preventiva (com destaque para malária e febre amarela), medicina tradicional, tecnologia industrial e hidreletricidade também estiveram na mesa de negociações, de acordo com as notícias de jornal. Muito embora a imprensa, em geral, revelasse, por meio de seus colunistas, certo ceticismo em relação às reais possibilidades desses dois gigantes para vencer o seu atraso secular na questão do desenvolvimento econômico e do progresso tecnológico, os jornais estrangeiros que operavam em Pequim pareciam ter uma ideia mais bem definida da estratégia do governo chinês de se associar efetivamente ao Brasil, para obter alguns êxitos relevantes nos foros internacionais. Isso foi dito pelos próprios articulistas que acompanharam a visita do presidente brasileiro. E o tempo se encarregaria de mostrar o acerto desse plano.

Nessa perspectiva, o governo brasileiro anunciou seu propósito de lançar uma nova política industrial para o Brasil, cujo maior intento seria o de incentivar a modernização tecnológica do parque produtivo nacional. Em maio de 88, o presidente Sarney reuniu cerca de 200 empresários no Palácio do Planalto, para noticiar-lhes que, após a abertura política, começaria, então, a abertura econômica do país, de modo que se completasse efetivamente a sua redemocratização. A nova política industrial anunciada era um elenco de medidas destinadas a "desregulamentar" e, portanto, modernizar a economia brasileira, eliminando o que se chamava de "cartorialismo", de burocracia excessiva e de controles desmedidos do Estado, os quais Sarney disse considerar distorções de "uma etapa ultrapassada". Entre as principais medidas prometidas, estava o fim da alíquota máxima do imposto de importações, a isenção do Imposto sobre Produtos Industrializados (IPI) para a compra de bens de capital no exterior, o incentivo fiscal aos investimentos em tecnologia, a eliminação dos entraves que dificultavam as exportações, a extinção de órgãos de governo cuja finalidade havia perdido o sentido. Somente a informática e a indústria de petróleo manteriam a reserva de mercado. Nas alegações apresentadas, o presidente ainda mencionou a sua busca de coerência com o combate ao déficit público, por meio da revogação de benefícios fiscais concedidos ao setor privado. De acordo com as notícias, empresários ligados à Fiesp e à CNI que estiveram presentes demonstraram apoio ao conjunto de medidas divulgadas.

No bojo das inovações propostas pelo governo para dar andamento a uma política industrial modernizadora, estava uma concepção que se alastrava pelos corredores do poder em Brasília: o esgotamento do modelo econômico sobre o qual o Brasil havia se apoiado nas últimas décadas de sua história — a substituição de importações[10]. Segundo as declarações do ministro da Fazenda divulgadas pela imprensa, a nova política industrial seria uma mescla de redução de tarifas à importação com o fim de incentivos fiscais e de subsídios à produção nacional, e uma simultânea desburocratização dos mecanismos de exportação. Visando à manutenção de elevados saldos comerciais, tornara-se obrigatório, na visão do ministro, separar os casos em que seria "preferível importar em vez de produzir internamente a custos altos", o que implicaria uma abertura radical da economia brasileira. A maior prioridade seria dada aos projetos que incluíssem o desenvolvimento de tecnologias, tomando como exemplo didático o caso da Coreia do Sul.

Os profetas do ilusionismo agiam com desembaraço, em grande medida, porque a imprensa não se pautava muito pela profundidade no tratamento dado a temas dessa envergadura. Mesmo nos meios acadêmicos, houve certa euforia com o exemplo coreano de rápido progresso tecnológico, como um padrão a ser seguido, sem se considerar que o curso do desenvolvimento econômico obedece às condições históricas concretas que nem sempre se adaptam aos modelos construídos em gabinetes ministeriais ou intelectuais. O caso da Coreia do Sul, baluarte do "capitalismo liberal mais bem-sucedido do mundo", conforme a crença amplamente difundida no Brasil, era

---

10. O modelo denominado de "substituição de importações" foi criado como uma resposta à Crise de 1929, cujos desdobramentos posteriores revelaram a dependência nociva que as economias baseadas na exportação de matérias-primas e alimentos — como o Brasil — experimentaram diante da crise geral que se abateu sobre o comércio mundial. Nem os seus produtos encontravam mercados no mundo, nem as suas importações podiam ser pagas com os recursos (escassos) advindos da exportação. A solução encontrada foi começar a produzir internamente aqueles bens considerados essenciais, que não podiam ser adquiridos com a mesma regularidade no mercado internacional — daí o nome "substituição de importações".

apontado como o máximo de liberalismo, com liberdade total para investimentos estrangeiros, abertura às multinacionais, enfim, uma verdadeira maravilha para atrair capitais externos, com pouquíssima participação do Estado na economia. Mas, não foi isso exatamente o que ali constataram dois técnicos do Departamento de Estudos do BNDES, enviados em missão exploratória de conhecimento sobre as realidades econômicas dos principais países do Extremo Oriente (Jornal do Commercio, 1e2/05/1988, p. 12). O que eles revelaram em entrevista aos jornais foi que "a Coreia não era nenhum paraíso do liberalismo, como se o Estado não participasse da economia e não houvesse controles oficiais sobre importações e exportações, e sobre a entrada de multinacionais". Muito ao contrário. O que o Brasil teria a aprender com a experiência coreana não era tanto uma idealizada abertura irrestrita ao exterior, mas, sim, "a importância do planejamento com objetivos claros, o aproveitamento de capitais nacionais fortes para o desenvolvimento do país, e a prioridade dada aos investimentos em educação e em novas tecnologias". Planejamento, longo prazo, inclusão pela educação, investimentos em infraestrutura, inovação e produtividade pareciam ser conceitos muito distantes da realidade brasileira de 1988. Uma evidência disso foi justamente o fato de que a prospecção de experiências internacionais bem-sucedidas, que poderiam servir de inspiração para um novo ciclo de expansão nacional, veio a ser feita por dois profissionais do BNDES. E não por assessores ou mesmo por dirigentes empresariais.

Quando os dois técnicos do BNDES viajaram, no Brasil se discutia qual era o nível de investimento requerido para dar início a um novo ciclo de crescimento econômico. A Coreia do Sul era apontada internamente como o modelo por excelência de liberalismo, com enorme capacidade de atrair capitais externos. Todavia, o que ambos constataram foi que o fluxo de capital estrangeiro entre 1962 e 1985 tinha sido de apenas US$ 4,2 bilhões, cifra muito aquém do que se imaginava. Por outro lado, eles também identificaram que os investimentos externos eram proibidos em certas atividades, como, por exemplo, agricultura e pecuária, publicação de jornais, produção e distribuição de energia elétrica, fornecimento de água, transporte ferroviário, operação de portos, serviço de correios, bancos de poupança, hospitais, rádio e televisão. Todas consideradas essenciais. Para outros setores, por outro lado, haviam sido estabelecidas apenas algumas restrições, como no transporte rodoviário de cargas, nas companhias de investimento e nas agências de publicidade. Em outras, no entanto, era exigida a criação de joint-ventures (propriedades compartilhadas), com maioria de capital coreano, como era o caso dos motores a diesel, as colheitadeiras e os tratores, escavadeiras e carregadeiras, os transformadores, as fibras óticas, os veículos a motor e os têxteis. Além disso, o governo coreano praticava a reserva de mercado nas áreas de informática e de microeletrônica, nas quais vinha investindo pesadamente. Embora admitisse a adoção de joint-ventures e não possuísse uma legislação específica sobre a reserva de mercado nesses segmentos produtivos, o Estado dispunha de um conjunto de normas que facilitava sobremaneira o controle do setor. O que pode ser realçado desses dados é o poder desmistificador de uma investigação isenta.

Apesar disso, as autoridades governamentais brasileiras continuavam insistindo na verborragia do liberalismo como panaceia para todos os males. E a imprensa era pródiga na concessão de espaços e loas às iniciativas voltadas para a abertura geral e irrestrita da economia do país à ação do capital. O presidente Sarney fazia periódicas declarações nesse sentido, tanto em eventos oficiais quanto nos programas de rádio que transmitia todas as semanas para o distinto público, em cadeia nacional (Conversa ao Pé do Rádio): “a política paternalista de total proteção do Estado chegou a uma exaustão e hoje não resolve mais”. A nova política industrial lançada pelo governo daria aos empresários a possibilidade de investimento em tecnologias inovadoras, permitindo-lhes a produção de bens melhores e mais baratos. Para ele, a força criativa e competitiva da iniciativa privada promoveria um novo salto para a economia do país, caminho sólido e seguro para sair da pobreza e criar riqueza: "Criar riqueza é investir, e este é o chamamento e a solução da crise". Autoridades de um lado, organizações empresariais de outro, todos em uníssono decretando a morte da substituição de importações e a necessidade de trocar o modelo de desenvolvimento econômico brasileiro por outro. Produtividade, gritavam os industriais, pregando uma "mudança de mentalidade" na qual o protecionismo deveria ser suplantado pela inovação. As ousadias improváveis do empresariado apontavam para a abertura progressiva da economia à competição internacional e para a adoção de uma política de tarifas aduaneiras e uma política cambial mais realista, isto é, mais condizentes com a nova situação mundial dentro da qual o Brasil deveria se colocar com uma produção mais "categorizada". Era pagar para ver.

Embora o capital privado nacional e o capital estrangeiro compartilhassem inúmeras afinidades, sobretudo, no que se referia à relação com os trabalhadores e com o intervencionismo estatal, em outros aspectos da atividade econômica eles esbarravam em divergências estruturais profundas. No curso dos debates constitucionais, durante a votação do segundo turno da nova Constituição, por exemplo, os jornais mostraram uma verdadeira "ofensiva supressora" comandada pelo empresariado de São Paulo reunido na Fiesp. Entre os principais dispositivos aprovados em primeiro turno que eles pretendiam eliminar do texto final estavam o direito de greve, a nacionalização da mineração e os juros tabelados a 12% ao ano, além de diversos outros benefícios sociais concedidos aos trabalhadores. Eram pontos que aproximavam todos os empreendimentos capitalistas instalados no país, independentemente de sua origem. De outra feita, a imprensa também registraria o apoio irrestrito dos empresários da Firjan à derrubada dos dispositivos constitucionais aprovados em primeiro turno pelos parlamentares "esquerdistas e nacionalistas", como o que limitava a atuação das multinacionais no setor mineral, por exemplo. Muito já se especulou a respeito dessa aliança, como se ela fosse a própria razão de ser do capital privado nacional, que jamais reuniu forças suficientes para comandar o capitalismo brasileiro, permanecendo a reboque tanto do Estado quanto do capital estrangeiro, aliados indispensáveis no processo de desenvolvimento econômico. Apesar do reconhecimento desse arranjo, é preciso admitir que ele sempre foi marcado pela presença de graves contradições. Uma delas apareceu na forma da preocupação mostrada pelos empresários do setor de bens de capital diante da real possibilidade de que, na negociação da dívida externa brasileira, o FMI e os bancos credores pudessem pressionar por uma liberação ainda maior das importações do país, o que colocaria em sério risco todo o seu segmento de atividade. Segundo as notícias, a produção industrial nacional encontrava-se em efetivo declínio, necessitando de medidas estimuladoras e não do acirramento da concorrência exterior. Para os representantes do setor, a nova política industrial anunciada pelo governo não teria contemplado de modo eficiente esse tipo de problema.

Havia muito dinheiro para irrigar os votos do Centrão, e havia também muitas ações de bastidores que incluíam, além dos vários ministérios e autarquias, os gabinetes dos ministros militares: Exército, Marinha e Aeronáutica. Os empresários não mediram os esforços que julgavam necessários para obter todo o apoio possível às modificações que consideravam fundamentais no texto da nova Constituição. Por isso mesmo, segundo as notícias de jornal, percorreram os escritórios das Forças Armadas em busca de reforço para a pressão que pretendiam exercer sobre os parlamentares. Assessores que operavam no Congresso Nacional em sintonia com as demandas dos militares, informaram aos empresários que os fardados também estariam preocupados com a extensão dos direitos trabalhistas aos funcionários civis que trabalhavam nas três armas e, por isso, mantinham permanente diálogo com os constituintes. O *lobby* militar era considerado um dos mais eficientes, senão o mais eficiente, nos corredores do parlamento. Graças a uma atuação incisiva e constante, o papel das Forças Armadas praticamente não havia sofrido nenhuma alteração de peso no novo texto constitucional. Não foi à toa que os empresários correram para pedir a ajuda dos militares em suas causas junto à Assembleia Constituinte. Sempre contra os direitos trabalhistas e sociais.

No curso desses trâmites, Leonel Brizola foi convidado para um jantar na casa de um famoso publicitário de São Paulo, que reuniu um seleto grupo de empresários ligados à Fiesp, inclusive altos executivos de grandes multinacionais. Considerado pelos presentes como o candidato com maiores chances de vencer a próxima eleição presidencial, Brizola foi agraciado com um cardápio delicioso à base de filés de badejo e vinhos selecionados. O poder econômico começava a mapear as possibilidades políticas no horizonte e tratou o ex-governador com toda a cortesia, ainda que não o admirasse ou preferisse. Segundo suas próprias afirmações, em entrevista, a principal preocupação revelada pelos empresários ali presentes era com o tratamento que pretendia dar ao capital estrangeiro, caso fosse eleito presidente do Brasil. Ele respondeu que não tinha nenhum tipo de preconceito contra o capital estrangeiro, mas considerava que, em certos segmentos de atividade, como petróleo, mineração e informática, esse não seria admitido em nenhuma hipótese. Sobre a candidatura de Jânio Quadros à Presidência da República, que vinha sendo ressuscitada por janistas fervorosos, Brizola disse que não tinha nenhum temor a respeito, mas a julgava tão surrealista, que preferia nem comentar.

Nas várias frentes de luta abertas contra os "avanços inconvenientes" dos setores organizados dos trabalhadores, os empresários nacionais e multinacionais expandiam a artilharia a fim de conquistar votos para as emendas supressivas. Alguns chegaram a acreditar que o Centrão não possuía o número suficiente de parlamentares capazes de aprovar a anulação das emendas homologadas em primeiro turno, e foram bater na porta do governo para pedir a mobilização dos ministros nesse esforço urgente e necessário. Em tais quesitos, as afinidades eram muito superiores às eventuais divergências. O capital privado nacional e o capital multinacional encontravam-se em perfeita sintonia quanto à premência de eliminação dos "direitos indesejados", que eles alardeavam como sendo altamente prejudiciais à economia do país. No início do segundo semestre de 88, pelo que publicou a imprensa, a CNI abrigou um enorme grupo de advogados e assessores de diversas federações de indústria, comércio, agricultura e finanças para trabalhar na elaboração de mais de 200 emendas supressivas, que seriam entregues aos constituintes. As emendas supressivas eram aquelas que excluíam palavras ou trechos do texto constitucional e constituíam a única forma de alteração permitida na votação em segundo turno. Nas alegações apresentadas, os dirigentes das associações empresariais costumavam dizer que desejavam retirar somente aquilo que atingisse diretamente o setor produtivo e que demonstrasse "preconceito contra a liberdade de iniciativa". Pelo número de emendas que pretendiam apresentar, parecia que o novo texto constitucional estava cheio de erros e de discriminações, ainda que esse representasse as convicções dominantes entre a maioria dos parlamentares.

Lideranças vinculadas às multinacionais se queixavam de que o capital estrangeiro, que havia investido US$ 26 bilhões no país, ao longo de anos, estava se sentindo profundamente hostilizado pela Assembleia Constituinte. Alguns ameaçavam ir embora. E apresentavam os seus negócios como sendo lucrativos, principalmente, para o próprio Brasil, que sairia tremendamente prejudicado caso perdesse todo esse investimento. Os lucros fabulosos que obtinham e remetiam para suas sedes, em países distantes, nunca eram mencionados. As colunas de economia dos jornais e os seus editoriais, em geral, se mostravam simpáticos à causa do capital de um modo geral, e ao capital multinacional, em particular. Anunciantes. O que costumavam sugerir nas suas páginas era a necessidade de abrir o debate sobre um novo ordenamento legal para a atividade empresarial na economia brasileira, que incluísse maior liberdade de iniciativa e menor restrição à ação do capital, fosse ele nacional ou estrangeiro. Conforme avançava o tempo e se acelerava o prazo para a conclusão do novo texto constitucional, mais intensas se tornavam as ações empresariais em prol desses objetivos.

Na contramão dos queixumes, a imprensa publicou matéria sobre um levantamento realizado pelo economista Domingos Rodrigues, para o Instituto Nacional de Propriedade Industrial, no qual foi revelado que o Brasil era um verdadeiro paraíso dos lucros. Na análise que fez dos balanços dos maiores grupos privados do país, Rodrigues constatou que, no período compreendido entre 1980 e 1987, a margem líquida de lucro foi na média de 8,4%, contra menos de 5% obtidos pelas 500 maiores empresas dos Estados Unidos. A explicação levantada pela pesquisa, porém, indicou que o setor empresarial reagiu ao ciclo recessivo de 81-83 com uma significativa redução dos investimentos dirigidos à modernização e à ampliação do parque industrial, canalizando os recursos para a busca de receitas no mercado financeiro, cujas altas taxas de juros eram muito atrativas (Jornal do Commercio, 10e11/07/88, p. 1 e 7). Esse quadro acabaria colocando o Brasil numa espécie de encruzilhada, frente a uma abertura cada vez maior da economia num quadro global de intensa internacionalização. Sem ter passado pelas etapas consolidadas de grande crescimento industrial com desenvolvimento tecnológico de ponta, o país entrava num período de financeirização exacerbada que não oferecia as respostas necessárias e inadiáveis aos seus graves problemas sociais. Ao mesmo tempo, num mercado mundial cada vez mais competitivo e mutante, a economia brasileira acabaria ficando para trás na capacidade de gerar inovações e de incorporar os novos segmentos produtivos e de serviços transformados pelo advento da era digital.

As empresas privadas iam muito bem, obrigado, segundo palavras de um diretor do BNDES Participações S/A. A bem da verdade, elas nunca tinha estado tão bem no tocante à situação financeira, mas, vinham investindo muito pouco porque não enxergavam uma "definição satisfatória" dos rumos tomados pela economia do país. De acordo com esse diretor entrevistado, a melhor demonstração da excelente liquidez empresarial podia ser encontrada nos números do próprio BNDES: embora o índice de inadimplência das empresas junto ao banco nunca tivesse sido muito elevado, naqueles meados de 88, estaria próximo de zero. Além desse dado, as solicitações de empréstimo para promoção de saneamento financeiro também tinham sido reduzidas de modo drástico. Quem não andava muito bem era a população trabalhadora do Brasil. Estudos realizados pelo Dieese mostraram que os 140 milhões de brasileiros estariam consumindo a mesma quantidade de alimentos que os 125 milhões de brasileiros consumiram em 1981. A queda do faturamento dos supermercados no primeiro semestre de 88 chegara a 15%, em relação ao mesmo período do ano anterior, que também não havia sido pródigo, por assim dizer. O declínio no consumo de alimentos pela população, porém, não era um dado isolado em si mesmo, pois trazia outros componentes de preocupação: além de comer menos, o cidadão brasileiro comia cada vez pior. Com um decréscimo do poder aquisitivo que chegou a 43% no primeiro semestre do ano, ele precisou reduzir ou abolir por completo itens como carne, leite, queijos, entre outros. Com uma das distribuições de renda mais perversas do mundo, o Brasil seguia fazendo tábula rasa dos graves problemas sociais que afetavam a sua população, ora ignorando, ora postergando a adoção de medidas sérias para solucionar seus dilemas.

Na leitura dos jornais, tornava-se evidente que não havia propriamente falta de recursos. O que existia, de fato, era um escoamento obscuro de imensas fortunas que ou ficavam escondidas do fisco internamente, ou escapavam das fronteiras nacionais por meios pouco convencionais, embora bastante conhecidos. Sonegação fiscal e evasão de divisas eram temas corriqueiros nos jornais do período aqui abordado. As próprias autoridades da Receita Federal reconheciam, em suas declarações, que lutavam para encontrar alternativas capazes de bloquear a fuga de tributos, e apresentavam estimativas alarmantes sobre os desvios. Em tese, existiam no Brasil cerca de 500 empresas cujos responsáveis estariam sujeitos à prisão administrativa e à colocação de seus bens em indisponibilidade, pelo não recolhimento do IPI e do Imposto de Renda retido na fonte de seus funcionários. Nas diversas avaliações apresentadas pela imprensa, surgiam cálculos que insinuavam ser a perda de arrecadação a causa principal do déficit público e não o aumento das despesas do Estado, como sempre fora alegado. Além dos recursos sonegados, a elevação dos juros da dívida interna, dos subsídios e dos incentivos fiscais concedidos às empresas também colaboravam de modo significativo para reduzir o montante de valores retidos pelo Tesouro Nacional. Como os ajustes necessários nessa planilha tendiam a afetar mais diretamente o topo da pirâmide, havia muito mais resistência a qualquer medida de controle por parte do governo.

Em relação à evasão de divisas, as hipóteses dos próprios meios financeiros eram de que cidadãos brasileiros deviam possuir algo entre 10 e 15 bilhões de dólares no exterior, em contas secretas e totalmente alheias à ação do fisco. Enquanto autoridades anunciavam esforços e medidas para conter os danos, os jornais divulgavam notícia de que uma empresa de turismo de Brasília oferecia os seus serviços para abrir contas no valor mínimo de dois mil dólares, em Nova York, para qualquer um que assim o desejasse e dispusesse de passaporte e preenchesse alguns pequenos formulários. De acordo com fontes do próprio mercado financeiro, estariam sendo remetidos para essas contas uma base de 100 milhões de dólares por mês. Podia ser exagero, mas, podia não ser, porque as investigações, se aconteceram, jamais se tornaram públicas. Denúncias desse tipo eram corriqueiras na História do Brasil, muitas vezes comentadas à boca pequena nos salões de gala da elite e nos gabinetes oficiais, onde prosperavam fofocas e intermediações que enriqueciam os bolsos abastados. Polícia e justiça faziam vista grossa e, para a maioria dos infratores, nunca dava em nada.

Costumava-se insinuar nas notícias que a maior parte desse dinheiro era proveniente da corrupção ou do crime. Os descaminhos abundavam em solo brasileiro, e deles não escapavam nem os órgãos públicos. Logo no começo de 88, o próprio ministro da Cultura, o eminente economista Celso Furtado, delatou ao presidente José Sarney que o seu ministério havia detectado as primeiras fraudes na Lei 7.505, conhecida popularmente como Lei Sarney, que incentivava as atividades culturais no país. O esquema era simples: a empresa utilizava o benefício da lei — por meio do qual as doações à cultura eram descontadas do Imposto de Renda — mas, recebia de volta uma parte do dinheiro destinado à atividade escolhida. O doador entregava um cheque do qual o recebedor devolvia um percentual por fora. Erravam os dois lados. Pelas contas do ministério, o montante destinado à cultura por meio da Lei Sarney já teria atingido a cifra de alguns bilhões, embora não houvesse condições, naquele momento, de auferir exatamente quanto havia sido gasto efetivamente na criação de bens culturais diversos. As apurações estavam prestes a começar. Assim como também seria instalada uma CPI no Senado destinada a apurar várias denúncias de corrupção no governo. A isso o presidente respondeu que se tratava de uma campanha destinada a desestabilizar a sua administração, por meio de acusações vagas e sem fundamento. Aos detratores, avisou que não renunciaria, não se mataria e não seria deposto por ninguém.

Pelos jornais, integrantes da CPI acusariam o governo de fazer chantagem contra eles, ao anunciar de modo "informal" pelos bastidores que dispunha de um dossiê contendo inúmeras irregularidades eleitorais praticadas pelos senadores que integravam a comissão. Muitos alegariam que não se deixavam intimidar, condenando o que chamaram de desonestidade do presidente, que preferia usar as ditas irregularidades como forma de pressão, em vez de apurá-las e de combatê-las. A artilharia do Palácio do Planalto buscava provocar efeitos morais que pudessem neutralizar ou abater os seus adversários, cujas investidas não paravam de crescer. A própria CNBB acabaria se tornando um desses alvos, quando se manifestou afirmando que a corrupção no governo era generalizada e não recebia o combate devido pelos autoridades. José Sarney respondeu exigindo nomes e fatos, para que fossem coibidos e punidos. E disse ainda, em sua carta, que a corrupção era uma "erva daninha que atingiu até mesmo a Santa Sé, vide o envolvimento do Vaticano na falência fraudulenta do Banco Ambrosiano" (um dos escândalos financeiros mais rumorosos dos anos 1980, que envolveu inclusive a máfia e diversos assassinatos).

Na abordagem do tema, a imprensa tendia a relembrar casos passados que ficaram sem nenhuma conclusão e sem qualquer punição. Mesmo na presença de provas fartas e de notórios meliantes, raramente ocorriam prisões e perdas de patrimônio. Eram crimes sem castigo que adensavam a percepção de impunidade no país. Um dos depoimentos colhidos pela CPI da Corrupção, que ganhou as páginas dos jornais, foi o de um prefeito que admitiu ter recebido recursos da Seplan para promover saneamento e calçamento em sua cidade, porém, com a condição de "entregar 50% do valor para a caixinha da turma do ministro". Uma prática corriqueira que resistiria bravamente à passagem dos anos e das investigações, alcançando todas as esferas públicas federais, estaduais e municipais. No andamento da CPI, o presidente José Sarney se disse magoado com o envolvimento de seus familiares em boatos de corrupção. E tornou a garantir que não pretendia renunciar, como vinha sendo ventilado em Brasília. Lideranças da CPI informavam que haveriam de convocar todos os implicados, a começar pelo genro e secretário particular do presidente, para falar sobre as irregularidades detectadas na Seplan. Alguns senadores, no entanto, defendiam que a CPI deveria se concentrar em dois ou três casos específicos, a fim de manter o foco e obter resultados mais robustos. Três sugestões principais foram apresentadas: Siderbrás (estatal do setor siderúrgico que protagonizou desvios de recursos); Operação Patrícia (perda de centenas de milhões de dólares do Brasil na comercialização de café); Importações de arroz e de carne durante a vigência do Plano Cruzado (também subtraídas da estatal responsável). Nessas operações fraudulentas, segundo esperavam os senadores, talvez fosse possível apanhar "peixes graúdos que nadavam em aquários muito bem situados". Ledo engano.

Essa completa ausência de limites éticos para a prática de corrupção foi uma das ponderações mais relevantes prestadas pela CPI. Não havia nenhum setor ou atividade imune ao avanço dos canalhas. Nas apurações acerca da importação de alimentos durante a vigência do Plano Cruzado, de acordo com as notícias, os parlamentares já tinham conseguido desenhar o "mapa da mina", mas ainda encontravam severas dificuldades para apanhar os verdadeiros responsáveis pelos crimes. Isso porque havia um total de 48 órgãos do governo envolvidos no processo de decisão sobre a importação de alimentos, criando-se um autêntico labirinto de proteções e de ambiguidades, nas quais os culpados se acobertavam e se esquivavam. Os prejuízos resultantes para os cofres públicos eram exorbitantes, mas a culpabilização dos delinquentes tornava-se muito complicada. O exemplo utilizado pelo noticiário para identificar essa dificuldade era baseado na seguinte denúncia: do total de 500 cargas de carne transportadas do porto do Rio de Janeiro para os armazéns da Cobal naquela mesma cidade, um terço havia deixado de ser registrado. Nem a Interbrás (encarregada do despacho aduaneiro no porto), nem a Cobal (incumbida do armazenamento e da distribuição dos alimentos no varejo) conseguiram dizer com exatidão quanto haviam recebido e despachado de fato, restando uma diferença entre os números apresentados por ambas as estatais em cerca de 20 mil toneladas. Quem desviou a mercadoria? Quem se beneficiou da venda do produto?

A falta de ética passava do desvio de alimentos para as verbas destinadas à cultura, ao saneamento básico, ao calçamento de ruas e avenidas, à exportação de açúcar e café, e chegava ao Ministério da Educação. Em depoimento à CPI da Corrupção, o diretor de um "escritório de intermediação de verbas" admitiu que recebera 34% do total de dezenas de milhões em recursos obtidos no Ministério da Educação para diversas prefeituras. Era essa a sua atuação: conseguir dinheiro junto aos burocratas do ministério para favorecer prefeitos que topassem dividir com ele o montante recebido. Embora tenha começado a sua atividade nos municípios ao redor da capital de São Paulo, passou a atuar em proveito de prefeituras de todo o Estado. Pressionado pelos senadores que o interrogavam, admitiu que tinha um "amigo" em Brasília, que acompanhava os seus processos no MEC, mas não se lembrava o nome dele. Um dos assessores da CPI descobriu que se tratava de um advogado, que atuava como despachante do lobista e levava 1% a 2% das verbas liberadas sob sua influência. Para justificar a cobrança média de 20% do dinheiro direcionado pelo ministério às prefeituras, o tal "consultor" afirmou que seu escritório gastava muito na elaboração dos projetos técnicos enviados, mas a CPI descobriu que se tratava apenas de formulários preenchidos. Ele mesmo assumiu que, depois que a Polícia Federal passou a investigar esses esquemas, os prefeitos deixaram de recorrer aos seus "serviços" para intermediar verbas em Brasília.

Também foram mencionadas certas práticas que ganhariam enorme repercussão em tempos vindouros. Funcionários contratados pela Câmara dos Deputados, para atender aos gabinetes dos parlamentares, eram obrigados a participar de "caixinhas" destinadas a pagar os salários de outros empregados para os quais não havia verba suficiente. Cada parlamentar tinha o direito de contratar três funcionários com carteira assinada e todos os direitos concernentes, mas, sempre acabava contratando outros mais, tanto para dar expediente no gabinete em Brasília quanto para trabalhar no escritório de apoio em seu Estado de origem. Os acordos de contratação, portanto, a fim de possibilitar essas admissões irregulares, implicariam a aceitação dessa condição — a de que abrissem mão de uma parte de seus vencimentos. As denúncias sobre a existência desses casos corriam de boca em boca nos corredores do Congresso, embora o receio de perder o emprego, mesmo com o salário cortado à metade, fizesse com que os contratados nesses esquemas não denunciassem e aceitassem calados esse tipo de indignidade. A realidade era que não tinham como provar a injustiça, porque repassavam a parcela "devida" ao contratante ou em dinheiro vivo ou em cheque ao portador, sem qualquer identificação do recebedor. Tudo muito bem arquitetado e oculto. As "caixinhas" de antanho se transformaram nas "rachadinhas" da atualidade, e seguiram sendo praticadas nas diversas esferas do legislativo brasileiro ao longo de décadas.

Um grande bafafá, porém, iria ser registrado durante a visita do presidente José Sarney e de sua comitiva aos Estados Unidos, em junho de 88. Na entrevista coletiva concedida aos jornalistas brasileiros, o chefe do governo ouviu de uma jovem repórter da *Folha de S. Paulo* a seguinte pergunta: "Ontem, vimos vários computadores chegarem para ser entregues em quartos de integrantes de sua comitiva. Esses computadores viajarão no avião presidencial e a entrada deles no Brasil é ilegal. O que tem a dizer sobre isso?" Visivelmente irritado, de acordo com o noticiário, o presidente teria respondido: "O que tenho a dizer é que vou passar para a próxima pergunta". Em resposta à nota lançada pelo porta-voz da presidência, esse foi convidado até a porta dos fundos do hotel, onde a bagagem da comitiva estava sendo preparada para o embarque. Entre as muitas malas, conforme o relato dos jornais, havia também várias caixas contendo computadores pessoais das marcas Toshiba e IBM. Segundo apuração da imprensa, a maior parte das máquinas fora adquirida numa empresa de propriedade de um ex-funcionário do consulado brasileiro em Nova York. Contatos, negócios, favores. Houve muito alarde na mídia, além de forte cobrança para que as aeronaves fossem revistadas no desembarque. Apesar da "inspeção rigorosa" que acabou sendo realizada por fiscais da Receita Federal nos dois aviões presidenciais chegados ao Brasil com a comitiva, "nada suspeito foi encontrado". Um alívio para o governo, que seguia enfrentando os embates com a CPI da Corrupção, cujas apurações avançavam e acabavam trazendo constrangimentos diários ao Palácio do Planalto, pelo despudorado envolvimento de alguns de seus aliados políticos nos mais variados esquemas e falcatruas.

A expectativa mais óbvia para o enfrentamento desses descalabros era uma ação da Justiça capaz de coibir e punir tanta desonestidade. Todavia, o que a própria imprensa publicava era o retrato de um poder judiciário "seletivo, moroso e caro", que premiava regiamente os seus agentes com polpudos contracheques e ainda fechava os olhos para os meliantes privilegiados, ao mesmo tempo em que penalizava duramente os criminosos pobres e deixava à margem da proteção da lei os mais desassistidos. Esse era o quadro sem retoques, pintado pelas matérias dos jornais consultados.

Brasília, 5 de outubro d
CARTA É NOSS
Às 15 horas
e 54 minutos do
dia 5 de outubro
de 1988 o
deputado Ulysses
Guimarães declarou
promulgada a
nova Constituição.
Você agora
é um cidadão
da República
Federativa do Brasil!

CAPÍTULO 8

Enfim, uma nova Constituição

"Temos ódio à ditadura. Ódio e nojo."

[ULYSSES GUIMARÃES]

1988. De acordo com relatos da imprensa, por 228 votos contra 148 e 24 abstenções, no dia 6 de janeiro, o Centrão conseguiu aprovar o novo Regimento Interno da Assembleia Constituinte, que passou a permitir a apresentação de emendas ao texto elaborado pela Comissão de Sistematização para votação em segundo turno. Com esse novo regimento, ficava autorizada a mudança dos capítulos e artigos, que haviam sido redigidos como textos conclusivos do debate constitucional, e iniciava-se uma fase de elaboração de alterações e supressões no esboço original. Segundo os jornais, lideranças de esquerda e membros da ala histórica do PMDB responsabilizaram o deputado Ulysses Guimarães, presidente da Constituinte, por mais essa vitória do Centrão numa votação assim tão decisiva, julgando a sua atuação como parcial e hesitante, em flagrante prejuízo das minorias. Analistas, por outro lado, afirmaram que a estratégia do Centrão era a de oferecer emendas a todos os títulos do substitutivo entregue pelo deputado Bernardo Cabral (PMDB-AM), relator da Comissão de Sistematização, a fim de garantir a preferência das propostas apresentadas por seu grupo, em detrimento das que tinham sido aprovadas na votação em primeiro turno. PT, PMDB, PDT, PSB e os dois partidos comunistas com assento no Congresso buscaram se organizar para barrar a ofensiva do Centrão, sobretudo, no capítulo da Ordem Econômica em questões sensíveis como a definição de empresa nacional, a reforma agrária e a nacionalização da pesquisa e da lavra mineral. Tendo em vista a abrangência das mudanças sugeridas pelas emendas dos conservadores, os pontos ditos controversos desse capítulo acabaram se generalizando. Sobre monopólios, oligopólios e cartéis, por exemplo, o texto da Sistematização dizia que a lei deveria reprimi-los com rigor, assim como a outras formas de abuso econômico que tivessem por fim "dominar o mercado, limitar a livre concorrência ou aumentar arbitrariamente os lucros"; o Centrão eliminou a proibição de aumento arbitrário dos lucros. Igualmente, também retirou do projeto o artigo que obrigava a elaboração de lei especial destinada a punir crimes praticados contra a ordem econômica e financeira, então chamados de "crimes de colarinho branco". E ainda propôs o fim do monopólio estatal da distribuição de petróleo e da exploração do gás raro e do gás natural, e também da proibição dos contratos de risco no setor. Era um verdadeiro "liberou geral".

Os ataques à Assembleia Nacional Constituinte não partiram apenas do Centrão, que, conforme insinuações comuns na imprensa da época, trabalhava em sintonia direta com os grandes grupos empresariais e harmonizava as suas ações com os interesses dos vários setores econômicos do país. Na realidade, os ataques à Constituinte aumentaram sobejamente a estridência no curso do segundo turno das votações e passaram a contar, inclusive, com diatribes cada vez mais estridentes do próprio presidente da República. As más línguas dos jornais insinuavam que ele estaria preocupado apenas com a aprovação do seu mandato de cinco anos e do sistema presidencialista de governo, ambos ameaçados pelos defensores tanto dos quatro anos, com eleições já em novembro de 88, quanto da adoção do parlamentarismo como regime. Fosse como fosse, o clima de animosidade crescente entre os poderes animava o "espírito de golpe" que volta e meia pairava no ar. Em meados de fevereiro, notícias de jornal informavam que havia "grande preocupação dos militares" com o rumo que a situação política estaria tomando, expresso naquilo que eles próprios consideravam "a deterioração das bases políticas e econômicas da nação". A gota d'água que havia transbordado o cálice foi a declaração do presidente da Constituinte, deputado Ulysses Guimarães, que, numa entrevista, chamou de "três patetas" os integrantes da Junta Militar que outorgou a Constituição de 1969, em plena ditadura. O próprio ministro do Exército lançou nota pública classificando como "infeliz e injusta" a fala de Ulysses, que preferiu não responder a fim de encerrar o assunto. No entanto, sentindo-se ultrajado e prevendo desavenças mais graves, um grupo de militares e civis decidiu preparar um "manifesto à nação", para alertar sobre os "perigos que rondavam a República". No intuito de conferir credibilidade ao seu intento, dividiu-se em equipes para percorrer o país em busca de sugestões. Uma atmosfera de conspiração.

Enquanto isso, os jornais também informavam que lideranças do PMDB julgavam necessário superar pelo menos três pontos de atrito nas deliberações da Constituinte: a questão da estabilidade no emprego, que poderia levar partes do empresariado a embarcar numa aventura golpista; a CPI da Corrupção, que ameaçava fortes interesses imbricados na esfera pública; e a anistia aos militares cassados por "atos administrativos", que confrontava diretamente a posição dos comandantes das Forças Armadas. De fato, o deputado Ulysses Guimarães não havia feito um pronunciamento sobre os "três patetas". Ele apenas emitira opinião acerca das declarações de alguns membros do governo Sarney, que propuseram a dissolução da Assembleia Nacional Constituinte, entregando-se a um "grupo de notáveis" o compromisso de escrever a nova Constituição do Brasil. Era aquela velha e conhecida aversão à democracia, tão comum em solo brasileiro. Ulysses fizera o comentário na saída de um evento em São Paulo, ao responder questionamentos de jornalistas. Para ele, a soberania da Constituinte repousava precisamente em seus parlamentares eleitos pelo voto popular. O próprio Sarney já havia nomeado uma "comissão de notáveis" sob a regência do ilustre jurista e político Afonso Arinos, para redigir sugestões à Assembleia Constituinte. Essa, no entanto, recusou o texto proposto pela referida comissão e defendeu a sua prerrogativa exclusiva de conduzir os debates e de escrever o texto final. O que se observa na leitura dos jornais é que o verdadeiro problema enfrentado pelos constituintes não advinha da ironia de Ulysses Guimarães, mas, sim, de alguns capítulos e artigos aprovados na Comissão de Sistematização que contrariavam interesses poderosos. Tanto empresários quanto militares se mostravam dispostos a brandir ameaças de golpe, caso não fossem atendidas as suas reivindicações. Um ilustre senador da República foi taxativo a esse respeito, quando afirmou à imprensa que, se o plenário da Constituinte tomasse decisões capazes de frustrar os empresários, esses se aliariam ao governo e aos militares para inviabilizar a nova Constituição. Empresários e militares, militares e empresários unidos em defesa de privilégios e contra a expansão de direitos trabalhistas e sociais.

Não à toa, o empresariado foi colhendo seguidas vitórias nas votações em segundo turno do novo texto constitucional. A estabilidade no emprego, por exemplo, foi substituída pela indenização compensatória, graças ao acordo negociado entre o Centrão e a liderança do PMDB. Por outro lado, os trabalhadores ganharam novos direitos, como a licença-maternidade remunerada de 120 dias, a licença-paternidade de 8 dias, um terço a mais no salário das férias, aviso prévio proporcional ao tempo de serviço, adicional de insalubridade, repouso semanal remunerado, reconhecimento das convenções e dos acordos coletivos de trabalho. Pela imprensa, ficava-se sabendo que os empresários não gostaram nada dessas conquistas trabalhistas, chegando a classificar como "ridícula" a concessão da licença-paternidade. Um dos mais conhecidos senadores da direita nativa, ao comentar o tema, saiu-se com essa: "O complicado vai ser saber quem merece o descanso — o marido ou o pai — que nem sempre são a mesma pessoa". Um primor de deboche e de desrespeito tanto aos direitos dos trabalhadores quanto às mulheres, sempre objetos de insinuações maldosas.

No terreno das baixarias, porém, o senador em questão não estava sozinho, pois, o plenário constituinte continuava sendo palco de atuações vergonhosas e desabonadoras: numa sessão de fevereiro, um deputado do PTB-SP exibiu um penico para todos os presentes, alegando que esse se destinaria ao presidente da CUT, para que ali depositasse "as infâmias e inverdades" que proferia regularmente contra o Centrão. Outro deputado, dessa vez do PTB-RJ, entrou armado em plenário, disposto a desafiar um colega parlamentar que prometera denunciar o envolvimento dele com irregularidades ocorridas na Cobal. Embora tenha sido flagrado com arma na cinta, negou peremptoriamente que estivesse portando revólver no interior do Congresso, fato proibido por lei. Mas, admitiu que gostava de andar assim pelas ruas do Rio de Janeiro.

Embora houvesse expectativas de que as votações da Constituinte em segundo turno pudessem andar com relativa celeridade, dados os esforços para promover acordos e em razão dos entendimentos diários das lideranças, o fato é que as deliberações continuavam enfrentando severas dificuldades, adiando ou interrompendo muitas sessões por falta de quórum. Alguns impasses pareciam completamente insuperáveis, fazendo recrudescer o ambiente de conspiração e de golpismo que sempre rondava. Essa conflagração do sistema político brasileiro da época ajudava a mostrar que, para muitos, os partidos tinham uma importância cada vez menor, haja vista a própria formação do bloco denominado Centrão, composto por parlamentares das legendas as mais variadas, com exceção da esquerda. Ao lado disso, o assédio promovido pelo governo e pelos empresários sobre o Congresso Nacional, no intuito de obter os resultados desejados nas votações decisivas, também colaborava para privilegiar os acordos de bastidores, com o oferecimento de benefícios e de vantagens muitas vezes nem um pouco idôneos. Entre os mimos mais valorizados pelos membros da Constituinte estavam as concessões de rádio e TV, que funcionavam como verdadeiros sortilégios capazes de encantar até as faces mais sisudas. Notinhas diárias de jornal insinuavam que estaria ocorrendo um autêntico "festival de concessões" de canais de rádio e TV, com uma clara finalidade de inventariar os votos necessários para a aprovação das matérias de interesse direto do Palácio do Planalto. Na busca de aprovação para o mandato de cinco anos, por exemplo, teria acontecido uma farta distribuição de cargos na administração direta e indireta, incluindo superintendência do Banco do Brasil, diretoria da Caraíba Metais, além de vários outros postos de alto escalão na República. Mas, nada superaria a paixão pelas concessões de rádio e TV, cuja duração e cujo alcance eram infinitamente mais atrativos.

Contando com a presença de todos os seus 559 integrantes, a Assembleia Nacional Constituinte acabou aprovando o presidencialismo como sistema de governo do Brasil e fixando o mandato presidencial em cinco anos, exatamente como desejavam o presidente José Sarney e os seus principais aliados políticos. O clima posterior a essa vitória retumbante foi de grande celebração, com a presença de mais de 100 pessoas no Palácio do Planalto, interessadas em abraçar os vitoriosos e em mostrar o seu congraçamento. De acordo com notas dos jornais, um deputado governista ali presente confidenciou à reportagem que teriam ocorrido ameaças de corte de verbas para os Estados, por parte do governo, mas, não teria existido indício de golpe militar. E precisava?! A imprensa ainda mencionou uma espécie de "euforia" dos investidores no mercado de capitais e um registro de índices recordistas nas bolsas de valores do país. As pressões, pelo que se especulava, agora estariam voltadas sobre o governo Sarney, que precisava dar respostas rápidas e eficientes à situação de crise que perdurava na economia brasileira, com elevadas taxas de inflação, déficit público e crescimento anêmico. Afinal de contas, para que teria se empenhado tanto em ficar no comando da nação pelos cinco anos, se não fosse de fato para resolver os graves problemas enfrentados pela população? Pelo menos era isso o que os jornais advertiam.

Um dos maiores desafios do governo era justamente o de assegurar uma distribuição mais equitativa dos recursos tributários, fortalecendo Estados e Municípios, sem fragilizar a União, a fim de manter o equilíbrio e a estabilidade da federação brasileira. O ponto crítico nas relações entre o Executivo e o Legislativo nessa questão dos tributos era a transferência de recursos tributários da União, via o Fundo de Participação de Estados e Municípios. Os entes federados batalhavam por uma alíquota maior na destinação dos impostos arrecadados, enquanto a União tentava manter o maior controle possível sobre esse percentual.

Acossado por denúncias de corrupção em seu governo, por greves do funcionalismo federal, por decisões judiciais favoráveis aos servidores públicos, por reformulações propostas no texto constitucional em debate, o presidente José Sarney recorria, com certa frequência, às ameaças de uma ruptura institucional. Em discursos proferidos no seu programa semanal de rádio, transmitido em cadeia nacional, Sarney apontava para um tratamento até certo ponto despótico dos problemas nacionais. Como, por exemplo: "Estão querendo tocar fogo no Brasil". Ou, então: "Está dentro do Congresso um pequeno grupo de radicais oportunistas, com o objetivo de solapar a ordem". E ainda: "Os trabalhos da Constituinte são substituídos por ataques pessoais e políticos, com a única finalidade de imobilizar o governo e levá-lo a situações que no passado atingiram outros presidentes". Em outros termos: "Se vocês estão achando que vão me derrubar (...) podem tirar o cavalinho da chuva. Se tiver que ter derramamento de sangue, vai ter". E, por fim: "A transição democrática atravessa instantes de apreensão. As forças civis, responsáveis por ela, se dividem, dilaceram-se, fracionam-se, num processo de autofagia, que enfraquece as instituições". No mesmo jornal, reagindo ao teor flagrantemente antidemocrático da fala pronunciada pelo presidente em seu programa semanal, Millôr Fernandes respondeu, parodiando o próprio mandatário: "Todos dizem que em meu governo nenhum rico é condenado. É que eu sempre acreditei que só os pobres devem ter direito à justiça!" (Jornal do Brasil, 07/05/88, p. 2 e 10). Recusar o debate, impor medidas e projetos, efetuar ameaças recorrentes aos opositores, usar o risco de golpe como escaramuça, não poderiam ser considerados gestos ou atitudes de um democrata, por assim dizer. A ideia de que as "forças civis" que comandavam a transição democrática pudessem fracassar, como insinuou o presidente, levaria, necessariamente, ao reconhecimento de que somente os militares teriam efetivas condições de governar o Brasil. Esse era o axioma postulado pelo governo e pelos seus aliados. Esse era o perigo que lançavam sobre os brasileiros.

Entre os maiores legados da Constituição que estava em fase final de redação, os jornais destacavam o novo papel do Congresso Nacional, que acabava de ser resgatado da condição de "marionete" do Poder Executivo. Quando entrasse em vigor, a nova Carta levaria o sistema presidencialista brasileiro à obrigação de conviver com um superpoder legislativo, capaz até mesmo de derrubar ministros de Estado, com dois terços dos votos na Câmara dos Deputados. Além disso, assumiria o controle efetivo do orçamento da União e dos acordos externos. Os senadores e deputados ainda contariam com imunidade parlamentar absoluta, consolidando-se um Congresso Nacional forte e soberano em sua plenitude. Quando perguntados sobre as dificuldades que poderiam sobrevir aos futuros presidentes da República, tanto Luiz Inácio Lula da Silva quanto Leonel Brizola disseram não temer nenhum tipo de enfrentamento com o "super congresso". Ambos afirmaram que as adversidades viriam, certamente, quando um presidente progressista tivesse de governar com um parlamento conservador. E reafirmaram a sua crença de que, no curso do processo democrático de construção nacional, os eleitores acabariam aprendendo a importância das coligações entre governo e Congresso (Correio Braziliense, 12/06/88, p. 7). Era esperar para ver.

Embora o mandato de cinco anos para José Sarney tivesse sido aprovado juntamente com a permanência do presidencialismo como sistema de governo no Brasil, a Constituinte consagrou também em seu texto final a realização de um plebiscito a ser empreendido em 7 de setembro de 1993 (cinco anos depois da anunciada promulgação da nova Carta, portanto), para decidir, por voto popular, a escolha entre monarquia e república, e entre presidencialismo e parlamentarismo. Na base de todo esse processo de definição da ordem política brasileira, uma crise de grande envergadura sacudia as entranhas do PMDB, o partido que teve a maior e mais significativa expressão no curso da transição democrática que se iniciara com o movimento das Diretas Já. Uma divisão interna, em grande medida atribuída pelos jornais à emergência do bloco denominado Centrão, no Congresso Nacional, ameaçava promover uma ruptura inexorável dentro da legenda, levando à saída definitiva de seus quadros de dezenas de parlamentares que compunham o seu núcleo histórico ou "autêntico". O maior problema enfrentado por esse grupo de correligionários era o controle cada vez maior do Centrão sobre a agremiação, posto que havia muitos peemedebistas ligados a esse bloco. Embora contassem com apenas 103 parlamentares, os históricos defendiam a realização de eleições presidenciais ainda em 1988 e também o rompimento com o governo, não se responsabilizando pelo desastre em que o país se encontrava, na medida em que discordavam de grande parte das medidas adotadas para o enfrentamento da crise. No limite, começavam inclusive a ventilar a hipótese de criar uma nova legenda. Ulysses Guimarães, que presidia o PMDB, tentava protelar de todas as formas essa provável ruptura, deixando transparecer que esperava o término da Constituinte para tentar reconduzir o partido àquilo que considerava o seu "tradicional alinhamento com a opinião pública" — o que resultaria ou no afastamento em relação ao governo, ou na adoção de uma postura mais crítica em consonância com o sentimento da população. Um dos deputados mais decepcionados com a própria legenda, contudo, declarou à imprensa que o PMDB se tornara "condescendente com a corrupção" que campeava na administração federal e trocara os seus compromissos históricos "por atitudes fisiológicas que envergonham a nação". Em sua opinião, já era irreversível a formação de um novo partido de centro-esquerda, a menos que o diretório nacional optasse por reformular a posição assumida diante da crise que o país enfrentava.

Ao mesmo tempo, porém, o deputado Ulysses Guimarães exercia a presidência da Assembleia Nacional Constituinte buscando firmar acordos para concluir as votações em segundo turno, e permitir a promulgação da nova Carta Constitucional brasileira. Ele tentou de todas as formas manter os correligionários históricos fiéis à legenda, inclusive adiando as reuniões do diretório nacional que acabariam definindo o destino de todos. A convenção nacional do partido, que se realizaria em 05 de junho, selaria o desenlace desse conflito. No curso da transição democrática, com todos os seus contratempos, o PMDB acabou perdendo força e encolhendo o seu tamanho na Câmara dos Deputados, de 305 eleitos em 1986 para 279, com uma composição significativamente fragmentada, entre conservadores e progressistas. Os que pretendiam permanecer no partido demonstravam ter percebido claramente que, com a nova Constituição, o presidente só governaria com maioria no Congresso. Foi o Centrão que melhor encarnou essa configuração majoritária dentro do parlamento, suprimindo eventuais particularidades de cada partido por uma coesão fundada sobre interesses imediatos e sobre o famigerado fisiologismo.

Na avaliação desse enredo político, não é possível ignorar a participação ativa de diversos setores do empresariado brasileiro e das Forças Armadas na configuração de um arranjo institucional que garantiria, com grande esmero, a imposição de decisões tomadas e de acordos fechados à revelia do voto popular. Dentro do próprio PMDB, entre aqueles que decidiram ficar, mesmo após a criação do novo partido oriundo de suas entranhas, houve imensa insatisfação com o comando da legenda. Do gabinete do senador Severo Gomes saiu um manifesto de crítica ostensiva ao "desvirtuamento de princípios" que vinha desfigurando política e ideologicamente o maior partido da História brasileira. Seus adeptos pregavam o retorno imediato à luta pela “transformação das estruturas políticas, econômicas e sociais do país” — preceito fundante do seu próprio surgimento. Como um claro reflexo desse dilema, o Partido da Social-Democracia Brasileira (PSDB), “tirado de uma costela do PMDB”, no dizer da imprensa, já nascera com força surpreendente, tendo formado a terceira bancada mais influente do Congresso Nacional, com 37 deputados e oito senadores, e ostentando o nome do senador Mário Covas como o seu candidato à Presidência da República (Correio Braziliense, 10/06/88, p. 5). O velho partido, que abrigara tantas esperanças e tantos esforços no combate à ditadura, e que se habituara a conter disputas internas e a superá-las nos momentos de maior gravidade, parecia estar capitulando diante do novo quadro político que se desenhava no Brasil. O retorno à democracia mostrava-se um fenômeno extremamente complexo, multifacetado e desgastante, pondo à prova a capacidade de resistência e a habilidade de negociação das velhas lideranças.

Para o Centrão, pelo que se lê nos jornais, era fundamental retirar do novo texto constitucional tudo aquilo que representasse alguma forma de “interferência nas leis de mercado” e que afetasse a livre iniciativa. Os grupos de pressão voltaram a se aglutinar para a votação em segundo turno da Assembleia Constituinte, tendo à frente os membros do Centrão, que prometiam eliminar toda e qualquer coisa que prejudicasse as empresas. No curso das votações mais importantes, o que se viu foi que os constituintes tenderam a tomar a direção apontada pelos principais *lobbies*, sempre conferindo maioria aos temas decisivos, deixando para trás quaisquer outros tipos de compromisso político-partidário que pudessem ter assumido ao longo de sua trajetória parlamentar. Nem todos os *lobbies*, contudo, tiveram o êxito esperado em suas negociações muitas vezes trabalhosas. Em meio aos relatos saborosos dos bastidores da Constituinte, o deputado José Elias Murad descreveu um episódio curioso protagonizado pelos defensores da legalização do jogo no Brasil, que haviam organizado uma intensa atividade junto aos congressistas para tentar viabilizar o seu projeto: “Um dos *lobbies* mais inteligentes que vi foi a votação de uma proposta para abertura do jogo no país, com os vários argumentos a favor dos cassinos, críticas ao jogo clandestino e à evasão de divisas com os brasileiros que viajam ao exterior só para jogar. Distribuíram, no dia da votação, fichas de plástico iguaizinhas às dos salões de jogos, de cor verde-amarela, com os dizeres: 'Aposte no Brasil'. Apesar disso, a emenda não passou e o jogo continuará proibido no país, salvo nos casos em que o próprio governo o banca" (Loto, Esportiva, Loteria) (Murad, 1988, p. 105).

Entre os grupos de pressão mais atuantes encontrava-se o das multinacionais. Logo no início do segundo turno de votação da Constituinte, em julho de 88, saiu nos jornais uma denúncia bastante desabonadora, que apontava a criação de um "fundo" com cerca de US$ 2 milhões, para realizar uma "campanha de esclarecimento" que alertasse a opinião pública e os meios de comunicação quanto às "verdadeiras boas intenções" que o capital estrangeiro mantinha em relação a seus negócios no Brasil. O primeiro passo nessa direção veio a ser dado por quatro dirigentes entre os maiores pesos-pesados multinacionais, que tinham grandes investimentos no país: numa mesa do restaurante do Jockey Club Brasileiro (um dos mais chiques do Rio de Janeiro), Shell, Xerox do Brasil, Grupo Brascan e Paulista Furukawa Industrial S/A receberam com toda galhardia (boa comida e vinhos impecáveis) um grupo de editores de economia dos principais jornais e revistas publicados no Brasil. As preocupações mais relevantes que eles colocaram em pauta para os convidados não foram os avanços obtidos pelos trabalhadores em suas lutas por direitos. De acordo com as notícias de jornal, a dor de cabeça que mais os atormentava era justamente a tentativa de restringir a liberdade de ação do capital estrangeiro no país. Três pontos atingiam o nível mais elevado de gravidade, na visão dos anfitriões: a definição de empresa nacional, a aquisição de bens e serviços pelo setor público brasileiro e a nacionalização do setor mineral. Isso eles não poderiam admitir de jeito nenhum.

Segundo o noticiário, o representante da Shell teria assegurado aos presentes que era preciso convencer a sociedade brasileira de que as empresas estrangeiras só estavam aqui "porque acreditavam piamente no futuro do Brasil". Por isso mesmo, guardavam sincera esperança de que os constituintes compreenderiam a dimensão dos "problemas que poderiam ser criados para os novos investimentos, a geração de novos empregos e a criação de riquezas ainda maiores para todos os brasileiros", se esses pontos de elevada gravidade não fossem eliminados do novo texto constitucional. De sua parte, ele ainda teria garantido aos convidados que continuariam cumprindo as leis do país, como sempre fizeram até aquela data. Cumpririam as leis que pretendiam modificar, de acordo com os seus próprios interesses, é claro. E não se importavam de gastar uma verdadeira fortuna para alcançar os seus objetivos, pois, "é dando que se recebe". O almoço regalado a boa comida e bebida farta já seria um primeiro passo nessa direção. Tudo muito sutil e elegante, sem deixar transparecer os sórdidos propósitos. Era assim que a imprensa se entregava ao imenso poder de atração dos influentes anunciantes, sem oferecer nenhuma resistência. Aqui, além das verbas publicitárias polpudas de que dispunham, vinha ainda uma quantia extra para financiar uma campanha voltada para amaciar a opinião pública.

Pegou muito mal e a imprensa falou disso durante vários dias. Os desmentidos não tardariam, além das juras de fé incondicional exprimidas por diversos luminares do empresariado nacional, sempre tão pressurosos na defesa do capital estrangeiro — aqui referido como a própria razão de ser do capital privado nacional, ora tão espremido e vulnerável entre um "Estado ameaçador", com as suas empresas estatais, e "trabalhadores gananciosos", que viviam em busca de melhores salários. O presidente da Fiesp, entidade empresarial mais influente do Estado de São Paulo, logo enviou um telex ao presidente da Assembleia Constituinte, deputado Ulysses Guimarães, para manifestar a sua total repulsa ao noticiário maldoso que insinuava a arrecadação de milhões de dólares pelas empresas multinacionais, a fim de promover uma campanha publicitária em favor de mudanças no texto constitucional. Segundo as notícias publicadas, o dirigente da Fiesp teria afirmado que o empresariado como um todo vinha atuando junto à Constituinte por intermédio das suas "entidades representativas legítimas, numa postura aberta, clara, legal e absolutamente ética". Agindo assim, estaria apenas fazendo uso de uma prerrogativa concedida pelo regime democrático em vigor no país, "ao apresentar as suas lícitas postulações com base nos direitos reconhecidos a todos os outros segmentos sociais". Ele disse também que a divulgação das notícias de forma insistente e escandalosa seria um "golpe baixo" contra o empresariado. O que estaria por trás dessa atitude, na sua visão, seria o propósito de constranger os parlamentares para que assumissem posições contrárias às demandas do setor empresarial. Muitos poderiam votar contra emendas favoráveis ao grupo, por medo de julgarem que haviam sido subornados (comprados), não queriam ficar malvistos pelos eleitores. Numa estrutura já calejada pelos meandros do fisiologismo, será que existiriam tantos parlamentares assim sujeitos a uma pressão moral contrária à influência dos *lobbies* empresariais?

O relator da Constituinte, deputado Bernardo Cabral (PMDB-AM), também revelou à imprensa que tinha sido procurado pelos diretores da Shell e da Xerox do Brasil, que desejaram desmentir, pessoalmente, que tivessem criado um fundo destinado a corromper parlamentares nas votações em segundo turno do novo texto constitucional. Sabedores do encaminhamento à Mesa Diretora de um despacho redigido pelo próprio presidente da Assembleia Constituinte, deputado Ulysses Guimarães, solicitando a apuração da denúncia de uma "caixinha" de 2 milhões de dólares destinada a subornar parlamentares, os dois empresários também o visitaram, com o intuito de desmentir a pretensão de agir do modo inidôneo insinuado pela imprensa. Na saída do encontro, Ulysses Guimarães foi categórico em suas manifestações aos jornalistas: "Com dólares não arrancarão qualquer decisão desta Constituinte, absolutamente. Agora, se quiserem vir para conversar e apresentar ideias, podem fazê-lo". Foram muitos desmentidos, mas, ninguém negou a existência daquele famoso almoço no Jockey Club Brasileiro, em que teriam sido apresentados aos colunistas e editores de economia das principais publicações do Brasil as reivindicações mais importantes das multinacionais, no novo texto constitucional que estava sendo preparado em Brasília. O rega-bofe ocorreu mesmo. Já os milhões de dólares da "caixinha" para comprar votos, esses ninguém confirmou.

Aqui e ali, a própria imprensa acabaria revelando que boa parte dessa estridência era jogada política. Em pequenas notas espalhadas pelas páginas dos jornais, podia-se ler algumas mensagens que mostravam que "o diabo não é tão feio quanto se pinta". Numa delas, por exemplo, era exorcizado um dos maiores fantasmas que assombravam partes do empresariado e das Forças Armadas: a chegada de Leonel Brizola à Presidência da República. O que poderia acontecer de mais grave? Nada mesmo. Pelo menos, era o que pensava o banqueiro do Midland Bank de Londres, um dos maiores credores do Brasil, que recomendava a todos que "ficassem frios". Na visão dele, se Brizola fosse eleito, se comportaria como todos os demais políticos de "coloração semelhante" em diversos países europeus. Quando chegam ao poder, conforme estava sendo verificado nos governos socialistas da Europa, esses políticos colocam em prática as "diretrizes econômicas ortodoxas, com uma clara orientação de mercado". Ou seja, uma atuação mais pragmática era o que se esperava de um candidato como aquele. As condições gerais da economia mundial, dentro da órbita ocidental capitalista, não favoreceriam grandes arroubos nem ousadias. Havia instituições globais suficientemente fortes para garantir o cumprimento dos compromissos entre os países, especialmente, no âmbito financeiro. Portanto, não havia motivos para alarde. Em simultâneo, também foi publicado em primeira página de jornal o informe de que a Xerox do Brasil tinha um lucro projetado para o ano de 1988 em torno de US$ 30 milhões, ao mesmo tempo em que programava novos investimentos no país da ordem de US$ 300 milhões, até 1992. Embora admitisse que preferia ver excluídos da nova Constituição certos pontos que não agradavam às empresas estrangeiras, o presidente da multinacional garantiu que, mesmo que isso não acontecesse, os seus planos de investimento estariam mantidos. Se o Brasil não fosse um excelente mercado para os negócios desses grupos, eles não insistiriam em continuar.

Havia uma clara discrepância entre as notícias que a imprensa comercial publicava sobre a Assembleia Constituinte e os informes produzidos pelo *Jornal da Constituinte*, editado pela Câmara dos Deputados. Enquanto excediam-se comentários críticos, no sentido de que o andamento dos trabalhos era vagaroso demais e de que os entendimentos ficavam cada dia mais difíceis em torno dos temas polêmicos, a voz do parlamento indicava que a conclusão da votação em primeiro turno demonstrava o sucesso inegável dos esforços empreendidos. "A Assembleia Nacional Constituinte encerrou (...) a votação em primeiro turno da futura Constituição. Agora, não se trata mais de um arcabouço, mas de um texto que passou por subcomissões, pelas comissões temáticas e de Sistematização, e que foi, após inúmeras negociações, votado no Plenário (o conjunto dos 559 constituintes)". Era, sem dúvida, uma perspectiva muito distinta daquela oferecida pelos jornais diários, que enfatizavam o tempo todo tanto as dificuldades de sedimentar acordos quanto as diatribes lançadas pelos governistas contra aquilo que consideravam nefasto no texto final. Em sua publicação oficial, os membros da Constituinte ressaltaram o caminho percorrido como reverência incondicional aos ritos do processo democrático — todas as etapas tiveram o seu destaque e o resultado conclusivo era decorrente desses inúmeros procedimentos de discussão e de escolha dos melhores rumos a serem preferidos. "O trabalho até aqui realizado, durante este período de um ano e quatro meses, tem sido estafante para todos — constituintes, funcionários e jornalistas. Porém, é gratificante ver ganhar corpo sólido a Lei que permitirá ao Brasil romper com dignidade o próximo século" (Jornal da Constituinte, nº 54, 4 a 10/06/1988, p. 1). Terminada a votação do texto em primeiro turno, festejada com entusiasmo pela coordenação dos trabalhos, começaria a preparação do segundo turno, cuja realização era esperada para as semanas seguintes.

Ao receber o texto homologado em primeiro turno, com todas as emendas aprovadas, e entregue pelo relator, deputado Bernardo Cabral (PMDB-AM), em sessão solene, Ulysses Guimarães fez um "pronunciamento-síntese" em que percorreu alguns dos principais aspectos que teriam caracterizado a elaboração da nova Constituição brasileira, chamando-a de 'uma fronteira móvel'", que iria avançar sobre áreas até então não ocupadas pela esfera pública, pelo Estado, que seriam "as áreas dos humilhados, dos preteridos e dos marginalizados". Segundo declarou, outra premissa importante da nova Carta seria a de "reabilitar a geografia brasileira", que estaria "humilhada, ultrajada, esquecida, porque a Federação era meramente nominal", uma reles ficção, que obrigava os homens a viver correndo atrás do governo. A partição das receitas tributárias entre os entes federativos de forma um pouco mais harmônica teria vindo para corrigir tais danos. "Esta reabilitação da geografia, através da descentralização tributária, será, sem dúvida alguma, uma conquista histórica para a vida deste país". Além de passar por diversos outros pontos que julgou fundamentais no novo texto constitucional que desejava entregar ao Brasil o mais rápido possível, o deputado Ulysses Guimarães ainda ressaltou que aquele trabalho que se orgulhava imensamente de dirigir não seria somente uma coletânea de citações e de normas, para ocupar prateleiras de bibliotecas e escritórios de modo a cumprir formalidades. Ele a queria viva, atuante e promissora. E afirmou: "Vamos ter uma Constituição que não será uma Constituição estante para consultas burocráticas. Teremos uma Constituição com o cheiro do povo, andarilha, que irá para a periferia, para o caminho dos miseráveis, procurando melhorar as suas condições" (Jornal da Constituinte, nº 55, 11 a 17/07/1988, p. 3).

Uma das decisões mais significativas para o ambiente político do Brasil foi a que promoveu uma completa liberalização da criação, fusão, incorporação e extinção de partidos, livrando-os da "camisa de força do bipartidarismo" imposta pela ditadura, e assegurando que pudessem existir tantos partidos quantos fossem os segmentos de pensamento político existentes no país. Os jornais falavam em 30 partidos constituídos e em condições de concorrer já nas eleições seguintes, tendo cumprido as exigências do TSE e alcançado o registro formal. O *Jornal da Constituinte* ressalvava que já eram ao todo 36, e os saudava como “a explosão democrática contra anos de repressão”. Alguns constituintes consultados pelas reportagens disseram não entender essa expansão como um risco à democracia. Em sua visão, criar um partido era fácil, o difícil mesmo era obter apoio popular e bom desempenho eleitoral. Disso resultaria, portanto, um filtro natural para a harmonização da vida partidária brasileira com as reais condições sociais e políticas do país. Parecia claro que inúmeros capítulos e artigos da nova Constituição brasileira buscavam responder aos anseios de um pleno estabelecimento do Estado Democrático de Direito, presentes em determinados setores da sociedade que se uniram para derrotar o regime de exceção e, assim, construir uma nova etapa de desenvolvimento econômico, social e político, marcada pela liberdade e pela afirmação da soberania popular. O passar do tempo, contudo, não seria tão confirmatório dessas premissas. O sistema político não foi depurado das tendências adversas já vislumbradas em 88, assim como a fragmentação das duas “frentes” oriundas da ditadura — PMDB e PFL — não foi propriamente um rearranjo ideológico e programático desejável na estrutura partidária do país. Certos movimentos políticos observados no período responderam muito mais à instabilidade conjuntural resultante da crise do governo Sarney do que a uma real mudança estrutural.

Apesar dos péssimos indicadores sociais, o governo federal atuava de modo desabrido, de acordo com notícias de jornal, para derrubar algumas das conquistas mais festejadas pelos autores do novo texto constitucional do Brasil. Na preparação de sua ofensiva sobre as votações em segundo turno, o Palácio do Planalto elegera um conjunto de doze alvos principais: o voto facultativo aos 16 anos; o direito de greve nos serviços essenciais; a licença-paternidade de 8 dias; a jornada de 6 horas em turnos ininterruptos; o tabelamento dos juros em 12%

ao ano; a demissão de ministros de Estado por censura; a anistia das dívidas de pequenas e micro empresas; a criação de Imposto de Renda adicional pelos Estados; os novos cálculos para pagamento de aposentadorias; a estabilidade do servidor público após cinco anos; a exigência de mandado judicial para efetuar prisão; e a subordinação da ilha de Fernando de Noronha ao Estado de Pernambuco. Com exceção do Imposto de Renda estadual e da situação federativa da ilha de Fernando de Noronha, eram todos itens de sensível impacto social. Consoante o noticiário, o presidente Sarney teria confidenciado a alguns aliados que se sentia perplexo diante da irresponsabilidade dos parlamentares que haviam lutado para aprovar um texto constitucional em plenário que seria "capaz de tornar o país ingovernável". Contra isso, ele estaria buscando costurar um arranjo político com diversos líderes partidários que permitisse realizar uma votação em segundo turno mais afinada com os seus propósitos governamentais. No dia 27 de julho, em cadeia nacional de rádio e televisão, o presidente Sarney pronunciou um discurso indignado contra certos pontos da nova Constituição, embora evitando acusar a Assembleia Constituinte e ressalvando que fazia apenas uma advertência na condição de Presidente da República. Para ele, como foi reproduzido nos jornais, a Constituição não poderia ser de um só partido, nem de uma facção, e menos ainda representar "a vitória de uns sobre outros". Era preciso que ela representasse o "sentimento nacional" se quisesse ser duradoura. A Constituição deveria ser de todos.

No conteúdo das reportagens, era informado que o deputado Ulysses Guimarães havia aconselhado o presidente, por telefone, a não fazer o seu pronunciamento naqueles termos e naquele momento. Pois foi no mesmo dia 27 de julho que o plenário do Congresso Nacional consolidou mais uma data histórica em sua longa trajetória, ao aprovar em votação de segundo turno o texto da nova Constituição brasileira. Antes de iniciar o pleito, Ulysses fez um discurso inflamado em que reafirmou o significado da Constituição Cidadã que estava sendo elaborado ali e ainda respondeu às diatribes de José Sarney com uma frase que ficaria marcada: "Ingovernável é a fome". Para ele, fome, miséria, ignorância, doença inassistida é que tornavam qualquer país ingovernável. E os constituintes estavam no parlamento para recuperar a cidadania de milhões de brasileiros e para construir a verdadeira governabilidade. Ulysses disse ainda que os parlamentares se recusaram a ouvir os apelos do Velho do Restelo, que pregava contra o novo e apelava para a calmaria do que já era conhecido, numa referência à famosa passagem de *Os Lusíadas*, de Luiz de Camões. "O povo nos mandou aqui para fazê-la, não para ter medo. Viva a Constituição de 1988! Viva a vida que ela vai defender e semear!" Em sua visão, a aprovação em segundo turno tinha livrado o país de uma grave crise política, que provocaria o total "descrédito do processo de transição democrática e da capacidade das lideranças civis de comandar as mudanças institucionais necessárias". Se isso não tivesse acontecido, estaria criada a oportunidade ansiosamente aguardada pelos "pescadores de águas turvas" para iniciar um novo ciclo de golpes contra a democracia. Assim sendo, a aprovação da Constituição em segundo turno havia representado uma dupla vitória.

Em alguns de seus capítulos mais importantes, parecia estar cravado o objetivo maior de sepultar, em definitivo, o legado dos anos de exceção que marcaram a ditadura militar. Embora não tivesse se constituído no próprio cerne do poder, como desejavam os parlamentaristas, o Congresso ganhou força suficiente para que o Presidente da República jamais pudesse governar sem ele, desconsiderando ou menosprezando a sua participação no quadro institucional de comando. A extinção do decreto-lei — amplamente utilizado pelos governos militares e pelo próprio Sarney — foi outra medida fundamental para a consolidação do equilíbrio entre os poderes, tal qual sempre defenderam os partidários da democracia. Da mesma forma, os parlamentares recuperaram as prerrogativas de apreciar o orçamento da União e de definir as prioridades de investimento, compartilhando com o Executivo as decisões mais relevantes em matérias econômicas e financeiras. Ademais de decidir sobre o orçamento da

União, pelo novo texto constitucional, caberia também ao Congresso Nacional deliberar sobre a criação de ministérios e de empresas estatais, além de aprovar e/ou suspender o estado de defesa, o estado de sítio e a intervenção federal em Estados e municípios. Entre as suas muitas atribuições, ficaria responsável igualmente pela aprovação das concessões de rádio e TV.

No âmbito das Forças Armadas, a nova Constituição destinou-as à defesa da Pátria, à garantia dos poderes constitucionais e, por iniciativa de um deles, à preservação da lei e da ordem interna, como desejavam os militares. Por sua vez, o STF transferiu ao Superior Tribunal de Justiça a competência para interpretar a lei ordinária, ficando com o poder de julgar as representações de inconstitucionalidade, em única instância. Foram criados ainda os juizados especiais para cuidar de causas civis de menor complexidade. O racismo se tornou crime inafiançável e imprescritível. Ao mesmo tempo em que os quilombolas receberam o direito de obter a posse definitiva das terras que ocupavam, foi incluído no currículo escolar o ensino da cultura afro-brasileira. As terras indígenas foram consideradas inalienáveis, tornando-se imprescritíveis também os direitos sobre elas. Sua exploração só passaria a ser feita com o consentimento do Congresso Nacional. Como pretenderam os sanitaristas engajados na defesa da saúde pública no Brasil, a saúde foi convertida em direito de todos e dever do Estado. Todas as atividades e todos os serviços do setor foram considerados de relevância pública e organizados num sistema único, controlado pelo poder público. As entidades privadas de saúde com fins lucrativos não se credenciariam mais para receber recursos públicos, mas ficariam livres para exercer as suas funções. A União estava obrigada a investir 18% de seu orçamento anual em educação, sendo o ensino fundamental obrigatório e gratuito. O Estado ainda se comprometia a atender as crianças de até seis anos em creches e pré-escolas, além de oferecer, em seus estabelecimentos oficiais, ensino noturno regular e gratuito. A gestão dessas atividades deveria ser exercida democraticamente, na forma da lei.

A partir desse momento, com a aprovação do novo texto constitucional em dois turnos de votação, só seriam permitidas as chamadas emendas supressivas, isto é, aquelas que excluíssem apenas palavras ou trechos do projeto de Constituição em discussão. Os jornais noticiavam com grande espanto o fato de que, em poucos dias, os parlamentares já haviam apresentado 1.844 emendas supressivas, enquanto o governo entregara cerca de 300 aos seus representantes no Congresso Nacional. Esses números serviam para mostrar a dificuldade que os constituintes enfrentariam na definição final do texto, ao ter de decidir sobre um volume tão extraordinário de mudanças sugeridas pelos requerentes. Toda a carga lançada pelo Palácio do Planalto sobre a Assembleia Constituinte durante a votação em segundo turno tinha se revelado infrutífera, pois a aprovação retumbante do texto pela segunda vez em plenário representara uma vitória decisiva dos parlamentares e, sobretudo, de Ulysses Guimarães. Muito se escreveu nos jornais que os sucessivos discursos e ameaças do presidente Sarney e de seus aliados mais próximos haviam tido o resultado oposto ao desejado: longe de atrair apoio e simpatia, irritaram os constituintes e acabaram facilitando os entendimentos que redundaram na confirmação do texto final. A partir de então, restou ao governo empreender esforços para o mais amplo sucesso das emendas supressivas que decidira patrocinar. O efeito aglutinador das escaramuças entre governo e Congresso foi o de apressar a finalização dos trabalhos da Constituinte.

Na leitura de alguns colunistas de jornal, a Assembleia Nacional Constituinte, ao reafirmar a sua soberania com a votação do texto constitucional em segundo turno, ratificava o exercício de suas prerrogativas legislativas sem se submeter à pressão dos *lobbies* ambiciosos e das ameaças de golpe militar. O principal recado do líder máximo da Constituinte foi resumido da seguinte maneira: sem tutela do poder econômico e sem tutela do poder militar. O princípio mais uma vez reafirmado por Ulysses Guimarães foi o da democracia. A sociedade deveria ser livre para manifestar as suas posições e para lutar pela supressão dos pontos que julgava inconvenientes na nova Constituição. Todavia, sem exceção e sem distinção, todos estariam obrigados a aceitar e a cumprir as decisões soberanas tomadas pelos parlamentares constituintes. Embora isso seja óbvio, por incrível que pareça, era algo que precisava ser reafirmado a todo instante, dadas as incessantes investidas que os conservadores costumavam fazer contra os temas considerados "polêmicos", e que demandavam uma negociação mais exaustiva. Num encontro com sindicalistas, dias após a aprovação em segundo turno, segundo relatos de jornal, o deputado Ulysses Guimarães voltaria a prometer que a nova Carta protegeria os trabalhadores e que, a depender da sua vontade, quanto às conquistas trabalhistas, nada mudaria no texto já aprovado. De acordo com a imprensa, o tema dos direitos sociais era o que vinha recebendo o maior número de destaques e emendas, sofrendo pressões tanto do lado dos trabalhadores, para resguardá-los, quanto dos empresários, para suprimi-los.

Grandes esforços eram demandados do deputado Ulysses Guimarães para finalizar as votações e encerrar os trabalhos de elaboração da nova Constituição do Brasil. Havia dias mais difíceis e dias mais propensos aos acordos entre os partidos e suas lideranças. O voto aos 16 anos, por exemplo, foi capaz de mobilizar imensamente os constituintes, sendo que as emendas sugeridas para modificá-lo ou eliminá-lo foram todas rejeitadas pela maioria, legando aos futuros candidatos cerca de 7 milhões a mais de votos para conquistar. Foi da lavra de um dos deputados evangélicos a proposta de uma emenda para permitir a "censura artística", argumentando que obras de arte então mostradas ao público não passavam de uma "projeção das taras pessoais de falsos artistas". O plenário, contudo, já estava preparado para votar a favor da completa abolição de toda forma de censura (uma das facetas mais odiosas da ditadura) e não se deixou convencer pelos argumentos moralistas expostos. De acordo com as notícias, a censura foi abolida sob vaias. De outra feita, a todo idoso e a todo portador de deficiência também seria assegurado o recebimento de um salário mínimo mensal, independentemente de contribuição à seguridade social. O único destaque supressivo fora apresentado por um outro deputado evangélico, que julgou mais oportuno beneficiar apenas os portadores de deficiência, mas acabou sendo convencido da necessidade de se proteger também constitucionalmente homens e mulheres com mais de 65 anos, sem condições de prover a própria subsistência.

Era impossível não considerar esses esforços como uma tentativa louvável de inserir o Brasil no processo civilizatório. Era inadmissível abandonar parcelas enormes da população brasileira à própria sorte, sem as mínimas condições de sobrevivência, num meio social e econômico totalmente hostil aos mais pobres e aos mais desfavorecidos pela sorte. Sim, porque não deixa de ser mera questão de sorte o nascer-se ou não nascer-se numa família que tenha condições de prover as necessidades básicas para que o indivíduo cresça e se torne capaz de garantir o próprio sustento em situação mínima de dignidade. Nada mais do que sorte, ou acaso, se preferível for. Não há nenhuma outra explicação ponderável: não é questão de raça, nem de cor, nem de origem, nem de religião ou de sexo. É simplesmente uma manobra do "destino" essa que coloca cada ser humano num determinado ponto de partida para iniciar a sua caminhada. Algo completamente aleatório e imponderável, sobretudo, nas formações sociais fundadas sobre uma profunda desigualdade. As sociedades e as suas várias formas de organização podem dar suporte para que a trajetória de cada um seja bem-sucedida e produza bem-estar e prosperidade. Ou podem, como acontece ao longo dos séculos no Brasil, ignorar parcelas imensas dos seus habitantes que lutam pela sobrevivência em situações de extrema dificuldade, sem pode contar com nenhum tipo de apoio ou de acolhimento. Foi na direção desse percentual de seres humanos desassistidos, desamparados, que o texto constitucional de 1988 buscou atuar, no sentido de lhes assegurar um ínfimo amparo na velhice e na deficiência. E foi exatamente contra esses direitos, arrancados do sistema político com imensa dificuldade pelos constituintes de 1988, que outras tantas manobras seriam feitas na cena política brasileira, no correr dos anos seguintes. Não seriam raras as tentativas de extirpá-los da Constituição. E mais ainda de deixar de cumpri-los.

Se, por um lado, o voto aos 16 anos causou tamanho estardalhaço nos grupos mais conservadores, o mesmo pode ser dito do direito de greve conquistado pelos trabalhadores — que passaram a ser os únicos responsáveis pela decisão sobre quando e por que fazer uma paralisação. Na medida em que a ditadura havia estigmatizado a greve como subversão, os sindicatos eram obrigados a fazer a convocação para uma assembleia da sua categoria, com dez dias de antecedência, por meio de editais publicados nos jornais. Isso posto, um membro do Ministério Público do Trabalho fiscalizaria a "lisura da assembleia", a fim de considerá-la válida ou não. No caso de aprovação da greve, o sindicato deveria, então, comunicar a decisão à Delegacia Regional do Trabalho, que autorizaria ou não a paralisação. Se essa fosse autorizada, o sindicato precisaria avisar ao patrão, com cinco dias de antecedência, a data e o horário do início do movimento. Ainda como feito inédito na História brasileira, a Assembleia Constituinte também aprovou o direito de greve para o funcionalismo público, permitindo a tal segmento de trabalhadores a liberdade para lutar livremente por suas reivindicações. Os constituintes não estavam apenas concedendo direitos e prerrogativas usurpados pela ditadura, eles estavam resgatando a soberania da sociedade civil nas questões que lhe diziam respeito. Essa foi uma proeza da Constituição de 88 que não pode ser ignorada.

No curso da votação em segundo turno da Assembleia Constituinte, assim como na fase seguinte, de debate sobre as emendas supressivas, os militares continuaram atuando com o mesmo protagonismo observado em períodos anteriores. Embora reafirmassem o tempo todo que a soberania da Constituinte era inquestionável, defendiam suas propostas sem nenhuma cerimônia, tanto por intermédio de seus assessores no Congresso Nacional quanto por meio de declarações públicas e de encontros com os setores influentes do país. Para tanto, contavam com a proximidade inequívoca das principais lideranças políticas e empresariais, que sistematicamente corriam aos ministérios das três armas para debater os problemas e buscar as soluções. A presença dos militares na cena política brasileira era completamente naturalizada, apesar do fim declarado da ditadura e da transferência do governo para as mãos civis. Suas opiniões sobre tudo eram repercutidas com destaque e levadas muito a sério. O ponto culminante dessa proeminência era o temor recorrente de que o quadro persistente de instabilidade que dominava o país pudesse, enfim, levar à retomada do poder pelos fardados. Essa atmosfera de aparente apreensão tinha uma clara especificidade: era ao mesmo tempo um temor e um desejo. Incapazes de resolver os graves problemas que assolavam o Brasil, tanto os políticos governistas quanto os empresários tendiam a buscar no regime de exceção o atalho para impedir uma eventual perda definitiva de controle sobre as esferas de mando do Estado. Por isso mesmo, viviam alardeando aos quatro ventos a iminência de um novo golpe, a possibilidade inelutável de uma reviravolta institucional que reconduzisse os militares ao comando da nação. Embora apresentando esse risco como algo a temer, eles não deixavam de mostrar uma simpatia mal disfarçada diante desse rumo possível, caso viessem a perder a capacidade de dirigir os destinos do país e tivessem de vê-lo governado por um opositor de esquerda.

Pelas conversas relatadas na imprensa, os militares costumavam apresentar como as suas maiores preocupações as medidas econômicas adotadas pelo governo, cujo sucesso era mais do que duvidoso já há alguns anos. As mudanças constantes na equipe econômica, com a substituição de vários ministros da Fazenda em pouco tempo, eram percebidas por eles como riscos sérios à estabilidade da situação política pela qual o país passava. Tal inconstância revelaria não apenas uma relativa incapacidade de definir caminhos mais precisos para a solução dos problemas, como também contribuiria para a repercussão de uma imagem negativa do Brasil no exterior. Apesar disso, e mesmo que já tivessem abandonado a visão outrora otimista sobre o governo Sarney, os militares ainda continuavam respaldando a sua permanência no poder como "uma fórmula consensual de transição democrática". Por isso mesmo, tiveram uma influência resoluta, na visão da imprensa, sobre a decisão tomada pelos constituintes em favor do mandato de cinco anos para o presidente José Sarney e do sistema presidencialista. Não foram raras as vezes em que os jornais comentaram a interferência direta e incisiva dos ministros militares, em especial, do ministro do Exército, nas deliberações da Assembleia Nacional Constituinte. O repúdio ao parlamentarismo era expresso na condenação do que diziam considerar como um "assembleísmo" que grupos radicais estariam tentando impor ao país, tornando-o ingovernável. Qualquer impasse institucional resultante de mudanças assim "impensadas e imaturas" traria o que julgavam ser consequências imprevisíveis e devastadoras. Tendo isso em vista, cerraram fileiras em torno do mandato de cinco anos.

O brasilianista estadunidense Alfred Stepan lançou, nessa mesma época, um novo livro intitulado *Repensando a política militar: Brasil e Cone Sul*, em que tratou dessas características peculiares do sistema político brasileiro. Como ele mesmo afirmou em entrevista: "Democracia nenhuma do mundo mantém seis ministros militares, todos da ativa, como o novo governo civil brasileiro. Muito menos mantém o chefe do Serviço de Informações (general Ivan de Souza Mendes) com *status* de ministro, no gabinete presidencial. Por essas razões, o Brasil está no limite de não ser uma democracia" (Jornal do Brasil, 20/03/88, p. 12). Os parlamentares ditos progressistas tentaram de tudo para atribuir às Forças Armadas, na nova Constituição, exclusivamente o papel de defesa externa do país, e não mais de atuação nos conflitos internos porventura existentes. Todavia, na opinião de Alfred Stepan, por meio de uma forte pressão sobre os políticos, os militares brasileiros lograram deixar o texto constitucional "suficientemente vago" para que pudessem continuar tomando decisões relevantes de cunho político sem violar qualquer princípio legal. Desde questões como a reforma agrária até os debates mais calorosos da Constituinte, os militares brasileiros sempre deram a palavra final acerca dos temas considerados mais "polêmicos". Ao preservarem as prerrogativas que possuíam na ditadura, asseguraram para si mesmos o domínio total sobre a informação em temas fundamentais como segurança nacional, estratégia de defesa e indústria bélica. Segundo o brasilianista, a exclusão do Congresso Nacional e dos partidos políticos da análise rotineira de questões de defesa fez com que não existissem no Brasil especialistas civis em questões militares, a não ser aqueles que estavam empregados diretamente pelas Forças Armadas.

Tais interpretações colaboraram para dar veracidade àquilo que muitas vezes se passou por boato ou teoria conspiratória, mas, se tratou de fato de circunstância grave do cenário político nacional. Um dos temas que mais teria recebido a atenção dos militares, tantas vezes já reafirmado aqui, foi justamente o da duração do mandato presidencial de José Sarney e do sistema de governo adotado no Brasil. Apesar de todas as negativas anunciadas, os jornais insistiram em reportar que a Assembleia Constituinte tinha votado essas questões sob a séria ameaça de que uma junta militar assumiria o poder, decretaria medidas amargas por 120 dias e depois convocaria eleições gerais, numa repetição tragicômica do golpe de 1964, que durou 21 anos. O próprio deputado Ulysses Guimarães veio a público negar que tivesse ouvido dos ministros militares qualquer ameaça de golpe ou de eventual contestação dos quartéis às decisões soberanas da Constituinte. Das fileiras fardadas vieram afirmações de que tudo aquilo representaria "pura fantasia" de "mentes imaginosas". No entanto, notícias regulares davam conta de que "diversos interlocutores ouvidos pelas reportagens" confirmavam a existência das ameaças e dos temores de que pudesse ocorrer um novo golpe militar no país. Bastava lançar essas suposições no ar já contaminado do cenário político para promover uma razoável situação de conflito e de insegurança, capaz de detonar o alvoroço necessário para impor as decisões desejadas. E foi exatamente o que aconteceu. Se houve ou se não houve ameaça, pouco importava. O poder de determinar os caminhos independia dessa veracidade.

Um teste de fogo para o ministro da Fazenda, Maílson da Nóbrega, que assumira com a responsabilidade de responder de modo satisfatório às questões mais difíceis da crise econômica que assolava o país, deu-se justamente na política salarial dos servidores públicos, incluídos aí os militares, e nos programas de modernização pretendidos pelas Forças Armadas. Segundo as notícias dos jornais, os ministros militares fizeram chegar aos ouvidos do presidente Sarney a informação de que não aceitariam, em nenhuma hipótese, medidas que alterassem "os acordos firmados anteriormente" — que garantiriam tanto os recursos para prosseguir com os investimentos em tecnologia e em renovação dos equipamentos bélicos quanto as reposições salariais negociadas. As corporações poderosas do Estado brasileiro sempre tentavam escapar dos arrochos impostos pela política econômica da hora, fosse qual fosse. Os sacrifícios, normalmente, sobravam para aqueles já rotineiros: os pobres e a classe média assalariada. O combate ao déficit público travado pelo ministro da Fazenda não faria diferente. Sob pressão, acabou decidindo não extinguir a URP para o funcionalismo da União, mas, congelá-la por dois meses, atendendo a uma exigência dos fardados, conforme notícias de jornal. Ao justificar "para o seu pessoal" a decisão do governo, o ministro do Exército teria afirmado que "preferiu a tempestade ao terremoto", que se avizinhava, de modo inevitável, caso nada pudesse ser feito. Apesar dos aumentos que haviam recebido em meses anteriores, sem a reciprocidade aos civis, as tropas julgavam que seus vencimentos continuavam muito "defasados", e mereciam correções permanentes. Aos militares eram garantidos não direitos, mas, privilégios.

Como de praxe em todo o período abordado aqui, embora negassem com veemência qualquer ingerência nos assuntos políticos do Brasil, as altas patentes militares sempre estiveram à frente das principais decisões tomadas pelo governo em âmbito econômico e político, inclusive nas questões de relações exteriores. Isso tinha tal peso que costumava escapar dos bastidores e se espalhar pelas instâncias públicas, revelando-se em toda a sua inconveniência e em seu proverbial despropósito. Como uma marca indelével da Nova República. Graças ao depoimento de uma das maiores lideranças empresariais do país, acabou sendo amplamente divulgado pelos jornais que os chefes das três armas impuseram, "de maneira clara e respeitável", os seus pontos de vista em defesa das suas teses. Para o empresário, a decisão a ser tomada era muito simples, pois, "quem passou pelo golpe de 64 sabe o que isso significa", ou seja, sabe perfeitamente que os oficiais de alta patente não admitem ser contrariados e detêm um convincente poder de pressão. Na visão daquele dirigente industrial, "os 21 anos de autoritarismo não deixaram o Brasil em boa situação", o que mantinha todas as pessoas responsáveis muito preocupadas com o momento político, diante de uma clara ameaça militar. O maior agravante, contudo, seria o reconhecimento de que, naquele exato período que o país atravessava, com tamanhas tensões e tantos desentendimentos, um "derramamento de sangue" seria praticamente inevitável se acontecessem os desarranjos institucionais provocados por mais um golpe de Estado. Era um diagnóstico sombrio, mas também realista. À frente do desastre, o poderio bélico das Forças Armadas.

Uma das demonstrações mais escandalosas dessa desproporção de forças e de capacidade de resistência veio da reação governamental diante da greve decretada pelo funcionalismo público, por ocasião do congelamento da URP que corrigia os seus salários frente à escalada inflacionária. Todas as guarnições do Exército sediadas em Brasília, de acordo com as notícias dos jornais, foram colocadas em regime de prontidão rigorosa, "com os soldados e os carros de combate Urutu e Cascavel aquartelados e prontos para intervir" se houvesse solicitação das autoridades. Na esfera administrativa, foi decidido que os servidores que não comparecessem ao trabalho teriam o ponto cortado (desconto no salário) e perderiam as comissões por cargos de confiança. Somente os funcionários civis da União continuavam sendo responsabilizados pelo déficit público, enquanto subsídios, incentivos fiscais, dívida pública e benefícios aos militares ficavam isentos de qualquer encargo. Os jornais chegaram a ventilar uma decisão maquiavélica que vinha sendo tramada pelo Palácio do Planalto para conter o ímpeto contestador dos servidores, embora insinuassem que se tratava de mero blefe, porque ninguém acreditava que o governo pudesse chegar a tanto. A hipótese era a seguinte: no caso de paralisação geral dos serviços públicos essenciais, o Estado poderia passar a responsabilidade de sua execução para o Exército, caso não fosse mais possível mantê-los funcionando sem os servidores. Pela Lei do Serviço Militar, o presidente poderia convocar os grevistas, que passariam a ser soldados, por sua condição de reservistas. Quem se negasse a trabalhar seria preso como traidor da pátria. Ventilar uma ameaça de utilização da força militar podia ser tão eficaz quanto o próprio uso da força. A greve sequer chegou a comprometer os serviços essenciais, que dirá interrompê-los por completo.

O sociólogo Herbert de Souza (o Betinho), num lúcido artigo escrito para o *Jornal do Brasil,* apresentou algumas linhas definidoras dessa situação histórica que selava uma aliança duradoura e forte entre o poder econômico e o poder bélico. "No Brasil, as Forças Armadas sempre atuaram deliberadamente como garantia da ordem econômica e social, o chamado *status quo.* Atuam algumas vezes dentro (e, outras vezes, fora) da legalidade, mas sempre em torno dos interesses dos grupos dominantes na sociedade brasileira. Foram organizadas para isso e cumprem sua função. (...) Em última análise, os interesses civis é que determinam a natureza da sociedade onde atuam os militares. Mais importante do que a farda ou o jaquetão é perguntar-se sobre a correlação de forças existentes na sociedade civil (que se refletem no Estado) e a que interesses servem o regime ou uma ditadura" (Jornal do Brasil, 09/05/88, p. 9). Para o autor, o golpe de 1964 atendeu a uma aliança entre o grande capital transnacional e nacional, que estaria durando até o período da Nova República e seria mesmo capaz de transcendê-la. Os governos que se instalaram sob a direção dos militares, desde o início da ditadura, serviram basicamente a esses interesses dominantes, e não aos desígnios dos próprios militares. Segundo a análise de Herbert de Souza, mais importante do que o presidente da República era o ministro da Fazenda: para ele é que se deviam voltar os olhos no intuito de tentar compreender a verdadeira natureza do processo histórico que estava em curso.

A força de persuasão bélica seria sentida novamente por ocasião da greve na CSN, uma das empresas estatais mais importantes da História brasileira. Tropas de três batalhões do Exército, com mais de 600 homens e 10 carros blindados, ocuparam as instalações da companhia onde os 18 mil empregados se encontravam em greve, em meados de maio de 88. Segundo explicações do comandante da operação, o objetivo era evitar que os altos-fornos da usina fossem desligados, "como ameaçavam fazer os manifestantes". O Exército fora chamado pelas próprias autoridades de Brasília, que julgaram mais prudente o emprego das tropas federais, temendo que as forças estaduais não fossem suficientes para "manter a ordem". Isso porque a direção da CSN disse ter atendido às reivindicações dos empregados, que decidiram manter o movimento à espera do julgamento do seu dissídio. De acordo com fontes ligadas à empresa, foi o comandante da operação que convenceu o presidente do sindicato a suspender a greve, ao lhe dizer, "numa conversa informal", que os soldados estavam preparados para o confronto e caberia a ele evitar o pior. Em poucas horas a paralisação terminou e os soldados foram embora. Um equilíbrio de forças assim tão desproporcional não poderia levar a resultado diferente. Não foi a primeira vez, nem seria a última.

Certo mal-estar foi provocado pelas reclamações públicas do ministro-chefe do EMFA, que defendeu a concessão de "salários condignos aos militares", compatíveis com os que eram pagos aos membros do Judiciário e do Legislativo, por exemplo. Conforme declarou à imprensa, havia no serviço público da União "vencimentos elevados que permitem ao indivíduo viver bem", tornando-se uma clara injustiça com os militares não equipará-los a esses patamares de alto rendimento. Como sugestão, ele disse que um general de quatro estrelas do Exército deveria receber o mesmo salário pago a um ministro do Superior Tribunal Militar, que também estaria no topo da carreira. Era uma questão de isonomia, há muito reclamada pelos oficiais das três armas. O fato de o ministro em questão ter concedido entrevista à Empresa Brasileira de Notícias (EBN), uma entidade pública de radiodifusão, causaria um tremendo constrangimento ao governo. O brigadeiro disse ainda ser um crítico do congelamento da URP para o funcionalismo (incluindo os militares), diante da disparada dos preços que não recebia as medidas restritivas necessárias por parte das autoridades. O resultado dessa incongruência era "um grande sentimento de frustração" em diversas fileiras do serviço público federal. Além da questão salarial, o oficial ainda se queixou da falta de recursos para o programa espacial brasileiro, cujas verbas já tinham sido anteriormente autorizadas pelo governo, mas não estavam sendo repassadas a contento. O desabafo custou o cargo ao ministro-chefe do EMFA e também ao presidente da EBN, que lamentou o embaraço causado com a divulgação da entrevista. De acordo com as notas da imprensa, os funcionários do EMFA teriam lamentado sinceramente a demissão do ministro e manifestaram a ele a sua admiração e o seu respeito, no momento de sua saída do ministério. Perfilaram-se e aplaudiram o demissionário. O presidente do sindicato dos bancários e o presidente do sindicato dos empregados em processamento de dados do Distrito Federal também foram levar a sua solidariedade ao ministro demitido, para quem chegaram ainda cartas e telegramas de todas as partes do Brasil prestando total apoio às suas declarações. Toda a simbologia desse episódio serviu para corroborar os pontos de vista apresentados por Herbert de Souza no artigo citado anteriormente. Os militares não serviam a si próprios, como imaginavam fazer. Subordinavam-se a um mando superior, que não controlavam nem restringiam.

Em relação ao seu corporativismo, as evidências eram numerosas. Eles mostraram que sabiam usar o poder de persuasão que possuíam para obter algumas vantagens e para garantir algumas esferas de autoridade. Na Constituinte, como já foi referido outras vezes, souberam utilizar a sua influência para definir algumas questões relevantes, resguardando o sigilo e o arbítrio sobre temas sensíveis de seu interesse. De um lado, impediram que militares cassados por atos administrativos pudessem se beneficiar da anistia concedida aos que foram excluídos por motivação política. De outro, fizeram de tudo para impedir que o Poder Judiciário viesse a examinar os atos institucionais editados pela ditadura — conforme previsão de uma emenda proposta no Ato das Disposições Transitórias, da nova Constituição que estava em fase final de elaboração. Essa autorização poderia trazer à tona os arquivos que continham as atas secretas das reuniões do Conselho de Segurança Nacional, nas quais foram decididas as inúmeras cassações de mandatos parlamentares e a suspensão de direitos políticos. E isso os altos oficiais não permitiriam de jeito nenhum. Certamente, porque tinham coisas a esconder. Na mesma época, o Superior Tribunal Militar absolveu, por maioria de votos, os capitães do Exército Jair Messias Bolsonaro e Fábio Passos da Silva, da acusação pelo plano de explodir bombas em quartéis destinadas a mostrar "o descontentamento da oficialidade com os baixos vencimentos". No terreno do espírito de corpo, tão característico desse tipo de grupamento profissional, haveria poucos exemplos mais contundentes do que esses.

Dia sim, outro também, os jornais reeditavam a pergunta mais corriqueira da cena política brasileira: diante da possibilidade de o ex-governador Leonel Brizola vencer a próxima eleição presidencial, o que deveria acontecer? Ao que os militares sempre respondiam: "quem for eleito tomará posse, pois estamos numa democracia". Protocolar ou não, era uma resposta tranquilizadora para os militantes da esquerda. Isso porque os boatos de que militares e conservadores não permitiriam a chegada dos esquerdistas ao poder eram constantemente divulgados em meios oficiais e extraoficiais. Um senador do PFL do Pará, por exemplo, veio a público declarar que uma candidatura do ministro do Exército à presidência teria franco apoio das lideranças do PFL e do PMDB moderado, que "sentem a necessidade de um homem forte para preservar a democracia". Por mais contraditório que pareça ele ligou a força à democracia, duas condições politicamente antagônicas. Regimes de força, assim como governantes de força, não são exatamente compatíveis com uma sociedade democrática. Mas, era isso que a direita propunha. Em defesa de seus argumentos, o senador paraense afirmou que temia a entrada do país numa era de turbulência, caso as candidaturas de Leonel Brizola ou Luiz Inácio Lula da Silva fossem exitosas, pois a crise poderia ser mais agravada pelas "greves revolucionárias" liberadas pela nova Constituição. Daí a necessidade de um candidato militar. As possíveis candidaturas "de centro" não decolavam, nem mesmo Ulysses Guimarães teria condição de vencer um dos dois candidatos da esquerda. Para o senador, a "maioria silenciosa" – classe média, conservadores, empresários – tenderia a procurar um candidato que represente "a ordem dentro dos princípios democráticos". Sem um nome civil de peso, restaria, a seu ver de modo inevitável, um general de grande expressão.

O temor de um novo golpe de Estado seguia assombrando as almas sensíveis, dentro e fora do Brasil, graças ao quadro socioeconômico de crise permanente. Em agosto de 88, o jornal estadunidense *Washington Post* reportou a preocupação do ex-embaixador Lincoln Gordon, com a possibilidade de uma ruptura institucional iminente, tanto no Brasil quanto na Argentina, em decorrência do recrudescimento da desigualdade social agravada pelo quadro de inflação, desemprego e arrocho salarial tantas vezes referido. Lincoln Gordon era embaixador dos Estados Unidos no Brasil quando ocorreu o golpe de 64, o que despertava receios manifestos de que suas declarações pudessem representar mensagens cifradas de algum possível novo envolvimento do Tio Sam nos assuntos internos do Brasil. Segundo a imprensa, o ministro do Exército logo tratou de responder ao texto do *Washington Post*, afirmando que o velho embaixador estaria claramente mal-informado. Por sua vez, o ministro da Fazenda, que fora palestrar no auditório do EMFA sobre os assuntos econômicos nacionais, disse aos repórteres que o aguardavam na saída que os militares poderiam, sim, garantir a lei e a ordem no país, sem fazer qualquer espécie de interferência política. Só não explicou como. Ou seja, era possível o devaneio de que os militares atuando com tamanho desassombro em todas as esferas da vida pública brasileira não era propriamente uma forma de ingerência. Isso porque não o faziam apenas por conta própria, mas, atendendo ao chamado de terceiros — isto é, daqueles que compunham as altas esferas do poder político e econômico, mas, não dispunham de potência suficiente para conter todos os desafios ao seu arbítrio.

No precário equilíbrio de forças que se estabelecera num país em crise permanente, os militares lograram obter benefícios inimagináveis para outros grupos ou corporações do Estado brasileiro. Sempre que os cortes de verbas e de subsídios eram planejados e executados pelo governo, as Forças Armadas ou ficavam de fora ou recebiam os golpes menos dolorosos. Em agosto de 88, os jornais anunciavam que os ministérios militares haviam sido os menos atingidos pelas drásticas reduções promovidas no orçamento da União para o ano seguinte. Em parte, porque teriam sido hábeis em alertar a equipe econômica quanto às ameaças severas que adviriam sobre a própria segurança nacional, caso os recursos demandados não fossem liberados. Embora privilegiassem a preservação da operacionalidade das Forças Armadas em suas reclamações, os ministros militares teriam ainda, segundo notícias da imprensa, reclamado de outro grande incômodo que tinham de enfrentar: o baixo nível de seus soldos, sobretudo, quando comparados aos percebidos pelo Legislativo e pelo Judiciário. De acordo com as notícias, apesar do sigilo rigoroso imposto ao montante das subtrações efetuadas, especulava-se que elas não teriam ultrapassado os 10%. Enquanto isso, os demais setores do governo, inclusive os de obras e de assistência social, viam-se reduzidos a verbas cada vez mais irrisórias.

Mesmo após o término da votação em segundo turno da nova Constituição do Brasil, os *lobbies* cuidadosamente organizados pelos militares durante todo o período de vigência do debate e da preparação do novo texto, conforme descrição dos jornais, seriam mantidos para garantir os seus propósitos, na fase de elaboração das leis complementares. Uma comissão formada por representantes das três armas ficaria encarregada de preparar anteprojetos de lei e submetê-los ao Executivo, para que fossem depois encaminhados ao Congresso Nacional. Em suas declarações às reportagens, o ministro do Exército mostrou-se reticente em relação à nova Constituição brasileira, afirmando que não demoraria para que a sociedade como um todo também percebesse a própria frustração diante de alguns pontos da Carta Magna, por ele considerados "irracionais", tais como a redução do tempo de aposentadoria para algumas categorias profissionais e a licença-maternidade de 120 dias. Na opinião do general, conquistas desse tipo terminariam se refletindo em prejuízos ao próprio país, o que acabaria despertando a indignação de boa parte da população. Todavia, como "bons soldados" que eram, e pela sua "formação democrática", os membros das Forças Armadas cumpririam e fariam cumprir tudo aquilo que havia sido decidido pela Assembleia Nacional Constituinte. Quanto aos benefícios fartamente concedidos aos militares, porém, nenhuma declaração transcrita nos jornais. Dias antes da promulgação da nova Carta, por meio de decreto assinado pelo presidente José Sarney e pelos ministros da Fazenda, do Planejamento e do EMFA, foi concedido reajuste nos vencimentos dos militares, da reserva e da ativa, das três armas. Em alguns casos, conforme o noticiário, o aumento chegava a 120%. Uma das justificativas dadas para essa elevação salarial foi a de tentar compensar perdas, como a incidência tributária (Imposto de Renda), que passaria a ser cobrada a partir do dia 5 de outubro, quando promulgada a nova Constituição do Brasil.

Reposições salariais concedidas aos militares não eram consideradas um problema, em si. Problemática era a exclusão de todos os demais servidores públicos da União, que não possuíam a mesma capacidade de persuasão das três armas. Para esses, o arrocho dos salários era uma condição permanente. Em contraposição à visão corrente, estudos vinham sendo feitos para mostrar que a correlação quase automática que se fazia nos círculos políticos e empresariais, e também na imprensa comercial, entre os vencimentos dos servidores e o déficit das contas públicas não passava de um equívoco. Segundo o diagnóstico de uma análise elaborada por dois economistas do Ministério do Trabalho, publicada logo no início de 88, o descontrole do orçamento federal se devia menos à folha de pagamento dos funcionários do que aos desembolsos cada vez mais elevados da dívida interna e ao uso "clientelista" dos subsídios concedidos pelo governo ao setor privado. Ao contrário do que pregava a equipe econômica, o tratamento dado à remuneração dos servidores federais obedecia a critérios políticos, e não técnicos. Embora os gastos com o funcionalismo se mantivessem nos mesmos percentuais do PIB, ao longo dos anos, as despesas com os juros da dívida e com as transferências à iniciativa privada chegaram a triplicar nas últimas duas décadas, segundo os dados levantados pelos dois economistas. O ministro da Fazenda, porém, anunciava, na mesma semana, duas medidas fundamentais para conter o déficit público constantes do programa que vinha esboçando para submeter ao presidente: "mexer na política salarial do setor público" e "diminuir a participação acionária da União nas empresas estatais".

Esse era o litígio perene. O rombo nas contas públicas tornava-se cada vez maior, e as medidas para contê-lo ou reduzi-lo eram tomadas em sentidos totalmente diferentes daquilo que o originava. Os gastos governamentais com bens e serviços, por exemplo, estavam em níveis considerados "baixíssimos", o que comprometia o setor produtivo em sua perspectiva de crescimento. Dados da produção industrial indicavam expectativas medíocres para o ano em curso. Os investimentos, por outro lado, também se encontravam em patamares cada vez menores, comprometendo partes consideráveis da atividade econômica nacional. Em resumo, os recursos oficiais estariam sendo aplicados, em seu maior montante, na remuneração dos detentores dos títulos da dívida pública, ou seja, os bancos. Se esses pelo menos estivessem contribuindo para a elevação dos investimentos, que geram empregos e crescimento econômico, seria profícuo. Em vez disso, transitavam no próprio mercado financeiro, em circuitos especulativos cada vez mais lucrativos.

Os ministros da chamada área social (educação, saúde, previdência) tentavam impor o máximo de resistência aos cortes propostos pela equipe econômica e validados pelo Presidente da República. Como já foi observado, os ministros militares também lutaram com tenacidade para preservar as verbas de suas pastas, e ainda para conseguir reajustes salariais condizentes com as aspirações dos oficiais. Dentro da política de contenção do déficit público, o governo enviou a cada um dos ministérios uma demanda para que definissem os cortes que seriam efetuados dentro das suas pastas. Aos recalcitrantes, o ministério da Fazenda enviava recados dizendo que dificilmente o país conseguiria levantar empréstimos no exterior, se a sua economia seguisse "fora de controle", pois nenhum investidor se sentiria encorajado a negociar com uma base econômica tão desarticulada e instável. Para os servidores, o ministro acenava com programas de demissão voluntária e de aposentadoria por tempo de serviço, com o objetivo claro de enxugar a máquina pública. Além disso, insistia na liberalização da economia, com extinção de empresas e de órgãos estatais e com o aperfeiçoamento do programa de privatizações que desejava implementar. Acima de tudo, havia uma forte pressão da parte do FMI, que recomendava ao governo brasileiro um combate efetivo aos gastos públicos, passando pela redução das despesas com pessoal e pela abertura cada vez maior da economia. O congelamento da URP, metamorfoseado em claro arrocho salarial, foi uma das principais medidas tomadas em atenção às exigências do FMI.

Em meio às discussões cada vez mais acaloradas sobre a dívida externa, cuja rolagem acabou impondo uma ingerência desmedida do FMI sobre os assuntos internos do Brasil, surgiu uma proposta de conversão da dívida externa em investimento, com a radical internacionalização da economia. A ideia era relativamente simples: caso não possuísse dólares suficientes para saldar os seus compromissos externos (dívidas), o país deveria pagar os seus débitos com bens — terras produtivas, jazidas minerais, empresas produtoras de bens e de serviços. Era uma forma tanto de reduzir a dívida externa a "níveis aceitáveis", escapando da insolvência, quanto de atrair novos investimentos de capitais estrangeiros, dinamizando a economia. Embora simples enquanto proposta, a sua execução seria extremamente complexa, tanto pelos aspectos políticos sensíveis que ensejava quanto pelos elementos técnicos intrincados que envolvia, dando margem a discussões intermináveis e a conflitos insanáveis. Sem muito alarde, no entanto, os jornais publicaram a informação de que os cortes a serem efetuados no orçamento da União, a partir de maio de 88, iriam atingir "brutalmente" os programas sociais do governo federal e o desenvolvimento regional, cujos desequilíbrios seculares deixavam marcas funestas em todo o território nacional. No fim das contas, as soluções mais convenientes sempre eram buscadas nos elos mais fracos, entre todos os vínculos socioeconômicos existentes.

No curso dessas controvérsias, o FMI cunhou uma expressão que marcaria de modo profundo a História brasileira das décadas de 1980 e 1990: carta de intenções. Era um documento que o governo deveria enviar à entidade, estabelecendo as metas a serem cumpridas futuramente por sua administração, sempre que desejasse obter um empréstimo avalizado pelo fundo e destinado a sanar o desequilíbrio de suas contas externas. Foram várias que o Brasil entregou. O circuito de endividamento dentro do qual o país se enfeixou dificultava enormemente a estabilização da economia, tantas vezes apregoada como a grande transformação a ser operada na vida nacional. Tal proposta estava de tal forma desgastada pelas sucessivas tentativas estéreis realizadas, que já não despertava mais nenhuma simpatia na opinião pública, que apenas dava de ombros, desconsolada, com o anúncio estrepitoso de cada nova rodada de medidas destinadas a tirar os brasileiros do buraco. Delfim Netto, economista renomado que servira como ministro nos governos militares, resumiu a falência das propostas governamentais para solucionar a crise econômica: de nada adiantariam, pois, a solução para o país seria a saída do presidente José Sarney. Ele havia perdido uma das oportunidades mais importantes da História brasileira, quando "jogou fora" o sucesso do Plano Cruzado, objeto de uma das maiores manifestações de apoio popular já vistas no Brasil. A partir dali, "ninguém mais acreditava nas promessas dele". Debelar a crise era convocar eleições em 88. Mais um ano de Sarney, segundo Delfim Netto, seria igual a mais um ano de instabilidade.

Sugestivamente, o documento entregue pelo ministro da Fazenda ao presidente José Sarney, no qual estavam contidos todos os cortes nas despesas governamentais, a fim de conter o déficit público, foi chamado de "Operação Desmonte". Uma das justificativas que embasavam as propostas era a alegada necessidade de adaptar as receitas da União à nova distribuição de recursos entre os entes da federação, tal qual fora determinada na Constituição a ser aprovada. Em defesa de sua aplicação, o texto afirmava que todos os setores, sem exceção, haviam sido afetados pela eliminação de desembolsos. Em cerimônia oficial, o presidente reuniu todo o seu ministério para dizer que os cortes programados no orçamento de 89 eram, realmente, "imprescindíveis". Sem eles, como já afirmara tantas vezes, o país se tornaria ingovernável. Aos poucos, os jornais iam lançando matérias sobre o significado concreto das restrições orçamentárias e revelando o alcance dramático das perdas na área social. Como se o país já não tivesse indicadores suficientemente desfavoráveis aos seus necessários avanços civilizatórios. Numa dessas reportagens, o ministério da Habitação, Urbanismo e Meio Ambiente reconhecia que o alcance dos cortes efetuados na pasta era da ordem de 50%, atingindo fundamentalmente os principais programas habitacionais, de saneamento básico, de transporte público e de infraestrutura. Apesar dessa ordem de grandeza espantosa, os potenciais beneficiários dessas políticas sequer tomaram conhecimento de tudo que lhes foi subtraído. A fração de brasileiros que conhecia os próprios direitos era muito diminuta.

Quem mais lamentou o abandono dos investimentos nesses projetos foram os empresários da construção civil, que defenderam a habitação popular e o saneamento básico como prioridades máximas do país. Pode-se até argumentar que estivessem "advogando em causa própria". No entanto, quando os interesses dos setores produtivos coincidem com as necessidades da população trabalhadora pode-se pensar que se está diante de uma chance de estabelecer o chamado "pacto civilizatório". Nesse caso, parece que era essa a conclusão.

O desmonte programado pelo governo não ficaria restrito à esfera econômica, com os cortes drásticos operados dentro do orçamento da União. Em sequência, os jornais começaram a veicular informações de que estava sendo preparada também uma espécie de "operação de desmonte político", cujo principal objetivo seria o de promover um "expurgo" na administração federal, tendo como alvos preferenciais os oposicionistas que ainda ocupassem cargos de confiança na burocracia oficial. Não deixa de ser curioso o emprego do termo "expurgo", normalmente associado aos governos socialistas e trazendo em seu bojo um sentido altamente pejorativo e antidemocrático. Assessores do Palácio do Planalto ouvidos pelas reportagens confirmavam discretamente a existência dessa operação na área política, destinada a retirar dos quadros governamentais os elementos que se opunham frontalmente às diretrizes da Presidência da República. Embora adotasse o mesmo nome, o desmonte político não seguiria um roteiro previamente elaborado, como o do plano econômico, nem disporia de um documento básico de orientação. Consistiria somente da substituição dos opositores por simpatizantes.

Certo senador da República, bastante respeitado e admirado pelos pares, ocupou a tribuna do Senado para reclamar da "comemoração antecipada" que os governistas faziam da aprovação do mandato de cinco anos para José Sarney, alegando que aquilo se devia, certamente, ao conhecimento que tinham da máquina de poder que estava totalmente ajustada para extrair do plenário os cinco anos, em troca de favores e vantagens. Segundo os jornais, a ação governamental tornara-se tão desabrida, no período que antecedeu a votação decisiva, que um dos ministros teria abandonado por uns dias o seu confortável gabinete oficial para despachar nas "acanhadas dependências" de uma comissão da Câmara dos Deputados, onde conseguia receber os constituintes para conversar e assim conquistar mais votos para o pleito governista. Tal qual na esfera econômica, o desmonte político tinha lá as suas seletividades e preferências. Quem topasse adotar e defender as pautas do governo, por óbvio, tinha muito mais chances de obter dividendos. Como bem disse um dos membros da Assembleia Constituinte, na abertura anual dos trabalhos: "Neste ano, continuaremos a ter políticos capazes, e também outros capazes de tudo" (Murad, 1988, p. 72).

Observadores atentos perceberam que o proverbial "toma lá, dá cá" da cena política brasileira tinha duas faces contraditórias: aos parceiros, eram oferecidos favores, mimos, privilégios e benefícios variados; aos adversários, eram entregues advertências, ameaças, intimidações e desforras. Em todo o atribulado processo de discussão e de votação da nova Constituição, isso teria ficado bem claro. Aos proverbiais desmandos governistas em proveito de seus objetivos políticos, viriam se juntar ainda os diversos *lobbies* e as famigeradas pressões de interesses corporativos bem estruturados, dentro e fora da máquina administrativa federal. Nessa atmosfera de disputas acirradas e de ânimos exaltados, sobressaiu-se a incontestável liderança do deputado Ulysses Guimarães, que presidiu a Assembleia Nacional Constituinte e entregou ao país um texto constitucional ambicioso e confiante. Como ele mesmo disse acreditar, a nova Constituição queria dar respostas úteis e oportunas a alguns dos mais importantes problemas resultantes do processo de reconstrução democrática que estava em curso. Apesar de alguns tropeços, a redação final da nova Constituição do Brasil foi finalmente acertada entre as lideranças do Congresso Nacional, sob as bênçãos de Ulysses Guimarães, e o dia 05 de outubro foi marcado como a data para a sua promulgação em cerimônia festiva e consagradora. O PT, embora tivesse votado NÃO ao texto final, também se comprometeu a assinar a nova Carta como um cumprimento formal de sua participação em todo o processo. As críticas mais duras dos seus parlamentares foram dirigidas, em especial, ao capítulo da reforma agrária, que acabou premiando o grande latifúndio — considerado por eles como a fonte principal dos maiores problemas existentes no campo. Os avanços na área social e nos direitos dos trabalhadores foram reconhecidos como passos importantes dados na nova era que se iniciava, ainda que as lideranças petistas reconhecessem que havia muito a ser conquistado pela classe trabalhadora em sua luta por justiça. O próprio presidente José Sarney, que havia protagonizado momentos agudos de ataque à Assembleia Constituinte, prometeu ser o "maior servidor" da nova Carta, dizendo que todos os brasileiros estavam obrigados a cumpri-la e a defendê-la.

Com o plenário lotado e com toda a solenidade condizente, o deputado Ulysses Guimarães comandou a cerimônia festiva de promulgação da nova Constituição do Brasil. "Eram exatamente 15h54min de quarta-feira, 5 de outubro de 1988, quando o deputado Ulysses Guimarães, presidente da Assembleia Nacional Constituinte, disse: Declaro promulgada a Constituição da República Federativa do Brasil. O momento maior de reordenamento jurídico do país ocorreu em sessão realizada no plenário da Câmara dos Deputados e contou com a presença do presidente da República, José Sarney, do presidente do Supremo Tribunal Federal, ministro Rafael Mayer, deputados, senadores, ministros, governadores, delegações estrangeiras e representantes do corpo diplomático" (Jornal da Constituinte, 05/10/1988, nº 63, p. 3). Entre as frases de maior impacto proferidas por Ulysses, o grande líder da Constituinte, sobressaiu-se em todos os jornais aquela que marcaria para sempre o fim de uma era de arbítrios e de infâmias: "Temos ódio à ditadura. Ódio e nojo". Mesmo que reconhecesse as imperfeições do texto, e ainda admitisse que ele poderia receber emendas e reformas futuras, Ulysses optou por reverenciar o que legava de melhor à população brasileira. "A Constituição é caracteristicamente o Estatuto do Homem. É sua marca de fábrica". E mais: "Não é a Constituição perfeita, mas será útil, pioneira e desbravadora. Será luz, ainda que de lamparina, na noite dos desgraçados. É caminhando que se abrem os caminhos. Ela vai caminhar e abri-los. Será redentor o que penetrar nos bolsões sujos, escuros e ignorados da miséria". Fazendo jus à sua fama de orador grandiloquente e com a coragem dos que combateram incansavelmente a ditadura, ele arrematou assim o seu discurso: "O Estado autoritário prendeu e exilou, a sociedade, com Teotônio Villela, pela anistia, libertou e repatriou. A sociedade foi Rubens Paiva, não os facínoras que o mataram. Foi a sociedade, mobilizada nos colossais comícios das Diretas Já que, pela transição e pela mudança, derrotou o Estado usurpador"[11]. Era esperado que ali, naquele momento solene, estivesse completado um ciclo histórico de transição democrática capaz de sepultar para sempre as aventuras golpistas que tantas vezes sacudiram o Brasil, ao longo de todo o século XX e o afastaram do Estado Democrático de Direito.

Embora as forças conservadoras não tivessem logrado promulgar a nova Constituição do Brasil exatamente com o desenho que planejaram, acabaram conseguindo promover, ao longo do tempo, modificações significativas no texto original. Em março de 2022, foi possível constatar que, até aquele momento, a Constituição de 1988 já havia sido reformada por 118 emendas, ainda que uma avaliação correta das dimensões dessas mudanças devesse ser feita por meio de análises qualitativas, que não cabem aqui. Fica apenas o registro de que mais de uma centena de emendas não deixa de ser um número surpreendente para um novo texto constitucional. Além disso, na elaboração das leis complementares, outros embates seriam decisivos para consagrar os anseios populares, o que nem sempre lhes foi favorável. A

---

11. Rubens Paiva, deputado federal em 1971, foi retirado de casa por homens armados e levado para o Galeão, no Rio de Janeiro. Sua morte jamais foi esclarecida, nem seu corpo encontrado (Trechos do discurso de Ulysses Guimarães retirados do Jornal da Constituinte, nº 63, p. 4 e 5).

promulgação solene no dia 5 de outubro de 1988 foi o encerramento de uma etapa, que não esgotaria a luta pela construção de uma sociedade caracterizada por justiça social e democracia. Havia um longo caminho a percorrer, e o Brasil tinha certas "tradições" na esfera dos direitos humanos e sociais que deixavam muito a desejar. Não só o equilíbrio de forças na política e o poder econômico iriam influenciar sobremaneira os destinos da nova Carta brasileira, com suas emendas e legislação complementar, como também certos procedimentos rotineiramente adotados na cena jurídica do país acabariam por determinar o destino da Constituição Cidadã. O jurista Dalmo de Abreu Dallari, uma das vozes mais sonantes no combate à ditadura e grande defensor dos direitos humanos, definiu com clareza a natureza e os desafios desses processos:

"Não podem prevalecer o bem público e a justiça social quando o povo não participa das decisões. Por isso a experiência histórica dos últimos dois séculos deixou evidente a necessidade de uma luta permanente pela ampliação da participação popular. A simples escolha de representantes revelou-se insuficiente, pois não assegura a influência da vontade do povo nos momentos de decisão. E quando o povo está ausente de uma decisão ou é manifestamente contrariado por ela não se pode dizer que o sistema seja democrático. Não há democracia sem povo".

"Apesar de todas as resistências, tanto as opostas pela 'classe política' interessada em manter seu monopólio de decisão política quanto as manifestadas pelos grupos econômicos e pelos segmentos sociais privilegiados, a participação popular avançou de modo significativo. O Brasil hoje está mais próximo da democracia".

"A Constituição é uma lei, a primeira lei do país, e tudo o que nela se encontra deve ser respeitado e aplicado. Na tradição brasileira isso não tem sido levado em conta e até mesmo juristas eminentes e tribunais superiores têm tratado as normas constitucionais como simples recomendações, como programas para um futuro remoto, sem a força dos códigos e das leis ordinárias" (Michiles *et al.*, 1989, p.388).

CONCLUSÃO

Saímos de uma ditadura por meio de muita luta, resistência e mobilização. A partir do movimento das Diretas Já, deflagrado no início de 1984, a participação política da população brasileira ganhou densidade e abrangência e adquiriu grande importância no encerramento do regime militar, que já durava 20 anos. Ainda que o clamor popular pela realização de eleições diretas para a Presidência da República tenha sido frustrado com a opção pelo Colégio Eleitoral e pela via indireta de escolha do novo presidente, a ação frontal de indivíduos e de grupos sobre os rumos políticos do país tornaria a recrudescer durante os debates da Assembleia Nacional Constituinte, o que demonstrou o vigor das manifestações democráticas no Brasil. Embora nem todas as reivindicações apresentadas pelos diversos atores sociais tivessem alcançado êxito e aprovação no curso da redação do novo texto constitucional, o fato é que a movimentação das pessoas em busca dos seus anseios e das suas necessidades provou-se duradoura e determinada, levando a algumas conquistas de grande amplitude e de significativo simbolismo histórico. Os acordos feitos pelo alto, a conciliação de todas as horas, que sempre marcara a evolução política do país, passava a conviver, desde então, com fortes apelos reivindicatórios e com intensa agitação de massas humanas à procura de direitos e de benefícios.

Também saímos de uma ditadura em condições socioeconômicas bastante amargas. Na leitura dos jornais, ficou bem evidente o tamanho da preocupação que a inflação e o desequilíbrio econômico persistente causavam nos homens públicos e nos cidadãos comuns, que tinham de lidar cotidianamente com as duras dificuldades de um desajuste implacável entre receitas e despesas, entre salários e custos de vida, entre dinheiro e poder aquisitivo. As várias trocas de equipes econômicas, os anúncios de planos mirabolantes para debelar a crise, os fracassos recorrentes colhidos a cada nova tentativa de solucionar os problemas serviam apenas para alimentar o desgosto da população com o governo da "transição democrática". Por isso mesmo, a ação direta de grupos e entidades dentro da Assembleia Nacional Constituinte, com o intuito de tornar perenes certas garantias de direitos sociais e certos compromissos do Estado para com os seus cidadãos, teve tanta importância e significado. Não obstante a força bruta do poder econômico, que atuava por intermédio dos parlamentares do Centrão e trazia enormes frustrações àqueles que lutavam por democracia e por justiça social, em especial, no caso da reforma agrária, com a preservação do latifúndio sem qualquer restrição, houve grandes avanços no texto da nova carta constitucional brasileira.

A Constituição de 1988 foi um daqueles raros momentos históricos em que se concentram espíritos de boa vontade, anseios de redenção, votos de esperança e voluntarismos audaciosos capazes de mudar os caminhos. Dessa amálgama resultou um passo firme para dentro da civilização, quando ousou-se acreditar que o país tinha plenas condições de vencer o seu atraso secular e quando se deixou registrado o rumo para isso, na consagração dos direitos humanos e da cidadania completa. No bojo da luta contra o arbítrio e a censura, buscou-se ir além de um mero acerto de contas, como tanto pregavam e temiam os defensores do regime militar. Não era a revanche que se buscava ali, mas o progresso civilizatório. E, acima de tudo, clamava-se por justiça. Ainda que muito ficasse para ser regulamentado por meio de leis ordinárias e/ou complementares, o arcabouço constitucional estava então definido em princípios. Por mais contundentes que sejam os seus críticos, o fato é que a Constituição de 1988 foi, sem dúvida, uma das iniciativas mais exitosas da História brasileira.

É sempre útil analisar em perspectiva, desde os menores até os maiores feitos dos homens. Ao contextualizá-la, a Constituição Cidadã ganha em dimensão e em densidade. O Brasil legado pelos anos de ditadura era um país de muitos miseráveis, de profundas desigualdades sociais e regionais, de ações políticas levianas e corruptas, de evasão de divisas, de rapinagem empresarial, de desonestidade informativa e midiática. Foram esses desajustes mais e menos graves que os constituintes tentaram corrigir, com a evocação de princípios e de preceitos democráticos e universalmente justos. Observando-o à luz do seu tempo, fica mais claro perceber que o texto constitucional produzido em 1988 foi uma síntese perfeita das contradições e das possibilidades presentes naquele momento histórico conturbado e, ao mesmo tempo, esperançoso. Foi o melhor possível. E algo cujo legado ainda permitiria correções futuras e ajustes cada vez mais refinados, posto que livres do "calor da hora" das grandes transformações.

O que a leitura dos jornais da época também revela é a firmeza com que persistiam as principais corporações do Estado brasileiro, com especial destaque para os militares. Em defesa das suas prerrogativas e dos seus privilégios, esses grupos lançaram mão de toda sorte de artifícios e de manobras destinadas a salvaguardar os benefícios dos quais desfrutavam e dos quais se recusavam a abrir mão, sob qualquer pretexto. Na realidade, os militares deixaram bem claro que não pretendiam abandonar o posto de tutela que exerciam sobre o Estado brasileiro e insistiram em preservar a atuação direta sobre a administração federal, tanto ocupando cargos de alta relevância quanto mantendo sob estrita vigilância as demais instâncias do poder. Nos momentos de crise, real ou imaginária, eles surgiam no horizonte em reiteradas ameaças de golpe que se esmeravam em desmentir. A imprensa era pródiga em repercutir tanto os riscos de novos golpes quanto os desmentidos contritos que emanavam das notas e das declarações dos ministros das três armas. Esse vai-não--vai servia para manter os espíritos alarmados em constante alerta, forçando negociações e concessões que podiam ser muito amargas. Foi o que se deu com a votação dos cinco anos de mandato para Sarney, com presidencialismo, e com a preservação da garantia da lei e da ordem como atribuição constitucional das Forças Armadas. Todavia, é forçoso reconhecer que nunca estiveram sozinhos. O Judiciário e o Legislativo também conseguiram arrancar dos debates constitucionais inúmeras regalias que perpetuariam desigualdades históricas no Brasil.

Em síntese, o processo de "transição democrática" finalizado com a promulgação da nova Constituição, em 1988, foi um período histórico de transformações muito aguardadas pela sociedade brasileira, mas, de modo contraditório e surpreendente, marcado por determinadas permanências que funcionaram como verdadeiros freios diante dessas ambiciosas aspirações de mudança. Ao mesmo tempo em que posições políticas progressistas ganhavam terreno em redutos parlamentares expressivos, concepções ortodoxas e monetaristas ampliavam o seu domínio sobre a política econômica adotada pelo governo. O país mudava, mas, não mudava tanto a ponto de promover algum tipo de desequilíbrio de forças que fosse capaz de alterar a primazia do latifúndio no meio rural e dos grandes grupos empresariais nas atividades de ponta, sempre clamando pela defesa da iniciativa privada e do livre mercado, em oposição ao intervencionismo estatal. Tais prerrogativas permaneceram intactas, apesar dos grandes lances que marcaram algumas das votações mais dramáticas do texto constitucional. Impossibilitados de conter de modo radical a aspiração por direitos dos trabalhadores organizados e dos movimentos sociais, esses grupos poderosos cerraram fileiras em torno daquilo que julgavam inegociável. A Constituição que saiu desses embates foi o corolário dessa desigualdade de forças.

REFERÊNCIAS

ANDERSON, Perry. *Brasil à parte:* 1964-2019. Tradução: Alexandre Barbosa de Souza. São Paulo: Boitempo, 2020.

ALMEIDA, Gelsom Rozentino de. *História de uma década quase perdida.* PT, CUT, crise e democracia no Brasil: 1979-1989. Rio de Janeiro: Garamond, 2011.

BATISTA JR., Paulo Nogueira. *Da crise internacional à moratória brasileira.* Rio de Janeiro: Paz e Terra, 1988.

BATISTA JR., Paulo Nogueira. *A moratória de 1987*. Folha de S. Paulo, 20/02/1997. Disponível em: www1.folha.uol.com.br/fsp/1997/2/20/dinheiro/4.html.

CARVALHO, Luiz Maklouf. *1988: segredos da Constituinte.* Os vinte meses que agitaram e mudaram o Brasil. Rio de Janeiro/São Paulo: Editora Record, 2017.

CPDOC/FGV (Centro de Pesquisa e Documentação de História Contemporânea do Brasil da Fundação Getúlio Vargas). Verbetes.

DIAP (Departamento Intersindical de Assessoria Parlamentar). *Quem foi quem na Constituinte:* nas questões de interesse dos trabalhadores. São Paulo: Cortez Oboré, 1988.

LATINO-AMERICANA. *Enciclopédia Contemporânea da América Latina e do Caribe.* SADER, Emir; JINKINGS, Ivana. (coord.). UERJ/ALPAC/ Boitempo Editorial, 2006.

MALLMANN, Maria Izabel. *Os ganhos da década perdida.* Democracia e diplomacia regional na América Latina. Porto Alegre: EDIPUCRS, 2008.

MARTINS, Franklin. *Quem foi que inventou o Brasil? A música popular conta a história da República.* 3 volumes. Rio de Janeiro: Nova Fronteira, 2015.

MICHILES, Carlos *et al. Cidadão Constituinte.* A saga das emendas populares. Rio de Janeiro: Paz e Terra, 1989.

MOTTA, Cezar. *Até a última página.* Uma história do Jornal do Brasil. Rio de Janeiro: Objetiva, 2018.

MURAD, José Elias. *Flagrantes da Constituinte.* Uma crítica bem humorada e descontraída do dia a dia da Assembleia Nacional Constituinte. Prefácio de Ulysses Guimarães. Charges de Son Salvador. Brasília: Câmara dos Deputados, 1988.

PILLATI, Adriano. *A Constituinte de 1987-1988.* Progressistas, Conservadores, Ordem Econômica e Regras do Jogo. 4ª edição. Rio de Janeiro: Lúmen Juris, 2020.

PIMENTEL, João; MCGILL, Zé. *Mordaça.* Histórias de música e censura em tempos autoritários. Rio de Janeiro: Sonora Editora, 2021.

PINTO, Eduardo Costa. *Nova República (1985-1989):* transição democrática, crise da dívida externa, inflação, luta pela apropriação da renda e fim do desenvolvimentismo. Instituto de Economia/ UFRJ. Texto para discussão 007/2019. Disponível em: http://www.ie.ufrj.br/index.php/index-publicacoes/textos-para-discussao.

ROCHA, Jan. *Nossa correspondente informa.* Notícias da ditadura brasileira na BBC de Londres: 1973-1985. São Paulo: Alameda, 2021.

Periódicos

Correio Braziliense [1984-1988].

Jornal da Constituinte [Câmara dos Deputados, 1987-1988].

Jornal do Brasil [1984-1988].

Jornal do Commercio (RJ) [1984-1988].

O Pasquim [1986-1988].

Última Hora [1984].

Este livro foi composto em Chronicle Text e Europa Grotesk e impresso na gráfica Eskenazi em papel pólen natural 80g/m² no miolo e cartão supremo 300g/m² na capa, no mês de outubro de 2023, justo quando se completaram 35 anos da promulgação da Constituição Cidadã, um marco no processo de redemocratização do país.